中国社会科学院学部委员专题文集
ZHONGGUOSHEHUIKEXUEYUAN XUEBUWEIYUAN ZHUANTI WENJI

伊斯兰与国际政治

金宜久 ◎ 著

中国社会科学出版社

图书在版编目（CIP）数据

伊斯兰与国际政治/金宜久著 . —北京：中国社会科学出版社，2013.8
（中国社会科学院学部委员专题文集）
ISBN 978 - 7 - 5161 - 2993 - 7

Ⅰ.①伊…　Ⅱ.①金…　Ⅲ.①伊斯兰教—关系—国际政治—文集
Ⅳ.①B96 - 53②D5 - 53

中国版本图书馆 CIP 数据核字（2013）第 162757 号

出 版 人	赵剑英	
责任编辑	黄燕生	
责任校对	王兰馨	
责任印制	戴　宽	

出　　版	中国社会科学出版社	
社　　址	北京鼓楼西大街甲 158 号（邮编 100720）	
网　　址	http://www.csspw.cn	
	中文域名:中国社科网　　010 - 64070619	
发 行 部	010 - 84083685	
门 市 部	010 - 84029450	
经　　销	新华书店及其他书店	

印刷装订	环球印刷（北京）有限公司	
版　　次	2013 年 8 月第 1 版	
印　　次	2013 年 8 月第 1 次印刷	

开　　本	710×1000　1/16	
印　　张	24.75	
插　　页	2	
字　　数	393 千字	
定　　价	78.00 元	

前　　言

　　哲学社会科学是人们认识世界、改造世界的重要工具，是推动历史发展和社会进步的重要力量。哲学社会科学的研究能力和成果是综合国力的重要组成部分。在全面建设小康社会、开创中国特色社会主义事业新局面、实现中华民族伟大复兴的历史进程中，哲学社会科学具有不可替代的作用。繁荣发展哲学社会科学事关党和国家事业发展的全局，对建设和形成有中国特色、中国风格、中国气派的哲学社会科学事业，具有重大的现实意义和深远的历史意义。

　　中国社会科学院在贯彻落实党中央《关于进一步繁荣发展哲学社会科学的意见》的进程中，根据党中央关于把中国社会科学院建设成为马克思主义的坚强阵地、中国哲学社会科学最高殿堂、党中央和国务院重要的思想库和智囊团的职能定位，努力推进学术研究制度、科研管理体制的改革和创新，2006年建立的中国社会科学院学部即是践行"三个定位"、改革创新的产物。

　　中国社会科学院学部是一项学术制度，是在中国社会科学院党组领导下依据《中国社会科学院学部章程》运行的高端学术组织，常设领导机构为学部主席团，设立文哲、历史、经济、国际研究、社会政法、马克思主义研究学部。学部委员是中国社会科学院的最高学术称号，为终生荣誉。2010年中国社会科学院学部主席团主持进行了学部委员增选、荣誉学部委员增补，现有学部委员57名（含已故）、荣誉学部委员133名（含已故），均为中国社会科学院学养深厚、贡献突出、成就卓著的学者。编辑出版《中国社会科学院学部委员专题文集》，即是从一个侧面展示这些学者治学之道的重要举措。

　　《中国社会科学院学部委员专题文集》（下称《专题文集》），是中国社会科学院学部主席团主持编辑的学术论著汇集,作者均为中国社会科学院学部委员、荣誉学部委员,内容集中反映学部委员、荣誉学部委员在相关学科、专业方向中的专题性研究成果。《专题文集》体现了著作者在科学研究实践中长期关注的某一专业方向或研究主题,历时动态地展现了著作者在这一专题中不断深化的研究路径和学术心得,从中不难体味治学道路之铢积寸累、循序渐进、与时俱进、未有穷期的孜孜以求,感知学问有道之修养理论、注重实证、坚持真理、服务社会的学者责任。

2011 年,中国社会科学院启动了哲学社会科学创新工程,中国社会科学院学部作为实施创新工程的重要学术平台,需要在聚集高端人才、发挥精英才智、推出优质成果、引领学术风尚等方面起到强化创新意识、激发创新动力、推进创新实践的作用。因此,中国社会科学院学部主席团编辑出版这套《专题文集》,不仅在于展示"过去",更重要的是面对现实和展望未来。

这套《专题文集》列为中国社会科学院创新工程学术出版资助项目,体现了中国社会科学院对学部工作的高度重视和对这套《专题文集》给予的学术评价。在这套《专题文集》付梓之际,我们感谢各位学部委员、荣誉学部委员对《专题文集》征集给予的支持,感谢学部工作局及相关同志为此所做的组织协调工作,特别要感谢中国社会科学出版社为这套《专题文集》的面世做出的努力。

《中国社会科学院学部委员专题文集》编辑委员会

2012 年 8 月

目　　录

第三编　国际政治与宗教极端主义

第四编　伊斯兰极端势力

导　　言

　　第二次世界大战结束以来，在当代国际政治生活中，宗教引发的冲突事件日趋明显，受到国际社会的普遍关注。本文集涉及伊斯兰世界的宗教与政治的关系问题，包括四编二十余篇长短不一的论文。这四编的编目是"伊斯兰教与伊斯兰复兴运动"、"伊斯兰世界与伊斯兰政治化"、"国际政治与宗教极端主义"和"伊斯兰极端势力"。

　　"伊斯兰教与伊斯兰复兴运动"编探讨伊斯兰教的政治活力及其自我调节问题外，着重讨论伊斯兰复兴运动问题。

　　"二战"以前，除少数国家外，伊斯兰世界的大多数国家沦为西方列强的殖民地、半殖民地。"二战"后，随着民族民主革命的进展，那些先后获得独立的国家，又遭遇社会生活现代化、世俗化的挑战。历史表明，伊斯兰教具有活力，不断地进行自我调节，得以适应变化了的社会条件。《试论伊斯兰教的政治活力》和《试论伊斯兰教的自我调节》，从政治视角考察"二战"后伊斯兰教究竟是如何显现其政治活力、从事自我调节的。

　　所谓"政治活力"不过是伊斯兰教固有的、由穆斯林（往往在乌里玛①阶层的引导下）在社会政治生活中体现的自我表现力；而"自我调节"则是伊斯兰教（通过它的信众）以自我为调节的主体或出发点，同时又以自我为调节的对象或归宿的调整、调谐。其目的在于使内在方面不断更新、更趋完善，外在方面与客体相协调、相和谐，得以适应新的、变化了的社会条件。否则的话，就会丧失其生命力。在伊斯兰教的政治活力

───────────

　　① 系"学者"的复数形式。原意为"有知识者"，伊斯兰宗教学者的总称。尤指精通经注学、圣训学、教义学、教法学等学科的学者。在逊尼派伊斯兰教流传地区和十叶派伊斯兰教流传地区其地位影响又有所不同。

中、在它的自我调节中，乌里玛阶层起着重要的，甚至是决定性的作用，保证了伊斯兰教事业的延续、传播和发展。

在"二战"前，一些国家的乌里玛阶层，因一度屈从或依附于殖民者，而在战后不得不再次获取信众的谅解，需要自我调节。这时，伊斯兰教的政治活力，主要是由这些国家的当政者以及知识阶层予以体现。20世纪70年代以来，随着伊斯兰复兴运动的兴起和发展，一些国家的当政者及其政治反对派更趋于活跃，人们可以深感他们利用伊斯兰教对政治的影响，从而显示其政治活力更具"理论"的色彩、其威力已越出伊斯兰世界，也更具战略性的考虑，赖于他们的积极性而使得伊斯兰世界面临着新变化。这就是说，它使伊斯兰教在调节、更新、完善过程中，不断适应当代社会的生活。

特别是20世纪70年代末，伊朗"伊斯兰革命"胜利后，伊斯兰世界的不同国家，都在不同程度上受其余波的冲击。伊斯兰复兴运动由此步入前所未有的高潮。

当代的伊斯兰复兴运动，实际上存在着三股既有区别，又相互交织的社会潮流。它们是纯宗教性的民间复兴，具有宗教—政治性或政治—宗教性的新泛伊斯兰主义，以及纯政治性的伊斯兰主义。

《试论当代的"伊斯兰复兴"》提出，当代的"伊斯兰复兴"区分为复兴思潮和复兴运动两个不同的发展阶段。复兴思潮是尚未进入实践阶段的观念上的"运动"，而复兴运动则是由群众性的活动所体现的物质化的"观念"。两者既有区别又有联系。复兴思潮的流传绵延不绝，它是思想的运动，仅限于宗教、思想的领域。复兴运动完全是基于复兴思潮的广泛流传而导致的物质化了的运动着的思想，它不再限于宗教、思想的领域，而会扩展到政治、经济、文化、社会等不同领域，进而在民族领域产生影响。

当代的"伊斯兰复兴"，不过是在新的历史条件下，周期性出现的宗教复兴的再现，与历史上的宗教复兴相比，具有其新特点：它是超民族、超国家的世界范围的复兴；具有多个中心而无统一指挥、行动、计划；复兴思潮与复兴运动相互交织、相互影响；在伊斯兰化召唤下以求实现个人的和社会生活的现代化。

当代的"伊斯兰复兴",除了民间的纯宗教领域的复兴外,大致采取两种不同形式。其一,官方与民间相结合的形式。通常官方自上而下地推行社会生活的伊斯兰化,随之或多或少地受到民众自下而上的支持和拥护。其二,反官方或是非官方的形式。就其拟达到的目的而言,它不是要倾覆伊斯兰的大厦,使人们从宗教思想的束缚下解脱出来,而是维护并强化伊斯兰教在个人生活和社会生活中的至高无上的神圣地位。因而坚持伊斯兰的原旨教义及其真精神,对种种外来的、西化的、非伊斯兰的一切,就成为其抨击、反对的目标;同时又对那些为之带来实惠的现代科学技术和物质文明,予以认可、接受和保留。

由于伊斯兰世界的教派分野,逊尼派和十叶派的神学理论、对待国家最高权力的态度均有所区别,因而在复兴运动中的主张、要求、活动、表现也就有所不同。尽管埃及、突尼斯、黎巴嫩、土耳其的伊斯兰复兴,在20世纪70年代以来极其活跃,这些国家也受到伊朗伊斯兰革命的影响,《伊斯兰教与"伊斯兰复兴"》认为,这些国家尚缺乏类似伊朗的那种爆发"革命"的迹象和征兆。在逊尼派伊斯兰教流传的国家和地区,伊斯兰复兴的基本任务是,强调伊斯兰教的原旨教义及其真精神,坚持伊斯兰教的伦理道德和传统价值,与此同时,又要与社会生活的日益现代化相协调。它的"复古"并非一切回复到中世纪去,而是一种动员和组织群众的手段,其目的则在于"托古改制"。"改制",即反对所在国内民众西化的生活方式,并力求公众生活的伊斯兰化,反对贪污腐败、分配不公的现象,抵制外来的意识形态或文化的侵蚀和渗透,而不是破坏和改变现有的伊斯兰的社会结构和生活方式,只是在现有的伊斯兰教的生活模式中从事相关的活动。

新泛伊斯兰主义是伊斯兰复兴运动的第二股社会潮流。它既是"二战"前泛伊斯兰思想(由于主客观条件,其流传受到很大限制)的延续和发展,又与之有别。《新泛伊斯兰主义》认为,各种泛伊斯兰组织是新泛伊斯兰主义的载体。它大致可以分为三类:宗教—政治性的世界性组织,如伊斯兰世界联盟、世界穆斯林大会和伊斯兰教大会;政治—宗教性的伊斯兰国家的国际联盟,即伊斯兰会议组织(现更名伊斯兰合作组织);还有一些专业性或技术性(隶属于地区、国家或国际)的泛伊斯兰组织。

新泛伊斯兰主义是当今世界政治舞台上的一支不可忽视的政治势力，对伊斯兰世界内外，都有着重要的影响。它强调伊斯兰世界的团结、协作和统一，区别于"二战"前为加强、恢复或重建传统的哈里发制度的泛伊斯兰主义。新泛伊斯兰主义定期不定期地从事活动，既有来自官方自上而下的倡导，又有宗教界、社会名流以及群众自下而上的支持；泛伊斯兰主义则缺乏群众基础和组织机构的活动，仅从事泛伊斯兰的宣传而已。新泛伊斯兰主义积极支持各国的宗教事业、热衷于非伊斯兰世界的宣教活动，有着明显的宣教性质；泛伊斯兰主义更多的宣传是在政治方面。新泛伊斯兰主义有着相当雄厚的经济基础，形成几个重要的活动中心；泛伊斯兰主义既缺经济实力，又无活动中心，不过是在惨淡的情况下从事活动。

伊斯兰主义是伊斯兰复兴运动的第三股表现形式。伊斯兰主义不是宗教，但它需要宗教、需要宗教名义，掩盖其全面地或部分地实现伊斯兰教法统治的政治主张、政治行为。

伊斯兰主义的基本主张是：推行伊斯兰化，输出"伊斯兰革命"，坚持激进主义，强化政权意识等。它极力排斥一切不符合经训、教法的或外来的思想学说和意识形态，力求以伊斯兰教的原旨教义为衡量一切、判断是非的准绳。其目的在于建立符合、适应伊斯兰教法统治的"伊斯兰国家"、伊斯兰社会；经济上实行社会公正、平等和正义，反对西方的经济制度；律法上以伊斯兰教法替代受西方影响制定的律法；文化上反对西方化、世俗化的意识形态、生活方式、伦理规范和价值观念。以此实现社会生活的全面伊斯兰化。本质上，伊斯兰主义即伊斯兰法治主义。

伊斯兰主义的体现者，因伊斯兰教派的不同而有别。在逊尼派伊斯兰教流传的国家和地区，主要是由某些国家当政者利用国家机器强制推行其政治主张；在民间则由某些小社团或政治反对派予以体现。在十叶派伊斯兰教流传的国家或地区，主要是由它的教界（即教士阶层：乡村毛拉①，城镇的乌里玛、穆智台希德②、阿亚图拉③）予以体现。

---

① 宗教学者的通称，有的地区与"乌里玛"含义相同，有的地区含义用于阿訇。
② 伊斯兰教对公认的权威学者的专称。
③ 穆智台希德中，宗教学识渊博、德高望重者享此盛誉或对宗教领袖的尊称。

"伊斯兰世界与伊斯兰政治化编"除了从历史和文化层面，通过探究伊斯兰教、伊斯兰文化发展的历史轨迹，考察伊斯兰世界对外来影响的反应，以此作为阐述伊斯兰复兴过渡到伊斯兰政治化的铺垫外，集中探讨伊斯兰政治化问题。

《伊斯兰文明和当代伊斯兰问题》和《伊斯兰文化与西方》，讨论历史、文化问题。

伊斯兰教是阿拉伯人的精神产品。在阿拉伯人步出半岛沙漠后，伊斯兰教逐渐由民族宗教演变为世界宗教。伊斯兰文化却不同。它是在各族穆斯林的参与下，依据政治和宗教的发展需要，经过伊斯兰意识形态的甄别和筛选、加工和改造，而后决定取舍，或借鉴、吸纳，或拒绝、摒弃，从而共同创造的伊斯兰文化。以此保证伊斯兰意识形态在伊斯兰文化中的神圣地位。中世纪时，伊斯兰文明已达到相当的高度。

从 11 世纪末到 14 世纪中叶，先是十字军的入侵，继而蒙古人的入侵，战争的破坏，影响了伊斯兰文明的发展。除了有限的反抗外，苏非主义隐居避世的说教，影响了一批批的信众。18 世纪末叶以来，西方殖民主义者毫无掩饰地侵略、掠夺，伊斯兰世界的大部分地区沦为殖民地、半殖民地。在此过程中，它的宗教界、知识界和思想界，对西方政治、经济、军事、文化的入侵，以及对西方的生活方式和意识形态的输入和渗透，采取了不同形式的反应。18 世纪中叶兴起瓦哈比派的"复古主义"，19 世纪下半叶兴起泛伊斯兰主义，其共同点在于维护伊斯兰信仰的权威。这时，既有坚持伊斯兰原旨教义的传统主义者，也有主张适度改革的现代主义者。

"二战"结束以来，伊斯兰世界的思想主流是民族主义、现代主义和世俗主义；此外，一些国家的当政者一度奉社会主义为首选道路和经济政策。伊斯兰世界从来没有出现过基督教那样的宗教改革运动。伊斯兰文化的发展，并不能使得人们持有相同的思想和主张。一些人向前看的同时，另外一些人则缅怀过去，向往伊斯兰宣扬的公正、平等和正义的社会。这后一部分民众中，有的则成为反西方的伊斯兰政治化的群众基础。

《伊斯兰世界与当代政治》提出，伊斯兰教虽为大多数民众所信仰，在"二战"后的很长一段时间内，它却处于次要的、隶属的地位。可是，第三次中东战争的失败，随后耶路撒冷阿克萨清真寺（被穆斯林视为圣地的圣寺）被焚，使得原有的阿拉伯人与以色列人的政治、领土之争，演变为伊斯兰世界的穆斯林与以色列人的政治、领土之外的宗教—政治之争。由此引发其后的宗教向政治的演变，导致伊斯兰政治化的发展。

在此背景下，使得鼓吹实施伊斯兰教法统治、实现社会生活伊斯兰化的社会政治主张，吸引很大一部分人群，反美反以受到很大一部分民众的支持。加之大批"圣战者"涌入阿富汗投入抗苏战争，为其后的反美活动集聚了能量。"9·11"恐怖袭击事件，不过是宗教极端分子反美的民族仇恨和宗教情感的大爆发。

该文从伊斯兰世界有着共同的宗教信仰、地处重要战略意义的位置、丰富的石油和其他物质资源以及伊斯兰会议组织有可能使伊斯兰世界采取统一立场和行动等角度出发，综合以上诸点，指出在东欧剧变、两德统一、苏联解体、冷战结束后，在世界政治多极格局中，它有可能成为一极的基本因素。同时该文也提出，由于历史的原因，不同国家一度分别依附于东方或西方大国，不同国家之间不时爆发的战争，加之民族利益、领土纠纷和利害冲突，以及各国内部固有的矛盾和阶级、民族、教派等方面的冲突，在伊斯兰复兴的大潮中，一些国家还存在着政治反对派，伊斯兰复兴也正方兴未艾，这一切决定了它不可能成为一极的基本因素。总之，人们不可低估或忽视伊斯兰世界的综合实力。

《当前国际政治格局演变中的伊斯兰问题》着重探讨"二战"结束以来伊斯兰世界发生的种种社会现象，关于伊斯兰世界革命，该文引用所谓"清除不信者"、"伊斯兰化"、"解放全人类"等有关言论，是当前伊斯兰极端势力从事一切罪恶活动的思想基础和行动指南；根据当前伊斯兰极端势力的罪恶活动，明确区分它为宣教鼓动型、暴力恐怖型和民族分裂型三类，这三类极端势力，在宗教外衣的掩盖下各有所司、各司其职，从不同罪恶活动中体现其极端主义实质；该文总结伊朗伊斯兰革命以来，已经提供的四种政权更迭的形式后，认为在东南亚、南亚、中亚等地区的伊斯兰极端势力，关于建立地区性伊斯兰国家的政治主张，一旦由设想变为现实，将有可能提供夺取国家最高权力的新形式。因而有必要重视伊斯兰问题。

《当代伊斯兰政治化的历史剖析》是以伊斯兰世界的现实事件为据，阐释伊斯兰政治化，剖析它的深刻历史渊源。所谓伊斯兰政治化，指的是从政治角度阐释宗教问题。热衷于伊斯兰政治化的人，可以统称为伊斯兰主义者。伊斯兰主义不是宗教，而是在伊斯兰意识形态指导下、具有鲜明政治性的思想主张。它主张在世间建立超国家、超民族、超地域的、伊斯兰教法统治的伊斯兰政权，实现社会生活的伊斯兰化。

该文回顾"二战"结束以来伊斯兰政治化的历程和发生的重大事件。根据这些重大事件，着重探讨伊斯兰政治化的思想基础，它由赛义德·库特布、霍梅尼和本·拉登的言论所体现；20世纪90年代在苏丹召开的三次会议，与会者为各国政治反对派和激进组织（极端组织）的代表，他们为其后建立的"伊斯兰反犹太人和十字军国际阵线"（即"基地"组织），奠定了政治和组织基础；伊斯兰世界发生的四次政权更迭的不同形式，则是伊斯兰政治化的重要结果。借鉴历史，可以清晰地看到当代的伊斯兰政治化有其历史渊源。即"伊斯兰教本身是社会运动的产物"、"'托古改制'是当代伊斯兰政治化的基本手段"、"权变继续起着重要作用"、"政教一体观念支配着人们的心理和行为"。

"二战"以后，不同宗教自我调节、自我复兴的机制，都在发挥作用。面对着社会生活现代化、世俗化和科学技术的发展，不仅伊斯兰教，其他宗教内部的调整、更新和改革的表现形式也不划一。《当代宗教的发展趋势》究竟如何呢？该文从10个方面论述宗教的发展趋势。即宗教将继续面临来自内外的挑战，宗教的混合或融合的趋势将获得发展，宗教与迷信共存现象将会延续下去，传统习俗和传统观念将与宗教信仰并存，宗教信仰者日减直接影响宗教的发展，教界人士越来越重视利用现代科技手段传播宗教，宗教国有化将获得发展，妇女在宗教中的地位将日益显要并不断提升，宗教极力赋予人以神性或半神性的趋势会有所发展，宗教政治化现象的发展不可避免地导致宗教的异化、蜕变。尽管有上述发展趋势，应该肯定，宗教仍将长期存在下去。

"国际政治与宗教极端主义编"涉及的内容不全是伊斯兰教，但伊斯兰教仍是其探讨的重点。它包括三方面的内容。

其一，关于"伊斯兰因素"和"宗教因素"问题。鉴于20世纪60年代末 70 年代初世界范围伊斯兰复兴运动的兴起，"伊斯兰"提到"二战"后从未有过的引人注目的境地。

90 年代中叶，国家社科基金确定《伊斯兰教与国际政治关系研究》为"九五"重点课题项目之一。同时，它也是中国社会科学院"九五"重点课题管理项目。该课题最终以《伊斯兰与国际热点》（东方出版社 2001 年版）问世。《当代国际政治中的伊斯兰问题》是该课题"研究报告"的"总报告"。

该文阐释"伊斯兰"包含"伊斯兰教自我"，伊斯兰的生活方式、意识形态、价值观念、伦理规范，以伊斯兰为特征的民族传统文化，伊斯兰的社团组织，伊斯兰国家、伊斯兰世界，伊斯兰的社会思潮和社会运动，以及种种伊斯兰的实体文物（圣地圣物、寺院建筑、器皿文物）等 7 个方面。它们都与"伊斯兰"相关联，可以视为"伊斯兰因素"。

伊斯兰社会的人士，可以划分为教界（如阿訇、教长、乌里玛、阿亚图拉等）和非教界。教界，伊斯兰社团的领袖人物，以及国家的统治者、管理者，构成社会的中上层。他们往往是伊斯兰因素的体现者。一般信众则属于非教界，他们是社会的中下层，应听命于教界，服从于国家的当政者，有的还应服从于社团的领袖人物。该文还阐释了"穆斯林民族"、"穆斯林自觉"、"教权主义"、"圣战主义"等词语的含义。

从宗教视角出发，该文对伊斯兰国家作了分类，分析这些国家之间的对立、不和、冲突和战争的原因。认为这些国家所面临的问题，相距伊斯兰宣扬的建立公正、平等和正义的社会甚远。它的政治反对派和宗教极端组织，利用伊斯兰的旗帜，从事反社会、反当局的暴力恐怖活动；甚至在境外从事这类活动。

与伊斯兰有关的热点地区，既包括伊斯兰世界的一些国家，同时也涉及伊斯兰世界以外的穆斯林相对聚居的有关国家，并对有关的热点问题予以梳理，认为这些热点地区值得世人关注。

应极端重视伊斯兰问题。因为它不仅包括有形的政治行为体，还包括宗教思想、意识形态、传统文化等无形的因素。在宗教名义下的种种极端势力（教权主义、圣战主义、恐怖主义等），乃是当今社会的不稳定因素，对所在地区构成严重威胁。特别是在新疆地区存在极端组织的恐怖破坏活动情况下，研究其动向、活动规律及其发展趋势，具有其现实意义。

由"伊斯兰因素"很自然地会扩及"宗教因素"问题。《国际政治中的"宗教因素"》除阐释"宗教因素"的基本含义外，认为在当代国际政治活动中，"宗教因素"的体现者，包括教界人士和作为一些国家的政治反对派，或是小社团的领袖人物等非教界人士。它就宗教极端主义、暴力恐怖主义、民族分裂主义三者的关系而言，宗教极端主义具有更根本的性质，是暴力恐怖主义、民族分裂主义的思想基础和活的灵魂。它们会利用一切与宗教、与宗教因素有关的事件、活动、问题从事其罪恶活动。问题是应该严格区分宗教信仰问题与政治问题、民族宗教冲突中的宗教问题与政治问题。不能把民族宗教冲突中的宗教问题，与冲突中出现的宗教极端势力利用宗教问题混为一谈。

根据对当代伊斯兰问题的大量论述和繁杂资料的探讨，《对当代国际政治中伊斯兰问题的认识》归纳出 10 点基本认识。即在当代的国际政治中，"伊斯兰复兴仍会继续发挥作用并产生影响"、"应深化对伊斯兰的认识"、"伊斯兰意识形态仍值得人们重视"、"应关注经济政治化、政治经济化问题"、"西方经援和军援的结果是反西方的伊斯兰因素的增长"、"应密切关注当代瓦哈比派"、"80 年代的伊斯兰圣战者到 90 年代已演变为圣战主义者"、"伊斯兰名义下的暴力、恐怖活动仍有发展的趋势"、"伊斯兰世界的政治民主化会有所发展"、"应密切关注以美国为首的西方国家对伊斯兰的态度"。

其二，关于宗教蜕变与宗教极端主义问题。在当代国际政治中，由宗教复兴到宗教政治化的发展，再由宗教政治化到宗教极端主义的发展，是个现实的客观发展过程，不以人的意志为转移。

在现实生活中，由于宗教日益重视社会参与、政治参与，它与社会的或民族的冲突的交织已日益密切。《宗教在当代社会的蜕变》通过对宗教的发展和蜕变的讨论，探讨宗教极端主义及其与宗教的关系。宗教蜕变是说宗教在发展过程中，发生了异化现象，成为宗教自身的异己物和异己力量。宗教的政治化，是宗教发生蜕变的必经阶段。它表现为信仰的政治化、主张的意识形态化、组织形式的团伙化、活动方式的诡秘化。宗教政治化过程中，可能出现温和的、激进的或极端的表现形式。唯有它的极端形式最终发生蜕变、异化为宗教极端主义。在蜕变、异化过程中，往往需要如下的条件：应有一定图谋的（政治的、经济的或其他的）、能充当其头目的个人或势力集团，应有能够吸引人、迷惑人并适应人们需要的政治经济纲领或社会主张，应有一套约束其追随者、支持者的强制性的手段，还应有一定的经济基础以保证其罪恶活动。

《宗教极端主义》用大量资料表明宗教性的极端主义与其他领域（如政治）的极端主义的不同之处在于，它利用宗教外衣，掩盖其罪恶活动。它或是在社会转型期发生的剧烈动荡、贫富分化加剧，人们无法适应这一变动，更无法掌握自身命运，加之对某些事物（如贪污腐败、分配不公）的不满，从而采取的一种极端的反抗形式；或是对西方的霸权主义、强权政治、生活方式等的不满而对宗教所宣扬的公正、平等、正义的渴望和追求，宗教极端主义得以乘虚而入；或是因现代化、世俗化的发展，对传统信仰持冷漠态度后，宗教极端主义为填补某些人们的精神空虚而借助对经典的"新阐释"，以此煽起新的"宗教"狂热；或是在多民族生活地区，通过挑拨民族关系以达到分裂统一的多民族国家的罪恶目的，宗教极端主义有其活动市场。

应该承认，宗教与宗教极端主义是不同的概念，不能混为一谈、视为同一。宗教问题首先是信仰问题、思想问题，而宗教极端主义是政治问题。《宗教极端主义的基本特征》强调它不是人们信仰的宗教，但它与宗教又有所关联。它的罪恶活动必定利用宗教认同、利用宗教名义，在信仰同一宗教的甚至在特定的人群中从事活动。它还表现为绝对排斥、以至于销毁一切异质文化和异端信仰及其象征物。最后，它是种种在宗教名义下的罪恶行径的精神支柱和活的灵魂。

《"瓦哈比派"辨》以"瓦哈比派"与瓦哈比派做一辨析，说明宗教与宗教极端主义的根本区别。本文认为，瓦哈比派当前执掌沙特国家最高权力，其教义被沙特奉为国教和官方意识形态，它完全不同于"瓦哈比派"。后者乃20世纪90年代以来，活跃于中亚和北高加索地区的宗教极端分子。究竟两者之间有无关联或区别呢？

"瓦哈比派"主张"圣战"、从事暴力恐怖活动，其目的在于建立伊斯兰教法统治的伊斯兰政权。本质上，坚持的是伊斯兰主义。然而，沙特奉行的瓦哈比派教义（瓦哈比主义），当局在对外关系上推行的是新泛伊斯兰主义。两者虽然都主张"绿化"伊斯兰世界的以外地区，只是采取的手段有所不同。

应该承认，沙特奉为国教的瓦哈比派教义（瓦哈比主义），与"瓦哈比派"有共同的思想渊源。沙特于1932年建立沙特王国后，沙特王室逐渐调整政策，放弃实施"圣战"。沙特政策的转向，并不能消除瓦哈比派原有的观念、主张。那部分继续坚持早年的瓦哈比派教义者，利用石油财富援助其他地区的同时，还把该派主张"圣战"的教义推行到受援地区，以求改变受援地区的政体，从而被视为当代瓦哈比派、新瓦哈比派，或"瓦哈比派"。它在中亚和北高加索宣教活动的目的并非让人去修身养性、弃恶从善，而是杀人放火、从事违法犯罪的暴力恐怖活动。它关注的不是宗教，而是政治；宗教在它那里，只是外衣、只是遮羞布。因而它与沙特当局已经调整政策的做法有所区别。

其三，关于宗教极端主义对国际政治的影响问题。冷战结束以来，国际政治极其突出的一个现象是，宗教极端主义的急剧发展。

如何认识政教关系中的宗教问题，区辨宗教问题与宗教极端主义问题，《冷战后的宗教发展与国际政治》通过探讨冷战后的宗教发展问题，着重论述宗教的政治化、异化以及向宗教极端主义的演变进程。即从曲解、掺杂政治企图入手，赋予经典、教义以政治含义；强调宗教主张的政治特性、使宗教思想变为政治意识形态；在原有社团组织以外建立形形色色的类似政党性质的严密的小集团、小组织；并在布道宣教形式的掩盖下从事暴力恐怖活动、阴谋颠覆活动。在宗教政治化、异化过程中，其宗教性逐渐消失而其政治性越来越突出，最终宗教演变为宗教极端主义。这时，宗教在它那里只不过是遮羞布而已。宗教极端主义对国际政治产生严重影响，它激化热点地区固有的矛盾或是使之恶化，它成为冷战后的民族冲突（或不时爆发的战争）的强劲精神支柱，从而严重威胁国际社会的安全和稳定，宗教、宗教极端主义问题往往成为国际斗争的一个重要方面。应该承认，宗教与宗教极端主义、宗教与政治，虽然具有一定的联系，但它们毕竟有着各自的质的规定性，不能等同看待，不可视为一回事。

　　"伊斯兰极端势力编"着重探讨在伊斯兰名义下的宗教极端势力。21世纪初，国家社科基金确定《当代宗教极端主义研究》为"十五"重点课题项目之一；同时，中国社会科学院也确定它为院的"十五"重大课题项目。为顺利开展研究，课题组先后组织有关成员撰有《新疆伊斯兰极端势力研究》（2004 年 2 月）和《伊斯兰极端势力研究》（2005 年 5 月）两份研究报告。在研究报告基础上，完成项目最终成果《当代宗教与极端主义》（中国社会科学出版社 2008 年版）。笔者从《伊斯兰极端势力研究》中选出个人撰写的 5 篇研究报告，纳入本专题文集。

　　《伊斯兰极端势力研究》（之一）是研究报告的"总报告"。它明确界定"二战"后出现的"伊斯兰极端势力"的含义，说明伊斯兰极端势力的形成，既有历史的先例，又有其时代特征；阐释其发展的基本原因。它的出现与那些具有政治经济图谋的野心家、阴谋家密不可分。其基干队伍除参与阿富汗抗苏战争的某些"圣战者"外，还包括那些政治不满者、宗教盲从者、社会失意者、生活无着者、投机钻营者、失学失业者、不明真相者、信仰极端者，此外，它还从出身中上层社会、生活条件优越、受过高等教育、执掌科技工具、具有良好社会职业者中物色成员。同时，探讨"基地"组织、伊斯兰极端势力的基本表现形式及其政治主张。

　　《伊斯兰极端势力研究》（之二）是研究报告的"结束语"。鉴于课题研究有其时间限定，不得不告一段落。可是，研究活动中发现，有些问题尚在发展、变化之中，仍有继续搜集、积累资料、从事研究的余地。"结束语"以此为据，列出可供追踪研究的问题，即本·拉登和"基地"组织是否安排并存在第二套班子、伊斯兰极端势力变更活动方式和斗争策略、美国在反恐战争名义下"改造阿拉伯世界"的"理论"及其企图、继续开展有关伊斯兰极端势力的研究等问题。

　　以下三篇为专题研究报告，分别探讨伊斯兰极端势力问题。其一，《本·拉登与"基地"组织》。该专题研究报告，分为六个部分，从本·拉登的生平简历中探索其堕入宗教极端主义的缘由、"基地"组织形成和发展的不同阶段、"基地"组织的基本政治主张、"基地"组织的基本成员、"基地"组织成立以来的罪恶活动、"基地"组织得以形成和发展的基本原因。

专题研究报告指出，"基地"组织在维护伊斯兰尊严和"圣地"的名义下，从事反美反以"圣战"的目的是，首先把美国人赶出沙特、海湾地区和所有的穆斯林国家，把犹太人赶出圣地耶路撒冷；其次是反对和推翻伊斯兰世界的"腐败政权"，建立"独立自主的阿拉伯和伊斯兰国家"；最后要完成世界范围内的伊斯兰革命。为保证"基地"组织的正常运转，它从事经济活动为暴力恐怖活动筹集资金，它进行必要的军事技能的训练活动和生化武器的研究活动，它还组织成员从事大量的暴力恐怖活动。

其二，《庇护并支持"基地"组织的阿富汗塔利班伊斯兰政权》，除了概述塔利班兴起及其建立政权外，着重探讨该政权的极端主义政策、实施极端主义政策的恶果、实施极端主义政策的基本原因、塔利班政权覆灭后的阿富汗政局。该文认为，塔利班本身是伊斯兰复兴的大气候下产生的怪胎，它实施极端主义政策与内外宗教极端组织的支持密切相关，本·拉登的经济支持对塔利班具有决定性的影响，世界范围宗教极端主义的流传促使塔利班实施极端主义政策。

其三，伊斯兰极端势力从事大量暴力恐怖活动的目的究竟是什么？它的社会政治主张究竟是什么？专题研究报告《伊斯兰极端势力与"伊斯兰革命"》根据它于20世纪90年代以来的活动认为，从事暴力恐怖活动成为"圣战"的代名词，一切罪恶活动均在"圣战"的名义下进行。其真正目的在于鼓吹并实施世界范围的"伊斯兰革命"，进而建立地区性的伊斯兰国家。实现"伊斯兰革命"、建立地区性的伊斯兰国家的基本手段还是"圣战"，因此，伊斯兰极端势力与大量的暴力恐怖活动密切相关也就不足为怪了。

根据中国社会科学院学部工作局《关于征集出版〈中国社会科学院学部委员专题文集〉的通知》的"内容要求"："作者可对收录论文的内容进行必要的修订"的精神，作者对不同时期、不同期刊或著作中，刊载的人名（如本·拉登而不用本·拉丹）、教派（如十叶派而不用什叶派）等人名、词语概念做了统一，对个别论文的文字做了加工，做了简略的注释，对不同论文中涉及相同的事件（如暴力恐怖活动）做了删减。

第一编

伊斯兰教与伊斯兰复兴运动

试论伊斯兰教的政治活力

　　社会生活中，经济是基础，政治是经济的集中表现，宗教与政治相比，不能不居于从属的、次要的地位。宗教不能等同于政治，政治也不等同于宗教。就伊斯兰教而言，它与政治同样有所区别。但不可否认的是，它是一个具有顽强生命力的宗教，与政治的关系密切，在国际政治舞台上，人们都能感到它的存在，以及它所体现出的政治活力。可以说，伊斯兰教本质上是一种政治性的宗教。当前一些关于"战斗的伊斯兰教"、"革命的伊斯兰教"、"政治的伊斯兰教"、"政治的伊斯兰化"、"伊斯兰的政治化"等说法，在某种意义上反映了伊斯兰教具有政治活力的事实。这种活力是使伊斯兰教得以不时地冲击社会生活并产生相应的政治的或其他的影响的原因所在。本文试对伊斯兰教的政治活力问题作一讨论。

一

　　根据马克思主义的观点，宗教与哲学是社会的上层建筑，最远离社会的经济基础。宗教不同于哲学。哲学作为抽象的思辨的观念体系，往往只是少数人的宠物，难以为广大民众所接受，因而也难以统辖民众的思想和生活；相反，宗教则能起到统辖民众思想和生活的精神武器的作用。同样，宗教虽有类似于伦理的一面，但又不同于伦理。伦理可以规范人们日常的生活行为，但却难以激励人们的情感，拨动人们的心弦；宗教则不同，它能为人们带来生活的憧憬和心灵的慰藉。同时，宗教像政治、法律、艺术等上层建筑一样，有着与自身观点相应的制度和机构设施。伊斯兰教正是这样。人们只要对它做一简略的剖析，就不难发现它是一个有着多层次结构的实体，而每一个层次都可能与政治发生有形、无形的联系并发挥其政治活力。

居于伊斯兰教最核心、最内层的是关于安拉独一的观念和人们对安拉内心的信仰、神秘的体验和情感，与之有关的则是经过系统化、形而上学化的种种信条、教义、神学或思想体系，以文字形式表述的经籍著作（《古兰经》、"圣训"、教义学著作等），以及有关的学说和社会思潮；处于它的外层的是以种种外在的宗教行为表现出来的程式化和制度化的宗教礼仪、宗教义务，与宗教伦理观念相关的日常行为规范，宗教和世俗生活中应予遵循的种种宗教禁戒和宗教法规，以及由律法体现的种种宗教的和社会的制度（如丧葬制度、天课制度、家庭、婚姻和遗产继承制度等等）；还有一个层次是宗教的机构设施，如处理并调节穆斯林之间日常关系的生活共同体（"乌玛"）、教坊，穆斯林宗教和文化生活的中心、礼拜场所——寺院或道堂，依附（或独立）于教坊、寺院的教育机构：经学或神学院校，以及有关的制度和规定（如教坊制度、寺院制度、掌教制度、门宦制度等）；此外，还有宗教社团和宗教组织，其中有纯宗教性质的苏非教团、门宦，半宗教性质的结义组织（如"富图瓦"）、穆斯林兄弟会，也有非宗教性的政治组织和政党，即使是这种纯政治性的组织和政党，不少仍与宗教有着这样、那样的联系，至少其主要成员仍然是穆斯林，它们在实际上是伊斯兰教的最外层结构。为适应穆斯林日常宗教和俗世生活的需要，在伊斯兰社会中很自然地发展起与上述各个层次发生联系的宗教从业人员，如主持日常生活的教长（伊玛目、阿訇、毛拉）、讲道员（海推布）、宣礼员（穆安津）等等，裁决和调停穆斯林之间的纠纷和疑难的教法官（卡迪），阐释和教授教义、教法的宗教学者和宗教教师（乌里玛、穆智台希德、穆夫提等），主持地区性社会和宗教事务的伊斯兰长老（谢赫），治理国家和地区行政事务的官职人员（哈里发、苏丹、艾米尔等）；有出身"圣裔"的显贵人员（如作为精神领袖的伊玛目、赛义德、谢里夫等），在苏非派的神秘主义宗教生活中则有精神导师（穆尔希德、辟尔、巴巴、教主、老人家等）；此外，还有种种宗教社团的领袖人物。一般说来，上述人员是伊斯兰教的上层，与普通穆斯林相比，在宗教和世俗生活中，有着更高的地位和声望。

表面上看来，伊斯兰教是以人对安拉的信仰为基础，并由此派生出一系列的观念体系、礼仪制度、伦理禁戒、经籍著作、学说思潮、教法教规，以至于种种设施与组织，似乎宗教是以神灵为中心的。实际上，任何神灵都不过是人的虚幻的、颠倒的反映。不是神创造了人和宗教，而是人创造了神，同时也创造了信仰该神的宗教。说到底，神是人脑的产物，宗教完全是以人为中心的。伊斯兰教的政治活力不是神的安排、赐予和前定的。它是穆斯林参与政治活动的结果。尽管伊斯兰教没有类似基督教那样的教阶制，[①] 但是，宗教上层较之普通穆斯林与前述伊斯兰教各个层次发生更为紧密的联系，在政治生活中，在体现其活力方面也就比一般穆斯林有着更大的作用，他们往往是政治活动的组织者和领导者。

　　例如作为宗教学者的乌里玛阶层中的某一成员，在神学、教法或政治方面的学说或主张，一旦被穆斯林群众所接受、所掌握，他就能起到动员、组织和领导群众的作用，变精神的力量为物质的力量。中世纪的阿赫默德·伊本·罕百勒（780—855）得势时对"异端"的迫害是这样；近代的穆罕默德·本·阿布杜·瓦哈布（1703—1792）在 18 世纪掀起巨大的群众风暴也是这样。至于宗教领袖人物在确立其宗教政治理论、利用宗教设施宣讲其宗教—政治主张、建立组织社团或政党方面所起的作用更是人们难以预料的。哈桑·巴纳（1906—1949）是这样；霍梅尼（1908—1989 年）更是这样。

二

　　由穆斯林体现的政治活力是伊斯兰教固有的自我表现力。这种活力从伊斯兰教的原则和利害出发，并以达到伊斯兰教的目的为归宿。在中世纪，或是在近现代，它总是反复地、持续不断地表现出来。

　　征服战争，或者说，在伊斯兰教旗帜下进行的扩张战争，是这种活力的最集中的表现。伊斯兰教兴起后不久，穆斯林对外进行的第一次征服战争（634—652），半个世纪后进行的第二次征服战争（705—751）、奥斯

---

　　① 在伊斯兰教的各苏非教团和中国门宦中，教民与教主（或导师）间的等级制极其明显，这极其类似于教阶制。十叶派伊斯兰教中，也有类似的教阶制。

曼帝国兴盛时期对外的征服战争（14—16世纪）等即属此。这些战争既获得了经济、政治上的好处，同时也达到了宗教的目的。它使伊斯兰教能够随着穆斯林军的胜利和在征服地的定居而得到传播。根据伊斯兰教的理论，这是在"战争地区"（dār al-harb）进行的"圣战"；而在伊斯兰教史上不时出现的内战：阶级的、民族的、宗教的战争或军事性的征伐是在"伊斯兰教地区"（dār al-Islam）进行的战争，这类战争或征伐虽然没有扩展伊斯兰教的信仰阵地，有时则会起着改朝换代、建立独立国家的作用。它同样是伊斯兰教的政治活力的一种表现形式。

　　教派斗争是这种活力的又一种表现形式。由于教派的分裂和对立，教派间的斗争除了采用必要的神学的、法学的和其他的斗争形式外，有时也会采取政治的甚至是武装起义和骚乱的斗争形式。从伊斯兰教史中可以发现，起义和骚乱往往是处于无权、非法地位的教派反对当政者的一种暴力手段。起义和骚乱有时会被当局镇压下去，其成员会遭到残酷杀戮和迫害，但教派间的斗争并不因起义和骚乱的失败而告终，一旦时机成熟，又会爆发新的斗争；有时，也可能取得暂时的、局部的胜利，建立起独立王朝，实行地方割据。如9世纪末由卡尔马特派发起武装起义并于巴林建立延续了约两个世纪的地方王朝（899—1077）即是一例。

　　在伊斯兰教外衣下从事的社会运动也是它的活力的一种表现形式。社会运动往往在一定的地区内能吸引大批群众投入宗教—政治斗争。这既可以纯洁信仰的名义出现，如12世纪北非穆瓦希德王朝（1147—1269）兴起前的"一神教运动"，18—19世纪阿拉伯半岛瓦哈比派的"清净教运动"；也可以反对本国统治者或外来入侵者的面目出现，如19世纪伊朗的巴布派运动、苏丹的马赫迪运动和北非的赛努西运动。不管社会运动的组织者、发起者拟达到何种宗教的或政治的目的，也不管社会运动的最终结局如何，运动本身会给社会带来深远的、持久的影响。前述的巴布派运动尽管失败了，由巴布教派内分化而出的巴哈教派（已演变为新宗教），不仅在伊朗国内迄今仍有它的追随者，这是霍梅尼政权一度讨伐的对象，而且在国际上已逐渐发展为独立的世界性宗教——巴哈教（"巴哈伊"），其教徒总数已逾数百万人，分布于世界各地。至于马赫迪运动虽然遭到英国殖民当局的镇压，但由该运动分化出来并于后来形成的乌玛党，在今天苏丹的政治生活中仍起着举足轻重的作用。

伊斯兰教的政治活力还有一种表现形式，它通常是以个人的或小集团的恐怖活动进行的。恐怖活动是伊斯兰世界屡见不鲜的社会现象。早年的"正统哈里发"中，除了阿布·伯克尔外，其余的三位哈里发（欧麦尔、奥斯曼、阿里）均在刺客的刀刃下丧生；11—13 世纪之间以暗杀派闻名于世的"阿萨辛派"专门有组织地训练并派遣职业杀手，它的刺客（"菲达伊"）或是直接受命去刺杀"异端"和政敌，或是受命去暗杀王公大臣或十字军公国的君主。至于当前伊斯兰世界不时发生的暗杀、绑架、爆破、纵火等恐怖活动，有着更为复杂的政治目的和政治背景。不管怎么说，这也是政治活力的一种表现形式。

具有宗教—政治目的的游行、示威、请愿、集会，具有宗教—政治背景的社团和政党的有组织的活动，以及由穆斯林参加的国家政治活动等等，都可以成为它的活力的表现形式，本文拟不一一概述。但有一点可以肯定，由于伊斯兰教鼓励它的信徒积极参与俗世生活，当俗世生活涉及政治领域的问题时，它就会强烈地表现出其活力来。

当我们具体探讨伊斯兰教的政治活力时，不能不看到在阶级社会中人总是作为具体的、处于一定阶级地位中生活和活动的人而存在的。无论是穆斯林群众，还是前述的种种教职、官职、"圣裔"、宗教领袖或其他人物，他们不是作为统治阶级的成员，就是作为被统治阶级的成员在发挥其政治活力。一般说来，伊斯兰世界存在着两类不同性质的政治活力。一类由统治阶级体现，一类由被统治阶级体现。由于统治阶级和被统治阶级有着大体一致的宗教信仰，又都是作为穆斯林而从事活动的，这就使统治阶级有可能在伊斯兰教的旗帜下，以信仰的名义把社会大多数成员卷入其活动，自上而下地体现其活力。前述的历史上多次征服战争是如此；当前一些伊斯兰国家强化和发展伊斯兰教的种种做法也是如此。作为被统治阶级的穆斯林群众在其领袖人员的组织、发动下，或是为反对当政者，或是为达到一定的宗教—政治目的，也可能以自下而上的形式体现其活力。历史上的种种起义、骚乱、社会运动或恐怖活动是如此，当前伊斯兰世界为复兴伊斯兰教在民间出现的种种活动也是如此。还由于伊斯兰教已经分裂为对立的教派，我们在考察它的活力时，不能不考虑到教派的因素，即逊尼派和十叶派各在其国家中所处的地位如何，该国的教派构成如何等问题。在宗教（教派）内部处于领袖地位的人，在政治上或在国家政权中并不一定处于掌权的地位；或者说，在政治上处于被统治地位的人并非在宗教（教派）内部也处于无权的地位。即使在那些迄今仍是政教合一的国家里，同样有教派属性问题、宗教外衣掩盖下的政治反对派问题、掌权集团内部个人的权力分配问题等等。在大多数情况下，对立教派间的纠纷和斗争的性质仍然是宗教的，而非政治性的。但是，它也会由宗教的、教派的纷争演变为流血的政治斗争事件。不仅在教派之间的斗争是如此，而且在异教之间有时也会因某种纯宗教、纯信仰的纷争演变为政治的斗争。埃及穆斯林和科普特人之间、印度的穆斯林和印度教徒之间经常发生的斗争即说明这一问题。无论如何，这都是伊斯兰教政治活力的表现，是我们考察伊斯兰教问题时不应忽视的。

三

伊斯兰教的政治活力是伊斯兰教自身固有的活力，它由穆斯林的种种宗教—政治活动体现出来。那么，这种活力得以产生并绵延不绝的主要原因为何呢？

首先，伊斯兰教兴起的历史表明，它是宗教革命和社会改革相伴随的产物。表面上，穆罕默德在麦加为宣扬天堂地狱、来世复活、反对偶像、信仰一神，以创立新宗教、新信仰，实际上则是为统一半岛、建立民族国家，宗教活动与政治运动互为表里，相辅而行。在麦地那，他创立的穆斯林公社是典型的政教合一的神权政体。它既领导穆斯林群众从事政治的、军事的和其他方面的斗争，又组织他们日常宗教的和俗世的生活；既为他们确立了种种必须遵循的伦理规范、宗教禁戒，以及社会、家庭、商业、贸易、婚姻、遗产继承制度等等，又审理他们的种种刑事、民事案件，调停他们之间的纠纷。所以，伊斯兰教从来就不是精神思辨的产物，也不是纯观念的信仰物。它与穆斯林的社会生活发生紧密的联系，宗教的影响渗透到社会生活的各个领域。因此，伊斯兰教的任何行为都不难发现其政治含义。早年星期五聚礼的讲道中，为哈里发祈福、谴责"异端"派别的渎神即是一例。霍梅尼登台前，清真寺广播他的录音并抨击巴列维国王的暴政也说明了这一点。就是说，伊斯兰教的政治活力首先根源于伊斯兰教自身的宗教性与政治性的合一。

其次，《古兰经》为伊斯兰教发挥其政治活力提供了经典根据。按照伊斯兰教的观点，《古兰经》是"天启"、是"主命"，是穆斯林必须遵循而不得有任何迟误和犹豫的。《古兰经》允许教徒"获得今世的报酬"（3：145）、"今世生活的享受"（3：37），除了那些坚持精神苦修、称作苏非的神秘者外，一般穆斯林并不隐世索居、回避俗务政争。至于《古兰经》关于教徒"应当服从使者和你们中的主事人"（4：59）的规定，关于教徒应"为主道而战斗"（2：244）、把参加战争作为早年伊斯兰教的一项"定制"（2：216）的规定，更成为对穆斯林应积极从政的基本要求。任何穆斯林只要认真对待上述经文的规定，他的行为就不单单是宗教性的——听从了"主命"、履行了"天启"，而是政治性的了。特别是《古兰经》关于"信士们皆为教胞"（49：10）的经文规定，使穆斯林之间有一种特殊的、非常人所能理解的"兄弟情谊"和"认同"情感。这种情感维系着穆斯林之间的亲密关系，协调彼此间的利益和行动，同时，这种情感也很容易激励穆斯林为了伊斯兰教的原则和利益而赴汤蹈火，临危不惧。伊斯兰教具有政治活力的一个重要原因正在于此。

再次，伊斯兰教具有自我调节的机制，是它得以显现其政治活力的又一原因。自我调节指的是伊斯兰教以自身为调节的主体，同时又以自身为调节的对象，通过对外界作出积极的或消极的反应，使自身在发展和变化了的社会中得到同步的发展和变化，在新的基础上达到自我完善和自我调谐。伊斯兰教兴起后不久，之所以能迅速地转而为封建制度服务，成为各哈里发帝国和地方王朝的精神支柱，继而又能在现代为某些伊斯兰国家内部已经发展起来的资本主义制度服务，成为今天各伊斯兰国家当政者的统治工具，完全是它的自我调节的机制作用的结果，也是它得以持续地发挥其政治活力的原因。同样，被统治阶级、政治反对派和宗教上层，为了自身的生存和利益，也会以伊斯兰教为精神武器在反对统治阶级的斗争中采取相应的步骤，既适应发展了的形势的需要，又发挥其应有的政治活力。

最后，伊斯兰教史上没有出现过类似基督教的那种宗教改革运动，这使得伊斯兰教的政治活力有可能在原有的宗教体制内继续发挥其作用，继续影响社会生活。基督教的宗教改革运动，实质上是在宗教外衣下的资产阶级的社会政治运动。其目的是从封建主手中夺取基督教会的控制权，使教会由为封建制度服务的政治工具转变为资产阶级服务。其结果导致罗马教会的分裂和新教的诞生。伊斯兰教兴起后不久发生的教派分裂与此不同。这时，伊斯兰教的宗教体制尚待形成和完善化，它的教法、教义、经注、圣训等学科尚待建立和发展。伊斯兰教的分裂使各教派宗教体制化和神学理论化。从总体上来说，这就进一步巩固了伊斯兰教。近代的瓦哈比派运动并不是针对封建制度的资产阶级社会政治运动，它并不企求对伊斯兰教的信条和礼仪作出类似基督教宗教改革运动那样的改革，而是为了净化伊斯兰教的信仰，本质上它是恢复伊斯兰教已经丧失了的原有精神的"复古主义"运动。其直接结果没有为资本主义开道，而是使宗教与家族政权更紧密地结合，从而封建主义和宗族主义更深地扎根于半岛社会。它不仅没有削弱伊斯兰教的政治活力，相反，它使这种活力得到顽强的显现。

应该指出，我们不应忽视伊斯兰教的政治活力产生和绵延不绝的更为根本的经济原因，同时，也不应忽视这种活力产生和绵延不绝的直接的政治原因。由于伊斯兰世界各国在经济、政治上发展的不平衡性，由于各国的具体情况不一，需要做专门的、具体的考察，难以一概而论。因此本文暂且从略。可是，仅从伊斯兰教这一视角观察，人们亦不难发现以伊斯兰为团结的旗帜，或是以伊斯兰为召唤的手段，就能激发这种政治活力，更不必说那种更为深层的政治、经济原因了。

四

20 世纪以来，尤其是第二次世界大战以后，伊斯兰教在西亚、北非、南亚、东南亚等地区得到了巩固和强化，在东非、西非、西欧、北美等地区有了传播和发展，至于它在中亚地区的影响从未消失。总的来说，伊斯兰教在世界范围内呈发展趋势。在这一期间，伊斯兰世界出现了一些新因素、新变化，这更加促使了伊斯兰教发挥其政治活力。

　　具体说来，这些新因素、新变化大致有以下几点：世界穆斯林人口已迅猛增长至 8 亿左右①，这是伊斯兰教史上从未有过的现象；已有 46 个伊斯兰国家先后获得独立并参加伊斯兰会议组织②，尽管其中并不是所有国家都以伊斯兰教为国教（或国家宗教），但宗教在这些国家政治生活中的地位仍不可低估，即使在一些主张政教分离的国家中，伊斯兰教仍竭力固守尚未失去的阵地并力图恢复已经丧失的世袭领地；泛伊斯兰性质的组织普遍建立，各种泛伊斯兰主义的国际性或地区性会议不断召开，双边或多边的宗教—政治性的国际交往日益加强，这使得伊斯兰世界宗教—政治性活动显得日趋频繁和活跃；伊斯兰国家在社会生产、科学技术、文化教育等方面，在国家的世俗化和现代化等方面都有了不同程度的进展，由于石油工业的发展和 70 年代石油价格的暴涨，盛产石油的伊斯兰国家获得了巨额的石油美元收入，这为伊斯兰事业的发展奠定了坚固的经济基础；与此同时，西方对伊斯兰世界各国在政治、经济、意识形态和生活方式的控制虽已削弱，但其影响并未消失，苏美在伊斯兰世界争夺的阴影时强时弱、时隐时现，以色列复国主义的政治纲领和侵略本性并未改变，它们对伊斯兰国家或是直接出兵侵略破坏，或是从事颠覆渗透，或是培植政治反对派，或是寻求代理人、扶植傀儡政权，如此等等。伊斯兰世界出现的这些新因素、新变化必然对伊斯兰教本身产生影响，从而使它的政治活力在新的社会历史条件下具有一些新特点。

　　这种活力更具"理论"的色彩。人所共知，理论是行动的指南。伊斯兰世界当前出现的种种"理论"，其主旨在于解决穆斯林群众迫切关心的摆脱困境、提高民族经济、文化和社会生活福利问题。这一时期除了泛伊斯兰主义在理论上和实践上都有了新的发展外，还出现了诸如 50—60 年代的伊斯兰社会主义，70—80 年代的伊斯兰复兴（复兴思潮和复兴运动）和"第三条道路"的主张，等等。尽管伊斯兰世界有了上述的种种新因素、新变化，但对各伊斯兰国家而言，各国的经济、政治、文化发展是不平衡的，各国的阶级关系和生产关系并未发生根本的改变，各国固有的矛

---

　　①　据 21 世纪初的不完全统计，穆斯林人口已达 12 亿—13 亿。
　　②　目前参加伊斯兰会议组织活动的已有 57 个国家，该组织已更名为伊斯兰合作组织。

盾有的并未获得解决，有的更趋恶化；上述的思潮和主张究竟在多大程度上具有科学性、可行性，尚有待于实践的检验。然而，理论的作用恰恰在于它能够对接受它、相信它的群众起到指明方向、组织动员、激励他们的积极性，并变群众的精神为物质的力量。毋庸讳言，革命的理论是这样；那些似是而非的，甚至是错误的"理论"有时也能起到这样的作用。力图通过理论的阐述表明伊斯兰世界的现状以及摆脱目前困境的做法，显然被一部分群众奉为灵丹妙药，它无疑吸引了穆斯林群众投身到这些思潮和主张的鼓吹者、传播者的召唤之中，从而显现出相应的活力。例如50—60年代广大的中、下层民众、自由职业者、职员、店员、教师和大、中学校的学生，之所以被伊斯兰社会主义所吸引并迸发出活力来，某些宗教上层和当政者之所以成为这一思潮的鼓吹者、仰慕者并支持它的传播，完全是和它的"理论"色彩分不开的。

其威力越出伊斯兰世界。历史上，除了对外的征服战争外，一般说来，它的政治活力很少越出伊斯兰世界的范围。可是，当代的伊斯兰教已远非昔日可比。伊斯兰国家不仅是国际大家庭的成员，而且形成了自身的政治同盟，穆斯林生活和活动的地域早已突破伊斯兰世界的界限而大批涌入非伊斯兰国家，包括基督教传统势力范围的西欧、北美地区。伊斯兰世界发生的任何事件（宗教的或政治的）在非伊斯兰国家的穆斯林中往往会得到或强或弱的反响；甚至在非伊斯兰国家的穆斯林中，或是穆斯林与非穆斯林的关系中，出现了某种有关伊斯兰教的问题，往往在其他地区或国家也会得到一定的反响。伊朗"伊斯兰革命"前后席卷伊斯兰世界的伊斯兰复兴的风暴，其影响和对社会生活的冲击绝不仅限于伊斯兰世界。1988年英国籍印度裔作家萨尔曼·拉什迪撰写的小说《撒旦诗篇》在伊斯兰世界引起强烈抗议的浪潮。它在巴基斯坦引起死伤约90人的骚乱；它给英国和伊朗的外交关系蒙上了阴影，同时，欧洲共同体12国和伊朗互相撤回使节、停止高级官员互访就说明了这一点。

更具战略性的考虑。一般来说，早年的政治活力是对政治的即时反应，通常缺乏长远的打算。当前则不同，它的一个新特点就是对伊斯兰教、穆斯林民族和穆斯林社团的发展，尤其是在非伊斯兰国家的发展，作为一个具有战略意义的问题提出来并予以认真的考虑和对待。最能说明问题的是1977年世界伊斯兰大会出版的《各国穆斯林少数概况》的小册子。它就五大洲45个非伊斯兰国家的穆斯林少数派的基本情况和有关伊斯兰教事务问题（简史、寺院教育、书刊、教法、教职、组织、活动等）作了调查。最初，它是提供给第七届伊斯兰大会（伊斯坦布尔）的一份情况报告。但其着眼于这些国家"伊斯兰未来的发展"，重视穆斯林儿童的"伊斯兰基本教育"和穆斯林的"民众团体"问题，不能不引起人们的深思。报告的提出者无形中告诉我们，它所关心的不单单是非伊斯兰国家中穆斯林从事宗教生活的人数多寡、寺院的修建或纯宗教性问题；而是向伊斯兰世界呼吁，要人们关心伊斯兰教的精神和传统如何在他们的后裔中得到继承和发扬、如何提防和尽力缩小西方意识形态、价值观念和生活方式的影响和侵蚀问题。在吉达阿布杜阿齐兹皇家大学出版的有关穆斯林少数事务的季刊中，关于各国穆斯林少数的政治、经济和文化状况的论文和调查报告，同样说明伊斯兰教的政治活力不仅着眼于现在，而更着眼于未来。如结果联系到穆斯林人口的增长速度与西方国家人口增长相对停滞的现实，可能不需要多久，"穆斯林少数"的情况在这一或那一国家会发生重大变化的。1943年黎巴嫩按宗教教派实力（人口）达成的分权协议，显然没有估计到人口的变化会带来何等的困境。今天伊斯兰教战略性的考虑问题又意味着什么呢？

日益显示当权者的积极性。这不是说，作为被统治阶级或政治反对派、宗教上层、穆斯林群众在当前不再有什么活力，也不是说当权者在以前没有什么积极性。问题是第二次世界大战以来，尤其是石油美元源源不绝地流入一些伊斯兰产油国的国库以来，这些国家的当政者有着比以往任何时候都更为雄厚的经济实力支持伊斯兰事业，这使伊斯兰教的政治活力比以往任何时候都更为活跃、更为强劲。当政者的这种积极性不仅表现在强化本国的伊斯兰教，使之成为自身统治的精神支柱，支持其他国家的伊斯兰事业，使之为自身的外交斗争服务；而且表现在对泛伊斯兰组织及其活动的支持与赞助上。泛伊斯兰的活动本身体现了一种有组织的超国家、超民族的政治活力，它具有更大的包容性，以协调各伊斯兰国家在国际政治舞台上的立场，所谓用"同一个声音"说话、对有关伊斯兰政治、经济利益问题的频繁磋商以及共同采取统一的行动等等，这在无形中形成了新的国际势力集团。也许它暂时还不能作为国际生活中的一个主角登场,但随着时间的推移,它迟早会成为国际角逐中的一支重要力量,迫使人们倾听它的声音并重视它在国际生活中的作用。泛伊斯兰组织及其活动的威力所在,除了受到当政者的支持和赞助外,还由于它的伊斯兰属性、它对伊斯兰传统的尊重和承继,从而得到穆斯林群众的欢迎,这种活力显然是以群众的支持为后盾的。

当然,我们不能把伊斯兰世界所发生的一切事情都纳入伊斯兰教的范围、归因于伊斯兰教的政治活力,似乎它是无所不包的;过分地、无根据地夸大伊斯兰教在社会生活中的作用和影响是不可取的。如前所述,宗教在社会生活中的作用,与政治相比,毕竟只处于从属的、次要的地位。不过,在伊斯兰世界,撇开伊斯兰因素而纯粹从政治角度观察问题,似乎宗教就是宗教,政治就是政治,宗教与政治两者是不搭界的,或者说,似乎宗教与政治两者完全不可能互相渗透、互相结合,彼此为对方所利用;这种分别地、孤立地探讨伊斯兰教或政治问题同样是不可取的。事实表明,不仅仅在伊斯兰世界,甚而在国际政治生活中发生的许多事件,只要它与伊斯兰教有一定的牵连,不考虑伊斯兰教的因素就无法理解、无法说明,从而也就弄不清问题的症结所在。

综观伊斯兰世界出现的种种新因素、新变化,以及由此而发生的伊斯兰教的政治活力的新特点,我们没有理由不重视伊斯兰教与政治关系问题的研究。

［刊载于《西亚非洲》（双月刊）1990 年第 2 期］

试论伊斯兰教的自我调节

　　伊斯兰教在当今伊斯兰世界各国的社会政治、经济与文化生活中，具有极其重要的影响。奉伊斯兰教为国教的国家自不必说，即便是那些已经实行政教分离的国家，伊斯兰教在民众中影响的深度与广度仍不可低估。20世纪以来，特别是第二次世界大战以来，伊斯兰教在各国都遇到了社会生活现代化的挑战，面临着一个共同的问题：如何作出积极的反应以回答这种挑战。可是，伊斯兰教能够进行选择的余地是不多的。历史表明，它不可能在当前的社会中，原封不动地保持自身的传统，维持现状，甚而在社会生活中推行全盘的伊斯兰化来作为回答；也不可能为顺应时代的潮流和社会生活的发展，完全改变自身的面目或放弃自身在社会生活中的地位与影响，甚而以全盘的西方化来取代自身。唯一可行的选择只能是进行必要的自我调节，以适应现代化的进程。

一

　　什么是自我调节？一般地说，自我调节是自然界与社会中的普遍现象。它是任何企求生存、发展、繁衍或延续其生命或存在的事物都具有的一种机制或功能。拥有众多信徒的伊斯兰教，当然也不例外。自我调节是以自我为调节的主体又以自我为调节的对象，以自我为调节的出发点又以自我为调节归宿的这样一种自我的调整、调谐。调整或调谐的目的不是别的，而是主体（自我）在新的、变化了的内外条件下，在内外条件的作用下，对客体（非我）或是积极或是消极的反应，以便使自我更好地生存和发展。自我调节的过程，既是主体调整自身、改造自身的过程，同时又是主体通过自身的调整与改造，使之适应变化了的客体的过程；当然，经过这种调整与改造了的主体，反过来也会对客体产生一定的作用。

这里说的调整，具有两重含义。一是自我的内在方面的调整，为的是使自身不断更新，更趋完善化，以便自我得以在新的条件下得到发展；这是内在关系的调整。一是自我与其外在方面的关系的调整，使自我在不断更新和完善的情况下以与客体相协调、相和谐；这是自我的外部关系的调整。因此，自我调节本身不言而喻地包含着自我更新、自我完善和自我发展的内容。换句话说，自我更新、自我完善和自我发展是自我调节的目的所在。如果自我调节达不到更新、完善和发展的目的，事物也就会或迟或早地丧失其生命力。

就伊斯兰教而言，它作为一种宗教信仰和礼仪制度也好，作为一种意识形态、伦理观念也好，或是作为一种社会生活方式、历史文化现象也好，在社会生活中，都与社会生活的其他各个领域（政治的、经济的、法律的、文化的……）发生着某种联系和关系。当它的内外条件发生变化时，它所具有的那种自我调节的机制必定会发挥作用以适应内外条件的变化。如果伊斯兰教自我调节的结果使它自身丧失生命力，那么，这种自我调节并不是伊斯兰教所需要的；如果这种自我调节无法使伊斯兰教与变化了的外部环境相适应、相协调，相反的却成为社会进程的阻力或有害的因素，那么它迟早会被人们所抛弃，它自身也会失去存在的价值。

二

仔细研究伊斯兰教史，人们不难发现，伊斯兰教时时、处处在进行着自我调节；自我调节不是近代的产物。伊斯兰教得以不断更新、完善和发展，并能应付伊斯兰教内外的巨大事变，完全是它的自我调节机制发挥作用的结果。

今天的伊斯兰教与穆罕默德创立时的原始状态相比，已经有了很大的发展和变化。表面上看来，伊斯兰教的基本信仰和礼仪制度、它的教法禁戒和伦理规范、它的社会主张和神学思想等等，在《古兰经》中已有所规定。可是，不仅这种种规定是极其笼统、极其原则性的，而经文本身也是他的圣门弟子汇集成册的；所谓的"六大信仰"和"五功"也是经过后人（主要是乌里玛）条例化、系统化了的；当时，也没有后来流传的教法和教法的汇集。就是说，人们今日所见所闻的伊斯兰教，实际上是中世纪自我调节的结果。

　　具体说来，例如伊斯兰教法和教法学的发展，明显地表明了伊斯兰教自我调节的进程。7世纪30—50年代，穆斯林军对外扩张战争取得节节胜利，征服地不断扩大，阿拉伯半岛的居民陆续地、大批地迁入新领地。随着生活环境的变化，客观上要求按照伊斯兰教的原则，建立系统的教法以为穆斯林宗教和世俗生活的准则、调解穆斯林之间以及穆斯林与当地的非穆斯林（或其他宗教信仰者）之间的纠纷并进行必要的仲裁；为建立急需的教法，伊斯兰教各传播中心发展起地区性的教法学派，这些教法学派制定的教法以及有关创制立法的原则，大约于8世纪时为各地的穆斯林公社所接受；约于9世纪起，又开始接受以著名教法学家为代表的教法学派的教法主张。几乎与此同时，应教法学发展的需要，搜集和整理圣训的活动得到了鼓励，为甄别圣训真伪而发展起来的圣训学，也于这一时期完成。约10世纪时，逊尼派伊斯兰教内部最终接受以哈乃斐、马立克、沙斐仪和罕百里为代表的四大教法学派的主张为权威，其他地域性的或名声较小的教法学派的影响陆续消失，或并入上述四大教法学派；在圣训上则承认由布哈里、穆斯林等六位圣训学家汇集的圣训集为权威（通称"六大圣训集"）。到11世纪时，十叶派伊斯兰教也采纳本派教法学家的教法主张，并奉本派圣训学家汇集的四本圣训集（通称"四圣书"）为权威。伊斯兰教的教法和教法学、圣训学和圣训的汇集分别于逊尼派和十叶派内的完成，表明伊斯兰教自我调节在教法领域的实现。而伊斯兰教随着它的宗教学科（如教法学、法理学、圣训学、经注学、诵经学、教义学等），尤其是教法学的发展而得到的发展，对伊斯兰教而言是至关重要的。

　　再如神学思想方面，伊斯兰教的这种自我调节机制的作用尤为明显。伊斯兰教兴起之初，只有简单素朴的信条，没有思辨的神学教义体系；早年，对这些信条也没有什么逻辑的、理性的论证。7世纪末叶，阶级斗争不断尖锐化，反映在意识形态领域内，开始出现激烈的神学争辩，尤其是关于安拉的前定与人的自由意志、安拉本体的独一与其属性诸多的关系、犯罪者于穆斯林公社中的地位。哈里发的品性与合法性等问题的争辩。伴随着神学的争辩，伊斯兰世界先后建立起神学派别。同时也为理性主义于伊斯兰教中的传播敞开了大门。理性主义不同于信仰主义和感觉主义，它建立在理智、思维和逻辑论证的基础之上，而不是虔信、热诚、敬畏和顺从的产物。9 世纪上半叶，穆尔太齐赖派以其强调理性、贬低启示，主张人的意志自由、反对安拉前定的神学—哲学观点受到阿巴斯王朝的哈里发（马门，813—833 年在位）的支持，其"《古兰经》系受造之作"的观点被奉为官方信条。那部分坚持正统信仰的乌里玛或教法学家则视理性主义为洪水猛兽，视穆尔太齐赖派的思想家们为"异端"，竭力抨击与围歼；而从穆尔太齐赖派分化出来的以艾什尔里为代表的神学家们则调和理性与启示，以理性论证天启并为信仰服务，其结果使伊斯兰教对理性主义由最初的完全排斥到适度容纳的转变；到 11 世纪中叶，这种调和理性与正统信仰的艾什尔里派的学说，备受统治阶级的青睐，并形成新的官方信条；大多数乌里玛这时也陆续接受理性与思辨，不再回避与畏惧它。这是伊斯兰教的神学思想的一方面的发展。另一方面，一部分后来被称之为苏非派的虔信者，继续坚持早年的教义和简朴的生活方式，反对同时代人因征服地扩大、穆斯林公社财富剧增而使生活日趋奢侈化的做法，尤其是反对上层统治者争权夺利、荒淫无度的种种被认为是渎神行为和世俗化的倾向，他们强调生活上的守贫、坚忍、苦行、禁欲，宗教上的敬畏、虔诚、忏悔、顺从，以勤奋的宗教功课和无数次的赞念安拉来抵制同时代人热衷于声色享受的诱惑，这种以苦行主义、禁欲主义以及随之发展起来的神秘主义为特征的虔信者，虽然在最初是无组织的，但这种基于感觉主义和神秘主义本身则是对当时正统信仰中的刻板、僵化的教条主义和礼仪上的繁缛、琐细的形式主义的一种反动。9 世纪以来，伊斯兰教因翻译运动而由外界引入的新柏拉图主义对苏非派同样产生了影响；它的思想家也力图证明其信仰的正统性，这就为正统派的思想家接受神秘主义做了舆论上的准备。这是伊斯兰教内的神学思想又一方面的发展。

　　11 世纪末叶，大神学家安萨里把已经调和了理性与正统信仰并官方化了的艾什尔里派学说，进一步使之与苏非主义相调和，这就为官方化的信条增添了神秘主义的因素，从而使伊斯兰教神学思想的最终形式得以定型。其中，哈里发帝国的塞尔柱王朝首相尼查姆·穆尔克对艾什尔里派学说的官方化以及对安萨里主张的支持起了决定性的作用。应当指出，苏非主义并不是外在于伊斯兰教的独立的宗教，它是教徒心中的宗教、宗教中的宗教。在神秘主义被纳入官方信条的同时，苏非派在民间有组织的形式（苏非教团）有了广泛的发展，这种民间信仰与官方信仰相辅而行，统治着伊斯兰世界的意识形态领域达五六个世纪之久（12—18世纪）。由于苏非主义的发展与传播，不仅没有削弱伊斯兰教的信仰阵地，反而在蒙古人摧毁巴格达、消灭哈里发帝国后，能够以其民间信仰形式应付这一突然事变，使早年伊斯兰教尚未深入的边远地区得到传播，并使伊斯兰教在一度丧失其官方信仰的地位后得以延续下来。

由上可见，伊斯兰教内从纯理性思辨和感官直觉两个不同侧面的发展以及两者与正统信仰的合一，表明伊斯兰教的神学思想像它的教法学一样，并不是一蹴而就的，它由早年的素朴信条到今日完备信仰的发展，正是在自我调节过程中不断更新和完善的。

然而，不可否认的是这种自我调节也为伊斯兰教带来某些有害的因素。由于10世纪时逊尼派教法学家在几乎所有问题上达成大体一致意见（"公议"）之后，实际上是对任何依据经训的解释提出新的意见或创制下了禁令。这种基于对权威教法学家的尊崇而使大多数教法学家承认作为创制的"伊智提哈德"的大门则关闭了，以后的学者不再有个人判断以阐述教法的权利，只有"仿效"（塔格利德），即绝对服从权威的义务，这无疑使一度具有生机的教法学在逊尼派伊斯兰教流行的广大地区的停滞与僵化。在神学思想方面同样如此。由安萨里集大成的官方教义也失去了发展的势头，以后的学者至多是对"伊斯兰教权威"（指安萨里）的著作进行注释或再注释，不再有什么创新与发展。教法学与神学思想的停滞与僵化，为苏非主义在民间的发展创造了条件，在有些地区和国家甚至成为官方信仰。伊斯兰教进入近代以后，首当其冲地激烈反对苏非主义与此不无关系。

三

乌里玛阶层在伊斯兰教的自我调节中起着决定性作用。与一般穆斯林以经商、务农、手艺等为谋生手段不同，乌里玛作为伊斯兰教的知识阶层，则以精湛的宗教知识和虔诚的信仰献身于伊斯兰教。他们被认为是穆罕默德去世后的先知事业的代表和继承人。同时，他们也自认为是伊斯兰教义和教法的阐释者和捍卫者，其职责在于指导并约束普通穆斯林的宗教与世俗生活，匡正他们偏离正道的信仰和行为，使之顺从并遵守安拉的诫命与禁令。乌里玛阶层唯有的特权是对神学与法学问题作出阐释和决断，他们在宗教和世俗生活中的这种特殊的作用，决定了他们关注的中心问题是宗教事业的兴盛与发展，也决定了他们在普通教徒心目中享有师长声誉和权威地位。无论他们是在政府中任职，或是担任社会公职（如伊玛目、卡迪、穆夫提等），或是任教于宗教院校，正是赖于他们的忠诚，才保证了伊斯兰教事业的延续、传播和发展。

伊斯兰教没有统一的、类似于罗马天主教会那样的组织，也没有严格的教阶制，这使得乌里玛的活动是相对独立而又分散进行的。尽管在理论上伊斯兰教有学者大家的"公议"（或"伊制马尔"，即意见一致）原则，可是在实际上要形成真正的意见一致并不可能，因为伊斯兰教难以召集或组织他们出席会议并做出相应的决议。至多是某些著名的乌里玛有一些追随者，在他们中间可以有某种协议或谅解。事实上，中世纪的乌里玛以形成不同的学派来表述其观点；而在近代以来，在某些国家或地区虽有"教师职合会"这样的组织，但其政治色彩重于宗教色彩，与其说是宗教社团不如说是政党性质的组织更切合实际一些。但不管怎么说，乌里玛的活动一旦受到国家或来自官方的支持，伊斯兰教的自我调节就得以顺利进行。

可是，随着伊斯兰教的宗教体制于中世纪的形成，教派间的隔阂日趋深化，而宗教信条的神学化和宗教礼仪的程式化的加剧，伊斯兰教中的那种对传统的无选择的因袭和对权威的盲目的模仿和服从，终而占据主导地位。伊斯兰教因仿效并服从权威，因袭传统而导致的保守、僵化和停滞的状况，早在 13 世纪已引起新罕百里派的代表人物伊本·泰米叶（1263—

1328）的担忧，他从护教主义的立场出发，反对崇拜权威，主张"伊智提哈德"不应中止。只是在马木留克（奴隶）王朝（1260—1561）统治下的叙利亚地区，他的正统派的神学观点不受统治者的欢迎，同时也因为伊斯兰教的中心地区已被蒙古人占领，他的思想无法为更多的穆斯林所知悉。

当伊斯兰世界各地受到西方资本—帝国主义从政治到经济、从军事到文化、从意识形态到生活方式等各个方面的侵袭和渗透后，伊斯兰教为了对此作出反应，不得不首先从内部进行必要的调整，反对长期以来统治着人们思想的那种因袭传统，仿效并服从权威的做法。如上所述，伊斯兰教只有这样做才能更新自身，完善自身以迎接外来的挑战。18 世纪中叶兴起的瓦哈比派运动，企图恢复伊斯兰教的原旨教义和传统精神，号召回到《古兰经》去，反对因苏非主义传播而出现的种种圣徒、圣墓崇拜、迷信、占卜，以及其他陋习。这一运动本质上是对支持苏非神秘主义的奥斯曼帝国统治阿拉伯半岛以及西方入侵伊斯兰世界的抗议，是伊斯兰教进入近代发展的最早的一次自我调节。它引起沉寂的伊斯兰教的苏醒，为伊斯兰世界其后掀起的社会运动和社会思潮铺平了道路。与瓦哈比派运动的形式不同，一些伊斯兰教的思想家认识到不改变因袭传统、仿效权威的观念，伊斯兰教就无法适应现代化的进程。其中最重要的思想家有哲马鲁丁·阿富汗尼（1839—1897）、穆罕默德·阿布杜（1849—1905）、谢赫·侯赛因·吉斯尔（1845—1909）和穆罕默德·拉希德·里达（1865—1935）等。根据阿富汗尼的主张，他认为"伊智提哈德"的大门并没有被关闭，应用《古兰经》的原则重新解释他们时代的问题，应是人们的一项义务，也是人们的一项权利。他把拒绝这样做的人认为是一种犯罪行为并应视他们为伊斯兰教的真正敌人。穆罕默德·阿布杜则认为"伊智提哈德"不仅是被允许的，而且是更为本质的；集体的意见一致（"公议"）并不能关闭"伊智提哈德"的大门，他在《回教哲学》（或《回教一神论大纲》）中，更加明确地反对一切因袭传统。他说：

"一神论的目的是：……依照《古兰经》之教训，本着证据，不涉因袭的信仰列圣。因为《古兰经》已经命令我们用理性去观察宇宙现象及其定律，以谋得对于《古兰经》之教训的确信，且禁止我们因袭，以故为我们叙述古昔民族因袭其祖先的情形，且贬责其行为，驳倒其信仰，否认其宗教。《古兰经》所说的，诚然有理，因为对于真实的倘使可以因袭，则对于虚伪的也可以因袭了；对于有益的倘使可以因袭，则对于有害的也可以因袭了。所以因袭便是错误，动物犯了这种错误，可以原谅；人类犯了这种错误，便不能原谅……"①

显然，这些思想家已经看到了任何权威，即使是伊斯兰教自身的权威，都有其时代的局限性；而传统，哪怕是伊斯兰教自身的传统也不该笼统地、不加分析地一概予以因袭、继承。他们的观点在一段时间内不为人们接受是很自然的事。因为受过传统教育的乌里玛，由于他们大多出身宗教家庭并具有宗教的世界观，要他们对传统和权威产生某种怀疑、否定的态度并非易事；而受过西方教育的知识分子虽然在人数上与年俱增，可是，他们对伊斯兰教所能产生的影响却小于乌里玛。由于对西方的入侵没有立即作出强烈反应，这就是为什么从哈瓦比派运动兴起到第二次世界大战结束时的两个世纪内，伊斯兰教的自我调节进展不大的原因。

20 世纪 50 年代以来，伊斯兰教的自我调节的步伐明显地加快了。看来，这既和伊斯兰教的外部条件（伊斯兰世界民族独立和解放运动的蓬勃发展、各民族国家的建立、西方对伊斯兰世界政策的调整等）变化有关，也和伊斯兰教内的乌里玛阶层的认识普遍提高有关，不应忽视的是，伊斯兰教自我调节有着广泛的群众基础，伊斯兰世界各国对伊斯兰事业在政治上、经济上所作的支持，正是伊斯兰教得以顺利进行自我调节的重要保证。

四

当代伊斯兰世界各国是在地域划分的基础上建立起来的民族国家。各个国家因自然地理条件、经济发展程度、国家政治体制、历史文化传统以及国内民族构成的不同，决定了伊斯兰教自我调节的形式因国而异、因地而别，没有固定的模式。

---

① 穆罕默德·阿布杜：《回教哲学》，马坚译，商务印书馆民国 22 年（1933 年）版，第 26 页。

在沙特阿拉伯，早在神学家穆罕默德·本·阿布杜·瓦哈布（1703—1792）与沙特家族联姻结盟后，乌里玛阶层与沙特王室的关系一直十分融洽、和谐，互相密切合作。沙特王国建立后，乌里玛核准王室统治的合法性，引导民众拥戴王室的统治，赞同并竭力保护王室推行种种现代化的努力；王室则以优遇与恩宠作为对乌里玛支持的回报，两者共同分享王国的宗教权力和世俗权威。最能说明问题的是 20 世纪 60 年代沙特王室权力的更迭，王储费萨尔的登基和沙特国王的隐退，这既是王室内部王位斗争的一次直接交锋，又是乌里玛对费萨尔改革主张的明确支持。沙特王室政策的这种调整，事实上也反映了伊斯兰教对现代化的认可。

在土耳其，伊斯兰教因 1924 年废除哈里发制度、撤销宗教法庭的革命而受到沉重打击，随着时间的推移，它在土耳其逐渐恢复其活力。第二次世界大战以来，由于土耳其各政党为取得选民的支持，而选民中穆斯林又占据不可忽视的多数这样一个现实，于是在其纲领中竞相增加或扩充有关宗教问题的条款，这就反过来有利于伊斯兰教在民众中影响的复苏和复兴。土耳其虽然没有改变政教分离的原则，但是，伊斯兰教却利用这一时机，从恢复正常的宗教生活入手，有计划地恢复宗教教育的阵地，通过自身的政党和形形色色的小组织的活动，以扩大伊斯兰教的影响。

在埃及，伊斯兰教与政治的关系极其密切。爱资哈尔大学作为伊斯兰世界宗教教育的最高学府，为世界各国的伊斯兰教培养并输送乌里玛。埃及伊斯兰教的动向有时会对其他国家和地区的伊斯兰教产生重要的影响。与大多数乌里玛依附于官方并为官方的政策辩护和论证不同，从埃及的伊斯兰教中分化出来的穆斯林兄弟会活跃于中下层民众之中。兄弟会在维护纯正信仰的同时，从事着一定的政治活动。它对当局若即若离的态度，或是有保留的支持，或是不合作与对抗，使埃及的伊斯兰教在民众的政治和社会生活中居于重要的地位。它的极端主义组织更是有着浓厚的政治色彩而远离民众信仰的宗教，尽管就其成员个人而言，大多系真诚的虔信者。

在伊朗，巴列维国王的现代化并没有达到他的预期目的。相反，它加剧了伊朗国内的贫富悬殊和阶级对立。这使得以阿亚图拉为首的乌里玛阶层奋而夺取并执掌政权。乌里玛阶层由无权到有权地位的转变、由反对前王朝的现代化政策到自身担负着组织和实施现代化的转变，是伊朗的十叶派伊斯兰教于 1502 年成为国教以来的一次最重要的自我调节。根据十叶派教义，第十二伊玛目隐遁后，教徒应期待他作为"马赫迪"（即救世主）于世界充满暴虐与不义时来临，以战胜邪恶势力，给大地带来光明与正义。早年的乌里玛阶层限于自身的实力，在沙法维王朝时一直依附于王室；赞德王朝时，乌里玛阶层的势力有所壮大，在王朝中有了一定的发言权；到了卡加王朝时期，由于十叶派神学理论的发展，乌里玛阶层在国家政治生活中的地位显著上升，他们中的穆智台希德成为隐遁伊玛目的代言人并在政治上监护俗权统治；巴列维王朝虽然力图压制乌里玛阶层对帝国政治的干预和不断上升的影响，最终未能摆脱被乌里玛阶层取代的命运。伊朗当前神权统治的实践既是十叶派对早年神学思想、神权理论的修正，又是该派在自我调节中所取得的重大进展。

尽管本文难以一一列举当前各国的伊斯兰教在自我调节过程中所采取的各种不同的形式，但是，其自我调节的目的则是共同的，即都是为了使自身与社会生活现代化相协调、相和谐的同时，维持自身的影响和地位，不致在现代化的过程中丧失自身对教徒的控制。就伊斯兰教作为一个整体而言，它在当前又是如何通过自我调节以使自身更新、完善并得到发展的呢？大致说来，可以觉察到的有以下几点：

——继续坚持和强调对安拉独一的信仰。信仰安拉独一是伊斯兰教的基础和根本原则，也是伊斯兰教信仰和礼仪的核心。除以经训为其论证外，还以现代科学知识来论证安拉创造一切、安排一切和供养一切，以维系伊斯兰教的信仰；

——对伊斯兰教义和教法进行必要的适应现代化的解释，努力改变不适应现代化生活的繁文缛节的同时，尽最大可能向教徒灌输虔诚意识，不断培养教徒的宗教热诚，动员更多的教徒前赴伊斯兰教圣地麦加朝觐；

——在伊斯兰教法领域内（如家庭、婚姻、财产继承等）进行适当的改革，以适应社会现代化的进程，在允许教徒社会生活世俗化的同时，在可能的范围内强调并实现其伊斯兰化；

——努力普及伊斯兰的教育，除在伊斯兰的院校内从事专业性的宗教知识教育外，尽力将宗教教育扩展到中小学和高等学校中去，尤其是进行有关教义和教法，经训和伊斯兰教史的教育；

　　——利用一切可以利用的现代化宣传手段或媒介（如广播、出版、电影、电视等）传播伊斯兰教，尽力扩大其影响，在一切可能接受伊斯兰教的地区和国家建立伊斯兰文化中心、清真寺、经文学校，并向这些国家和地区派遣宣教人员，组织伊斯兰教协会、宣教会、诵读《古兰经》的比赛会，等等，以强化伊斯兰教；

　　——除从国库中争取更多的财政支持外，继续通过传统的手段从教徒个人或工厂企业中谋取更多的课税与捐赠，以支持宗教事业的发展；

　　——支持所在国的现代化政策的实施，从经训、教法中为现代化寻求根据，为现代化做论证，维护现代化的进行，动员更多的教徒积极参与国家的现代化建设和发展；

　　——作为对国家现代化支持的一种回报，要求国家在立法中，在宪法或法律、法令中增添有利于伊斯兰教的条款，或者在可能的范围内使国家的名称上冠之以"伊斯兰"的词句，使之具有更浓的伊斯兰的色彩；

　　——使乌里玛在国家的政治生活中起着更大的作用，选举更多的乌里玛进入议会，使他们在立法中具有更大的发言权；

　　——在支持国家吸取和利用西方的现代科学技术、文化知识的同时，竭力反对社会生活的西方化，排斥西方的生活方式、意识形态和精神文明，这包括反映西方生活方式的咖啡馆、跳舞厅、电影院、赌场、妓院以及其他使人犯罪堕落的场所；

　　——在政治上，为适应各国统治阶级的需要，日益显现出民族主义的特征，国家利益和民族利益成为伊斯兰教考虑问题不可忽视的因素，因而伊斯兰教更趋向政治化；而在不涉及国家和民族利益的问题上，尤其是在宗教上则显现出宽容性和调和性，允许建立更多的超国家和超地区的泛伊斯兰主义的组织和团体，不再过于强调教派的或宗派的分歧；

　　——理性主义再次受到重视。为在现代化过程中，使教徒心理上获得应有的平衡，使国家和社会处于稳定、和谐的气氛中，适度地放弃过去对因袭传统、仿效权威作为虔诚信仰准则的强调。传统和权威一旦在理性的审判台上受到教徒的怀疑，伊斯兰教也就为自身解除了固步自封、保守、停滞的禁令，从而为伊斯兰教的发展扫清了道路；如此等等。

　　总之，在当前伊斯兰世界各国现代化的时刻，伊斯兰教正是赖于自我调节、自我更新、自我完善和自我发展，使它自身具有适应性和可塑性，既能与社会生活的进程相协调、相和谐，又能维持自身在教徒心目中的地位和影响。所以可以说，伊斯兰教在当前的现代化中并没有被削弱、被抛弃，相反，由于它自身适时的调整，得到了从未有过的巩固和强化，这是我们考虑伊斯兰世界任何政治、经济、文化……问题中所不应忽视的。

［刊载于《西亚非洲》（双月刊）1989 年第 2 期］

试论当代的"伊斯兰复兴"

"伊斯兰复兴"是伊斯兰教的一种固有的特征和传统。当代的伊斯兰复兴不过是历史上周期性出现的那种宗教复兴在新的历史条件下的再现。当然，这种"再现"不是什么简单的重复，更不是什么倒退到中世纪去，而是伊斯兰教在一定时期内的一种自我调节、自我更新和自我完善。实际上，伊斯兰教正是在这种调节、更新和完善的过程中，步入当代社会的。本文试从宗教这一侧面作一讨论。

一

如何看待当代的"伊斯兰复兴"问题，能否把当前伊斯兰世界发生的一切都归之于"伊斯兰复兴运动"，抑或是像西方那样，把它笼统地称为"伊斯兰原教旨主义"？笔者以为，就整个伊斯兰复兴而言，首先应该区分复兴思潮和复兴运动这两个不同的方面。显然，两者有所区别但又相互关联。如果认为伊斯兰复兴指的就是伊斯兰复兴运动，或者说，就是所谓的"伊斯兰原教旨主义"，似乎是欠妥的，因为它混淆了思潮和运动的界线。

一般说来，思潮，或者说，社会思潮，总是一定时期内，某一阶级或阶层反映当时有较大影响的社会政治经济问题的思想倾向，或思想潮流。它作为一种观念的东西，可以有倡导者、信奉者、传播者，甚至可以影响群众的精神生活，但它仅仅在思想领域内流行；它可能是一种潜在的物质力量、潜在的运动，但它毕竟局限于思想领域，没有形成为现实的运动。社会运动则不同，它是群众有组织、有目的的并能对社会发生影响的活动；它是观念的现实化和物质化，具有或大或小的活力。换句话说，社会思潮是没有进入实践阶段的观念上的"运动"，而社会运动则是进入实践阶段的，由群众体现出来的运动着的物质化的观念。不管什么样的社会思潮，一旦掌握了群众的思想、感情、心理、情绪，一旦适应人们的需要，这种观念的东西就有可能转化为物质力量，形成为现实的社会运动。

就伊斯兰教而言，它的复兴思潮和复兴运动之间的关系同样如此，不能把两者混同起来，两者虽有联系，但其间的作用不能互相取代。具体说来，伊斯兰教的宗教复兴的思想，或复兴思潮是绵延不绝的。正是这种断断续续、时强时弱而又绵延不绝的复兴思潮，为伊斯兰教的复兴运动做了思想上、舆论上的准备。过高地估计或夸大复兴思潮的作用，是没有根据的。它没有什么震撼人心的威力，与复兴运动相比，它对社会冲击的能量也是微乎其微的。可是，人们仍不应忽视伊斯兰世界中的、那种无声无息而在民间又经常、广泛流传着的复兴思潮对复兴运动所起的酵母作用。正是这种复兴思潮会强烈地影响或支配着民众的思想、感情、心理、情绪，也正是这种复兴思潮为 20 世纪 60 年代末 70 年代初兴起的复兴运动，做了思想酝酿和组织发动工作。早在伊斯兰教创立人穆罕默德（约 570—632）去世后，宗教复兴的思潮即已存在。根据这种复兴思潮的说法：安拉允诺每一百年必有一位宗教复兴者出现以振兴伊斯兰教。一般穆斯林对此是深信不疑的。著名神学家安萨里（1058—1111）生活的时代正值伊斯兰教历的第五、六世纪交替之际，由于他在宗教上集大成的贡献，被当时的统治阶级和一般穆斯林公认为"宗教复兴者"（即"毛希丁"）；大神秘主义家伊本·阿拉比（1165—1240）也有"宗教复兴者"之称；伊本·泰米叶（1263—1328）作为新罕百里派代表和瓦哈比运动的前驱，以"宗教复兴者"身份出现也是当时人所共知的。恩格斯关于北非马赫迪运动（即宗教复兴运动）周期性出现的社会政治经济根源的分析和精辟论述，对理解伊斯兰教的宗教复兴具有指导意义，它指明了伊斯兰教所有的百年复兴思想对复兴运动的精神动员作用。[1] 在伊斯兰教第二千纪开始前后，印度的伊斯兰思想界极其活跃，多次出现复兴思潮和"救世主运动"，谢赫·阿赫默德就有"千年宗教复兴者"的声誉。复兴思潮在十叶派中同样

---

　　[1]　恩格斯：《论早期基督教的历史》，见《马克思恩格斯全集》第 22 卷，人民出版社 1965 年版，第 526 页注（1）。

盛行，伊朗的别赫别哈尼（1705—1803）作为"宗教复兴者"受到十叶派的尊敬。阿拉伯半岛的穆罕默德·本·阿布杜·瓦哈布（1703—1792）关于复兴伊斯兰教，"回到《古兰经》去"的召唤，形成近代的"复古主义"运动，更是人们熟知的。这一切说明，"伊斯兰复兴"既包含着复兴思潮，又包含着复兴运动；而复兴思潮往往是复兴运动的前驱。

当代的复兴运动没有复兴思潮广为流传，没有思想上、组织上的广泛发动，很难想象它会凭空发生。反之，有了复兴思潮的流传，并不一定必然导致复兴运动，那些迄今没有发生复兴运动的国家和地区，并非不存在宗教复兴的思潮。1928 年，埃及人哈桑·巴纳（1906—1949）创立穆斯林兄弟会，它的基本政治纲领就是要在现代社会中，振兴伊斯兰教，恢复哈里发制度，重建政教合一的神权政体。从 30—60 年代，穆斯林兄弟会几经兴衰，或是受宠，或是受压，它从未中止复兴伊斯兰教的宣传活动。在这几十年间虽未因此爆发大规模的群众运动，但它涉足政治，从事暴力、恐怖活动却愈演愈烈；在这一时期，穆斯林兄弟会在伊斯兰世界广泛流传。然而，这些国家和地区也没有出现复兴运动。可见，除了思想发动外，复兴运动的发生还需要其他的诸如政治、经济等社会条件。就是说，作为一种社会运动的宗教复兴运动，并不仅限于宗教的或意识形态领域内的复兴，它是一种群众性的运动，必然包含有政治的或其他的含义。因此，宗教的复兴运动与复兴思潮在有联系的情况下，也就有着质的区别。

复兴运动为什么恰恰在 70 年代初突然爆发呢？正如前述，在此之前，穆斯林兄弟会已经发展为国际性的组织，复兴思潮事实上已影响着越来越多的民众；此外，伊斯兰世界的不同国家和地区也在适合的条件下自然地滋生出伊斯兰复兴的思潮，这为复兴运动准备了必要的思想基地。而 60 年代以来，国际的、伊斯兰世界的政治经济的发展，尤其是 1967 年第三次中东战争埃及、叙利亚失败以来的事例，充分说明复兴运动兴起的必然性。埃及、叙利亚的失败，在一般穆斯林或阿拉伯人眼里，看作是伊斯兰教的失败和耻辱，同时，人们不可避免地把这种失败归咎于纳赛尔的社会主义和世俗化的结果。1969 年，利比亚的卡扎菲政变上台，他关于建立以伊斯兰教为核心的现代社会的主张，他以大量石油美元对各地宣教活动的支持，以及他所推行的伊斯兰文化革命，等等，对强化伊斯兰教，对复兴思潮发展所起的推动作用不可低估。1970 年，萨达特对穆斯林兄弟会的宽恕政策，他的非纳赛尔化和亲西方的政策，以及他的阿以和解政策，等等，无疑是帮了穆斯林兄弟会的复兴思潮的大忙，而他本人于 1981 年也就自食其果（被杀）。在这一期间，耶路撒冷著名的阿克萨清真寺（伊斯兰教第三圣地的圣寺）被焚毁，伊斯兰世界一系列首脑和部长级会议的召开，阿拉伯国家石油美元的巨额收入以及它对伊斯兰事业的支持，伦敦在 1976 年为迎接伊斯兰教第 15 世纪来临的种种筹备和庆祝活动，等等，所有这一切对早已流行的复兴思潮起了推波助澜的作用。随之，伊朗国内阶级矛盾日趋激化，此起彼伏的反巴列维国王的群众游行、示威从未中断，直至巴列维国王慑于群众的威力不得不逃离德黑兰。霍梅尼返回伊朗掌权执政，从而把复兴运动推向高潮。不应忘记，当代的伊斯兰复兴是有着深刻的思想根源和历史根源的。因为这时（即 1979—1980）正值伊斯兰教新旧纪元（即伊斯兰教历第 15 世纪开始）交替之际，宗教百年复兴的思想，很容易吸引那部分受宗教狂热激励起来的人们投身复兴运动，以示自身信仰的虔诚。最能说明复兴运动于此时发生不是偶然的事例的，是 1979 年 11 月的麦加事件和 1980 年 12 月尼日利亚的卡诺事件。1979 年的 11 月是伊斯兰教历第 14 世纪的最后一个月，在这个月份里"出现"救世主、"出现"宗教复兴者不是什么时间的巧合，它完全合乎伊斯兰教复兴思潮发展的规律。

总之，复兴思潮和复兴运动是宗教复兴的两个既有联系又有区别的范畴。复兴思潮可能导致，也可能不导致复兴运动，而复兴运动的出现必定要以复兴思潮为前提。复兴思潮仅限于思想领域，它是宗教的、信仰的复兴，而复兴运动则不限于思想，它不是单纯的宗教的、信仰的复兴，它会扩及政治领域，具有强烈的政治性质。当然，这种区分也不是绝对的。复兴思潮和复兴运动有时会互相交织，难以区别其发展的阶段因而表现出某种不确定性，但仔细推敲起来，似乎仍然可以予以相对地限定。

二

综观当代的"伊斯兰复兴"，有着两类完全不同的表现形式。一类采取官方与民间相结合的形式。当官方自上而下地推行社会生活的伊斯兰化，强化并发展伊斯兰教时，或多或少地受到民众自下而上的支持和拥护。这在沙特阿拉伯、利比亚、巴基斯坦，以及海湾地区的诸酋长国尤为明显。它包括大力兴建、改建、修缮清真寺、宗教学校和其他宗教设施，严格遵循伊斯兰教法，普遍建立伊斯兰的或泛伊斯兰的组织机构（各种伊斯兰文化中心、传教士会、诵经会、伊斯兰协会等），发展和强化伊斯兰教的新闻、出版、教育和其他文化事业。通过各种形式（多边的或双边的）的宣教会、讨论会等传播伊斯兰教；这些国家还以巨额石油美元资助、支持经济较为困难的伊斯兰国家以及穆斯林属于"少数"（少数民族）地位的国家的伊斯兰事业的发展；或是直接培养传教士到非伊斯兰世界的地区布道宣教。由于它是官方推行的，一般说来采取了相对温和、和平的方式进行，这不排斥对那些被认为违反伊斯兰教法者实行石击、断手等严厉惩罚手段。由于它受到民众欢迎，因此，伊斯兰复兴在这些国家有着明显的官方的印记。

另一类则采取反官方的或非官方的形式，它自下而上地推行"伊斯兰复兴"。它或是掀起群众性的革命风暴（如伊朗），或是从事种种小集团的暴力、恐怖活动（如暗杀、枪击、绑架、爆破、纵火等，这尤以埃及穆斯林兄弟会分化出来的极端组织"迁徙和赎罪"以及其他的极端小派别等合法或非法组织所从事的破坏活动为主）；它或是组织集会、结社、示威、游行，或是通过出版和其他手段散播种种蛊惑人心的小册子、传单，传播宗教复兴的思想；它或是反对本国的统治者，或是反对外来的侵略者、外来的意识形态和生活方式；等等。这种种公开与隐蔽、合法与非法、地上与地下等复兴伊斯兰教的活动形式，或是交替出现，或是结合出现；一旦条件成熟（如在伊朗执掌政权）后，它也会相应地转化为自上而下地推行伊斯兰化的做法。

"伊斯兰复兴"，不管采取何种形式，它首先必定是宗教领域内的复兴，就这一方面而言，当代的"伊斯兰复兴"实质上仍然是一种"复古"。所谓"复古"，就是说，它要求一切应遵循伊斯兰教的原旨教义，严守穆罕默德的遗训，按伊斯兰教法行事，恢复伊斯兰教早年在社会生活中应有的地位和尊严。凡是涉及穆斯林宗教生活和世俗生活的各种问题，均应以伊斯兰教的传统教义为判断是非、权衡取舍的标尺，以穆罕默德生活时代的伊斯兰教为穆斯林生活的楷模。为此，它斥责那种背离一神信仰、轻视宗教礼仪、忘却日常功课、违反宗教禁戒和宗教伦理规范的做法，反对种种被认为非伊斯兰教的异端邪说、外来影响和世俗化倾向？随着社会生活的发展，复古内容也日趋增加，只要复古召唤者认为伊斯兰教史上具有价值的或值得后人仿效的东西，均将其列入复古召唤之列。可是，伊斯兰教所主张的复古，并不是一切固执于穆罕默德时代的伊斯兰教传统制度和传统风尚，而不顾及历史的前进和时代的变迁。在伊斯兰世界，复古的召唤从来就是作为一种动员和组织群众的惯用手段，其真实目的则在于托古改制、自我更新，通过复古的主张和要求，达到自我调节、自我完善，以适应发展了的社会生活的需要。

由于当代的"伊斯兰复兴"并不限于宗教领域，并不是单纯的复兴思潮，它还包含有复兴运动。因此，就作为社会运动的宗教复兴而言，它的任务不是要破坏或改变现有的伊斯兰社会结构和生活模式，而是在现有的社会结构和生活模式下，既强调伊斯兰教原旨教义及其真精神、坚持伊斯兰教法、它的伦理道德和传统价值，又要使伊斯兰教与人们的思想和社会生活的日益现代化相协调；既要抵制外来的意识形态或文化的渗透，反对生活方式的西方化并力求使穆斯林公众的生活伊斯兰化，又不准备放弃已经接受并获得实惠的西方先进科学技术成就和物质文明。即使是针对现政权的那种急风暴雨式的群众斗争或暴力活动，它仍是在复兴伊斯兰教的总的精神之下进行的，其目的不是倾覆伊斯兰教的大厦，使人们从宗教思想的束缚下解脱出来，而是维护并强化伊斯兰教在个人生活和社会生活中的至高无上的神圣地位。

伊斯兰教不仅被认为是一种宗教、一种意识形态或一种哲学，而且被认为是应予遵循的一种社会制度、一种生活方式。这里，实际上包含着两种不同性质的关系：一种是人与神的关系，一种是人与人的关系。前者可以看作是信仰领域里的问题。伊斯兰教信仰的核心是信仰安拉的独一无偶；人作为奴仆应绝对顺从、隶属并听命于神明，心甘情愿地处于卑下的地位。在伊斯兰教看来，这种人神关系是不能有任何怀疑和丝毫改变的，一旦这种关系遭到破坏，也就是说，一旦人们的信仰淡漠、犯禁不恭、亵渎神明时，宗教复兴的思潮或迟或早终会发生。后者并不限于信仰领域，它涉及的是社会问题。随着时代的变迁，伊斯兰教允许在社会制度、生活方式等方面，也就是在人与人的关系方面做出适当的调整。这种调整也就是伊斯兰教的自我调节、自我更新和自我完善，只是它应以不破坏人神关系为前提。如果说，调整人神关系的基本方法是通过强化伊斯兰教、净化人们的信仰以复兴伊斯兰教，那么，宗教的复兴运动往往就成为调整人与人之间的关系的最有效的手段。至于伊斯兰复兴究竟采取何种形式，则由各民族、各地区的具体特点而定，难以一概而论。

三

当代的伊斯兰复兴究竟在哪些方面与历史上的宗教复兴不同呢？它究竟有些什么新特点呢？

历史上的伊斯兰复兴基本上可以分为两类：一类是纯粹的宗教领域内的复兴。它往往环绕着某一位著名的神学家或法学家进行。由于他们或是在神学上有所建树或是在教法学上有所贡献，加上他们的虔诚信仰、庄重举止，等等，在宗教复兴思潮得到广泛流传时，这些神学家或法学家，或是被时人公认为"宗教复兴者"（而且也被后人承认为"宗教复兴者"，如上述的安萨里）；或是自命为"宗教复兴者"而为世人所接受（如上述的谢赫·阿赫默德）。他们对复兴伊斯兰教确实做出了自身的努力，对伊斯兰教信仰阵地的巩固和发展，起过重要的作用。只是它的影响在当时仅限于某一地区或某一民族。

还有一类复兴则不限于宗教领域而扩及社会政治领域。最初，它是以复兴思潮的形式出现，伴随着复兴思潮的传播，终于发生了群众性运动。它作为宗教的复兴运动对社会有着或大或小的冲击和影响。历史上北非的伊本·图马尔特（约1078—约1130）即以恢复伊斯兰教原有的纯洁性和正统性为己任，他自称为"救世主"（"马赫迪"），反对世人所信仰的神人同性同形的极端教义，主张净化信仰，恢复伊斯兰的原旨教义及其真精神。他去世后，这种宗教复兴思潮并未衰竭，相反，他的追随者（被称为"穆瓦希德"或一神教徒）终于掀起宗教复兴运动，推翻了被认为已经腐化、渎神的穆拉比兑人的王朝，建立起自身的穆瓦希德王朝，起到了改朝换代的作用。至于穆罕默德·本·阿布杜·瓦哈布，最初也只是传播复兴伊斯兰教的思想，号召返回到《古兰经》去。当这种复兴思潮被大批部落民接受后，在他与当地的沙特家族联姻结盟后，这种由净化信仰开始的宣教活动终于转化为社会的复兴运动。就这一运动本身而言，当时也仅仅局限于阿拉伯半岛范围内，后来，它的影响才扩展到半岛以外的地区和民族中去。

联系到当代的"伊斯兰复兴"，可以认为它从一开始不是以"伊斯兰复兴运动"的面目出现的。如果把当代的"伊斯兰复兴"分为不同的发展阶段的话，20世纪60年代中叶以来的复兴思潮的传播，实际上为70年代初兴起的伊斯兰复兴运动做了思想上、舆论上的准备。就是说，当代的"伊斯兰复兴"的思潮和运动是两个不可分割的阶段。如果说，没有复兴思潮为复兴运动准备思想基础，70年代初同样会发生社会的动荡、社会的革命，但是，它无须采取"伊斯兰复兴"的形式。正如20世纪20年代的土耳其革命，并没有用"伊斯兰"这一外衣。一场社会运动、社会革命的发生，是有着深刻的社会政治经济根源的；离开对社会政治的、经济的、阶级的以至于国际关系的诸方面的分析，显然难以理解社会运动、社会革命根源。对于伊斯兰世界所发生的宗教复兴运动，在分析其社会政治、经济、阶级、国际关系等方面的原因外，似乎仍有必要注意它的宗教这一侧面对宗教复兴运动的作用和影响。70年代初兴起的宗教复兴运动，像历史上曾经发生过的复兴运动一样，是有其思想、舆论的准备的（这就是60年代中叶以来的复兴思潮的急剧流传）。所以，就"伊斯兰复兴运动"而言，可以认为它兴起于60年代末叶，70年代末叶则逐渐步入其高潮。而从更广的范围内考虑问题，即就当代的伊斯兰复兴而言，似应包括60年代中叶的复兴思潮。而60年代中叶到70年代初这段时间内，似应视之为复兴思潮的急剧流传阶段，而非伊斯兰复兴运动的阶段。如果从复兴思潮的绵延流传而言，这种复兴思潮并不是60年代中叶以来才有的。早在1924年土耳其革命成功废除苏丹制度和哈里发制度后，尤其是1928年埃及穆斯林兄弟会创立后即已出现。30—60年代，宗教复兴思潮从未中断，尽管它在伊斯兰世界这段时间内并不占居主导地位。正是60年代中叶以来伊斯兰世界出现的社会政治经济等方面的种种新变化，促使了早已流传的宗教复兴思潮逐步抬头、影响扩大，吸引了越来越多的民众，甚至取代了这一时期一度盛行的民族主义、伊斯兰社会主义等思潮，而成为某一地区或国家占主导地位的社会思潮。当这种思潮在适当的条件下，当它掌握并拨动愈来愈多的人们的心弦时，它也就转化为社会的运动。

那么，究竟它有些什么新特点不同于历史上的宗教复兴呢？

第一，当代的伊斯兰复兴是一个超民族、超国家的伊斯兰世界范围内的宗教复兴，它并不局限于某一民族或某一国家。它所涉及的地域之广、民族之多，是历史上从未有过的。这既包括阿拉伯的，又包括伊朗的；既包括土耳其的，又包括阿富汗的；既包括巴基斯坦的，又包括尼日利亚的，如此等等。席卷伊斯兰世界的宗教复兴又几乎是同时出现的，这是不同于历史上的宗教复兴的一个显著的特点。

第二，它还有着多中心的特点。由于当代的伊斯兰复兴并不限于某一显赫人物，也不仅仅发端于某一国家或地区，而是伊斯兰世界范围内的复兴；又由于各不同民族国家的国情不同，宗教复兴所采取的形式也不同。复兴思潮的流传是没有国界和民族界线限制的。它有着大体一致的复兴伊斯兰教的内容，但它绝不是什么统一的伊斯兰复兴运动，它没有统一的号令和统一的行动。复兴运动所拟解决的问题因国而异，这就决定了它不可能出现统一的中心，由此表现出多中心的特点。目前看来，埃及、伊朗、沙特阿拉伯、利比亚、巴基斯坦等等，都可以看作是它的中心。伊朗的阿亚图拉霍梅尼在当代的伊斯兰复兴中是位有影响的人物，他的思想、主张、举止、态度等可以对一些地区的宗教复兴发生影响，甚至起着支配的作用。正因为当前宗教复兴多中心的特点，他仍然无法驾驭整个的伊斯兰复兴运动。就是说，就整个伊斯兰世界而言，它缺乏统一的指挥、统一的行动、统一的计划。但这不是说，某一具体国家的宗教复兴的活动缺乏计划性和组织性。如果当代的伊斯兰复兴确实有一个统一的中心，那它的影响、它对整个国际社会的冲击将是不堪设想的。

第三，复兴思潮和复兴运动相互交织，相互影响，是当代伊斯兰复兴的又一特点。以往的宗教复兴或是较为单纯，仅限于宗教领域，或者由宗教领域过渡到社会政治领域。它无论是以思潮或运动形式表现出来，大致都是如此。而当代的复兴由于它的多中心特点，当复兴运动在某些地区或国家（如伊朗）爆发后，复兴思潮在另一些地区却继续存在着、流传着，并不因复兴运动的出现而丧失自身的特点。埃及的穆斯林兄弟会并不因它的分裂和暗杀萨达特后遭到镇压而放弃它的复兴伊斯兰教的思想和纲领。这种思潮和运动同时并存而又互相错综交织，互相推动，这就是当前的宗教复兴的高潮时起时伏，一时难以平息的基本原因。

第四，当代的伊斯兰复兴是在伊斯兰化的召唤下，实现个人生活和社会生活的现代化，这是不同于以往的宗教复兴的又一个特点。伊斯兰教是一个入世的宗教，它主张教徒应积极参与世俗生活，在伊斯兰教法容许的范围内，享受世俗的物质福利。可是，19世纪以来，伊斯兰世界陆续沦落为西方的殖民地、半殖民地，尤其是1924年土耳其革命成功、废除哈里发制度以来，西方文化、西方的意识形态和西方的生活方式对伊斯兰世界的渗透愈来愈厉害，个人生活和社会生活出现日趋世俗化倾向。世俗化倾向的日益增长，显然不利于伊斯兰教信仰阵地的巩固和发展，相反，会使信仰阵地不断缩减和削弱，最终会导致个人和社会生活完全摆脱伊斯兰教法的控制，使宗教完全丧失在精神生活中的神圣地位，这是伊斯兰世界很大一部分人（传统主义者，甚至包括现代主义者中的一部分人）难以接受、难以容忍的。因为世俗化、世俗主义本质上是非宗教化、非伊斯兰化；反世俗化的必然要求是坚持个人和社会生活的伊斯兰化。可是，伊斯兰世界在调整人与人之间的关系方面又不得不面对现实，面对已经现实化了的精神物质文明。因此，最大限度地实行精神文化生活的伊斯兰化（这包括种种发展和强化伊斯兰教的措施和活动）的同时，接受并实行个人和社会生活的现代化，以抵制意识形态或精神文化生活的西方化，这就构成当前复兴的一个重要特点。正是在这一意义上，伊斯兰复兴本质上是一种复古，即在恢复宗教在精神文化生活中的神圣地位、在意识形态领域内坚持伊斯兰化、反对世俗化、主要是反对西方化而言的。从伊斯兰教的历史发展来看，它从未排斥和拒绝接受有利于它自身发展的东西，它从来就是在不断变革、调整和更新中，在"托古改制"中前进的。

四

由于伊斯兰教已经分裂为教派（主要是逊尼派和十叶派）的事实，在探讨当代的伊斯兰复兴的问题时，不能不考虑到教派的因素。就是说，在各不同国家和地区的伊斯兰复兴中的教派属性。

根据逊尼派伊斯兰教的观点，先知穆罕默德去世后，安拉对世人的指导，由他留下的精神遗产《古兰经》以及神法（伊斯兰教法）体现出来。《古兰经》起着神人中介的作用；伊斯兰社会应建立在《古兰经》以及体现经训（指"圣训"）的伊斯兰教法的基础之上；先知事业的继承人由"乌里玛"（宗教教师或宗教学者）担任，他们作为神法的阐释者和捍卫者，其任务就在于指导和约束穆斯林的宗教和世俗生活，匡正人们的信仰，使人顺从安拉的戒律，履行日常的宗教功课。而十叶派则不同。它认为，顺从经训和教法是必要的，但仅仅有外在的方面（如教法）是远远不够的；宗教不仅是一种启示、一种神法，而更重要的是一种称作"巴丁"（隐义）的奥秘和真理。接受并遵奉经训教法并不能通晓这种奥秘，唯有通过安拉于现世的智慧的指导——即通过具有神性或半神性的、永不犯错误的伊玛目的阐释，人们才得以认识真理。在体现宗教表义的神法和伊玛目掌握的宗教隐义的关系方面，十叶派认为，两者既统一，隐义又高于表义，宗教奥秘中最根本的一点则是教徒应该知道他所生活时代的伊玛目是谁。由于伊玛目的知识并非学习所得，它赖于始自阿里（先知的堂弟和女婿）的、世代相袭的伊玛目所固有的神性予以保证的。这样，信仰伊玛目也就上升到基本信条的地位，伊玛目成为神人的中介。

逊尼派和十叶派在上述问题上的区别，也就决定了它们在当代伊斯兰复兴问题上的不同理解和要求。

如前所述，伊斯兰复兴只能在伊斯兰教现有的社会结构和生活模式中进行，复兴的过程是伊斯兰教自我调节、更新和完善的过程。由于逊尼派视《古兰经》为伊斯兰教的基础，现实社会应该建立在由经训体现的教法基础之上；反之，由于十叶派主张由安拉指定并由先知任命的伊玛目应为伊斯兰教的基础，伊玛目的世代相袭是这一基础的保证，伊斯兰社会就应建立在伊玛目的神权统治的基础之上，这也就是实现伊玛目对国家和社会的治理。

由此出发，在逊尼派传统流行的国家和地区，伊斯兰复兴的含义基本上只限于教法领域，即应使国家的宪法和法律建立在教法的基础之上，使教法在社会生活中起着更大的作用，在国家政治生活中、在立宪和立法过程中，应使乌里玛阶层与更大的发言权，在议会中处于更受尊重的地位，选举更多的乌里玛参加议会的立法工作，这也就是使社会立足于伊斯兰教的基础之上。当然，在这些国家和地区也有着种种暴力和恐怖行为，这种视当政者为邪恶、渎神、暴虐或不义，对当政者所作的"武器的批判"，由于它超出了乌里玛所能接受的限度，很少得到乌里玛阶层的支持。

而在十叶派传统的国家和地区，由于伊玛目已经"隐遁"，乌里玛中的更为权威者——穆智台希德和阿亚图拉成为隐遁伊玛目口谕的工具或代言人。他们可以监督并抨击当政者，他们的要求不是在教法范围内实现复兴，而是建立神权政体以更好地实现教法。因此在十叶派影响的国家和地区，乌里玛阶层实际上成为教徒精神生活的主宰，乌里玛阶层是他们的精神领袖。当乌里玛阶层主张以神权替代君主（伊朗）的俗权统治并领导教徒向当政者显示它的实力时，这是逊尼派国家和地区的伊斯兰复兴难以与之比拟的。

（刊载于《伊斯兰复兴运动论集》，西亚非洲研究所印制，1989 年）

伊斯兰教与"伊斯兰复兴"

　　20世纪70年代末叶伊朗"伊斯兰革命"取得胜利后，它的余波不时地冲击着伊斯兰世界，对埃及、黎巴嫩、土耳其等国家的"伊斯兰复兴"的社会思潮或社会运动起着推波助澜的作用。

　　伊朗发生的"革命"事件，在伊斯兰世界的其他国家和地区是否会重演呢？埃及、突尼斯、黎巴嫩、土耳其等国家的"伊斯兰复兴"是否会步伊朗之后尘演变为一场革命呢？

　　当然，我们不可能预测包括上述国家在内的伊斯兰世界瞬息万变的政治生活，也无法描绘"伊斯兰复兴"的前景和结局。不过，从伊斯兰教的进程来看，出现上述情况的可能性极小，似乎可以持否定态度。

　　第一，伊斯兰教是个有着复古传统的宗教。历史上的复古（无论是复古思潮抑或是复古运动）并不一定都必然导致政权更迭或类似伊朗那样的"革命"事件。

　　所谓"复古"，其基本内容大致可以概括为：一切应遵循伊斯兰教的原旨教义，要求遵守穆罕默德的遗训，按伊斯兰教法行事，恢复伊斯兰教早年在社会生活中应有的地位和尊严，凡是涉及穆斯林社会生活和世俗生活的各种问题，都要求以伊斯兰教的传统教义为判断是非、权衡取舍的标尺，以穆罕默德生活时代的伊斯兰教为穆斯林生活的楷模。为此，它斥责那种轻视宗教礼仪、背离一神信仰、忘却日常功课、违反宗教禁戒的做法，反对种种被认为非伊斯兰教的异端邪说、外来影响和世俗化倾向。随着时间的推移和社会生活的发展，复古内容也日趋增加，甚而扩及社会生活的一切领域。只要复古召唤者认为伊斯兰教史上具有价值的或值得后人仿效的东西，均将其纳入复古召唤之列。

　　伊斯兰教史上之所以会经常反复地出现复古召唤，完全是因为伊斯兰教为穆斯林大众所熟悉，复古的主张和要求最容易吸引和激励教徒群众，使之真心实意地追随复古召唤者所宣称的纯净宗教和恢复伊斯兰教的原旨教义的神圣使命。

可是，复古并不是一切回复到中世纪去、一切固执于伊斯兰的传统而不顾历史的前进和时代的变迁。在伊斯兰世界，复古的召唤从来就是作为一种动员和组织群众的手段，而其真实目的则在于"托古改制"、自我更新。就是说，通过复古的主张和要求，达到自我调整、自我完善，以适应发展了的社会生活的需要。所以，伊斯兰教史上出现的历次复古召唤，实际上都包含了不断前进和不断更新的内容的。

当前的"伊斯兰复兴"，实质上仍是一种"托古改制"。尽管它和历史上的复古相比，其表现形式不同，但它的基本主张仍是相同的。

根据"伊斯兰复兴"的基本主张，它既强调伊斯兰教的原旨教义及其真精神，坚持伊斯兰教的伦理道德和传统价值，又要使伊斯兰教与人们的思想和社会生活的日益现代化相协调；既要抵制外来的意识形态或文化的侵略和渗透、反对生活方式的西方化并力求使穆斯林公众生活的伊斯兰化，又不准备放弃已经接受并获得实惠的西方先进的科学技术成就和物质文明（从飞机、大炮到香水、服饰）。"伊斯兰复兴"的任务不是要破坏或改变现有的伊斯兰教的社会结构和生活模式，相反的，实现"复兴"的任务只能是在伊斯兰教的、而不是其他别的什么社会结构和生活模式中进行。因此，"复兴"与政权更迭或一场革命并没有什么必然联系。

第二，考察"伊斯兰复兴"问题，应该考虑到伊斯兰教已分裂为不同教派的因素，也就是说，逊尼派伊斯兰教和十叶派伊斯兰教在教义和神学理论方面的重大区别。正是这种区别决定逊尼派伊斯兰教传播的地区和国家的"伊斯兰复兴"并不是要染指政权，或准备一场伊斯兰革命。

伊斯兰教的基本教训在于遵循安拉和先知的教诲。根据伊斯兰教神学理论，先知的周期随着"先知的封印"穆罕默德的去世而结束。可是，安拉对世人的指导并没有因为先知周期的结束而告终；他对世人的指导继续存在。就逊尼派而言，这种指导由安拉通过先知留下的精神遗产（《古兰经》）——神法（或伊斯兰教法）体现出来。就十叶派而言，顺从教法是必要的，但仅仅有外在的教法是远远不够的；宗教不仅是一种启示、一种神法，而且更重要的是一种称作"巴丁"（或隐义）的奥秘，它唯有通过安拉于现世的智慧的指导，即通过具有神性或半神性的、永不犯错误的伊玛目的阐释，人们才得以知晓。在体现宗教表义的神法与伊玛目掌握的宗教隐义的关系方面，十叶派认为，两者既统一，隐义又高于表义；宗教奥秘中最根本的一点则是教徒应该知道他所生活的时代的伊玛目是谁。否则，在他去世时将如同无信仰一样地死去。因为伊玛目的知识并非学习所得，它赖于伊玛目固有的、世代相袭的神性予以保证。这就使该派对伊玛目的信仰上升到基本信条的地位。十叶派承认作为人的伊玛目具有安拉与普通教徒之间的中介作用，显然是逊尼派所不能接受的。按照逊尼派的观点，穆罕默德是人而不是神，他不具有神性。因此，逊尼派否认先知起着神人之间的中介作用，同时，它也否定伊玛目具有任何神性并起着这种作用；逊尼派认为，起着这种作用的唯有安拉的启示——《古兰经》。

这两个教派观点的分歧，表现在"伊斯兰复兴"问题上，也就很自然地有不同的理解和要求。

如前所述，"复兴"只能是在现有的伊斯兰教的社会结构和生活模式中进行，"复兴"的过程，实际上是伊斯兰教自我调整、自我更新和自我完善的过程。为完成这一点，唯有在伊斯兰教的基础之上，而不是在其他的基础上实现。

那么，伊斯兰教视之为"基础"的，或者说，它视之为现实社会的"基础"是什么呢？根据逊尼派观点，体现《古兰经》精神的伊斯兰教法是伊斯兰教的基础。因此，伊斯兰社会应该建立在教法基础之上。反之，十叶派主张由安拉指定并由先知任命的伊玛目应为伊斯兰教的基础；伊玛目世代相袭是这种基础得以稳定的保证。因此，伊斯兰社会应建立在伊玛目的神权统治的基础之上。也就是实现伊玛目对社会和国家的统治和治理。

是以人（即伊玛目）抑或是以教法为社会的"基础"，这既是十叶派和逊尼派的分歧所在，也是逊尼派由于看重教法而不会染指政权的一个基本原因。

第三，无论就历史上，也无论就当前"伊斯兰复兴"中，从两大教派的乌里玛阶层所起的作用及其与政权的关系来看，逊尼派的乌里玛阶层没有攫取政权的企图。

乌里玛阶层（伊斯兰学者或教师）是伊斯兰教的知识阶层，他们在穆斯林公众中享有重要的地位。

在逊尼派中，乌里玛阶层被认为是神法的阐释者和捍卫者；先知事业的继承人，一般认为由他们充任。他们的任务在于指导和约束穆斯林日常的宗教生活和世俗生活，教导人们信奉安拉独一，事事顺从安拉的诚命；他们关心的是穆斯林履行教法的情况；他们的知识由可信的"伊斯纳德"（传系）保证。历史上，乌里玛阶层在重大问题上的意见一致，对逊尼派的发展起过重要作用；自从四大教法学派的教法定型以来，他们以严格仿效这些学派中的任一学派的教法为合法，无须再做更多的论证或推理，至多是在新情况下对教法做出适合经训的新解释，然而，这并不是每个乌里玛都能胜任的，只有称作"穆夫提"的教法解释官方有资格从事这一工作。

在逊尼派流行的国家和地区，"伊斯兰复兴"的含义基本上只限于教法领域。无论乌里玛阶层内部有这样那样的分歧，无论他们是主张守旧抑或是强调改革，在肯定教法应是国家和社会生活的准绳这一方面则是共同的。也就是说，应使国家的宪法和法律建立在教法的基础之上，使教法在社会生活的各个领域中起着更大的作用（例如法律的作用）；为此，在国家政治生活中，在制订宪法和法律过程中，应使教法的阐释者和捍卫者乌里玛阶层有更大的发言权，在议会中处于更受尊重的地位，或选举更多的乌里玛参加议会的立法工作。这也就是使社会立足于伊斯兰教的基础之上，但这绝不意味着乌里玛攫取政权并执掌政权，因为自正统哈里发时期（632—661）结束以来，乌里玛阶层在国家的政治生活中从来都处于隶属地位，他们或是作为王朝的拥戴者为哈里发效劳（如做法官）或是作为王朝的消极的批评者和反对者，但从未觊觎王权、企图取而代之。

十叶派中也有着势力雄厚并在公众中广有影响的乌里玛阶层，而他们中的"穆智台希德"（教法权威）们，则享有更受尊重的地位。这既由于后者的学识与辩才，又由于十叶派关于教法权威职能的理论。在通常所说的十叶派（这里尤指十二伊玛目派）那里，伊玛目已经处于"隐遁"状态，宗教的奥秘如何体现呢？该派认为，在伊玛目缺位期，生活在十叶派圣城（如库姆、纳杰夫、马什哈德等）的教法权威们成为传述隐遁伊玛目口谕的工具或代言人；他们的学识和德行也表明他们具有这方面的权威。一般说来，十叶派的教法权威们具有比逊尼派乌里玛更高的地位、影响和权威；他们可以不受传统教法的约束，依据个人意见创制立法。他们中间最有影响者则在同辈中获得"阿亚图拉"（意为安拉的象征）的称号。1502年，沙法维王朝建立后，奉十叶派为国教，十叶派则在肯定君主可做伊玛目缺位的世俗代理的同时，规定教法权威对王朝的神权统治予以保证，这就赋予教法权威们监督、抨击君主的权力，也使他们在更大的程度上参加或干预政治。可是，十叶派所期望实现的那种政教合一的神权政体并未实现。因为信奉十叶派伊斯兰教为国教，或者说，君主代理伊玛目执政并不等同于隐遁伊玛目的再世和对世人的治理，所以，十叶派所要求的神权政体仍然不是隐遁伊玛目或马赫迪的再世并执掌政权。可是，该派从神学上肯定了马赫迪再世前由具有神职的人（如阿亚图拉们和穆智台希德们）代行神权的可能，这就是今天以霍梅尼为首的神职人员吸收部分专业技术人员执掌伊朗政权的现实。可是，对于逊尼派的乌里玛来说，它既缺乏执掌政权的神学理论和神学家，也没有从政的任何经验和要求，在逊尼派流传的国家和地区马上出现类似伊朗的那种"革命"事件，可能性不大。

第四，任何革命都不可能平白无故地发生，它总有一定的深刻的社会政治和经济的根源。目前可以称得上"伊斯兰复兴"极其活跃的国家，基本上属于逊尼派传统影响和流行的地区，人们尚难看出这些地区有爆发"革命"的迹象和征兆；即便是在某些地方有十叶派的影响，有十叶派成员的活动，但在这些地方要出现"革命"的形势，可能为时尚早。

伊朗1979年"伊斯兰革命"的成功并非神赐或奇迹，而是伊朗长期来社会矛盾的结果（东西方学者关于这方面的论述已经很多，这里分析从略）。以霍梅尼为首的乌里玛高级阶层穆智台希德们和阿亚图拉们之所以能于几天的时间内，不用武力就推翻有现代化军事装备的数十万军队和巴列维封建专制王朝，完全是因为他们利用了十叶派在伊朗民众中原有的根深蒂固的影响以及民众为摆脱现实苦难的企求。正是伊朗社会的尖锐矛盾为霍梅尼领导并发动"伊斯兰革命"准备了胜利的条件。

与伊朗的情况不同，土耳其于 1924 年废除哈里发制度后，实行政教分离的政策。宗教在国家的政治生活中已不具有重要的地位；50 年代起，一些伊斯兰国家实行共和制度，坚持政教分离和世俗化政策，原来在国家政治生活中不起重要作用的乌里玛阶层，其活动范围也仅限于宗教教育和教法范围，至多在清真寺中以教长的身份出现，或以其宗教学识在民众中有着一定的影响；在有的国家中，基督教社团在政治上一直居于重要地位。这些国家中虽然出现种种暴力和恐怖事件（如枪击、暗杀、绑架、爆破以至于骚乱），散发具有蛊惑性的传单和小册子，建立武装组织或秘密组织……可以认为这是民众的宗教热诚或宗教狂热，而不能说明那里正在从事革命的准备。这些活动显然与乌里玛关于在教法范围内寻求出路，从事改革的主张极不合拍，因而也得不到乌里玛的支持和赞赏。在伊斯兰世界，乌里玛不予支持的宗教复兴活动，其群众性也就会受到极大的限制。这不是说，在伊斯兰世界再也不会发生"革命"事件，但在一般的情况下，不会发生在伊斯兰名义下的"革命"或类似伊朗的建立神权政体的"伊斯兰革命"。

（刊载于《世界宗教研究》1988 年第 2 期）

新泛伊斯兰主义

新泛伊斯兰主义是当代伊斯兰世界的三股社会潮流之一。它与伊斯兰教的民间复兴、伊斯兰主义相互交织、相互影响，形成世界范围的伊斯兰复兴。新泛伊斯兰主义既是战前泛伊斯兰思想在新的社会历史条件下的延续和发展，又与之有所区别。它以民间的（宗教—政治性的）和官方的（政治—宗教性的）两种不同形式表现自身，而各种泛伊斯兰组织则是它的载体。事实表明，它是当今世界舞台上一支不可忽视的政治势力。随着时间的推移，它在伊斯兰世界的社会、政治、经济、文化、意识形态等方面，将起愈来愈大的作用，也会对非伊斯兰国家的穆斯林产生重要的影响。

一　新泛伊斯兰主义的发展

第二次世界大战后，随着民族、民主革命的进展，出现了愈来愈多的民族独立国家。为了摆脱旧的殖民主义体系的控制，同时，也为了在反帝、反殖斗争中，在各国的经济建设中加强彼此的联系、支持和协作，各伊斯兰国家需要有新的思想武器以适应形势的发展。在 20 世纪 40—50 年代，伊斯兰教还没有像 60—70 年代那样吸引穆斯林群众。这时，伊斯兰国家的思想主流是民族主义。在民族主义的高涨时期，伊斯兰教和泛伊斯兰思想的发展不能不受到抑制。可是，伊斯兰教毕竟是伊斯兰世界各国人民的传统信仰，泛伊斯兰思想又在民间继续流传。当一些政界人士试图以泛伊斯兰思想支持民族主义、利用它来推动民族解放斗争时，另一些政界和教界人士则试图以泛伊斯兰思想来推动伊斯兰教的复兴、抵制民族主义、世俗主义的发展。这在无形中把伊斯兰教再次推上政治舞台。

　　"二战"前，一度存在过的世界穆斯林大会缺乏常设机构，难以开展必要的活动；它的领导人耶路撒冷穆夫提哈吉穆罕默德·阿明·侯赛尼，生活在希特勒德国，深受德国人的恩宠。这一不光彩的政治生涯使他在战后丧失群众信任，无法发挥更大的作用。然而，伊斯兰世界关于建立超国家、超民族、超地域的伊斯兰统一体的泛伊斯兰思想一直存在着。为使这一思想再具活力，有必要使之以新面目出现。这为新泛伊斯兰主义的兴起创造了条件。

　　新泛伊斯兰主义的形成和发展有一个过程。

　　首先，泛伊斯兰思想的传播在政治上得到某些国家的支持。它以服务于正在蓬勃发展的民族主义为特征。1947 年 8 月，巴基斯坦以穆斯林单一"民族理论"为立国根据，与印度分离，建立起独立国家；它的"民族理论"需要国际社会，尤其是为伊斯兰世界所接受。1948 年 11 月，一些伊斯兰国家的穆斯林人士聚会巴黎，试图依据 1945 年 3 月在埃及开罗创立的"阿拉伯国家联盟"的原则，酝酿建立伊斯兰联盟。1949 年 2 月，巴基斯坦穆斯林兄弟会倡议召开第三次世界穆斯林大会，并在卡拉奇大会上正式建立常设机构；作为一个泛伊斯兰组织，巴兄弟会提出建立包括所有伊斯兰国家的伊斯兰联盟的建议。这一建议无疑是对"民族理论"的进一步引申。1951 年，卡拉奇第四次世界穆斯林大会上出现了世界穆斯林是一个"穆斯林民族"的主张，这无疑是对巴"民族理论"的支持。1954 年朝觐期间，纳赛尔意识到朝觐的政治意义，认为各国穆斯林应团结起来，为争取自身的解放而奋斗。为此，他提出阿拉伯的、非洲的和伊斯兰教的"三个圈子"的政治主张。[①] 他的"同教兄弟的圈子"或泛伊斯兰圈子的中心不是别的，正是"阿拉伯圈子"或阿拉伯民族主义。1955 年，他在开罗主持召开伊斯兰教大会，提出任何国家的穆斯林，都被认为是该组织的会员。[②] 这是埃及政府以泛伊斯兰的活动支持阿拉伯民族主义的尝试。纳赛尔在民族主义和泛伊斯兰的关系问题上，主张前者重于后者。由于纳

　　[①]　纳赛尔：《革命哲学》，世界知识出版社 1957 年版，第 43、58、59—61 页。
　　[②]　伊斯兰教大会曾在一些伊斯兰国家首都建立伊斯兰中心。到 1966 年时，曾召开过多次会议。后因与沙特的政见分歧，基本上停止了活动；纳赛尔去世后，再也没有什么活动。

赛尔坚持民族主义，1956年的第二次中东战争中的表现，被阿拉伯世界视为民族英雄；这在无形中使他在伊斯兰世界处于盟主的地位，也导致后来沙特对盟主地位的争夺。

不管20世纪40年代下半叶和整个50年代泛伊斯兰思想在伊斯兰世界的政界、教界、知识界或社会其他各界中如何流传，它之所以得到巴基斯坦、埃及等国的重视，与这些国家的政府需要宗教、需要泛伊斯兰对它们的国内政策的支持有关。

其次，强调它的宗教特性并以反对"外来"意识形态为特征。在伊斯兰世界，历来有人视民族主义、世俗主义、社会主义为外来的或西方的意识形态。他们主张伊斯兰国家需要的仍然是伊斯兰教。例如沙特阿拉伯为在伊斯兰世界争取盟主地位，1962年，它组织伊斯兰世界联盟，强调泛伊斯兰的宗教特性，反对纳赛尔的阿拉伯民族主义、世俗主义和社会主义的政策，反对1958年伊拉克卡塞姆政变后所执行的民族主义和世俗主义政策，反对埃及支持也门1962年政变的立场。继1962年巴格达第五次世界穆斯林大会关于建立伊斯兰联合国的设想之后，1964年索马里摩加迪沙第六次世界穆斯林大会提出"全世界穆斯林，联合起来"的口号，主张建立"世界伊斯兰国家联盟"、"世界穆斯林共同市场"；1964年，费萨尔先后出访伊朗、约旦和其他伊斯兰国家，以求得对他的泛伊斯兰主张的支持。1965年朝觐期间，由伊斯兰世界联盟主持召开的伊斯兰会议上，沙特国王费萨尔和伊朗国王巴列维再次呼吁召开伊斯兰国家首脑会议。这时，由于伊斯兰世界的政见分歧无法统一，它只能作为一种社会的、政治的思潮存在，难以付诸实施。因为在纳赛尔看来，不管建立伊斯兰统一体（联盟、联邦、邦联、共同体等）设想的主观意图如何，都是针对民族主义而不是为之服务的；特别是由与美国关系密切的两个君主制国家（沙特和伊朗）出面组织这类联盟，他认为其用心不言自明。纳赛尔利用埃及伊斯兰事务最高委员会为讲坛对此予以抨击。他宣称"伊斯兰盟约"纯粹是"帝国主义的那些走狗的、反动的政府利用和歪曲伊斯兰教"的阴谋。[①] 关于建立伊斯兰统一体的泛伊斯兰思想虽在伊斯兰世界继续流传，而要真正建立

---

① 埃斯波西托：《伊斯兰教和政治》，纽约，1984年，第108页。

此类联盟，时机尚不成熟。

再次，伊斯兰会议组织建立并以其频繁活动为特征。1967 年第三次中东战争中，阿拉伯人遭受重大挫折。① 基于这一严峻形势，世界穆斯林大会在约旦安曼举行特别会议，呼吁召开伊斯兰国家首脑会议，支持阿拉伯国家和巴勒斯坦人民的反以斗争，号召全世界穆斯林参加圣战，从以色列人手中夺回圣城耶路撒冷。这以前，阿拉伯和以色列之间的斗争，仅仅被视为地区性的政治斗争，而耶路撒冷东部地区的失守，使新泛伊斯兰主义的发展有了转机。这一斗争开始具有宗教含义——收复圣城，从而成为政治—宗教斗争；关心这一斗争的也不再限于阿拉伯和巴勒斯坦人民，它扩及整个伊斯兰世界。1969 年在马来西亚吉隆坡召开的伊斯兰国际会议是一次政府级的会议。它使原先紧张或冷淡的国家之间的关系有所和缓，为随后的伊斯兰国家首脑会议的召开准备了条件。

1969 年 8 月 21 日，耶路撒冷阿克萨清真寺被焚毁，这导致伊斯兰世界的极大震惊和愤怒。当年 9 月，摩洛哥国王哈桑二世为召开伊斯兰首脑会议，向 36 个伊斯兰国家发出邀请，有 25 个国家的元首出席了拉巴特会议。经过 1970 年 3 月和 12 月分别在麦加和卡拉奇外长会议的筹备，终于 1971 年 5 月"伊斯兰会议组织"正式建立。它在某种意义上实现了战后关于建立伊斯兰统一体的泛伊斯兰设想；也是 1967 年"六五"战争后阿拉伯世界和伊斯兰世界对战争失利的反思在组织上的成果。长期以来，议而未决甚至不断遭到反对的伊斯兰统一体的设想，一夜之间突然成为受伊斯兰国家自上而下一致欢迎的最佳方案。各伊斯兰国家看到了它的政治前景，愈来愈受到它们的重视。这标志着新泛伊斯兰主义关于伊斯兰统一体的设想的实现。伊斯兰会议组织不同于民间的泛伊斯兰组织，它是一个政府间的同盟，或者说，是当代的伊斯兰国际。同时，以前建立的"非政府"的泛伊斯兰组织则成为它联系世界各地、各界穆斯林社团和个人的桥梁或工具。

作为伊斯兰国家，无论是政教分离的，还是政教合一的，无论是共和

---

① 在"六五战争"中，以色列占领的土地包括埃及的加沙地区、叙利亚的戈兰高地和约旦管辖的耶路撒冷东部地区。

制的，还是君主制的，在它们之间的交往中，其共同点则在于它们都是伊斯兰教的信奉者，共同的信仰使它们得以坐在一起，有共同的语言议教、议政，进而有结盟的思想基础。在与非伊斯兰国家的交往中，有关宗教的说教，是派不上用场的。就是说，泛伊斯兰思想只适用于伊斯兰世界内部；超出伊斯兰世界之外，它就缺乏应有的吸引力和凝聚力。然而，不可低估它对非伊斯兰国家穆斯林的影响。

二　泛伊斯兰组织及其基本主张

新泛伊斯兰主义以种种国际性、地区性或某一国家内部的泛伊斯兰组织为其载体。它的组织机构大致可以分为三类。

第一类是有着宗教—政治特性的泛伊斯兰组织，如伊斯兰世界联盟、世界穆斯林大会以及活动时间不长的伊斯兰教大会等。这类组织公开申明其非政府、非党派、非宗派的性质，公开标榜弘扬和发展伊斯兰教为己任，既为在伊斯兰世界各国强化并巩固伊斯兰教，支持伊斯兰事业而工作，又为在非伊斯兰世界各地传播伊斯兰信仰、支持并维护各国"穆斯林少数"的正当权益而活动。例如世界穆斯林大会的宗旨为：在世界各地传播伊斯兰教，宣扬超国家、超民族、超地域的泛伊斯兰主义，维护与增进穆斯林国家的团结、合作，抵制马克思主义无神论和西方世俗化倾向的影响。[①] 伊斯兰世界联盟的宗旨是：在世界范围内，派遣传教士，传播伊斯兰教教义，扩大伊斯兰教的影响，维护穆斯林权益，协助世界各地的穆斯林组织和团体举办宣教活动，促进他们的内部团结，支持国际和平与合作。[②] 可见，它们的基本任务是宣教，只要是有利于伊斯兰教传播的事业、活动，它们都支持；反之，只要是它们认为不利于伊斯兰教传播的，则予以反对和抵制。与此同时，这两个伊斯兰组织历次会议发表的声明和政治宣言，有着明确的政治目的，构成官方的泛伊斯兰国际组织在政治领域的活动的必要补充。从它的宗旨、组织机构设施、声明、宣言及其大量活动

---

① 《世界知识年鉴1994/95》，世界知识出版社1995年版，第939页。

② 同上书，第938页。

中，我们完全可以看出伊斯兰教政治化的缩影。

第二类组织则是有着政治—宗教特性的伊斯兰会议组织。① 它有着明显的官方性质。从其形成的历史背景、第一次首脑会议的主要议题以及历次会议发表的声明均可看出其明确的政治—宗教目的。根据 1972 年通过的宪章，该组织宗旨为：促进各成员国之间的伊斯兰团结，加强它们在经济、社会、文化、科学等方面的合作；努力消除种族隔离和非种族歧视，反对一切形式的殖民主义；支持巴勒斯坦人民恢复其民族权利和重返家园的斗争；支持一切穆斯林人民保障其尊严、独立和民族权利的斗争。② 人们不难发现其政治使命，完全不同于作为"非政府"的泛伊斯兰组织的宗教使命。又如第三次伊斯兰国家首脑会议《麦加宣言》（1981 年 1 月）称，它"强调恪守信仰、反对叛教和反伊斯兰倾向能使伊斯兰社会免于文明衰败"，它警告人们，"物质进步"将导致"精神空虚、信仰解体和道德伦（沦——引者注）丧"。③ 因此，它要求穆斯林在宗教上"真诚信仰伊斯兰教，真正恪守（伊斯兰的——引者注）准则与价值为生活的规范。"④ 可见，它同样有其宗教主张并关注伊斯兰事业。它是目前伊斯兰世界，也是国际上最为重要的国际组织之一，它的定期的外长会议和不定期的国家首脑会议对国际政治生活有着相当的影响。实际上，伊斯兰世界联盟、世界穆斯林大会等以泛伊斯兰的身份进行"非政府"方面的活动，而伊斯兰会议组织（或是通过它的隶属机构）协调各伊斯兰国家政府间的政策。两者都参加对方组织的会议和活动，既有分工又互相配合。其根本目的则在于通过政治性的活动来发展伊斯兰教，进而扩大伊斯兰世界的势力。这无外乎是政治的宗教化。

第三类是一些专业性的或技术性的组织。它们附属于上述两类泛伊斯兰组织，相对独立地开展各自的活动，对伊斯兰教和政治的影响也是间接的。由于它们或是根据前两类组织的决议建立的，或是在前两类组织的支

---

① 2011 年 6 月更名为"伊斯兰合作组织"。
② 《世界知识年鉴 1994/95》，世界知识出版社 1995 年版，第 832 页。
③ 穆瓦法格·贝尼·穆尔加：《简明伊斯兰世界百科全书》，旅游教育出版社 1991 年版，第 71 页。
④ 同上书，第 70 页。

持和关怀下建立的，就总的方面来说，它们仍然具有一定的宗教性和政治性。它们通常坚持伊斯兰的原则、按照伊斯兰的精神或从一个方面贯彻泛伊斯兰组织的方针、政策、决议、声明以体现伊斯兰世界各国的团结、协作和统一。

在新泛伊斯兰主义基础上建立的泛伊斯兰组织不管它是国际性的、地区性的，或一个国家内部的，还是宗教性的、政治性的或专业性的。实际上，只有两类，即官方的和民间的。官方的泛伊斯兰组织，不必说，它受到伊斯兰国家和政府官员的直接指导并参与其活动。同样的，"非政府"的民间的泛伊斯兰组织，在不同程度上也受到伊斯兰国家和政府的支持；至少受到该组织所在国政府的支持。

应该说，新泛伊斯兰主义的主张、声明和决议，并不具有强制性或任何约束力。即便是1972年伊斯兰会议组织通过的会议组织章程，似乎有了统一的行动纲领，事实上，各伊斯兰国家在不少社会、政治、经济问题上，仍各行其是，难以实现统一，更何况在此之前的年代了。

三　新泛伊斯兰主义的特点

由于伊斯兰世界存在着阶级的、民族的和宗教的矛盾，以及各国间贫富的差异、民族文化传统的不同、教派之间的分歧等等，这是难以用泛伊斯兰的说教解决的。要真正实现泛伊斯兰所主张的那种统一几乎是不可能的。泛伊斯兰思想将是伊斯兰世界永恒的话题，它们会为实现伊斯兰统一的目标而一代代地延续下去，为之活动、为之说教。尽管如此，泛伊斯兰思想在广大群众中仍具有广泛的吸引力和凝聚力。原因很简单，在伊斯兰世界宗教问题永远是个极其敏感并容易触动人们心弦和宗教情感的问题；任何一个有信仰的人都不愿被他人视之为背信者、对伊斯兰事业漠不关心者。同样的，在政治斗争或利害冲突中，即使双方面和心不和、明争暗斗，在泛伊斯兰问题上，也只能是持敷衍态度，很少会公开抨击对方的泛伊斯兰思想。

根据战后新泛伊斯兰主义发展的状况，它大致有如下的特点：

第一，强调伊斯兰世界的团结、协作和统一，是新泛伊斯兰主义的首要的一个特点。这与战前为加强、恢复或重建传统的哈里发制度的泛伊斯兰主义有着明显的区别。

19 世纪末，奥斯曼帝国苏丹哈米德二世（1876—1909 年在位）鼓吹泛伊斯兰主义以图强化苏丹权威，维护其摇摇欲坠的统治；阿富汗尼（1839—1897）号召全世界被压迫的穆斯林团结起来，摆脱外国的殖民统治，并依靠奥斯曼苏丹的力量和影响，以加强哈里发的统治。1924 年，土耳其废除哈里发制度。此后，无论是在开罗和麦加召开的世界穆斯林大会，抑或是 1928 年建立的埃及穆斯林兄弟会的宗教—政治主张，都与哈里发问题有关。就是说，第二次世界大战前的泛伊斯兰主义，其中心是重建或恢复哈里发制度，以使国家政权具有哈里发所核准的合法性或神权的象征。

可是，新泛伊斯兰主义却不同。它的明确的政治使命和基本纲领则是实现伊斯兰世界的团结、协作和统一。就是说，在伊斯兰世界，它对内要维护伊斯兰国家的团结和协作，以使伊斯兰国家独立和富强，从而实现伊斯兰的统一；它对外要反对帝国主义、殖民主义和犹太复国主义，支持阿拉伯人民和巴勒斯坦人民的英勇斗争，以使他们收复失地、收复圣城耶路撒冷东部地区，并使巴勒斯坦人民胜利返回家园。因此，新泛伊斯兰主义有着更为明确的反帝、反殖、反对犹太复国主义的性质。在某种意义上，反帝、反殖、反以构成实现伊斯兰世界统一的一个不可分割的组成部分。

第二，新泛伊斯兰主义既有来自官方的自上而下的倡导，又有教界和知名人士以及群众的自下而上的支持，这是战后伊斯兰世界颇有生气的社会思潮和活动。

自 19 世纪末叶以来，泛伊斯兰主义只具有宣传的性质，它以阿富汗尼的个人声誉和活动为基础，相对地说，缺乏广泛的群众基础和有组织的活动，在没有一个强有力的泛伊斯兰的载体的情况下，要实现其政治使命有着极大的局限性；同时，他期望依靠奥斯曼统治者来实现其主张的做法，也使自身置于尴尬、受摆布的地位，无法施展其才能和活力。奥斯曼统治者的宗教奢望和政治野心难以实现也有着明显的宗教—政治原因：十叶派反对凌驾于自身的哈里发，新兴的瓦哈比派也不希望委身于哈里发而自任儿皇帝。20 世纪初，泛伊斯兰主义同样缺乏应有的群众基础或官方的支持。例如印度穆斯林开展的"哈里发运动"即是如此。相反的，它是针对英国统治者并为支持当时英国的敌对国家——奥斯曼帝国为政治目标的，奥斯曼帝国的战败、土耳其资产阶级民主革命的胜利以及哈里发制度被废除，必然导致这一运动的失败。同时，沙特和埃及的君主都觊觎哈里发职位，相互牵制，难以达成协议；恢复哈里发制度本身也不合时宜，终成泡影。

而新泛伊斯兰主义则不同，从一开始它在群众中就有战前残留的思想影响，尤其是穆斯林兄弟会在中下层群众中的活动使它具有广泛的群众基础。同时，20世纪40年代末叶和整个50—60年代既得到官方的支持或倡导，形成泛伊斯兰的载体并从事有组织、有目的的活动，又有由各伊斯兰国家政府直接参加的伊斯兰国际，成为官方自上而下的与民间自下而上的泛伊斯兰组织两者的结合，这是战前的泛伊斯兰主义难以比拟的。

第三，新泛伊斯兰主义有着明确的宣教性质。它积极支持伊斯兰世界各国的宗教事业的同时，也热衷于非伊斯兰世界的宣教活动。

泛伊斯兰主义活动的时代，正值伊斯兰世界大部分地区处于殖民统治之下，或是处于隶属国的地位，在大多数穆斯林处于被奴役、被压迫的情况下，泛伊斯兰主义的流传受到极大的限制。阿富汗尼的遭遇说明了此点。同时，泛伊斯兰主义的基本目标是政治性的，即便是有关宗教改革的主张，也因时代的限制，无法从事认真、广泛的宣传活动，同时也不具有什么宣教性质。

新泛伊斯兰主义所处的时代却不同。它恰恰是在各国取得独立、解放之后从事宣教活动的；宣教活动得到各国当政者的广泛支持，甚而当政者也积极参与其事。这无疑是战后伊斯兰教发展的一个极其有利的时期。无论是由政府直接出面的，或是由泛伊斯兰组织从事的宣教活动，不仅在伊斯兰世界内部传播、发展和强化伊斯兰信仰，而且还在非伊斯兰国家或地区宣教，实施其传播伊斯兰教的使命；它在传布伊斯兰教的同时，竭力反对西方化、西方生活方式并反对共产主义、马克思主义和无神论思想。可见，新泛伊斯兰主义具有政治的和宗教的双重品格，其宣教性质是不同于政治性的泛伊斯兰主义的。

第四，新泛伊斯兰主义有着相当雄厚的经济基础，形成几个重要的活动中心。

19 世纪末叶的泛伊斯兰主义没有形成什么中心，20 世纪初虽有泛伊斯兰的和世界穆斯林大会先后在开罗、麦加和耶路撒冷的活动，但它缺乏强有力的经济后盾；它也没有常设机构作为它的活动中心。

新泛伊斯兰主义则不同，除了埃及的伊斯兰教大会不再活动而丧失其为新泛伊斯兰主义的中心地位外，目前在伊斯兰世界各地已形成了大小不一的中心。① 由于这些中心都得到不同国家的经济资助，尤其是 70 年代以来，获得盛产石油的沙特、海湾诸酋长国、利比亚等国石油美元的支持，一般说来，它们都有着相当雄厚的经济实力，这是各泛伊斯兰中心得以从事宣教、传播并支持各国伊斯兰事业，进而从事其社会、政治活动的经济基础。根据其财政来源的不同，目前除了巴基斯坦的卡拉奇和沙特阿拉伯的吉达、麦加是它的重要中心外，在亚、非、欧、美等洲都有它的地区中心。埃及、利比亚等国对国际性的、地区性的泛伊斯兰组织，或是对某一国家的伊斯兰事业的支持，也是不遗余力的。1979 年伊朗"伊斯兰革命"胜利后，伊朗为了推行对外输出革命的政策，它在无形中既是新的泛伊斯兰中心，也成为伊斯兰主义的中心。

四 泛伊斯兰组织的社会作用

在国际政治生活中，人们不应低估泛伊斯兰组织的社会作用。

首先，泛伊斯兰组织是伊斯兰世界调整内部关系的一个强有力的杠杆，一般来说，伊斯兰世界各国之间因历史的、民族的和文化传统的差异，存在着双边的、多边的，这样的或那样的纠纷、矛盾和冲突。因此，泛伊斯兰组织，无论是官方的还是民间的，在涉及某一伊斯兰国家内政问题，或是双边（或多边）关系问题，往往采取调停、磋商而不作出偏袒任何一方的仲裁（在通常情况下是如此）。例如在摩洛哥、毛里塔尼亚、阿

---

① 世界穆斯林大会总部设在巴基斯坦卡拉奇，有 42 个成员国，并在吉隆坡、贝鲁特、摩加迪沙、达喀尔、纽约等地设有地区性办事机构；伊斯兰世界联盟总部设在沙特麦加，约有 60 个成员国，在世界 100 个国家设立办事机构或派驻代表。伊斯兰会议组织总部设在沙特吉达，有 51 个成员国（1993 年）；迄 2012 年，已有 57 个国家参加其活动。

尔及利亚之间关于西撒哈拉问题上的领土、主权等争端以及由此爆发战争时，伊斯兰会议组织对其成员国之间的这一争端，呼吁结束战争、通过协商和平解决，"避免穆斯林生灵涂炭"①。又如在实际生活中，如某一国家的内外政策违背了泛伊斯兰的宗旨，则会受到相应的处置。1979年5月埃及与以色列签订和平条约，萨达特此举被认为与伊斯兰会议组织的宗旨不符，遂被中止成员国资格（直至1984年3月才被恢复）；阿富汗"左派"政变后，1979年底苏军入境，阿当局纵容苏军镇压各地"圣战者"的反抗。同样被伊斯兰会议组织中止成员国资格。在两伊战争问题上，伊斯兰会议组织强调"成员国应坚持通过和平途径解决成员国之间的争端，不使用武力也不以使用武力相威胁的规定"②。都充分体现了它调整内部关系的作用。当然，这也不排除在两伊战争中，它支持伊拉克一方，并谴责伊朗一方。

伊斯兰国家在联合国中大致占有四分之一的席位。因而在国际政治舞台上，泛伊斯兰组织可以发挥其政治集团的影响。它关于国际问题争端，可以协调立场，以一个声音一致对外，这种作用是人们不能低估的。

其次，捍卫伊斯兰国家的利益和"穆斯林少数"的"合法权益"。

如果说，国际泛伊斯兰组织在对待伊斯兰国家内部事务、伊斯兰国家双边或多边关系问题时，持慎重态度，不轻易表示支持一方、反对另一方的话；那么，该组织在涉及伊斯兰国家与其他国家发生国际争端时，往往偏袒伊斯兰国家。这类事例不胜枚举。

同样的，它维护"穆斯林少数"的"合法权益"。新泛伊斯兰主义所谓的"穆斯林少数"是指散居世界各地的非伊斯兰国家中的穆斯林社团。根据国际泛伊斯兰组织的活动，它在对待非伊斯兰国家内部涉及穆斯林问题时，或是给予各国"穆斯林少数"以政治的、经济的、道义的支持，资助他们发展伊斯兰事业，抵制当地的"基督教化危险"；或是公开、直率地表明其捍卫穆斯林的"合法权益"的立场，支持其各种形式的，直至武装的斗争。例如"第五次伊斯兰国家首脑会议宣言"中，明确宣称它支持

---

① ［叙］穆瓦法格·贝尼·穆尔加：《简明伊斯兰世界百科全书》，第80页。
② 同上书，第110页。

菲律宾摩洛解放阵线的斗争就是一例。①

再次，强化信仰，向非伊斯兰世界宣教，发展伊斯兰事业。

国际泛伊斯兰组织除在伊斯兰世界内部积极抵制非正统的伊斯兰教义、采取种种手段强化伊斯兰信仰、宣扬"伊斯兰意识形态"，并在维护伊斯兰的旗帜下，发表谴责社会主义、共产主义、无神论、西方化、西方意识形态和生活方式的决议外，在对外关系上，它更能充分发挥其作用。

在非洲地区，整个 20 世纪 50—60 年代是殖民主义全面撤退时期。基督教在当地被视为殖民主义者的思想武器、"白人的宗教"。泛伊斯兰组织向当地居民宣传伊斯兰教是"第三世界的宗教"、"被压迫者的宗教"。它在排斥基督教时，提出传教"本地化"的口号。这对伊斯兰教与当地居民的传统信仰（或万物有灵论观念）相结合起到了重要作用。在 70 年代，尼日利亚总统戈翁、加蓬总统邦戈、乌干达总统阿明，为了取得阿拉伯产油国的经济、财政援助，或是为了国内政治斗争的需要，在泛伊斯兰组织的宣教鼓动下，先后改宗，皈依伊斯兰教。这种皈依导致大批臣民相应地改宗，使非洲伊斯兰教得到了显著的发展。尽管中非总统博卡萨于 1976 年 10 月宣布皈依伊斯兰教后，次年又宣布自任皇帝、重申恢复基督教的信仰；贝宁总统马蒂尼·克雷库 1980 年 9 月决定信仰伊斯兰教后，不久又宣布此决定无效，但这同样说明泛伊斯兰组织在非洲活动的影响。

在亚洲地区，泛伊斯兰组织除了以大量资金援助马来西亚伊斯兰教的发展外，还以马来西亚为基地，向泰国、菲律宾、新加坡、斯里兰卡、缅甸、日本、韩国等国家和地区传播伊斯兰教。苏联解体后，它则提出"绿化中亚"的战略，即通过其宣教活动以使中亚伊斯兰化。

战后，伊斯兰国家陆续向西欧、北美移民，西欧、北美的穆斯林比战前有了相当的增长。由于 50—60 年代正值冷战时期，一方面，西欧、北美在意识形态上把主要注意力放在反对共产主义和马克思主义上，忽视了伊斯兰教在当地的宣教活动的发展；另一方面，伊斯兰教在西欧、北美的宣教活动，在形式上也不同于亚非地区。它在西欧、北美主要是在移民中活动，并通过通婚与当地居民（主要是白人）和其他形式发展伊斯兰教的

---

① ［叙］穆瓦法格·贝尼·穆尔加：《简明伊斯兰世界百科全书》，第 101 页。

信众。60 年代以来，当西欧、北美发现伊斯兰教在当地的发展时，开始了与伊斯兰教的对话，尽力求同存异，减少伊斯兰教与基督教在信仰上的摩擦。结果，在泛伊斯兰思想的指导下，伊斯兰教当前在西欧、北美的一些国家（如美、英、法、德、意等）已成为仅次于基督教的第二大宗教，在上述各国的人数均已超过百万人。可以预见，在意识形态上，它早晚会向基督教提出挑战的。

泛伊斯兰组织对非伊斯兰国家"穆斯林少数"在政治、经济、文化教育和宗教事业等方面给予大力支持。它为这些国家穆斯林朝觐提供国际旅费和朝觐期间的生活费；它的宣教学院大量培养伊玛目和宣教人员，向亚洲、非洲、西欧、北美等地输送、派遣千余名传教士宣教布道，以传播伊斯兰教义；它向西欧、北美、东非、西非、东南亚等地提供资金，支持各地兴建、维修清真寺、伊斯兰中心或伊斯兰文化中心，仅在 1972 年就向 28 个国家的伊斯兰教组织赠款和援助；它还大量印刷、出版不同语种的《古兰经》和其他宗教书籍，仅在同年向各国散发各种文字的《古兰经》和其他宗教书籍达 500 万份；它举行《古兰经》朗诵比赛、组织宣教会；它还提供奖学金、吸收留学生，以至于通过电台、报纸杂志布道说教，如此等等。这都是泛伊斯兰组织发展伊斯兰事业的重要措施，并在一些国家中起到了相应的效果。

泛伊斯兰组织或是自身向外布道宣教，在遇到难以解决的问题情况下，则通过伊斯兰会议组织，利用政治影响，通过相应决议贯彻执行。或是利用在联合国享有"非政府性"咨询机构的地位，从事泛伊斯兰的活动。

最后，官方伊斯兰复兴的一种表现形式。

20 世纪 60 年代末叶以来，尤其是第三次中东战争失败后，伊斯兰世界开始对民族主义、世俗主义、社会主义等意识形态产生怀疑和反感。一些人把阿拉伯民族的战争失利、生活贫困、社会落后归咎于对伊斯兰教基本原则的背离，因而一股复兴伊斯兰教的社会思潮再起。一般说来，伊斯兰复兴采取了民间的和官方的两种不同的形式。新泛伊斯兰主义的活动不仅在无形中为伊斯兰教的民间复兴起着推波助澜的作用，而它本身构成 60 年代末叶以来的世界伊斯兰复兴的一个重要组成部分。或者说，它是某些伊斯兰国家自上而下的复兴伊斯兰教的官方形式。1971 年伊斯兰会议组织建立，标志着伊斯兰复兴的这一形式的正式确立。此后，各种泛伊斯兰组织陆续出现。① 作为官方的伊斯兰复兴，它强化伊斯兰信仰，或是乐意投入巨额美元支持国际性的和地区性的伊斯兰事业，或是出资支持其他国家的形形色色的激进主义的小组织、小宗派的活动，或是通过自身的积极活动从富有的石油输出国那里谋取援助。新泛伊斯兰主义不单单是世界范围内流传的一种社会思潮，它已成为一些伊斯兰国家对外政策的一个重要组成部分。形形色色的泛伊斯兰国际组织，有的具有明显的官方色彩，有的则是民间的机构，这正好与一些伊斯兰国家民间的种种激进主义小社团、小组织的活动相呼应，使人感到伊斯兰教处于全面复兴之中。这一切表明：尽管各不同伊斯兰国家的动机不同，但在战后利用泛伊斯兰这一点上则是共同的。

（刊载于《世界宗教研究》1995 年第 5 期）

---

① 　这包括 20 世纪 70 年代世界穆斯林大会陆续设立的区域性办事机构。属于伊斯兰世界联盟的亚洲及太平洋地区、欧洲地区、美国加拿大地区和非洲地区四个地区委员会；以及"伊斯兰国际通讯社"（1972）、"伊斯兰团结基金会"（1974）、"清真寺世界理事会"（1975）。隶属于伊斯兰会议组织的"耶路撒冷委员会"（1975）、"伊斯兰国家广播组织"（1975）、"伊斯兰开发银行"（1975）、"伊斯兰经济文化和社会事务委员会"（1976）、"伊斯兰教历史、艺术和文化研究中心"（1976）、"伊斯兰国际红新月委员会"（1980）、"伊斯兰文明遗产国际保护委员会"（1980）；此外，设立的附属委员会有"伊斯兰法学会"、"伊斯兰教科文组织"等。

论当代伊斯兰主义

当今的伊斯兰世界，实际上存在着三股相互交织的社会潮流，汇集成当代的"伊斯兰复兴"。这三股社会潮流，尽管纠缠在一起，但人们仍不难把它们分为宗教—政治性或政治—宗教性的新泛伊斯兰主义、民间的宗教复兴（思潮和运动）以及纯政治性的伊斯兰主义，并从中发现各自的质的规定性。本文着重讨论伊斯兰主义的基本主张、时代特征、表现形式及其体现者。无可怀疑的是，它在伊斯兰世界具有一定的社会基础，真正为之奋斗者可能并不多。

一　什么是伊斯兰主义

"伊斯兰复兴"，是在"复古"的要求下，实现伊斯兰的"托古改制"。其主张为"复古"，拟实现的是"改制"。或者说，在伊斯兰的，而非其他（如现代主义的、社会主义的、世俗主义的……）名义下的在当代的"改制"。"复古"的主要内容可以大致概括为，"一切应遵循伊斯兰教的原旨教义，要求严守穆罕默德的遗训，按伊斯兰教教法行事，恢复伊斯兰教早年在社会生活中应有的地位和尊严。凡是涉及穆斯林宗教生活和世俗生活的各种问题，都要求以伊斯兰教的传统教义为判断是非、权衡取舍的标尺，以穆罕默德生活时代的伊斯兰教为穆斯林生活的楷模。为此，它斥责那种轻视宗教礼仪、背离一种信仰、忘却日常功修、违反宗教禁戒的做法，反对种种被认为系非伊斯兰教的异端邪说、外来影响和世俗化倾向。随着时代前进，复古内容也日趋增加，甚而扩及社会生活的一切领域，只要复古召唤者认为伊斯兰教史上具有价值的或值得后人仿效的东西，均将其纳入复古召唤之列。"① 当我们讲伊斯兰复兴时，绝不是说，要求一切都返回到中世纪去，甚而一切返回到伊斯兰教的原旨教义上去。然而，这种宗教复兴的要求，实现某种"改制"的要求，在不同社会集团、社会地位的人那里，在他们的社会实践中，则会有着完全不同的结果。

就伊斯兰主义而言，它并不是伊斯兰教在当代社会生活中的再现，而是在伊斯兰的名义下，为全面地或部分地实现伊斯兰教法统治的一种政治主张。为在当代社会中，在其所居国家达到此种政治目的，很自然地会相应地伴之以一定的社会行为和政治行为。具体说来，它主张在政治上建立符合、适应伊斯兰教法统治的"伊斯兰国家"、伊斯兰社会、伊斯兰秩序；经济上实行社会公正、平等和正义、反对西方的经济制度；律法上以伊斯兰教法替代受西方影响制定的律法；文化上反对西方化、世俗化的意识形态、生活方式、伦理规范和价值观念。总之，它要求在社会生活的各个领域以伊斯兰教法为衡量一切的准绳，恢复并推行伊斯兰教法的统治，以实现社会生活的全面伊斯兰化。

根据伊斯兰教的国家理论，世间的或国家的一切主权皆属安拉。正如《古兰经》经文所说："天地的国权归真主所有"（3：189）。伊斯兰教法的神圣性在于它渊源于经训。伊斯兰主义正是依据经训并由此演绎出的思想，构成它关于教法统治的理论基础。它认为，由经训体现的神法或伊斯兰教法是安拉治理世间的法规，适用于一切时代、一切领域；它的治理不受时间、地域的限制。同样的，它是完善的，包含了人们日常的宗教生活和世俗生活的一切内容；无须更改、无须补充。凡是未列入教法范围的条款，皆因它对于伊斯兰教是非法的；因而无须增添、无须涉及。尽管它由人来司法、执法，但人无权立法，亦无权更改神法。就普通穆斯林而言，普遍存在这样的观念：伊斯兰教法中的律例、禁戒或条款是他们的生活准则和言行规范，遵奉教法、服从并接受教法的统治，是伊斯兰社会成员的神圣职责，他们应按伊斯兰教法行事，不得违反，不得冒犯。这种观念对伊斯兰主义关于实施伊斯兰教法统治的主张十分有利。这正是伊斯兰主义具有群众基础的一个重要原因。

---

① 金宜久：《伊斯兰教复古传统初探》，见《世界宗教研究》1982 年第 2 期，第 59—60 页。

　　在伊斯兰教史上，穆罕默德和正统哈里发时期（632—661）被认为是模范地实施伊斯兰教法治理的黄金时代，这是多少代穆斯林所向往的，也是他们津津乐道的；他们的统治权被认为是直接来自安拉的授予，或承续安拉授予穆罕默德的权力（继任者），因而其合法性和权威性不言自明。以后出现的统治，如哈里发制、苏丹制、埃米尔制、汗（君主）制等等，尽管他们的权力并非直接来自安拉或承续安拉授予的，但通过宗教学者的阐释，认为他们的统治权不是来自民意，更不是来自统治者（哈里发、苏丹、埃米尔、汗等）个人的意愿，而是经由哈里发的册封、赐予，同样具有来自神权的象征；或是受托代行安拉对世间的统治权，他们的统治同样具有合法性。上述统治者的职责都是为了捍卫伊斯兰教的领地和伊斯兰事业、传播伊斯兰的使命。他们的权力的合法性和权威性亦为大多数穆斯林所公认。可是，自从进入近代以来，随着西方殖民者的入侵，伊斯兰世界的大片领地沦为西方大国的殖民地、托管地、保护领地或附属国，不管是由西方殖民者直接的统治，还是由西方殖民者扶植、委任当地统治者所实行的统治，其统治权都被认为是违背、破坏伊斯兰教法的、非法的统治；同样的，民族、民主革命胜利后各伊斯兰国家建立起的国家政权，在某些伊斯兰主义倡导者、鼓吹者的眼里，同样认为他们执行的政策是背离伊斯兰教法的，其统治权是非法的。埃及的某些极端主义组织对埃及现政权的看法，即是如此；伊朗伊斯兰革命过程中，对巴列维（1945—1979 年在位）的统治以及海湾地区其他君主制国家统治的看法，亦是如此。

　　伊斯兰主义关于实行伊斯主教法统治，或"伊斯兰法治"的主张根本不同于当代社会人们通常所说的日趋完善的法治。伊斯兰主义所主张的"法治"，即它所主张的根据伊斯兰教法司法、执法的"法治"；它所反对的"人治"，并非人们通常所说的凭借个人的意志司法、执法的做法，这里说的"人治"，既指由专制君主个人独断独行、无法（指教法）可依的司法、执法；亦指世俗立法机关由人们共同拟订的律法而后的司法、执法。就是说，在当代社会中，一切应以伊斯兰教法为准绳，一切应按伊斯兰教法司法、执法。所以，从本质上说，伊斯兰主义亦即伊斯兰法治主义。

二　伊斯兰主义的基本特征

伊斯兰主义以其时代特征，而有别于新泛伊斯兰主义和民间的宗教复兴。

首先，它是纯政治性的。它所主张的不是什么宗教，而是在宗教幌子下的政治。与其说它的社会行为和政治行为是在伊斯兰的旗帜下，不如说是在复兴伊斯兰的幌子下，从事强烈的政治性活动。为了实现其政治主张，政治要求，有时也会有复兴宗教的内容，但它的真正目的并不单单是复兴伊斯兰教，而是在当代、在其活动的国家里，实现伊斯兰教法统治。为达到其教法统治的目的，唯一的办法就是强化已执掌的政权以推行伊斯兰化，或是攫取政权，以实现它们所主张的"法治"。所以说，伊斯兰主义的真正要害是政权问题。不论是由当政者鼓吹的、由教界名流推崇的新泛伊斯兰主义，还是民间的宗教复兴的广大参与者，他们关注的中心都不是国家权力或政权问题。这是它与新泛伊斯兰主义和民间宗教复兴的最明显的一个不同之处。

其次，它具有系统的理论、主张。它以哈桑·巴纳、毛杜迪、赛义德·库特布、霍梅尼等人为其理论先驱或是以他们的理论为行动依据。新泛伊斯兰主义关于实现伊斯兰统一、团结、协作的主张，很容易为群众所理解、所接受，无须什么高深、系统的理论；作为民间的宗教复兴（不论是社会思潮还是社会运动），由于它所要复兴的是被人们遗忘的、淡漠的伊斯兰教本身，这就是最有力的召唤，自会为穆斯林所认同，从而也无须什么理论、主张来动员、组织群众。反之，伊斯兰主义为实现伊斯兰教法统治的政治目的，需要有自身的政治主张，需要对当代之所以要实现此种政治主张做出理论的说明，以吸引人们投入到它的有关活动中去。这就是为什么埃及的一些极端主义组织有着对经训的独特解释。穆罕默德·阿布杜·萨拉姆·法拉古（1950—1982）的《遗忘的宗教定制》则是其代表作。这也是为什么一些国家在恢复实施伊斯兰教法、推行伊斯兰化或输出伊斯兰革命时要大费口舌，不断地制造舆论的一个重要原因。

再次，它采用和平或暴力的手段。为实现其教法统治的主张、推行伊斯兰化，两种手段并行不悖。有时它采用温和的手段进行，但在大多情况下则采用激烈的、极端的、恐怖的手段。对社会的破坏性一目了然。新泛伊斯兰主义和民间的宗教复兴的活动形式，使用的手段，完全是和缓的、和平的，不会使用激烈手段或非法、暴力手段。如召集其国际性会议并进行有关活动，又如某些伊斯兰国家支付巨额石油美元在世界各地建造清真寺、支持伊斯兰事业、派遣传教士、举行诵经比赛，在国民教育和中、高等学校中开设宗教课程、增设宗教学校、大量出版宗教报纸杂志、电台、电视台中增加宗教节目，等等，同样是以公开的、和缓的形式进行；当然，它也会在经济上支持或资助某些活动，但它本身绝不会从事暴力、恐怖活动。再如青年学生穿起长袍、留起胡须，妇女穿黑袍、戴头巾，纷纷涌入清真寺礼拜、守戒封斋，等等，完全是自愿的，毫无他人迫使之感（至多有一种舆论压力）。因此，新泛伊斯兰主义或民间的宗教复兴对社会的稳定通常不具有破坏性、威慑性。

最后，它具有强制性。由当政者所体现的伊斯兰主义，通常在利用群众的宗教信仰、宗教情感的同时，通过国家机器强制推行其政治主张（如实施伊斯兰教法治理、推行伊斯兰化等）。由民间所体现的伊斯兰主义往往通过种种秘密的小社团、小组织，在华丽词藻的掩护下、在蒙骗群众的情况下，从事其非法的、秘密的活动（如埃及的一些极端组织在那些不受官方管辖的私人清真寺中从事煽动性的布道，即属此）。就新泛伊斯兰主义而言，虽与官方的当政者一样，有利用国家机器的一面，但其目的是宗教—政治性的或是政治—宗教性的，无须强制推行其主张；就伊斯兰复兴的广大参与者而言，往往是自发的，并无严密的组织，因而同样无须强制去推行其复兴伊斯兰教的主张或做法。这同样是它们之间的不同之点。

三　伊斯兰主义的主要表观

伊斯兰主义有多种表现形式。就当政者而言，为巩固执掌的政权，则通过内外政策来体现它；就政治反对派而言，为颠覆或攫取国家最高权力，则以它为活动的指导思想。具体说来，有以下几方面：

其一，推行伊斯兰化。在社会生活中，真正推行伊斯兰化的，只有那些当政者才能做到。他们或是为实行某种政策，或是为巩固自身统治，或是为抵制政治反对派的影响、约束民间的伊斯兰复兴并缓和民众不满情绪的一种策略。其结果却相反的只能煽起民众的宗教热诚，助长和鼓励国内的伊斯兰复兴，而不利于民众接受现代科学技术知识和国家的现代化。1969 年利比亚的卡扎菲上台后，正式颁布"法律的伊斯兰化"，确定沙里亚法为立法的主要渊源；1973 年，卡扎菲提出"文化革命"的五点计划中，再次提出停止使用世俗法，一切民事、刑事案件应以教法为据处置。1976 年，埃及爱资哈尔的乌里玛向国民议会提交关于宗教问题的议案，主张恢复《古兰经》规定的"固定刑"。1977 年，巴基斯坦开始推行伊斯兰化。1979 年年底，沙特阿拉伯在麦加清真寺事件后，也积极推行伊斯兰化措施，以树立自身的两圣地庇护者的形象。继伊朗全面推行伊斯兰化后，苏丹于 1983 年由尼迈里宣布国家实行伊斯兰教法。就是说，在伊斯兰世界里，先后有利比亚、巴基斯坦、沙特阿拉伯、伊朗、苏丹等国家不同程度地推行伊斯兰化。推行伊斯兰化政策，实施伊斯兰教法，为统治者增添了神圣光环，会受到一部分群众的欢迎，有利于他们的统治。然而，这无疑是对五六十年代伊斯兰世界范围内的教法体制改革的否定和教法体制改革已取得的、符合社会现代化、世俗化进程的成果的摒弃。它在一定程度上也是中世纪的教权统治于当代再现，这显然是一种倒退。然而，是否推行伊斯兰化，在何种情况下推行伊斯兰化，这不单纯是一个宗教信仰问题，而涉及的则是政治问题。

其二，输出"伊斯兰革命"。输出革命与一般的宗教活动和对外布道宣教有质的区别，它有着明确的政治目的。尽管这一口号是伊朗伊斯兰共和国建立后提出来的，但作为伊斯兰主义的一个基本表现形式，在伊斯兰世界早已存在了。伦敦穆斯林研究所的凯里姆·西德基罗列出该所设想的"伊斯兰革命"的六点纲要（即革命应宣告它是世界性的穆斯林乌玛①的一部分；应力图建立一个伊斯兰概念的伊斯兰国家；应动员该国乌玛的各界人民；应向超级大国和它们在当地的代理人挑战；应勾画出伊斯兰的世

---

① 原意为部落，引申为"民族"，指人们的共同体，尤指穆斯林的"共同体"。伊斯兰教演变成世界宗教后，作为它的专门用语，指全体穆斯林的统一体，在理论上包括所有穆斯林。

界观；应产生一个非阶级的或其他私利的领袖），并承认该所最初并未能立即认清伊朗1979年"伊斯兰革命"的形势；随之，他发现伊朗的"革命"与该所设想的基本点相符。① 霍梅尼在他的政治宗教遗嘱中说，"我的政治宗教的遗嘱不仅仅是写给伊朗人民的，而且是对所有穆斯林人民以及全世界被压迫人民的忠告，无论他们的国籍和教义是什么。"② 根据霍梅尼的遗嘱，对穆斯林和世界被压迫人民而言，这些罪恶的执政者、横暴者都应成为伊斯兰革命的对象，不管他们是不是穆斯林，他们所在的国家是不是伊斯兰国家。这里正体现着十叶派关于建立正义王国、铲除暴虐、实现正义统治的一贯思想。传统的十叶派教义期望在马赫迪再世之日实现它，而霍梅尼则提出应从当代开始；传统的十叶派教义主张正义王国的领导责任应由隐遁伊玛目或马赫迪担负，而从霍梅尼所主张的输出革命的思想来看，这一责任已历史地落到当代的教法学家身上。所以他明确宣布"我们将输出我们的革命到整个世界，直到'万物非主，唯有真主'的呼声响遍全世界，那将是场斗争。"③ "伊斯兰革命"的目的在于建立"伊斯兰概念"的、实施伊斯兰教法统治的"伊斯兰国家"，这样的国家只能由伊斯兰政府来治理，亦即"伊斯兰专政"。④

其三，坚持激进主义。激进主义可以是意识形态的，也可以是政治行为和社会行为的。前述的哈桑·巴纳、毛杜迪、赛义德·库特布等人的激进主义主要表现为意识形态上的。例如在毛杜迪的思想中，可以发现激进主义组织关于正统信仰的敌人观念的根据。他说："一方面，反伊斯兰势力，有时是在科学研究的外衣下，有时是在似乎单纯的宗教宣传的幌子下，有时以国际阴谋的方式干预，有时在物质利益的伪装下寻求消灭信仰的和道德的价值，有时从公开的仇恨和灭绝种族的屠杀穆斯林的阴谋，从外部攻击伊斯兰教；另一方面，穆斯林的民族主义的、非伊斯兰教义的和所谓现代主义的宣传家本身，从内部正在破坏伊斯兰教的统一和团结。"⑤

---

① 哈米德·阿尔加尔：《伊斯兰革命的根源》，伦敦，1983年，序言Ⅷ，第4页。
② 霍梅尼：《伊斯兰革命的篇章》，香港，1990年，序言，第11页。
③ 拉宾·赖特：《神圣的狂热》，纽约，1985年，第27页。
④ 《穆斯林文摘》，1974年。
⑤ 马赫慕德·布里尔维：《伊斯兰教在前进》，1986年，卡拉奇，《前言》。

正是这类思想家、理论家的著作和言谈形成当代伊斯兰的激进主义的指导思想。70 年代以来，在赛义德·库特布的思想影响下，激进主义以种种秘密的小社团、小组织为载体。它们具有鲜明的宗教—政治纲领，在伊斯兰的名义下，企图以伊斯兰教的原旨教义净化世俗社会；为净化社会，其活动往往偏离宗教而具有政治性。由于其组织形式、活动方式以及坚持激进主义程度的不同，又可将这类组织分为一般性的和极端的。后者实际上是伊斯兰世界中不多的十几个或几十个极端主义组织，专司从事秘密、非法的恐怖、破坏活动，似乎以此来表明自身存在的价值。如埃及先后建立的"伊斯兰解放组织"，"赎罪与迁徙组织"（有"救火小组"、"暂停与再现小组"等分支）、"圣战者组织"（又有"火狱饶恕者"分支）、"伊斯兰圣战者组织"等 70 多个小社团、小组织即属此类组织。这些组织向其成员灌输"为主殉道"的思想和甘愿自我牺牲的精神，它们的基本使命在于以政敌为攻击目标，从肉体上消灭对方，或是从政治上打击伊斯兰教的敌人。为了从事恐怖主义活动，它们通常要经过专门营地的训练，掌握种种射击、投毒、驾驶、爆破、绑架、纵火等技术后，根据有关组织的指令，去从事暗杀、扣押人质、劫持飞机或其他颠覆、破坏活动。显然，这种活动，并不是什么宗教信仰，而是典型的政治活动。

其四，强化政权意识。第二次世界大战后，土耳其、印度尼西亚、巴基斯坦等国家的伊斯兰政党和组织，或是作为执政党的合作者，或是作为执政党的政治反对派，已经参与政治活动；70 年代以来，参政意识更趋强化，已有更多的伊斯兰组织或是放弃了从前的激进主义路线，转而投入合法的议会斗争（如埃及的穆斯林兄弟会），或是其组建本身就在于参与议会斗争（如阿尔及利亚的伊斯兰拯救阵线①）。它们的成员在现政权的体制内，积极宣传实行伊斯兰教法统治的政治—宗教纲领，采取积聚力量、待机执政的策略，企图通过合法斗争的道路谋取议席，进而组建伊斯兰政府，建立"伊斯兰国家"、伊斯兰社会、伊斯兰秩序。这种为步入政坛并执掌国家权力的意识的强化，正是当代伊斯兰主义的又一突出表现。然

---

① 1989 年 3 月建立。1991 年年底第一轮国家议会选举中，获大胜；1992 年年初的第二轮选举前，被当局宣布为非法，其部分成员转入反政府的武装斗争。

而，试图通过参政、谋取政权以实现伊斯兰教法统治的意识的增长，并不排斥一旦形势变化而不利于公开参政活动时，它同样会以非法手段从事其政治活动的。

尽管伊斯兰主义的表现形式各异，然而，它们仍有其共同点，即在意识形态上都竭力排斥一切不符合经训、教法的或外来的思想学说和意识形态，力求以伊斯兰教的原旨教义为衡量一切、判断是非的准绳；在政治上，则主张（或是依靠国家权力，或是颠覆、推翻不适应教法统治的政权并建立伊斯兰政权）实施伊斯兰教法的统治；在社会生活中，则反对西化、世俗化，全盘推行伊斯兰化，或是在那些已经实行了法制改革的地区和国家，重新恢复伊斯兰教法的地位和影响。可见，伊斯兰主义不再是什么宗教，而是在宗教信仰和遵奉教法借口下的十足的政治。

四　伊斯兰主义的体现者

第二次世界大战后最初的 20 年间，是民族民主运动的高涨时期。民族主义、世俗主义、现代主义、社会主义等广为流传，并在伊斯兰世界的意识形态内居于主导地位。作为传统信仰，伊斯兰教正在自我调整、自我复苏，一时还难以扮演主角；在它的名义下的学说、思想和主张，也难以在政治舞台上与其他意识形态平起平坐，或取代前者。在这一时期，无论是君主制，还是实行政教分离的共和制国家，都在自上而下地实施世俗主义政策、进行法制改革。限于财力，它们无力支持伊斯兰事业；即使给予支持，也是极其有限的。有的国家则不断冲击伊斯兰教的世袭领地（教育、司法、家庭、婚姻等）。在泛伊斯兰思想的影响下，虽举行过多次国际性会议和相应的活动，但它无法抵制正在蓬勃发展的民族主义和社会主义。巴基斯坦的传统派主张建立"伊斯兰"特性国家的呼声一直很高，但最终也只是在国名（"伊斯兰共和国"）上取得胜利；就国家政体而言，仍是政教分离的现代民族国家，并非神权制国家。因而它对其他国家并不具有示范作用。

自 20 世纪 60 年代末叶 70 年代以来，乌里玛对伊斯兰教的热诚，各伊斯兰国家，尤其是石油生产国对伊斯兰事业的支持（在世界各地建造清真寺，无偿赠送伊斯兰书籍、杂志，资助伊斯兰活动、资助朝觐……），各国政府参与的泛伊斯兰国际组织的活动，那种渴望从伊斯兰传统信仰中寻求出路、建立"伊斯兰"特性国家呼声的高涨，这在客观上既有利于宗教复兴的发展，也为伊斯兰主义乘机提出法治主张和权力要求、兜售其政治企图创造了有利的环境。1971 年，《国际穆斯林新闻》摘要发表《伊斯兰国家的基本原则》①。这是 20 年前巴基斯坦 31 位逊尼派和十叶派著名乌里玛共同拟订并一致赞同的。但它从未得到贯彻、实施。它的发表，适应了正在兴起的伊斯兰复兴的需要，同时表明当代伊斯兰主义有其深刻的思想渊源。如果没有伊斯兰复兴，企求实现伊斯兰法治、建立"伊斯兰"特性国家的主张是没有什么广阔市场的；反之，如果在伊斯兰复兴过程中，伊斯兰主义不顽强地表现自身，也是不可能的。那么，究竟谁是当代伊斯兰主义的真正体现者呢？

在逊尼派地区，主要是两部分人：一是为维护自身统治或是为在国民中树立忠于伊斯兰事业形象的当政者；二是一些伊斯兰组织的领导人或政治反动派。就后者而言，他们不同于教界人士（教长、宗教学者等），通常接受的是现代教育，具有较高的学历（有博士、硕士或学士学位）、不错的社会职业（工程师、教授、医师等）和社会地位。他们企图建立的伊斯兰法治国家，是按自身对伊斯兰教关于政治、经济、社会、伦理……的理解而设计的。为了实现伊斯兰法治的目的，伊斯兰主义有着不同的策略、使用不同的方法。如前所述，当政者以有组织的政权形式推行伊斯兰化、实施伊斯兰的教法统治，政治反对派或以合法的议会斗争手段，或以非法的暴力手段以达到颠覆、攫取政权，从而实施它所主张的教法统治。

在十叶派地区，由于十叶派的教士阶层（毛拉、乌里玛、穆智台希德、阿亚图拉等）中的大多数人历来是参政的，这就决定了他们在率领群众从事政治斗争中的领导地位和组织作用。十叶派关于隐遁伊玛目、马赫迪再世并实现正义统治的神学主张，很容易吸引群众追随教界人士参与政治活动。所以，就十叶派的教士阶层而言，无论是处于无权地位，抑或是处于掌权地位，他们都是伊斯兰主义的体现者。伊朗伊斯兰革命胜利前教

① 《国际穆斯林新闻》，伦敦，1971 年 8 月，第 33—34 页。

士阶层的政治主张以及革命胜利后推行伊斯兰化、实施伊斯兰法治，就说明了此点；伊拉克的十叶派领袖、阿亚图拉巴基尔·萨德尔和他的胞兄弟、黎巴嫩十叶派领袖穆萨·萨德尔为捍卫十叶派穆斯林的利益，组织十叶派的政治斗争，并进而建立秘密的社团以图实现本派的统治或谋取本派的权益，也说明了此点。就是说，十叶派主张伊斯兰法治的最佳模式，应由有着深邃的宗教知识的教法学家执掌政权，参与担负国家的政权管理。

所谓伊斯兰的政治化，无外乎是极力揭示经训中有关经文训示的政治内容和政治含义，阐释伊斯兰教的教义主张与政治的关系，进而利用伊斯兰教的政治特性，渲染、强调它的超地域、超国家、超民族的普遍有效性。显然，这与清真寺中的宣教布道和日常的宗教生活不同，它不再是什么宗教说教，而是十足的政治鼓动。所谓政治的伊斯兰化，则竭力强调政治的宗教特性，赋予政治以伊斯兰的内容，使政治披上伊斯兰的外衣，极力应用伊斯兰的词句，贴上伊斯兰的标签，摆出虔诚的样子，为其政治主张寻求经训根据或伊斯兰教史上的例证，甚而仿效历史上的某些做法。其目的则在于维持在穆斯林中的威信，或是为维护对政权的统治，或是为攫取政权做必要的准备。可以说，伊斯兰的政治化是从伊斯兰教内部揭示并强化其固有的政治特性，而政治的伊斯兰化则是从外部赋予政治以伊斯兰的特性，并通过各种手段来强化这种特性。两者的出发点不管是宗教的或是政治的，其最终的归宿都是政治而不是宗教。这是当代伊斯兰世界屡屡可见的现象，其中，伊斯兰主义者的社会行为和政治行为尤具代表性。

迄今，伊斯兰主义仍有广阔市场，得以在伊斯兰世界继续流传，短期内还看不出它有衰微之势。这和它以中下层群众，尤其是以青年为社会基础分不开的。伊斯兰主义者热衷的是政治，但他们需要宗教、需要宗教的复兴并以此来掩盖他们的政治活动和政治行为。因此，它将在伊斯兰世界继续传播，并影响广大穆斯林的思想、生活和行为。

［刊载于《西亚非洲》（双月刊）1995 年第 4 期］

第二编

伊斯兰世界与伊斯兰政治化

伊斯兰文明和当代伊斯兰问题

有关伊斯兰文明和当代伊斯兰问题涵盖面很广，今天我想分四个问题讲：第一个问题讲伊斯兰文明的形成与发展；第二个问题讲伊斯兰世界对外来侵略的反应；第三个问题讲当代伊斯兰的主要问题；第四个问题，谈一下对当代伊斯兰问题的思考和认识，主要是谈我个人的一些看法。

一　伊斯兰文明的形成与发展

伊斯兰文明和其他文明一样，是慢慢形成的。只是它的形成和伊斯兰教的兴起，也就是伊斯兰教的产生是分不开的，这不同于其他的文明。公元610年，穆罕默德（约570—632）在阿拉伯半岛的麦加，反对多神信仰和偶像崇拜，提倡信仰独一神"安拉"。"安拉"在通行汉语的地区，称为"真主"，通行突厥语地区称为"胡大"。下面为了讲述方便，我们就利用汉语地区的称谓——"真主"来说明他。

这个时候的阿拉伯半岛正处在原始氏族制解体、阶级社会形成这样一个社会剧烈变动时期。在阿拉伯半岛上，有两部分人，一部分是游牧民，一部分是在城镇里面定居下来的定居民，这些定居民主要的生活来源是靠经商，有钱的就做一些买卖，没钱的就当保镖、驮夫，运输主要是靠骆驼，还有一些是在当地做一些基本的物资供应，比如说提供一些水或其他的给养，大致靠这些作为生活来源。在伊斯兰教兴起的前夕，半岛地区已经出现了最初的阶级分化、贫富对立，氏族部落之间不断发生一些冲突或战争。这些冲突和战争就使得半岛处于无政府状态。阿拉伯半岛由于常年的战争，造成半岛地区的商道、商业衰落了。商道衰落对半岛地区的贫富分化，产生了很大的影响。穆罕默德创教活动开始是在麦加地区。公元

610 年，他宣传一神信仰，他的宣传涉及也触及当时部落贵族的一些经济利益。为什么呢？因为早年麦加奉行多神信仰，这里供奉了 300 多个偶像，是各个部落的部落神。每年一定的季节，人们到这个地方来朝觐。朝觐的同时也就有一些交易、一些集市贸易。集市给麦加的贵族带来了经济利益。由于宣传一神信仰、反对偶像崇拜，在这些贵族看来就是要把这些偶像打掉、推翻，就要影响集市贸易。所以他们早年是反对穆罕默德的一神信仰的宣传的。大概到 622 年，穆罕默德被迫从麦加迁移到麦地那，这也是商道上的一个城镇。经过多年的战争，半岛上一些部落信仰了伊斯兰教，信仰了一神；同时，战争也使得半岛地区统一了。到了 630 年的时候，半岛地区的各个部落大致都信仰了伊斯兰教，这时在政治上也大体完成了统一。

公元 632 年穆罕默德去世，他留给伊斯兰教的信仰者穆斯林的是什么呢？除了伊斯兰教以外，就是以天启名义、由后来的人汇集的《古兰经》，还有就是他的一些言行、他的一些待人处世的做法，这些被后人汇集成为"圣训"。在穆斯林的心目中，穆罕默德是先知、是使者、是至圣。他的继任者是哈里发，作为宗教的领袖和国家的领袖，这些继任者哈里发已经没有了先知的身份和接受真主启示的特权。

《古兰经》把伊斯兰教兴起以前的阿拉伯社会称为"蒙昧时代"，与伊斯兰教兴起后的"伊斯兰时代"相区别。《古兰经》上有一段经文讲"今天，我已为你们成全你们的宗教，我已完成我所赐你们的恩典，我已选择伊斯兰做你们的宗教。"（5：3）[①] 所以伊斯兰文明的形成，它的基本的标志，大致有这样几点：第一，信仰独一神灵——真主，这样伊斯兰意识形态就形成了。第二，作为文明来说，当然会有一些物质体现物，就是早年的清真寺建立起来了。但是这些清真寺和后来讲的清真寺完全不一样，它是非常简陋的，用树枝搭起、用树叶遮盖起来就是清真寺，里面能够供人礼拜就行了。第三，《古兰经》被半岛各个氏族部落的居民接受，承认它的权威。第四，以信仰为核心的"乌玛"（系阿拉伯文 umma 的音译）出现了。"乌玛"就是穆斯林的一个共同体，一个社团组织，它取代

[①] 《古兰经》，马坚译，中国社会科学出版社 1981 年版，第 78 页。

了以血缘为联系纽带的氏族制社会。这个"乌玛"具有和氏族社会不一样的职能，具有一些国家的职能，它当年要和多神教徒进行战争，这个战争就由"乌玛"组织，要从事其他的一些活动，这些活动也是"乌玛"组织的，即早期哈里发国家建立起来了。可以说，伊斯兰文明的形成和伊斯兰教的兴起是分不开的。

伊斯兰文明的发展，与661—750年倭马亚王朝对外进行的扩张战争是分不开的。这个时候由穆斯林所组成的军队，对外征服并占领了大片的领地，穆斯林军从阿拉伯半岛向西到了埃及、利比亚，一直到了突尼斯、阿尔及利亚，打到了利比里亚半岛。东北边占领了巴勒斯坦、叙利亚、伊拉克、波斯，逐渐形成了地跨欧、亚、非三洲的阿拉伯帝国。15世纪末，西班牙人、基督徒收复失地，到公元1492年这个地区就没有穆斯林的政权了，此外占领的这些地区、这个疆域，就是伊斯兰世界的一个核心的地区。

阿拉伯的征服者对这些被征服地区，既没有给他们带来先进的社会制度和生产方式，也没有给他们带来实用的科学技术和文化知识，更谈不上给被征服地区什么像样的物质文明。它没有什么物质文明。能够带给被征服地区人民的，是阿拉伯人的强权统治，就是对伊斯兰教的一神信仰，就是阿拉伯语和用阿拉伯文书写的《古兰经》。相反，这些征服者在被征服地区接受了一些先进的东西，因为这些地区原来一部分是拜占庭帝国的领土，一部分是波斯的领土，所以这些阿拉伯征服者接受的是这些文明。他们通过和当地人民的交往、通婚、收养、蓄奴，受到影响，接受了被征服者的文化，接受了他们的生产方式。到公元7世纪末，阿拉伯统治者在被征服地区推行了阿拉伯化和伊斯兰化政策。占领初期，在这些被征服地区使用的官方语言并不是阿拉伯语，在拜占庭帝国地区继续使用希腊语，被占领的波斯地区继续使用波斯语。因为留用了这些地区的一些官员，所以他们的文书、档案记载，还是用这些地区的文字。到了7世纪末8世纪初的时候，才开始实现了阿拉伯化。所谓阿拉伯化，就是使以前用希腊语和波斯语的状况有所改变。当然阿拉伯化和伊斯兰化是一个很漫长的过程，有的地区大致到10世纪以后才逐渐完成，有的地区就更晚了。在和这些民族交往的过程当中，在推行伊斯兰化和阿拉伯化的过程当中，当时的倭马亚王朝的哈里发，特别是以后的阿巴斯王朝的哈里发就开始鼓励对古希腊罗马的、波斯的、印度的科学的、医学的、哲学的各个方面的著作进行翻译。当然有的翻译不全是阿拉伯人进行的，而是信仰了伊斯兰教或者没有信仰伊斯兰教的这些被征服地区的人民进行的。他们翻译的过程是，首先把书中的语言翻译成阿拉米语，就是古叙利亚语，然后再翻译成阿拉伯语。从这里可以看出，伊斯兰文明和伊斯兰教有一个不同，伊斯兰教是阿拉伯人的一个精神产品，而伊斯兰文明不是阿拉伯一个民族的产品、一个民族的贡献，它是被征服地区的各个民族共同创造、共同发展的精神产品和物质产品；是在借鉴、筛选、吸收、加工、改造过程当中，才完成了今天我们所说的伊斯兰文化。而借鉴、筛选也好，吸收、加工、改造也好，用的标准是伊斯兰教的信仰，或者说，它的核心的东西，就是伊斯兰意识形态。伊斯兰意识形态在其间起到了决定性的作用。

到了 9 世纪中叶，阿巴斯王朝已经开始呈现出分崩离析的状态。公元10—11 世纪的时候，形成了三国鼎立，这三国就是阿巴斯王朝、法蒂玛王朝、后倭马亚王朝。

在阿巴斯王朝衰落的时候，它在思想文化方面却得到了很大的发展。它的发展在什么地方呢？由于在前一段时间和这一段时间内，对古希腊、罗马、波斯、印度的古典著作的翻译过程中接受了外来思想的滋养，在伊斯兰世界就形成了两种学科，一种学科我们把它称为理性的或者叫做世俗的学科，比如自然科学、医学，在这个时期都得到了发展。除了这些世俗的、理性的学科以外，还有一些宗教学科，这些宗教学科有的我们称为传统学科，这主要是古兰学、圣训学、教法学、教法渊源学和教义学这几种学问。贯穿于这些学问之中的，也还是信仰独一安拉的意识形态在起核心作用。这些学科的建立，实际上也就使得伊斯兰教的宗教体制在这个时候最终建立，教派的分野在这个时候已经大致完成，就是说，很难再调和，很难再把它统一起来了。也是在这个时期，这些传统学科实际上成为哈里发帝国实行统治的思想武器。

11 世纪下半叶以后，有些信仰伊斯兰教的突厥人、突厥游牧部落由东向西迁移到罗马人的居住地区定居下来。这些人有很大的一个作用，由于他们刚信仰了伊斯兰教,就显得特别积极、特别热诚。在传播伊斯兰教方面,不断地向当时拜占庭帝国所占领的地区传播,不断地渗透、不断地造成一些边境摩擦,通过对这些边境的土地的侵蚀、摩擦传播伊斯兰教信仰。以后我们要讲到,当十字军东征的时候,这些突厥民族就成为抵抗十字军侵略的一支非常重要的力量。伊斯兰文明就靠他们保卫了下来,使得十字军没有可能再往东,向伊斯兰的腹地侵入。这些突厥人在 13 世纪末建立了一个帝国,叫奥斯曼帝国,以后奥斯曼帝国也不断地向欧洲地区侵略、扩张,大概在 15 世纪中叶(1453)就灭了拜占庭帝国。1517 年的时候,灭了埃及的马木留克王朝。在这个时候,奥斯曼帝国也和波斯帝国进行了长期的战争,最后在 16 世纪也占领了伊拉克地区。

到 16 世纪,在伊斯兰世界实际上又形成了三足鼎立:奥斯曼帝国、波斯帝国的沙法维王朝、印度帝国的莫卧尔王朝。突厥人建立的奥斯曼帝国,到近现代的时候陆续失去了他们占领的一些地区,如北非的一些地区就被西方国家占领了;在第一次世界大战后,它占领的像巴勒斯坦、叙利亚、伊拉克、约旦这样一些地方,也成为英国、法国的保护国或者保护地,埃及受到英国的统治。奥斯曼帝国本来也是一个地跨欧、亚、非三洲的大帝国,17—18 世纪,与奥地利、俄国交战迭遭战败,势力转衰。19 世纪初,境内民族运动兴起,巴尔干半岛诸国先后独立,英、俄、法、奥争夺领土,第一次世界大战中,参加同盟国作战失败,战后又遭列强宰割。这使得奥斯曼帝国疆域急剧缩小成为现在的土耳其的这样一个地区。曾被它占领的罗马尼亚、保加利亚、南斯拉夫、希腊等地区所存在的民族、宗教冲突的根子就是那个时候埋下的。

我们很简略地讲了这个历史过程,就可以看到伊斯兰文明的发展,在中世纪时期,特别是在阿巴斯王朝时期,可以说是达到了一个高峰。比如说它的一些建筑在中世纪时期已经陆续形成了。另外它的工艺品、航海的船只、天文仪器等都已经达到非常精密的地步。巴格达、巴士拉、开罗、亚历山大这些地区,都是它的商业口岸,都是陆上或海上的贸易中心。这些商人远的到达了中国,这个大家都知道。再比如说,在巴格达,它繁荣的时候达到什么程度呢?仅在巴格达一个城市里面,它的澡堂已经达到 27000 所,因为穆斯林过宗教生活都要洗浴,做"净礼"，要小洗或大洗，叫做"小净"或者叫做"大净"。当然，这个澡堂是可以做净的地方，或者是清洗的地方。实际上，它的澡堂也是它的文化活动的中心，交际的中心。所以从这些建筑以及当时一些皇宫的建筑上来看，它的文明已经达到了很高的程度。当然由于战争的破坏，蒙古人的西进，这些都被毁坏了。

我简单地就伊斯兰的文明的形成和发展，非常概略地介绍到这儿。

二　伊斯兰世界对外来侵略的反应

在中世纪的时候，天主教的教皇乌尔班二世动员十字军东征。他东征的主要侵略地是在地中海的东岸地区。东征前后一共进行了8次，大概有200年的时间。当时号称要从异教徒手中夺回圣地耶路撒冷。实际上，它的目的是天主教会、封建主和大商人扩张势力、掠夺东方财富，缓和西欧社会的矛盾、危机。战争给当地人民带来了巨大的痛苦和灾难。可是哈里发政府，从阿巴斯王朝的中央政府来说，并没有给反击十字军的侵略提供多少帮助。这时抵抗十字军主要是靠地方的王朝。

对外来的入侵，这时的伊斯兰意识形态并没有起到很好的作用，有时候甚至起到不好的作用。有一部分人，在苏非神秘主义思想的影响下，采取了观望的态度、回避的态度。这些人只求自己灵魂的净化，而对十字军的东侵不闻不问。还有一些穆斯林成为暗杀派的成员，从事一些暗杀活动。这些人在从事暗杀活动前，主要是吸食一些大麻叶。暗杀的对象有的时候是穆斯林的王公大臣，不同教派的王公大臣，有的时候又针对十字军的一些国王和将领。这些暗杀的人因为吞食了大麻叶，就被称为"哈希希"，这个词后来在英语里面被称为"阿萨辛"，Assassin就是从这个词来的，就是指"暗杀"这个词，意思就是刺客。严格说来，反击十字军完全是靠地方王朝。

13世纪中叶蒙古人发动了新的西征。最初，蒙古人并没有大规模地向西方扩张势力。后来因为蒙古人的一些商队和使节，被当时阿巴斯王朝的地方小王朝的一些官吏杀害了，蒙古人，主要是成吉思汗，就派一些人进行报复。仗一旦打起来就遏制不了，蒙古人不断地向西进军，扩展到欧洲地区。十字军东侵仅仅限于地中海的东岸地区，可是蒙古人的西征却把整个的阿巴斯王朝毁灭了。当时蒙古人对投靠他们的人给予重用，对抵抗的人就很残忍，他们把一个个城池摧毁了。蒙古人有一种马车，马车装着木制车轮。阿巴斯王朝的男人身高如果超过这个车轮的高度，就杀掉；妇女和儿童分配给各个部落的蒙古人做奴隶。蒙古人进军一直到了巴格达，把巴格达的王宫焚毁了，也把他们的末代哈里发杀了，这样阿巴斯王朝灭亡了。在蒙古人西征的过程中，把阿萨辛派也消灭了。蒙古人西征后不久，接受了当地的一些先进的文明，陆续皈依了伊斯兰教。所以相反的一个结果，伊斯兰教信仰扩大了。现在北高加索地区，车臣或者是达吉斯坦的鞑靼人，就是当年蒙古人留下的后裔，这些人信仰了伊斯兰教。

对十字军东侵和蒙古人西侵，伊斯兰世界做出了不同的反应。到了近现代，我们看一下对西方的侵略又是怎样反应的。

西方殖民主义在近现代对伊斯兰世界的侵略和扩张，比蒙古人和十字军来说要更严重得多。到第二次世界大战以前，伊斯兰世界的大部分地区基本上成了西方的殖民地或保护国。在和西方列强的接触当中，伊斯兰世界也做出了不同的反应。19世纪，是伊斯兰世界的奥斯曼帝国已经衰落的时候，它们的苏丹为了抵御西方列强的侵略、扩张，也力求通过内部的改革来加强实力、巩固统治，请了一些外国人来帮助制定一些法律、做一些改革，结果都没有获得多少成效。到了第一次世界大战前后，它以前在欧洲和北非的领地基本上全部丧失了。到20世纪20年代，凯末尔领导革命，建立了土耳其共和国后，宣布废除哈里发制度和伊斯兰教的国教地位。

波斯的卡加王朝，在西方的侵略、扩张政策下，自然经济遭到了严重的打击，王室统治完全屈从于英国和俄国的压力。它们的改革也没有取得成功，民众生活在水深火热当中。19世纪中叶在波斯爆发了巴布教派运动。巴布教派运动后来发展成了武装起义，以失败告终。这次教派运动也曲折地反映出，普通的百姓对那些屈从于外来压迫、外来势力的封建王朝的不满所做出的反应。到19世纪末从巴布教派里面又分化出来一个教派叫巴哈教派。巴哈教派到19世纪末逐渐演化，向世界各地传播以后，成为今天我们讲的巴哈教，有些地方叫做"巴哈伊"，或者称为巴哈伊社团。

各国的统治者除了对外来的侵略做出一些反应以外，都希望通过自上而下的改革来和西方国家抗衡。而伊斯兰世界下层民众的反应，主要表现为两种形式，即教内的知识阶层的反应和一部分受过西方教育的知识分子的反应。

18 世纪中叶的时候，在阿拉伯半岛兴起了一个瓦哈比运动。瓦哈比运动后来就从事圣战，一直到 20 世纪初建立了沙特阿拉伯王国（1932 年）。它的基本活动形式就是通过圣战的形式，通过教派运动的形式宣传回到《古兰经》去，恢复伊斯兰教的真精神。为什么要回到《古兰经》去呢？为什么要恢复伊斯兰教真精神呢？因为阿拉伯半岛在穆罕默德建立伊斯兰教以后，当它的中心转移出半岛以后，离开麦加、离开麦地那以后，这个地区又恢复到原来的样子，又搞偶像崇拜、多神信仰，神秘主义又盛行起来；而奥斯曼帝国又非常重视苏非神秘主义。在这种情况下，瓦哈比运动就采取一种复古的形式，用现在的说法来说，就是通过恢复原旨教义的形式，来解决它内部的问题。这是一种形式。

印度的莫卧尔王朝是蒙古和突厥的混血统治者建立的一个王朝，它信奉伊斯兰教。在这个地区，当时一些信仰伊斯兰教的穆斯林在英国不断的侵略下，在 1857 年印度的民族大起义失败以后，到 19 世纪中叶完全沦为英国的殖民地。在这个时候它的一些知识分子就采取了不同形式的反应。它和英国殖民当局要搞好关系，在融洽的关系当中，通过接受现代的、西方的文明来振兴自己的民族、自己的社会。

再如在 19 世纪受过西方教育的知识分子当中，一个很重要的人叫阿富汗尼，他提出泛伊斯兰主义的思想。泛伊斯兰主义是要通过复兴伊斯兰教来恢复哈里发的统治、建立统一的哈里发大帝国。但是泛伊斯兰主义又要学习西方的科学技术和文化知识。它主要是通过这样一些手段，来改变伊斯兰世界的落后状态。

在对西方列强入侵的反应当中，还有一些表现形式。比如说，19 世纪末，在苏丹地区出现的马赫迪运动。马赫迪运动实际上就是在教派运动的旗帜下出现的一个社会运动。这个运动给英国和埃及殖民者以很大的打击。当时苏丹的总督叫戈登，戈登是个屠杀太平军的刽子手，他后来被派到苏丹当总督，他在当总督的时候被马赫迪起义军击毙。当时苏丹建立了一个马赫迪的神权国家。由于西方殖民主义者的镇压，马赫迪运动失败了。尽管运动失败了，但这些斗争在今天苏丹整个政治生活、社会生活当中，还能感受到它的影响。当年在教界有一部分人依靠或投靠殖民主义，有一部分人反对外来侵略。投靠殖民主义的一个教团，叫做哈特米教团，这个教团后来陆续演变，就变为早期的兄弟党，即现在的民主联合党。它们一直主张亲埃及、要和埃及合并，即使在它独立以后也一直是这样，这个政党就是从早年的教派里转化来的；而由马赫迪运动转化来的另一个政党，称为乌玛党。这两个党在主张独立上是一致的。与兄弟党不同的是，乌玛党反对和埃及搞联合。两个政党之间的斗争，从 19 世纪开始，经过 20 世纪，到今天还存在。只是今天的矛盾还没有显现出来，如果问题剧烈了，爆发出来，也还是这两个政党的斗争。

同样的，在北非地区，20 世纪初意大利人入侵北非地区，有一个苏非教团，叫赛努西教团，19 世纪 30 年代建立。这个教团后来就领导了和意大利人的武装斗争。尽管它失败了，但是在"二战"以后，这个教团的首领就成为利比亚王国的君主。1969 年卡扎菲政变上台，推翻了王室，建立了共和国。这个王室是在一个苏非教团家族基础上建立的。这个苏非教团是抵抗外来侵略的。

所以说，从中世纪的十字军东征、蒙古人的西征，一直到近现代西方殖民主义对伊斯兰世界的侵略，伊斯兰世界对侵略者有不同形式的反应，其中起核心作用的是伊斯兰意识形态。而在其他宗教里面，意识形态被这样地利用，可能还不多见。

三 当代伊斯兰的主要问题

（一）道路选择问题

第二次世界大战前伊斯兰世界有七个独立国家，或者是名义上独立的国家。这七个国家是土耳其、沙特阿拉伯、伊朗、阿富汗、也门、伊拉克和埃及。这七个国家中，有的算是独立了，有的还是名义上独立，并不是真正独立，其他地区都处于殖民地或者保护国的地位。土耳其在 20 世纪 20 年代即建立土耳其共和国。以后，实行了（大概到 30 年代就确立了）凯末尔主义，它成为整个国家的一个指导原则。凯末尔主义包括这样的内容：共和主义、民主主义、平民主义、国家主义、世俗主义和改革主义。当然，今天它还是奉行凯末尔主义，适当有一些变化，但基本的方面没有变。土耳其企图通过西方化的道路来实现国家的现代化。在"伊斯兰革命"前的伊朗（即 1979 年伊朗革命以前）和今天的沙特，主要是在保持君主政体和传统信仰的前提下开始了现代化建设。

那些在政治上取得了民族独立和民主革命胜利的国家就有一个道路选择的问题。伊朗、沙特，是沿着资本主义的老路走下去。"二战"以后，是仿效以前的宗主国那样搞现代化，还是采取正在蓬勃发展的社会主义道路来发展民族经济，对这个道路选择问题，埃及、叙利亚、阿尔及利亚这些国家，很明确地采取了政教分离的道路，以阿拉伯社会主义或者是伊斯兰社会主义的方式开始走上现代化道路。不管是战前独立，还是战后独立的国家在现代化建设方面，都取得了一些成效。但是也都没有完全克服各个国家内部固有的矛盾和所有的弊端，在对外关系上也不同程度地依赖于外国，这和伊斯兰教所主张的公正、平等、正义的理想社会相距甚远。特别是在 1967 年的第三次中东战争当中，以色列一方战胜，阿拉伯（埃及、叙利亚和约旦）一方战败，丢失了大片土地，比如埃及的西奈半岛、叙利亚的戈兰高地，约旦河以西的土地，包括耶路撒冷的老城这些地区。由于这次战败，这些国家的一些虔诚的穆斯林就认为，战争失败的原因，就在于国家在政治、经济上纯粹采纳了外来的民族主义、社会主义，这是完全不符合伊斯兰教的无神论的东西，战争打败就是由于依靠外来的东西；失败还由于人们背离了伊斯兰信仰，人们对真主的信仰还不够热忱，以色列人之所以打胜仗是因为他们信仰热忱，他们忠于他们的上帝。尽管基督教、伊斯兰教、犹太教都承认信仰的是一个上帝，只是名字不一样，但是很多穆斯林就认为打败仗有两个原因，一个是求助于外来的东西——民族主义、社会主义，一个是信仰不够虔诚，这样就导致了失败。在这种形势下，民间早就存在的复兴伊斯兰教的呼声，就得到了以沙特为首的盛产石油地区的海湾国家的自上而下的支持。20 世纪 60 年代末到 70 年代初，对宗教复兴的要求，就自然形成了对伊斯兰发展道路的一种选择。我想现在主要的一个问题，就是道路如何选择的问题。

（二）伊斯兰复兴问题

上面述及 1967 年埃及、叙利亚和约旦打了败仗。1969 年 8 月，伊斯兰心目中的第三个圣地（第一个圣地是麦加，第二个圣地是麦地那，第三个圣地是耶路撒冷）耶路撒冷的老城内的阿克萨清真寺被焚。阿克萨清真寺被认为是圣寺，由于圣寺被烧，在伊斯兰世界的复兴思潮最终演变为复兴运动。所谓复兴运动就是要求恢复伊斯兰教的原旨教义，反对西方化，反对世俗化，也就是说反对西方的意识形态、生活方式、价值观念、伦理规范、习俗风尚，就是要反对一切非伊斯兰的和反伊斯兰的东西，这是伊斯兰复兴的一个基本要求。伊斯兰的复兴大致可以分为既有联系又有区别的三种不同的表现形式：

1. 民间的宗教复兴，主要是在民间进行的。民间的宗教复兴，就是说那些以前从来不参加宗教生活的青年男女，到这时都纷纷地涌到清真寺中去了，做礼拜、念经、斋月期间把斋，在礼拜时间，大街上跪拜的都是年轻教徒，清真寺里待不下就在马路上，交通也停下来了。年轻的男子把胡子留起来，穿上阿拉伯长袍。妇女、女学生头上也戴上了盖头、穿黑袍。这就是伊斯兰复兴在民间的一个表现。社会上舞厅、游泳池、剧场都受到了冲击，一些色情书刊受到了冲击。虽然民间复兴反对西方化、反对世俗化，甚至于要求改善经济生活，但是没有明确的政治要求、政治主张，更不主张摧毁现存的社会制度。

2. 新泛伊斯兰主义。如果说民间复兴是社会性的，那么新泛伊斯兰主义就既有政治性又有社会性。它和 19 世纪阿富汗尼的泛伊斯兰主义不同，因为阿富汗尼的泛伊斯兰主义是要建立统一的、由哈里发来主政的国家，而新泛伊斯兰主义主要是主张阿拉伯国家的团结、统一、合作，主要是合作。新泛伊斯兰主义由国家自上而下地倡导，有一些国家，特别是沙特、伊斯兰革命以前的伊朗是非常积极的，同时又有宗教界的一些人自下而上地予以配合。新泛伊斯兰主义有很明确的宣教性质，也就是说，那些产油国拿石油美元支持贫穷的伊斯兰国家发展伊斯兰教，强化伊斯兰的信仰阵地，支持这些国家的信仰；而对那些非伊斯兰世界的国家，就采取各种各样办法来进行传教活动。当然，新泛伊斯兰主义很明确的一个目的就是要"绿化"，它要"绿化"它所传播的这些地区，实现"绿化"的战略。当前的新泛伊斯兰主义已经形成了几个中心，比如说在巴基斯坦有一个中心，叫世界穆斯林大会；在沙特有一个中心，叫伊斯兰世界联盟，即"伊盟"。前面所说1969年阿克萨清真寺被烧，在这以前根本谈不到一起的伊斯兰国家，由于这次事件，这些国家就建立了伊斯兰会议组织。这就说明新泛伊斯兰主义得到了发展，它主要是国家的支持。民间，主要是一些教界人士的支持。现在有57个成员国参加伊斯兰会议组织。新泛伊斯兰主义可以说是官方复兴的一种形式。比如埃及，官方拿出大量的钱支持出版事业，在电台、电视台用了大量的时间播送宗教的节目、念诵经文的节目，出版大量的报刊宣传宗教。

3. 伊斯兰主义。伊斯兰主义和民间的复兴不一样，它是纯政治性的，而非宗教的。民间复兴有大量的宗教内容，当然也有一些社会的要求，但没有什么政治的要求。新泛伊斯兰主义有宗教的要求，也有政治的要求。而伊斯兰主义则利用社会要求和宗教要求，以达到其政治目的。它有很系统、很明确的政治主张，就是要建立实行伊斯兰教法统治的伊斯兰国家。这不是一般的世俗性的国家，而是要实施教法统治，要推行国家、社会的伊斯兰化，要向外输出伊斯兰革命。同时，伊斯兰主义还坚持激进主义，甚至坚持极端主义，它的社会政治目的，通常是采取和平和暴力、合法和非法的手段来从事活动。

20世纪70年代以来，一些激进的甚至是极端的小组织、小集团像雨后春笋似的在伊斯兰国家普遍出现。这些组织为鼓吹它的社会政治主张，达到它的政治目的，采取极端的手段，它的成员发展下去自然而然地使用了恐怖主义手段。所以搞恐怖活动不是一个宗教问题，而是一个政治问题。这里，简单介绍一下"伊斯兰原教旨主义"的问题。20世纪80年代初，伊斯兰世界出现了一些极端的社会现象，一开始被称作"伊斯兰原教旨主义"。后来我们在学术讨论时认为，用"伊斯兰原教旨主义"并不能完全反映伊斯兰世界出现的这样一些社会现象。所以我们就把它改称为

"伊斯兰复兴"（或者"伊斯兰复兴运动"）。伊斯兰复兴可以称为复兴思潮，有的是思潮，没有形成过运动，以后形成了运动。如果说把民间的复兴也称为"伊斯兰原教旨主义"，就有一个问题，就是把很大一部分仅仅是头发留得长一些、胡子留得长一些，穿阿拉伯大袍的人，都纳入到要搞政治活动的人中去了，这涉及的面就太广了。

可以说，伊斯兰复兴是一而三、三而一的。所谓一而三、三而一，就是整个来说它是一个伊斯兰复兴运动，具体地看，是表现为三种形式，而这三种形式统一在一个国家里，所以它是一而三、三而一的。表面看它是一，仔细看它是三。笔者认为要这样区分。有一些学者认为，当前伊斯兰世界不存在文化复兴的问题，好像一说伊斯兰世界出现的问题，就是"伊斯兰原教旨主义"，没有民族、宗教复兴的问题，这不符合社会现实。笔者把它看作一分为三，但这个三在一个国家里都具体表现出来，是既有联系又有区别的三种表现形式，主要是说明这样一点。

1979 年伊朗的"伊斯兰革命"对世界范围的伊斯兰复兴起到了非常大的促进作用。有些人一讲伊斯兰复兴就认为是 70 年代末，有的甚至认为是从 80 年代开始的。实际上都把问题看得晚一些了。有的文章说，真正出现恐怖主义是在 90 年代。这不符合伊斯兰国家、伊斯兰世界发生事件的事实。实际上，在 70 年代，在宗教复兴的过程中，在新泛伊斯兰主义出现的过程中，伊斯兰主义已经出现了，暗杀活动在埃及已经出现了。为什么有些国家也被列入伊斯兰主义呢？比如说巴基斯坦，巴基斯坦在齐亚·哈克统治的时候，对实现官方的伊斯兰化是很积极的。再比如，伊朗霍梅尼当政的时候积极主张输出革命。当然，在民间是要搞伊斯兰化，但是作为国家来说也不是说没有，但是更主要的反映在民间，一些小组织、小集团在民间要求搞伊斯兰化，笔者是这样认为的。

（三）抗苏战争问题

1979 年到 1988 年间阿富汗出现了"圣战者"的抗苏战争问题。这是当代伊斯兰的主要问题的第三个问题。1979 年年底苏联入侵阿富汗以后，世界各地的穆斯林经过巴基斯坦的白沙瓦奔赴阿富汗前线，参加抗苏战争。阿富汗"圣战者"的抗苏战争，实际上是伊斯兰复兴的一种特殊的表现形式。这些人经过在巴基斯坦和阿富汗训练营地的训练，就成为"圣战者"，最有影响的人物就是阿拉伯富豪本·拉登。

1988年，苏联从阿富汗撤军以后，抗苏战争就变成了阿富汗"圣战者"的自相残杀。几乎同时，伊拉克和伊朗的两伊战争也在国际社会的斡旋下停火了。1990年，伊拉克武力吞并了科威特，美国在沙特的邀请下在海湾驻军来保护沙特。这时回到沙特的本·拉登就极力反对沙特政府依靠美国的保护。沙特王室很怕伊拉克军队吞并了科威特之后，再到它那个地方。但是，本·拉登就反对这一点，他组织了以前那些"圣战者"，成立了"全世界伊斯兰阵线"，从事反对沙特王室的活动。1991年发生了海湾战争。在这以后的几年间，本·拉登一方面在苏丹经商，开办各种公司，为反美积聚资金；另一方面在苏丹和其他地区建立了新的训练基地，和那些被称为"阿富汗阿拉伯人"的老兵取得联系，把他们派到波黑、克什米尔、车臣、索马里、阿尔及利亚去参加当地的一些战争，或从事一些恐怖活动。1996年他被迫离开了苏丹，来到阿富汗，重新启用了以前他建的训练基地，又招募新的"圣战者"。1998年，他与巴基斯坦、埃及和孟加拉国的宗教极端组织一起，成立了"伊斯兰反犹太人和十字军国际阵线"（即"基地"组织），发布"圣战檄文"，鼓吹"圣战"。这个国际阵线就成为从事恐怖活动的真正基地，即所谓"基地"组织。实际上，以前在世界各地大量的恐怖活动，包括90年代以来的恐怖活动，现在算起账来都和他有关系。1998年从国际阵线又派生出来一个组织——"伊斯兰圣战解放军"，专门从事恐怖活动。"圣战者"这时候就演变为"圣战主义者"。因为以前的"圣战者"目的很明确，就是和苏联侵略军打仗。"圣战主义者"则抱着世界革命的目的，为信仰而战。"基地"组织也使一些地区出现了"教权主义者"（为信仰而执掌政权），他们的一些分裂活动，就成了一些国家内部动乱的一个根源。

（四）伊斯兰意识形态在伊斯兰世界具有决定性的影响问题

就政治领域来说，"圣战主义者"所奉行的"圣战主义"、"教权主义"都是很时髦的伊斯兰意识形态，因为在这以前是没有的。"圣战主义"主张要为一场世界范围的"圣战"做准备，要求接受这一主张的穆斯林随时随地为伊斯兰信仰、为实现伊斯兰的世界革命而战斗。"教权主义"指的是在宗教名义下对国家最高权力的要求，它不是宗教要求，而是对国家最高权力的要求。显然，这是政治要求。他们在一些国家已经形成了政治反对派，他们为之奋斗的不再是世俗的民族主义，而是伊斯兰主义。他们要求从多民族的、统一的国家当中分离出来，建立实施伊斯兰教法的伊斯兰国家。他们的主张和要求，不可避免地要和有关国家发生直接对抗。当前世界范围内一些地区民族、宗教冲突的激化，可以说，它的精神支柱就是伊斯兰意识形态。由于伊斯兰世界缺乏先进的思想武器，马克思主义在很多伊斯兰国家被视为无神论而受到敌视。这些国家的工人运动和共产党，不是处于非法地位，就是遭到残酷镇压。很大一部分民众在反美、反以的同时，同样反对无神论。值得注意的是，伊斯兰教没有出现过类似基督教那样的宗教改革运动。在伊斯兰国家，居于统治地位、左右人们思想的，仍然是伊斯兰信仰；左右人们的社会生活、精神生活、社会行为的，仍然是伊斯兰意识形态。因此，在这些国家要实现现代化，既缺乏先进的思想武器，传统信仰又没有经过相应的改革和冲击，就不得不求助于宗教复兴。用一句术语来说，就是不得不求助于"托古改制"。所谓"托古"，就是求助于经训、求助于伊斯兰教的原旨教义；所谓"改制"，就是在政治、经济、文化、伦理等社会领域当中，改革那些不符合经训、不符合伊斯兰教原旨教义的，或是非伊斯兰的、反伊斯兰的现代的一切做法，使它的现代化符合伊斯兰的意识形态。我们一般讲的意识形态往往是指一个国家的统治阶级的思想。我们这里讲的伊斯兰意识形态不限于此，主要指的是一些激进的或极端的社团组织所坚持鼓吹的一些思想、观点、主张。在现实社会当中，这些社团的思想、观点、主张，往往比统治阶级的思想对民众有更大的吸引力和诱惑力。

四　对当代伊斯兰问题的思考和认识

在当代伊斯兰问题当中，主要的就是 20 世纪 60 年代末 70 年代以来，伊斯兰世界极为活跃的暴力恐怖活动。因为刚才讲的道路选择问题和伊斯兰复兴问题、伊斯兰意识形态问题和阿富汗战争以后"圣战者"的一些行为问题，其中最主要的，在国际政治生活中最挠头的就是恐怖活动问题。特别是"9·11"事件表明，恐怖活动已经从伊斯兰世界内部转向了外部世界。90年代以前主要是在内部搞，当然也涉及一些外部的恐怖活动。比如1972年慕尼黑奥运会期间，以色列的运动员被恐怖分子杀害了，就是在外部，不是在国内搞的。在外部，主要是在90年代以后。如果说伊斯兰国家屈从、依赖西方，内部存在的种种弊端和各种矛盾得不到认真解决，现实社会和伊斯兰教关于公正、平等、正义的理想社会存在着巨大的差距，引起民众不满和抗议，从而使那些极端分子采取了一些极端形式，出现了恐怖活动，是其内在原因的话；那么，"二战"后以美国为首的西方世界对伊斯兰国家的控制、剥削、掠夺和侵略，特别是美国在海湾地区、在沙特阿拉伯的驻军和对石油的控制和掠夺，美国对伊拉克的轰炸和当前借反恐对伊拉克的战争威胁，美国对以色列的庇护、支持，在巴以问题上采取的双重标准，就是出现恐怖活动的外部原因。

如果深入研究当代的伊斯兰问题，应该注意这样几个问题：

（一）伊斯兰文明的特征问题

伊斯兰文明的特征是什么？我认为伊斯兰文明的基本特征，它的真谛就是宗教文明，伊斯兰意识形态始终处于它的核心地位。就伊斯兰的物质文明来说，它除了借鉴外部文明的成果以外，本身没有多少独特的东西，对世界没有做出多少贡献。工业、农业、科学、技术、高楼大厦等等，和其他国家相比很难说有什么区别，并没有什么值得夸耀的地方。在经济活动方面，比如说在经济活动当中要交纳一些宗教课税，在遗产继承、禁止乞讨、创办无息银行等方面有一些伊斯兰的特色。它在社会组织、婚姻制度、法律制度方面也有一些伊斯兰的特色。最能体现其伊斯兰特色的，从物质文明来说，就是它的清真寺建筑，它的外部和内部都是经文。所以我说伊斯兰文明真正的特征，体现在它是一种宗教文明。因为它的经文都是来自《古兰经》、摘引《古兰经》的。就伊斯兰文明的精神文明来说，自然科学的东西很难说反映出宗教文明，可是这以外的一些社会科学、人文科学的东西，它的宗教、政治、哲学、艺术、法律、伦理、文学、史学等文化领域，宗教文明的特色就非常明显。如果说伊斯兰世界通常以绿色作为最具代表性的颜色的话，伊斯兰意识形态就像女同志戴的项链，项链要由一根线穿起，线是什么线呢？是一根绿线，贯穿在整个文化领域的是一根绿线。他们整个的战略是"绿化"战略。20 世纪 70 年代以来，伊斯兰复兴运动当中，一些穆斯林把早年推举哈里发的政治体制，把中世纪的繁荣视为"黄金时代"，完全是以伊斯兰意识形态作为衡量现代社会的标尺。伊斯兰世界中有一部分人就欢迎或接受那些极端组织或者一些激进组织提出来的口号——"伊斯兰是解决办法"，或者是霍梅尼提出来的"不要东方，也不要西方，只要伊斯兰"，这就是它的宗教文明最集中的体现，最核心的东西。我们应该注意伊斯兰有些禁区是任何人不得触犯的，触犯了这些禁区就会招来麻烦，甚至于会引起动乱。1989 年拉什迪的《撒旦诗篇》就充分反映了这个问题。

（二）宗教认同是伊斯兰文明在现实社会中的具体运用

任何宗教都以宗教认同为前提而得以存在和发展。宗教认同也正是伊斯兰教具有生命力、具有政治活力、凝聚力的一个源泉。伊斯兰教在具有凝聚力的同时，也就具有了排斥力。它必然排斥那些非伊斯兰的信仰、礼仪、习俗，以至于生活方式、意识形态和价值观念。如果伊斯兰教没有宗教认同，而和其他宗教混同的话，就会失去自身的特色和价值，从而丧失自身的信徒。所以说，宗教认同有别于一般的认同。除了那些受过现代教育又以理性观察对待事物的人以外，伊斯兰世界一般民众的宗教认同有时候就扩大到文化认同，在日常生活当中往往以教胞的情感形式表现出来。他们的思维模式就是伊斯兰的，他们往往以信仰画线，来决定为人处世的态度。这种思维模式，可以说是他们自幼耳濡目染，家庭、社会教育潜移默化的结果。宗教认同在社会生活中的影响是不可低估的。举一个很简单的例子，为什么在波黑、车臣、科索沃、克什米尔、塔吉克斯坦、阿尔及利亚这些地区发生民族、宗教冲突的时候，伊斯兰世界会有很大一部分国家或地区的穆斯林关心这些冲突？为什么他们会积极支持这些地区的穆斯林？为什么本·拉登派出了"基地"组织的"圣战者"去参加那里的战斗？根本原因就在于宗教认同。当然，宗教和政治相比永远是处于隶属的地位，在哪个国家宗教都不会超出政治。就一个国家来说，首先考虑的是国家利益、民族利益，而不是宗教社团利益。而宗教社团考虑的，是宗教信仰的正统问题。比如说科威特为什么不能以兄弟情谊、不能以教胞的宗教认同来解决和伊拉克的矛盾呢？这说明宗教认同在一定的范围内有一定的限度，特别是在涉及国家利益、民族利益时，就只能放在次要的、隶属的地位。可是与此相反，在民间想问题就不一样。在民间，往往以宗教认同为出发点来考虑问题。这就是为什么有些国家在支持美国打伊拉克、倒萨达姆的时候，它的民间会发生大规模的反战、反美游行，在伊斯兰教世界里，同样有其共鸣的原因。

（三）经训是伊斯兰合法性问题的一个根据

当前伊斯兰世界最常涉及的一个问题，就是合法性问题，就是伊斯兰国家的现政权的合法性问题，这无疑是对伊斯兰国家政权的一个挑战。按照《古兰经》，国家的权力不是人民的，国家的权力是真主的。人无外乎是代替真主在社会上来掌握政权。所以说，是不是执行了伊斯兰的规定，违背不违背伊斯兰的经训，是判断是否合法的一个很重要的标准。为什么霍梅尼提出要反巴列维国王，反沙特王室？本·拉登为什么要反对沙特王室？就是因为他们认为君主制，包括君主立宪制不是伊斯兰的，而是一种独裁统治。因为早年的哈里发国家的领袖都是民主产生的，当然民主只是在一定范围之内。但哈里发不是世袭的，都是大家推举出来的，他们就拿这个做标准。同样，对一些共和制的、对政教分离的国家也有一个合法性问题，就是你的一些做法符不符合伊斯兰教所要求的公正、平等、正义的理想社会。在代替真主执法的时候，违反了真主的法律，就是非法的。合法性问题在伊斯兰世界是很大的一个问题。除了刚才讲的关于国权的经文以外，还有被常常利用的，比如说"乌玛"思想。什么是"乌玛"呢？就是共同体的思想。因为在这些人看来，全世界信仰伊斯兰教的人都属于一个"乌玛"，都属于一个共同体，他们没有什么国家、民族的观念。他们认为伊斯兰教是超国家、超地域、超民族的。再比如"圣战"的思想、关于"蒙昧时代"的问题、

"教胞"的思想都是来自于经文的，所以说经训是伊斯兰意识形态的经典根据。

（四）关于极端主义问题

极端主义在伊斯兰世界实际上是有很深刻的历史根源的。最早的四任哈里发：阿布·伯克尔、欧麦尔、奥斯曼、阿里当中，有三任哈里发是被人刺杀的。被刺杀的三个人当中，有两个人是被穆斯林刺杀的。这就说明这种恐怖行动是伊斯兰教一诞生就有的，不是经过几百年以后才发展起来的。再比如说，在伊斯兰教正统哈里发时期，也就是 632—661 年这个时期，出现了一个教派，叫哈瓦利吉派，它就主张非本教派的教徒，都不是穆斯林；既然不是穆斯林，不分男女老少，一律都要杀掉。这就是宗教上的极端做法。前面提到的暗杀派也是这样。像这样的极端做法在伊斯兰教的历史上存在的时间很长，对民众的思想是很有影响的。当前的一些激进主义组织或极端组织鼓吹所谓"为信仰而战"，阿富汗抗苏战争结束以后的"圣战主义者"，被派到各地去参加"圣战"的人，实际上已经成为职业杀手，成为雇佣军。他们这些人的一些活动，实际上来自于阿拉伯文叫做"吉哈德"（Jihad）的一个词，即"战斗"。"战斗"是为宗教而战，为信仰而战。这个词具有努力、奋斗、斗争这样的含义，实际上，在征服战争、扩张战争结束以后，"战斗"已经没有这个含义了，已经被放弃了。作为经文规定的"定制"实际上已经被放弃了。因为在伊斯兰基本信条里面，已经没有这种事情。所以当前鼓吹"圣战"实际上是这些传统的极端的思想在现实社会中又重新出现了。当前主张"圣战"的主要是两部分人。一部分是由于城市化出现，受过现代教育的一些年轻人，主要在信仰上盲信盲从，他们或者失业、失学，或者对社会不满，是一些生活没有着落的人；还有一些是出身于中上层社会、受过高等教育、有良好社会职业、同时家庭生活条件也很好的一些人。这些人在现实社会当中，出于民族义愤，出于宗教情感，往往就投入了现实的斗争，投入了极端组织的怀抱，成为极端主义者，搞恐怖活动。所以讲到伊斯兰文明，无论从意识形态，从宗教认同，或者从宗教合法性，总之从哪一方面来说，伊斯兰教世界都有一个很现实的问题，即它的现代化之路怎么走，怎么保持它的传统，怎样实现它的现代化，怎样改变它的落后状态，这是很值得考虑的一个问题。

[刊载于《部级领导干部历史文化讲座》，北京图书馆
（国家图书馆）出版社 2003 年版]

伊斯兰文化与西方

"9·11"恐怖袭击事件已过去 5 个多月。袭击事件的孕育和发生，有其自身独特的原因。随着时间的推移，人们对事件缘起的认识会日趋深化。本文拟从文化层面探究伊斯兰文化发展的历史轨迹，考察伊斯兰世界对外来文化影响的反应，以及伊斯兰意识形态在伊斯兰文化发展进程中所起的历史的和现实的作用，并将不过多地涉及有关事件的政治、经济原因。

伊斯兰文化——联系各民族穆斯林思想、情感的纽带

人类社会是在不同民族之间的文化交融中不断发展和前进的。文化交融是个既吸收又排斥的吐纳过程；它不是绝对无条件地吸收，也不是绝对无条件地排斥，而是在吸收中有排斥，排斥中有吸收。中世纪伊斯兰文化的形成和发展即是如此。

伊斯兰教史上冠以"伊斯兰"之名的文化，无论是精神文化，还是物质文化，都是伊斯兰教兴起（公元 7 世纪初）后形成并获得发展的。伊斯兰教是阿拉伯半岛的居民——沙漠阿拉伯人的精神产品。他们脱离"蒙昧时代"，方进入伊斯兰时代。[①] 此前，他们只有淳朴的沙漠文化。这时，可以称得上伊斯兰文化的，仍极其匮乏；最多只有阿拉伯文的、尚未汇集成册的《古兰经》和十分简朴的信仰、礼仪、习俗。

7 世纪 30 年代，阿拉伯穆斯林军在信仰旗帜下开始对外征服。到 8 世纪初，除夺取半岛周边的大片土地（含今巴勒斯坦、叙利亚、伊拉克、伊

---

① 《古兰经》，马坚译，中国社会科学出版社 1981 年版，第 5 章第 50 节。以下所引皆据此版本。

朗、埃及）外，还占领埃及以西的北非地区，小亚细亚、中亚、阿富汗、印度的部分地区，以及西南欧地区，形成地跨亚、非、欧的阿拉伯哈里发帝国。

阿拉伯征服者不断向外移民，但在征服地区人口中只占少数。这些地区既有很早就迁出半岛的阿拉伯人（如叙利亚、伊拉克），也有其他民族的成员。他们的胜利，仅仅是军事、政治的和宗教、语言的；他们给予征服地区各族人民的，既非更为先进的生产方式，亦非科学技术和文化知识，唯有军事占领和强权统治。征服者需要汲取其他民族的文化滋养，作为发展宗教、巩固统治的工具。他们在与各族人民混居、交往和融合（通婚、纳妾、收养）过程中，不可避免地要从各族人民那里接受当地的物质文明和精神文明，汲取、借鉴、接受后者相对先进的生产方式和文化传统。征服者被征服。宗教领域的胜利，经历了伊斯兰化的漫长岁月（有的地区伴之以阿拉伯化）。在征服地区民众陆续皈依伊斯兰信仰后，伊斯兰教最终由阿拉伯人的民族宗教演变为世界宗教，取代当地早已流传的犹太教、基督教、琐罗亚斯德教、佛教、印度教以及萨满教，成为这些地区的统治思想；有的地区伊斯兰化的进程极为迟缓。阿富汗东部的努里斯坦（意为"光明之地"），直到 19 世纪末才完成伊斯兰化，此前则被穆斯林称为"卡菲里斯坦"。① 至于语言方面，有的继续使用本民族语言；有的接受了它的文字，有的仅以阿拉伯字母拼写当地民族语言。当今人们所说的伊斯兰世界，除个别地区（如西班牙）外，它的基本地域在征服时期大致确定下来。

与伊斯兰教不同，伊斯兰文化是在阿拉伯征服者胜利的基础上，由皈依伊斯兰信仰的各族人民经过几个世纪共同活动的成果，而非阿拉伯民族单独完成的。所谓伊斯兰的"传统学科"和"理性学科"，音乐、艺术、文学、史学以及辉煌的寺院建筑等，到9—10世纪时期，才获得大发展。②

---

① 当地居民被称为"卡菲尔"（异教徒），"卡菲里斯坦"由"卡菲尔"一词转化而来指×××的居住地之意。

② 伊斯兰教史上，"传统学科"又称"宗教学科"，指与伊斯兰信仰有关的古兰学、经注学、圣训学、教法学、教义学和诵经学等；"理性学科"指种种世俗学科，如逻辑学、哲学、医学和其他自然科学等学科。它们都在不同程度上为伊斯兰宗教信仰服务。

就其内容而言，主要是当政者组织翻译了东方（波斯和印度）和西方（古希腊、罗马）的哲学、医学、自然科学、文学等方面的著作。就作出贡献成员的民族成分而言，最初主要是皈依或没有皈依伊斯兰信仰的波斯人、叙利亚人，以后才有阿拉伯征服者的后裔参加进来。[①] 在此前后出现的有关宗教各个学科方面的著作，完全是由不同民族的穆斯林学者自发地进行的。可以说，伊斯兰文化既是阿拉伯民族的，也是信仰伊斯兰教的其他民族所共有的；与此同时，各民族还在伊斯兰文化的基础上继承了自身的传统文化，保持了文化发展的历史联系。

到11—12世纪，伊斯兰文化已达到极其光辉灿烂的地步。正因为伊斯兰文化是由多民族的穆斯林共同创造、发展的，它使得信仰伊斯兰教的各民族具有共同的思想、情感，联系它们之间思想、情感的纽带，不是别的，正是伊斯兰文化。由伊斯兰文化培育出来的穆斯林兄弟情谊的观念，影响着一代代的穆斯林。

"伊斯兰"的原义为"和平"和"顺从"。作为一种宗教，它强调对真主（通用汉语的穆斯林对"安拉"，Allah 的称谓）的信仰和顺从：信真主，是伊斯兰教的"六大信仰"（信真主、信天使、信使者、信经典、信末日审判和死后复活、信前定）的首要信条和信仰核心。"穆斯林"一词，即由"伊斯兰"转化而来，有"获得和平者"、"顺从者"之意。在它看来，和平只降给那些信仰独一真主并顺从真主旨意的人。伊斯兰意识形态完全体现了伊斯兰教的"六大信仰"，尤其是一神信仰并顺从真主旨意的观念，它构成伊斯兰文化的精神真谛。不管它的宗教文化，还是世俗文化，都不能背离伊斯兰意识形态。这在穆斯林的生活习俗、文学艺术、伦理规范、价值观念、思想感情、意向爱好、心理情绪中得到反映，形成各个信仰伊斯兰教民族的文化传统和文化特色。任何来自外界对他们的文化的轻侮、污蔑或亵渎，都会触犯他们的民族意识和民族情感、宗教意识和宗教情感，遭到那部分固执于民族文化传统的人的抨击和反对，更不必说违反他们的生活习俗、破坏他们的宗教信仰，或是亵渎他们信奉的真

① "早期的翻译家，大都是基督徒或者说拜物教的信徒"。艾哈迈德·爱敏：《阿拉伯—伊斯兰文化史》，朱凯、史希同译，商务印书馆1990年版，第二册第244页。

主、先知和神圣经典——《古兰经》了。拉什迪（Sahnan Rushdie）的《撒旦诗篇》（*The Satanic Verses*）引发世界穆斯林的愤慨、抗议和对他的追杀，即为一例。即便是教内出现类似的思想、言论或行为，同样被视为大逆不道，会遭到相应的谴责或惩处；更不必说那种违背其教法而遭到教法所规定的刑罚（如石击、砍手足、鞭笞）了。这表明他们对待信仰问题是极其严肃的。

在中世纪，处于"黄金时代"的哈里发帝国，无论是当政者，还是民间的学者，在汲取、借鉴、容纳外来民族文化方面，表现出积极、主动的态度，宽容和开放的心境，使得伊斯兰文化在几个世纪（约8—12世纪）内获得了显著的发展。一方面，它汲取、借鉴、容纳那些有利于维护帝国统治需要的外来文化、思想和习俗，而不予绝对的排斥。另一方面，这种汲取、借鉴、容纳，既不表示他们全盘接受外来文化，也不表示他们的沙漠文化与其他民族的传统文化、他们简朴的生活习俗和豪放的思想情感是与后者的生活习俗和思想情感单纯的拼凑和合一。它完全是以伊斯兰意识形态作为取舍的标准，或予以接受，或予以摒弃。它所保留的，是那些经过伊斯兰意识形态筛选、加工和改造后，能适应政治和宗教发展需要的内容；它所排斥的，是那些被认为非伊斯兰或反伊斯兰的内容，以此保证伊斯兰意识形态在伊斯兰文化中的神圣地位。与之相应的是，伊斯兰文化的排他性也在这一时期正式确立。随着时间的推移，它的封闭、保守、固执传统和排他性日益显露，从而活力丧失、发展停滞。在穆斯林的社会生活中，伊斯兰教法起着重要的作用。最初，它在不同地区分别获得发展，显得极其活跃。可是，在出现以哈乃斐、沙斐仪、马立克和罕百里命名的四个著名教法学派后，它再也没有多少发展。伊斯兰教史上所谓"教法大门关闭说"，即其封闭和保守方面的典型表现；直到近现代"关闭"的大门才重新被打开。

近现代伊斯兰世界对殖民统治的反应

13世纪中叶，阿拉伯帝国在蒙古铁骑的打击下崩溃，在随后的几个世纪内阿拉伯民族在政治、经济领域的掌权地位也完全丧失。半岛地区几乎又返回到伊斯兰教兴起前的状态；曾是哈里发帝国的政治、经济、文化中心的叙利亚、伊拉克、埃及等地区，成为奥斯曼突厥人的属地，在边远地区的权势已无法左右大局。突厥人在皈依伊斯兰信仰后，表现出对宗教的极大热诚。伊斯兰文化在他们和一些地方王朝的庇护下得以延续下来。16 世纪，伊斯兰世界形成奥斯曼帝国、波斯沙法维帝国和印度莫卧尔帝国三足鼎立之势。进入 18 世纪，被一些穆斯林视为阿拉伯帝国遗产的继承者——奥斯曼帝国已趋衰落；英法在争夺东方市场的角逐中，为打开通向印度的道路，拿破仑于 1798 年入侵埃及。早在十字军东侵时，西方尚需要宗教的名义作为争夺、"收复"圣地耶路撒冷的幌子；而在近现代西方对伊斯兰世界（以及世界其他地区）肆无忌惮的侵略，则完全没有什么掩饰，赤裸裸地暴露了其罪恶野心和本性。从此，伊斯兰世界的一些地区逐步沦为西方的殖民地、半殖民地。伊斯兰世界因封闭、保守、固执传统和排他性而导致的停滞，根本无法抵制殖民者的入侵和殖民化的过程。

对阿拉伯人来说，他们虽是异族——奥斯曼人的臣民，但由于共同的信仰而没有作出强烈的反应和激烈的反抗；可是，西方殖民者不仅是异族，而且是异教徒，他们显然不乐意由后者主宰自身的命运。

由于伊斯兰世界缺乏一个强有力的中心，即便是伊斯兰宗教思想在社会生活各个领域仍有强烈影响，它终难有效地组织并领导这些地区民众抗击西方强权统治，抵挡西方生活方式、意识形态和价值观念的冲击和渗透，更难以防御西方科学技术和文化知识的普及和传播。面对着殖民者强制输入的西方文化，以及社会生活日益西方化、世俗化和现代化，伊斯兰世界上下作出不同的反应。就它的知识界和思想界而言，也不可避免地发生分化。西方文化是强制输入的，并非穆斯林的主动索取，因而除了极少数人士主张西化外，那些渴望延续伊斯兰文化的发展并保证它的传统价值不受侵犯的人士中，既有主张坚持伊斯兰原旨教义的传统主义者，又有主张适度改革的现代主义者。他们的共同点在于，维护伊斯兰宗教的权威，使之适应殖民统治下的社会生活。① 在整个殖民统治以及随后的时期内，

---

① 这不是说，这一时期没有反抗斗争。与十字军东侵时期不同的是，一部分追随苏非神秘主义的穆斯林，不再以那种消极的、以内心的宁静、净化自我的灵魂面对外来的侵略者，而是在他们的精神导师（如在利比亚）的领导下，积极抗击侵略和殖民统治的英勇斗争。

伊斯兰世界是在传统主义与现代主义的大致交替的发展中前进的。18 世纪中叶兴起的复古主义发展为其后的"瓦哈比运动"，19 世纪中叶兴起的泛伊斯兰主义，20 世纪初泛伊斯兰的复兴思想的发展，以及 60 年代末 70 年代初以来的复兴运动的发展等，本质上是传统主义的；19 世纪末叶兴起的伊斯兰现代主义和民族主义，20 世纪初出现并在战后获得发展的社会主义、伊斯兰社会主义和世俗主义等，则是现代主义的。事实上，传统主义和现代主义并非绝对对立的两种社会主张，它的核心思想不是别的，正是伊斯兰意识形态，只是二者所强调的侧重点有所不同罢了。就其主要倾向而言，可以说是传统主义的或现代主义的；就其内在因素而言，则是你中有我，我中有你。传统主义宣扬向原旨教义复归，目的不仅仅在于"仿古"，其中仍含有适应社会发展的因素；它的现实目的是在"仿古"中以求发展或"改制"，即改变不利于自身的处境。例如泛伊斯兰主义和伊斯兰主义即如此。现代主义则宣扬有关宗教的改革是在维护传统信仰前提下的"改制"，而不是放弃或背离传统信仰的"改制"；其中仍有向原旨教义复归或"仿古"的成分。例如伊斯兰社会主义即如此。

"二战"以后，伊斯兰国家陆续摆脱殖民主义统治，获得民族解放，建立起民族独立国家，有的进而取得民主革命胜利。伴随着民族民主革命的胜利，伊斯兰复兴的社会思潮有所发展。在现实生活中，伊斯兰国家的当政者也好，它的宗教界人士、社团组织和政治反对派的领袖人物也好，不是继续利用传统主义，就是利用现代主义，或是交替使用这二者以影响、控制广大的穆斯林群众，使之追随、遵循其社会、政治主张。1967 年第三次中东战争（"六五战争"）中阿拉伯一方战败，丢失包括穆斯林奉为第三圣地的耶路撒冷在内的大片土地，继而 1969 年被他们奉为圣寺的耶路撒冷阿克萨清真寺被焚，导致世界穆斯林的不满和愤怒。伊斯兰复兴的社会思潮随之演变为复兴运动。伊斯兰复兴，不单单是宗教的复兴，它还包含着政治、经济、文化以及民族的复兴。1979 年伊朗"伊斯兰革命"的胜利，同年年底苏军入侵阿富汗而爆发的"圣战者"抗苏战争，更促使伊斯兰复兴运动走向高潮。

这里将不涉及伊斯兰复兴的缘起、不同表现形式及其社会政治、经济要求。应该看到，在伊斯兰复兴过程中，伊斯兰意识形态成为反对非伊斯兰和反伊斯兰的精神武器,成为以非常手段(如暴力恐怖活动)对待非伊斯兰的和反伊斯兰的体现者的精神武器,具有鲜明的时代特征。那种发扬伊斯兰文化并反对一切非伊斯兰的和反伊斯兰的主张、反对西方的生活方式、意识形态、价值观念、伦理规范和习俗风尚的主张,在穆斯林中受到欢迎。伊斯兰关于建立公正、平等、正义社会的理想,在穆斯林中历来具有巨大的吸引力,而他们所面临的现实与理想之间的差距,是如此巨大以致令人恼怒和不满。特别是一些伊斯兰国家的政治反对派和宗教极端主义分子对当政者的抨击,他们极力鼓吹实施伊斯兰教法统治,要求社会生活的伊斯兰化,建立伊斯兰教法统治的伊斯兰国家的主张,不仅在那部分政治不满者、盲信盲从者、思想极端者、行为狂热者、生活无着者、失学失业者、社会失意者中具有诱惑力,并由此驱使或激励他们从事相关的活动和斗争的热诚,而且对那部分出身中产阶级家庭或社会上层、生活条件优越、受过高等教育、具有良好社会职业的人士的诱惑力,也同样不可低估。一个众所周知的口号是"不要东方,也不要西方,只要伊斯兰"。显然,它不仅是为了哗众取宠,更为重要的是,它在那些受政治反对派和宗教极端主义分子影响的人群那里,成了政治纲领和行动目标。这表现为80年代大批外籍穆斯林"圣战者"投入阿富汗抗苏战争,也表现为90年代国际恐怖主义的一系列反美恐怖活动,这一切正是"9·11"袭击事件的预演。

在西方世界的统治、控制、欺压、盘剥下,信仰伊斯兰教的各民族生活在痛苦、屈辱、受欺凌之中。他们的忍让以及在忍让下不断得到强化的排他性,总有一定限度,超过一定限度,就会迸发,导致人们难以预料的结果。表现在思想领域,则会强化对西方世界的反感和仇恨;在行动方面则会采取极端手段和恐怖行为。人们看到的是:在他们取得民族独立、能够掌握自身的命运后,因伊斯兰复兴的发展,在地区冲突和民族冲突中,很大一部分虔诚穆斯林不仅把伊斯兰世界广大民众对现实的不满,算在腐败无能,甚至是叛教的当政者的账上,更把它算在以美国为首的西方国家对他们的当政者的支持的账上。他们还从捍卫伊斯兰宗教信仰出发,无法容忍以色列对穆斯林土地的侵犯和对圣地耶路撒冷的占领,无法容忍美国军队驻扎在沙特和海湾地区,无法容忍美英飞机在伊拉克的狂轰滥炸和对当地穆斯林的屠杀。由此导致的冲突，显现在人们面前的，是很大一部分人群对西方世界的从未有过的反感和仇恨。这在各国的政治反对派和宗教极端主义分子中表现得尤为明显。"9·11"袭击事件不过是这种对美国的民族仇恨和宗教仇恨的大爆发而已。

伊斯兰意识形态在当代社会生活中的作用

就宗教而言，伊斯兰教与犹太教和基督教都是一神教，有共同的思想渊源。伊斯兰教承认与它们信仰的是同一个神灵，只是各自的神明和经典的称谓不同。《古兰经》说："我们确信降示我们的经典和降示你们的经典；我们所崇拜的和你们所崇拜的是同一个神明，我们是归顺他的。"[①] 又说："我们信我们所受的启示，与易卜拉欣、易司马仪、易司哈格、叶尔孤白和各支派所受的启示，与穆萨和尔撒受赐的经典，与众先知受主所赐的经典；我们对他们中任何一个，都不加以歧视，我们只归顺真主。"[②] 同样的，就文化关系而言，伊斯兰文化继承古希腊罗马的文化遗产后，又将它向西方世界输出。它的不可磨灭的历史功绩恰恰在于保存了古希腊罗马的、波斯的和印度的文化遗产，此后，它使处于黑暗时期的中世纪欧洲得以再认识这一古代文明，从而为文艺复兴准备了思想材料。在伊斯兰文化影响欧洲后，西方世界因此受益。从此，西方世界由文艺复兴、工业革命、科技进步、社会变革而不断前进，呈现出今天西方世界的现代化和民主化的发展。可是，伊斯兰世界的发展在这以后却停滞下来，并日趋落后。

应该看到，伊斯兰世界没有出现过类似基督教那样的宗教改革运动。20世纪初土耳其革命成功、实施政教分离后，在政治、教育、法律等领域给予教权以冲击，世俗主义获得发展。但它只在伊斯兰世界的部分国家中起着示范作用；政教合一的国家政体依旧存在。放在不同政体国家面前可

---

① 《古兰经》，第29章第46节。
② 这里说的易卜拉欣、易司马仪、易司哈格、叶尔孤白、穆萨和尔撒，即《圣经》中的亚伯拉罕、以实玛利、以撒、雅各、摩西和耶稣。《古兰经》，第2章第136节。

供选择的发展道路究竟如何呢？为何那些政治反对派和宗教极端主义分子鼓吹的实施伊斯兰教法统治、要求社会生活的伊斯兰化、建立伊斯兰教法统治的伊斯兰国家的社会政治主张仍有其市场呢？在当前经济全球化过程中，一方面，伊斯兰世界在和平、安全、发展、反对恐怖主义等问题上，与西方世界有共同语言；主张文化上的交流，参与不同宗教间的对话，甚而有一部分人主张社会的现代化，而不是伊斯兰化。另一方面，它在需求西方科技以发展经济、摆脱落后状态的同时，主张保持世界文化的多元化，而不愿使伊斯兰文化与西方文化混同，丧失自身的独立品格。伊斯兰世界与西方世界相比，无论政治、经济，还是科学、技术，都要逊色一些。西方世界在社会生活各个领域走在前面，有其政治、经济的原因。但从文化层面上来看，不可否认的是，伊斯兰意识形态在当代仍发挥它的作用，影响着伊斯兰世界与西方世界的同步发展。

首先，伊斯兰意识形态影响很大一部分人向西方世界的一切先进的东西学习。《古兰经》在肯定伊斯兰教与犹太教和基督教具有共同的思想渊源的同时，它提出，"犹太教徒和基督教徒都说：'我们是真主的儿子，是他心爱的人。'……"，说他们"以伪乱真，隐讳真理"①，它反对基督教的"三位一体"教义②，反对犹太教"篡改天经"③。在他们看来，《古兰经》是他们极力排斥并谴责犹太教徒和基督教徒的经典根据。经文表明，犹太教和基督教都已背离了一神教的正统信仰，因而不屑于向异教徒学习。不言而喻的是，他们也极力排斥在犹太教基础上建立的希伯来文化和在基督教基础上建立的西方文化。

其次，伊斯兰意识形态成为抗衡西方文化的思想武器。伊斯兰世界能够与西方世界抗衡的，除了一些伊斯兰国家盛产的石油可以作为武器外，可能只有维护他们宗教信仰纯洁的伊斯兰意识形态，以及在伊斯兰意识形态基础上派生的穆斯林兄弟情谊了。伊斯兰世界开展的复兴运动，尤其是有的国家（如利比亚）一度发生的"文化革命"，已在不同程度上冲击了

---

① 《古兰经》，第 5 章第 18 节；第 3 章第 71、78 节。

② 《古兰经》，第 5 章第 73 节说："妄言真主确是三位中的一位的人，确已不信道了"；第 4 章第 174 节说：尔撒"只是真主的使者……你们不要说三位"。

③ 《古兰经》，第 4 章第 46 节说："犹太教徒中有一部分人篡改天经"。

西方的生活方式、意识形态和价值观念；可是，西方文化在不同国家和地区仍有不同程度的影响。在没有更为先进的思想武器与之抗衡的情况下，唯有以伊斯兰意识形态与西方文化相抗衡。在很大一部分穆斯林的民族仇恨与宗教仇恨不断强化的结果，也就极力排斥西方文化，再也没有以前的那种宽容和开放的心境了。在他们的心目中，强化信仰，求助于伊斯兰意识形态，坚持穆斯林兄弟情谊的观念，是从事斗争的最好的思想武器。这就促使一部分穆斯林在现实生活中，以信仰画线，区分敌友。

再次，为保持伊斯兰社会的纯洁，势必要反对非伊斯兰的和反伊斯兰的一切。基于文化、思想、观念的差异，在伊斯兰文化形成时期，坚持以伊斯兰意识形态为标准，筛选、加工、改造外来文化，其结果使得伊斯兰文化获得令人注目的发展；可是，在伊斯兰文化发展的停滞时期，西方世界把伊斯兰世界抛在后面，因而它更加拒绝全盘接受西方的生活方式、意识形态和价值观念，但西方的影响依然存在。为保持伊斯兰社会的纯洁、伊斯兰文化的发展，伊斯兰世界在接受西方科学技术的同时，极力排斥非伊斯兰的和反伊斯兰的一切，是不言而喻的。与一些国家的当政者不同，那些政治反对派和宗教极端主义分子把这一切与他们的盲信盲从、宗教狂热联系起来，就会采取绝对排斥西方的态度，甚至发生以肉体炸弹形式自愿、乐意为"信仰"献身。在普通人看来，这是愚昧之举，而在他们看来，这种"殉道"行为，是忠诚"信仰"的最好表现。

最后，继续坚持"不要东方，也不要西方，只要伊斯兰"的原则。一个几乎被伊斯兰世界普遍接受的观点是，伊斯兰教既是一种哲学、宗教、意识形态，又是一种生活方式、政治制度、经济制度、文化体系、伦理规范。就是说，伊斯兰教包容一切，一切均应纳入伊斯兰教的框架中予以思考、予以对待，决不允许越雷池一步。受到这种观点影响和支配的人，很自然地会以此观察、审视、思考，以此待人、接物、行事。这种观点无疑混淆宗教与政治的界限，很容易把原本是宗教信仰方面的问题，与社会问题、政治问题混为一谈。当然，人们可以不同意他们的观点，但不能因此而否认他们以这种观点对待一切、处理一切。20世纪60—70年代，埃及、阿尔及利亚、巴基斯坦等国家的"社会主义"（或伊斯兰社会主义）和伊朗的"西方化"，都未能取得预想的成功。伊斯兰世界的现实促使很大一部分人群追求的，既非东方又非西方的现代化，而是使传统与现代相结合的，在伊斯兰名义下的现代化，或伊斯兰现代化。

　　伊斯兰文化的发展，并不能保证伊斯兰世界的人们都持有相同的思想和主张。他们会从各自的社会政治、经济地位以及所受的教育和影响出发，一些人向前看的同时，另一些人则缅怀过去，他们怀旧、期望伊斯兰的原旨教义的回归、热衷于中世纪"黄金时代"的再现，向往伊斯兰所宣扬的公正、平等、正义的理想社会。这就是使那些政治反对派和宗教极端主义分子极力鼓吹的社会政治主张仍有相当市场的原因所在。

（刊载于香港《二十一世纪》2002 年第 2 期）

伊斯兰世界与当代政治

第二次世界大战以后，伊斯兰世界的政治风云瞬息万变，伊斯兰教伴随着这种变化，也相应地发生了举世瞩目的发展和变化。伊斯兰教自兴起以来，它与政治的关系就极其密切，在伊斯兰复兴的过程中，它所显现出的政治活力更是令人震惊。在当代世界政治格局转换之际，伊斯兰世界在即将形成的新的政治格局中的地位又如何呢？

一　伊斯兰教与伊斯兰世界

伊斯兰教是伊斯兰世界的传统信仰。在大多数伊斯兰国家中，居民的绝大多数是穆斯林；只有不多的几个国家，由于政治和经济的原因，虽作为伊斯兰国家而活动，但穆斯林在他们的居民中只占少数。

一般地说，不管伊斯兰教是否被伊斯兰国家奉为国教或国家宗教，它在伊斯兰世界各国的意识形态领域内，不是居于统治的地位，就是有着不可忽视的影响。即便是像土耳其这样的最早实行政教分离和世俗主义政策的国家，也在战后开始陆续支持和利用伊斯兰教，作为它实行内外政策的一个重要依据；战后，伊斯兰世界所建立的共和制国家，同样在不同程度上支持和利用伊斯兰教。更不必说那些政教合一的君主制国家了。自20世纪60年代末叶的伊斯兰复兴以来，伊斯兰教在伊斯兰世界的社会、政治、经济、文化和伦理生活中的地位愈来愈重要，这表明战后伊斯兰教的复兴和发展。

事实上，"二战"以前，绝大多数的伊斯兰国家都是西方殖民主义国家的殖民地、托管地或附属国。伊斯兰教同样处于受压抑的境地。它的活动和发展受到极大的遏制。战后，世界范围内风起云涌的民族、民主革命，在伊斯兰世界各国也蓬勃地发展起来。这时，伊斯兰世界的思想主流是民族主义、现代主义和世俗主义。伊斯兰教虽然获得了解放，但它在人们的思想中仍处于隶属地位；社会主义在伊斯兰世界一度极其流行，有着广泛的群众基础，也被一些国家的当政者奉为实行现代化的首选道路或经济政策，这同样在某种程度上削弱了伊斯兰教在穆斯林群众中的影响。可是，随着第三次中东战争的失败，伊斯兰世界中的一部分人，开始对种种非伊斯兰的、被认为是外来的或西方的思想产生怀疑，尤其是 1969 年耶路撒冷东城的阿克萨清真寺被焚，这导致整个伊斯兰世界的愤怒。原来只是作为巴勒斯坦人和以色列人或阿拉伯人同以色列人之间的政治、领土之争，这时转而成为伊斯兰世界的穆斯林与以色列之间的宗教—政治之争。由于穆斯林视耶路撒冷为第三圣地，斗争的宗教因素愈来愈大。

　　在战后的四分之一世纪时间内，大多数国家的伊斯兰教正经历着它的自我复苏和自我调节的过程，以改变战前受压抑的境地；有的国家的教界，则要消除殖民主义时期它留在穆斯林心目中的不良影响，为自身重新树立应有的形象。在这一时期，伊斯兰的教界人士像战前一样，对当政者自上而下进行的法制改革通常采取默认或配合的态度。而法制改革本身是对教界的世袭领地（教法、教育、家庭、婚姻等）的冲击，也是对教界权益的限制。教界有时还为当政者实行国家现代化的种种法令或举措作合法的（即符合教法的）论证并为此发布教令，在观察伊斯兰世界发生的种种问题和事件时，通常可以发现逊尼派教界与十叶派教界因神学主张的不同，处理问题的态度亦不同。逊尼派教界对当政者往往持服从的态度。他们把服从视为某种宗教义务（根据《古兰经》关于服从"你们中的主事人"的经文），因而从不反对或违抗当局的命令，也不谋求取代当政者而染指政权，甘愿处于依附或隶属当政者的地位。60 年代初，纳赛尔的社会主义法令公布后，爱资哈尔的大穆夫提从经训中为这一法令寻求根据、发布教令，并在报刊上专门撰文回答读者的问题即为一例；1964 年，沙特阿拉伯的乌里玛（宗教学者）委员会在废黜无能的前沙特国王，并为主张实施国家现代化的费萨尔的登基发布教令亦为一例。他们如对当政者不满，除了极个别的人外，通常很少以社会行为和政治行为表现出来。他们或是保持沉默或是持温和的批评态度而不愿诉诸暴力。前述的埃及和沙特教界的事例可说明这一点。

十叶派的教界则不同。十叶派神学的基本点在于期待马赫迪或隐遁伊玛目的再世。这决定了它的教士对于当政者的态度绝不单单是服从并处于隶属地位。他们自认为是神法的维护者和阐释者，其基本职责之一就是监督神法的正确实施和全面贯彻，以期待马赫迪的来临。无论他们是当局的合作者，抑或是反对者，都应对当政者起到监督作用；同时，他们作为教徒的仿效者，除了在宗教生活和世俗生活方面起着表率作用外，还应匡正教徒在遵守教法方面的不当。并在新情况下对神法作出新解释。伊朗的大阿亚图拉霍梅尼在十叶派神学上的重要贡献就在于，把那种消极的、遥遥无期的等待马赫迪的来临，转变为积极的、现实的十叶派教士的掌权。从而真正实现了十叶派长期以来所期望的那种神权政体，尽管这种神权政体不是由再世的隐遁伊玛目直接执掌，但在十叶派的一般信徒看来，由教士阶层掌权总比俗人（虽然他也是穆斯林）掌权要好些。这种因神学主张的不同决定了政教关系上教界对当政者的不同态度。反映在伊斯兰世界现实的政治生活中，则是逊尼派的教界不断受到国内的政治反对派的斥责，他们在群众中的声誉有所下降，对此，他们也在做出努力以改变自身的形象；由于伊朗教士阶层的掌权，十叶派的教界在群众中的声誉和影响（包括在逊尼派穆斯林中的声誉和影响）从来也没有像今天这样高过，他们的做法甚至受到逊尼派的一些国家的政治反对派的仿效。

尽管如此，伊斯兰的教界作为一个整体而言，他们经过自我调节，进而达到了自我复苏、自我完善和自我发展，从而有可能在新的政治形势下，去适应伊斯兰世界各国先后兴起的宗教复兴。

二　当代伊斯兰复兴的三股社会潮流

20 世纪 60 年代末叶以来，伊斯兰世界出现的一系列社会现象，可以认为是反映了战后伊斯兰世界在宗教、社会和政治方面发生的巨大变化。西方的新闻界和一些学者把这种"伊斯兰现象"或其中一些重大事件称之为"伊斯兰原教旨主义"，伊斯兰世界本身对这一社会现象的说法也不同。既有接受西方的这一称呼的，也有对此极其反感而称其为"赛莱菲耶"

（意为"遵循祖辈的"）或其他名称的，其中包括"伊斯兰复兴"。人们对这一期间发生的"伊斯兰现象"可以有不同的名称，严格说来，它包含三股相互影响、相互交错而又互不相同的社会潮流。可以说，伊斯兰复兴是这三股社会潮流的总称；分而言之，则指伊斯兰世界民间的宗教复兴运动、以伊斯兰会议组织体现的并由各伊斯兰国家支持的新泛伊斯兰主义，以及主要是各伊斯兰国家的政治反对派所代表的伊斯兰主义。

其一，伊斯兰教的民间复兴。伊斯兰复兴运动是伊斯兰世界自20世纪60年代末叶以来普遍出现的一种社会现象，它实际上首先是宗教的复兴运动。它要复兴的是伊斯兰教。过去那些对宗教生活淡漠、生活已经世俗化的人们，尤其是他们的后辈，开始有了"穆斯林"的自我意识。他们对宗教的热诚和复归，表现为对传统的服装、修饰、语言、作为和生活方式的追求，勤奋于每日的礼拜和其他宗教义务，他们更加关注宗教信仰和精神生活。与此同时，人们把政治、经济、文化、伦理等社会生活各个领域的问题愈来愈多地与伊斯兰教联系起来，谈论起伊斯兰国家、伊斯兰社会、伊斯兰伦理、伊斯兰法制、伊斯兰秩序、伊斯兰银行时津津乐道，他们有着为之实现甚而为之献身的精神；在人们的印象中，社会上的宗教气氛从来没有像今天这样浓郁，而宗教形势也从来没有像今天这样令教界欢欣鼓舞。这一切正是我们所说的伊斯兰教的民间复兴运动。这种宗教复兴恰恰是其他两股社会潮流的群众基础或活动基地。

其二，新泛伊斯兰主义。由加马尔丁·阿富汗尼倡导的泛伊斯兰主义，在"二战"前大致已销声匿迹；泛伊斯兰的活动则受到英国殖民主义者的控制而无所作为。战后，巴基斯坦的穆斯林兄弟会提出召集世界穆斯林大会的倡议，虽得到一些国家的政府、教界和宗教学者的支持，并举行过多次会议，但直到第三次中东战争时，它的发展仍有很大的局限。许多国家的政府对它并不热心。甚至出现以埃及为中心的伊斯兰教大会和以沙特为中心的伊斯兰世界联盟。这两者都打着泛伊斯兰的旗帜，前者强调其民族主义特性，反对建立泛伊斯兰的世界联盟，后者则强调其伊斯兰的特性，反对当时正在蓬勃发展的民族主义。

阿拉伯国家在第三次中东战争的失败，伊斯兰教奉为第三圣地耶路撒冷东城的失陷，无疑对穆斯林在感情上是个沉重的打击，也是伊斯兰世界进行反思和各伊斯兰国家调整内外政策的转机。尤其是上述的 1969 年阿克萨清真寺被焚烧,它使整个伊斯兰世界震惊。随之各国捐弃前嫌、聚集一堂、商讨对策。以前仅仅被认为是巴勒斯坦人同以色列人,或阿拉伯人同以色列人之间的政治、领土之争,这时却因清真寺事件而使斗争具有了宗教的因素,由阿以之间的政治斗争变成了伊斯兰世界为夺回圣地而进行的宗教—政治斗争。继 1969 年 25 个伊斯兰国家首脑的拉巴特会议后,1971 年正式建立的伊斯兰会议组织,成为新泛伊斯兰主义的载体。这是一个伊斯兰国家间的世界性联盟和伊斯兰国际,受到各国政府的支持,迄今已有 47 个成员国。① 此前建立的穆斯林世界大会和伊斯兰世界联盟,则成为它的两个最大的民间团体。新泛伊斯兰主义正是通过官方自上而下和民间自下而上的相互配合、相互协调的活动,在伊斯兰世界内外政治的、经济的、社会的、文化的和宗教的各个方面发挥它的影响和作用。

新泛伊斯兰主义是泛伊斯兰主义在新的社会条件下的延续和发展,但又有着重要的区别。首先,它在政治上强调伊斯兰世界的团结、协作和统一,反对帝国主义、犹太复国主义和种族主义,以替代过去的恢复或重建传统的哈里发制度的政治主张;其次,它既有来自各伊斯兰国家政府的支持,又有着教界和穆斯林群众的广泛基础,泛伊斯兰主义却是教界、知识阶层中少数人的主张而缺乏应有的群众基础;再次,它对世界各国伊斯兰事业的积极支持以及它的宣教性质,这同样是泛伊斯兰主义所没有的;最后,新泛伊斯兰主义有着雄厚的经济基础并有着几个常设的活动中心,这也是不同于泛伊斯兰主义的。

其三,伊斯兰主义。这里讨论的伊斯兰主义,与民间以复兴伊斯兰教为目的的复兴运动以及在伊斯兰的旗帜下各国政府从事的宗教—政治活动不同,伊斯兰主义是某些国家当政者推行伊斯兰化、输出伊斯兰革命,以及各国的政治反对派为攫取政权、实现社会的伊斯兰化、建立伊斯兰教法统治的"伊斯兰国家"的一种政治主张。伊斯兰主义者为实现此种政治主张,则相应地从事种种社会、政治活动,其中包括各种暴力和恐怖活动;一旦他们取得了政权,输出其政治主张则是不可避免的。

---

① 21 世纪初,已有 57 个国家参加其活动,该组织于 2011 年 6 月更名为"伊斯兰合作组织"。

　　伊斯兰世界的大量事件表明，向伊斯兰的原旨教义复归，是一种最具有吸引力的召唤。这种"托古"的真正目的在于"改制"，即改变战后伊斯兰国家在社会、政治、经济、文化等方面被认为是背离传统信仰的种种做法。这包括屈从于西方或东方的大国势力。采取外来的社会或经济模式，以及各种不符合伊斯兰教法的意识形态、生活方式、伦理规范和社会行为，"不要东方，也不要西方，只要伊斯兰"是伊斯兰主义的最具代表性的口号。在伊斯兰主义者看来，要改变一切不符合正统信仰的做法，唯有建立名副其实的伊斯兰政府以实行伊斯兰的教法统治。很明显，"改制"的要害是国家权力归谁执掌的问题。所以可以说，伊斯兰主义在本质上就是伊斯兰法治主义，就是实行伊斯兰的教法统治，实现社会的伊斯兰化。

　　作为政治反对派，伊斯兰主义者为了实现它的政治主张，在伊斯兰复兴过程中，它或是采取合法的、公开的群众斗争形式，或是采取非法的、秘密的小社团的斗争形式。1979 年前，伊朗的政治反对派，以教士阶层为核心，采取了群众斗争的形式从事活动，它的"伊斯兰革命"的胜利，是政治反对派在国内夺取政权、建立起实行教法统治的"伊斯兰国家"并实现社会伊斯兰化的一个例证。伊朗的教士阶层从此由政治反对派转成为当政者。埃及的政治反对派则以各种秘密的伊斯兰组织的形式出现，其激进主义的政治主张和极端主义甚而是恐怖主义的活动，同样是以实现伊斯兰法治为目的的。与伊朗的十叶派教士阶层直接从事斗争并取得政权不同，在逊尼派的伊斯兰国家中，它的政治反对派往往是在伊斯兰旗帜下从事活动的宗教—政治性的或政治性的社团组织。他们的首领往往是没有教职的俗人，即普通的穆斯林，而不是教界人士。因此，他们所要建立的伊斯兰国家也就不可能是像伊朗那样的，由教士阶层或由教法学家来实行统治的神权国家。① 因为他们本身没有神权或教职；即便是他们取得了政权，至多也不过是由他们自身出任的、有着浓厚宗教色彩的（或实行伊斯兰教法统治的）世俗国家。事实上，到目前为止，逊尼派的伊斯兰国家的政治反对派更多的是从事种种蛊惑人心的宣传活动，不时地从事极端的和破坏的

---

　　① 1996 年 9 月，阿富汗塔利班夺取政权，建立起伊斯兰政法统治的伊斯兰政权。塔利班的首领奥马尔出身于伊斯兰学校，后做阿訇，可以认为这是逊尼派伊斯兰教在实践中的发展。

活动，距离夺取国家政权还相差甚远。但其破坏作用不可低估。

总之，伊斯兰世界的这三股潮流虽然都是在伊斯兰的旗帜下，以普通穆斯林为其社会基础或活动市场的，但是它们各有其不同的组织形式和表现形式，各有其不同的宗教、政治主张。把伊斯兰世界宗教的、宗教—政治性的以及政治的活动予以具体的区分，正如把伊斯兰教界作出具体区分，分别讨论十叶派的教界和逊尼派的教界与政治的关系，而不笼统地讨论政教关系，这有助于我们把握伊斯兰世界发生的各种社会现象和问题。

三　伊斯兰世界与政治格局

东欧剧变、苏联解体，美苏两霸争夺的政治格局于 20 世纪 90 年代初正式结束。在过去，伊斯兰世界实际上是美苏争夺最重要的地区之一；伊斯兰国家因各自的利害冲突而在争夺中处于分裂的状态。在当今新旧格局转换之机，伊斯兰世界能否成为新的多极格局中的一极呢？

首先，伊斯兰世界的 10 亿左右人口有着统一的伊斯兰信仰，这可以作为他们行动的强大的精神武器。伊斯兰教作为一种政治性的宗教，其政治活力在伊斯兰复兴过程中，在伊斯兰世界发生的一系列重大政治事件中，已经充分地体现出来；它无论是在一国，或是在一地，对穆斯林所能产生的巨大召唤力，更是众人皆知的。尤其是它的政治活力的体现者，并不限于教界，只要是在伊斯兰的旗帜下，有的穆斯林即可为之冲锋陷阵、为之献身，这正是它的力量所在。

其次，它所处的地理位置，具有极其重要的战略意义。世界上重要的海峡和国际航道，不少是处在伊斯兰世界的范围之内，或是在它的边缘地区，便于它的控制和施加影响。同样的，中东地区作为国际争夺的热点就在它的范围之内。这一地区历来是兵家必争之地。历史上，该地区曾发生过大大小小无数次的战争，战后一直是国际争夺的对象。这里先后爆发的四次中东战争、两伊战争、海湾战争和其他战争，其参加者并不限于当地的国家和民族，有的战争美、英、法直接出兵参战，可见这一地区具有的重要地位。

再次，它有着丰富的石油和其他矿产资源，以及由此而获得的巨额石油美元，决定了人们不能低估它在国际斗争中的重大作用。例如1956年、1967年和1973年三次中东战争中，沙特阿拉伯出于穆斯林兄弟情谊和宗教情感而实行的石油禁运，尤其是1973年阿拉伯石油输出国的石油禁运，对西方世界的政治、经济的巨大打击，就可看出它的石油武器的威力。这仅仅是在国际斗争中，它的宗教—政治因素在起作用的一个最好的例证。

最后，由于伊斯兰会议组织的建立，它有可能在国际重大政治问题上与其他国家集团相抗衡，并采取统一立场和统一行动以体现它的整体实力。伊斯兰会议组织历次会议的决议和政治声明，对其成员国究竟在多大的程度上具有约束力这一点目前还不大清楚，但在道义上具有约束力则是可以肯定的。同样的，它在涉及穆斯林的权益和伊斯兰教的问题上，会有共同的立场和态度也是可以肯定的。这正是伊斯兰世界所需要的。

以上几点，可能是伊斯兰世界在今后的多极政治格局中得以成为一极的基本因素。

然而，事物的发展也会有它的不可能性的一面。就伊斯兰世界而言，它在世界政治的多极格局中不可能占有一极的地位的原因也是极其明显的。伊斯兰世界各国内部存在的阶级、民族、教派，以至于部落之间的矛盾和冲突，伊斯兰国家之间的民族利益、领土纠纷和利害冲突，当前伊斯兰国家内部的战争以及国家之间不时爆发的战争，等等，从总体上来说，伊斯兰世界的一些国家在社会经济的发展上，仍是相当落后的，还得依靠西方或东方大国，这不能说不是个致命的弱点。由于历史的原因，战后的一些伊斯兰国家在政治上依附于西方或东方大国，有的迄今仍是某一政治—军事盟约组织的成员国；不少伊斯兰国家在重大政治事件中，因利害冲突或其他原因，反复无常，不断变更立场，今日结盟为友，明天可能反目成仇，这同样会影响它的整体实力。自伊斯兰复兴以来，伊斯兰世界出现的三股潮流难以汇合、统一为一股力量，这也是伊斯兰世界无法发挥更大的作用的原因所在。尽管作为群众性的宗教复兴运动可以得到各伊斯兰国家的支持，受益于伊斯兰会议组织的支持，以及各国的政治反对派对伊斯兰复兴运动的参与和支持。反过来，这些群众又会成为新泛伊斯兰主义的和各国政府的各项活动的社会基础，同时，他们也会成为政治反对派的某些活动的基础；尽管各国的政治反对派也会在一定的程度上支持新泛伊斯兰主义发展并强化伊斯兰教的各种措施和做法，但是，在逊尼派地区的各国政府与它们的政治反对派的关系却是难以调和的，而十叶派的伊朗在建立伊斯兰教法统治的国家后，输出革命并支持各国的政治反对派，受到大多数逊尼派国家的抵制，对伊斯兰世界发挥其整体实力也是不利的。这一切可能正是伊斯兰世界无法在当代政治格局中形成为一极的一些重要因素。

　　但不管怎么说，在当代国际的政治生活中，人们不应忽视伊斯兰世界的综合实力。过高地或过低地估计它的力量，显然都是不妥的。如何恰当地作出客观的估计，有待于占有更丰富的资料和更深入的研究，恕本文从略。

（刊载于《战略与管理》1994 年第 4 期）

当前国际政治格局演变中的伊斯兰问题

　　20 世纪 80 年代末 90 年代初，东欧剧变、德国统一、苏联解体、冷战结束。两极格局不复存在，国际政治向多极化演变。冷战时期，伊斯兰问题已受到世人的普遍关注；在国际政治格局演变过程中，特别是"9·11"恐怖袭击事件以来，当今世界发生的一系列重大事件，或多或少地与伊斯兰问题有关，这使得伊斯兰问题更加凸显出来。伊斯兰问题，是个既涉及宗教——伊斯兰教，也涉及那些与伊斯兰教有关而非宗教的问题，或者说，涉及与宗教有关的某些政治问题，但它又不是什么宗教问题。限于篇幅，这里仅就有关伊斯兰世界革命、伊斯兰极端势力的恐怖活动、建立地区性"伊斯兰国家"的政治主张等问题，进行探讨。这些问题既相互关联，又相对独立。因此，有必要重视伊斯兰问题。

一　关于伊斯兰世界革命问题

　　20 世纪 70 年代末叶，伊朗的"伊斯兰革命"成功。霍梅尼（ 1902—1989）明确提出"不要东方，也不要西方，只要伊斯兰"；伊朗的其他宗教界人士与他一起，反复强调"伊斯兰革命"并积极输出革命。霍梅尼宣布："我们将输出我们的革命到整个世界，直到'万物非主，唯有真主'的呼声响遍全世界，那将是场斗争。"[1] 输出革命的主旨在于推广伊朗的革命经验和价值。这对推动当时及其后的伊斯兰复兴运动的走向，对穆斯林（无论是十叶派，还是逊尼派）产生的影响、对伊斯兰世界的宗教极端势力所起的鼓舞作用，做何估计，都不为过。

---

　　① 拉宾·赖特：《神圣的狂热》，纽约，1985 年，第 27 页。

1989 年霍梅尼去世。伊朗伊斯兰政府公布了他的"最终遗嘱"——《伊斯兰革命的篇章》。在"最终遗嘱"中，霍梅尼明确提出：

> 我的政治宗教的遗嘱不仅仅是写给伊朗人民的，而且是对所有穆斯林人民以及全世界被压迫人民的，而且是对所有穆斯林人民以及全世界被压迫人民的忠告，无论他们的国籍和教义是什么。

> 我号召其他穆斯林民族，以伊斯兰政府、以伊朗的奋斗着的人为榜样，倘若你们残酷无情的政府不听从人民的要求，那么就推翻它们。

> 你们这些世界上被压迫大众，你们这些穆斯林国家的人民，站起来，拼命去争取你们应当得到的权益，对抗超级大国的腐化的宣传，驱逐那些把你们的劳动果实送给你们和伊斯兰敌人的罪恶执政者，……要实现这一决心，意味着打倒世界上所有的横暴者，帮助被压迫大众成为你们土地的领导者和继承者。①

霍梅尼号召"全世界被压迫人民"夺取政权，目的在于实现他在"最终遗嘱"中所说的"伊斯兰革命"。这场革命，也就是以后人们所说的"伊斯兰世界革命"。

20 世纪 90 年代以来，本·拉登在反美、反以、反对伊斯兰世界不同类型的政权（从沙特的君主制到埃及的共和制，直至伊拉克萨达姆的"无神论政权"）等问题上，同霍梅尼有着相同的思想主张。90 年代下半叶，本·拉登重整旗鼓，再次经营阿富汗抗苏战争时期建立的训练营地；"基地"组织也在陆续接待和收留来自伊斯兰世界各国的极端分子和恐怖分子（其中不少人是不同国家的通缉逃犯）。

1997 年 3 月和 1998 年 5 月，本·拉登在"基地"先后接见美国有线新闻网记者彼得·阿内特和全美广播公司记者约翰·米勒。在答记者问中，他的整个谈话精神，不仅在内容上极其雷同于霍梅尼"最终遗嘱"的内容，而且在鼓吹"伊斯兰世界革命"方面，显得更为激进。他说：

---

① 霍梅尼：《伊斯兰革命的篇章》，香港穆斯林布道会出版 1990 年版，第 11，22，53 页。

真主要求我们以这个宗教来清除不信者和净化穆斯林世界，特别是在阿拉伯半岛。

我信奉真主，这包括推行圣战以传播真主的教义，同时把美国人从所有穆斯林的土地上赶出去。

在我们的宗教里，我们相信真主缔造我们是为了让我们去信仰他。真主缔造我们并以这个宗教赐福我们，他命令我们去执行圣战是为了把真主的神谕传递给那些不信的人。①

在伊斯兰极端势力那里，提出"伊斯兰世界革命"问题，不过是实现他们的政治企图的前奏。事实上，有关"伊斯兰世界革命"的论调，早在霍梅尼写下他的"'万物非主，惟有真主'的呼声响遍全世界"的"最终遗嘱"之前、在本·拉登"以这个宗教来清除不信者和净化穆斯林世界"、"把真主的神谕传递给那些不信的人"的答记者问之前，赛义德·库特布在《路标》中，已经向伊斯兰极端势力发出了"解放全人类"的号召。作为埃及穆斯林兄弟会的领袖之一和它的理论家，赛义德·库特布（赛义德·古图布）因穆斯林兄弟会在亚历山大暗杀纳赛尔总统未遂，而于1954年被捕入狱。在狱中，他完成了《路标》的写作。后来，他被保释出狱就医。出狱不久，他又涉嫌参与颠覆埃及政府的密谋被捕，1966年被处决。纳赛尔时期，作为禁书，《路标》的影响不大。1970年，萨达特总统当政后，该书获得了流传。在整个70年代，特别是80年代，埃及以及其他伊斯兰国家发生的恐怖活动，都不过是在实践赛义德·库特布的理想，妄图通过恐怖手段，颠覆政权，达到建立伊斯兰教法统治的伊斯兰国家、伊斯兰制度的目的。赛义德·库特布在《路标》中提出：

伊斯兰不是解放阿拉伯人的宣言！它的使命也不仅仅是面向阿拉伯人的！它的命题是人，是整个人类，它的领域是大地，是整个地球；

---

① 王伟等：《隐身大亨本·拉登》，长春出版社1999年版，第61、62、65页。

伊斯兰传播的实质，它的目标就是"伊斯兰化"；

谁接受了我们的宗教，我们就接受谁为我们的兄弟……谁拒绝接受它，我们就与他开战，直到战死疆场而升入天堂或者通向胜利；

伊斯兰有权摧毁其前进道路上的一切障碍……伊斯兰有权先发制敌，采取行动。因为伊斯兰不是某个民族的信仰，某个国家的制度；而是一条来自安拉的天启道路，全世界的制度；

伊斯兰不仅仅是一种把它的信仰通过宣讲方式传达给人们就满足的单纯信仰，而是一种体现在有组织的运动体之中的行动起来解放全人类的道路。[1]

总之，霍梅尼、本·拉登和赛义德·库特布所鼓吹的所谓"伊斯兰世界革命"，不仅仅是针对国内的非伊斯兰政权（不管它是君主制的，还是共和制的），反对外部的美以对伊斯兰领土的侵略和占领、反对那些支持美以的外来势力，还包括他们所说的"打倒世界上所有的横暴者"、"清除不信者"、"把真主的神谕传递给那些不信的人"、"伊斯兰化"、"解放全人类"，如此等等。在正常人看来，这不过是某种呓语或狂想；可是，它却是当今伊斯兰极端势力乐意为之奋斗、献身和牺牲的指导思想。

二　关于伊斯兰极端势力的恐怖活动问题

我们不能设想伊斯兰极端势力已经有了"世界革命"的一个总体战略，一个总体部署，但我们也不能低估伊斯兰极端势力的智商和"基地"组织的活动和组织能力。

20世纪80年代下半叶，以哈桑·图拉比为首的苏丹穆斯林兄弟会[2]，先后利用并通过1985年和1989年两次军事政变的时机，在国内得势，哈桑·图拉比成为新政权的精神领袖。他在伊朗伊斯兰政权的支持和本·拉登的配合下，于1991年、1993年、1995年在喀土穆召开"阿拉伯伊斯兰

---

① 赛义德·古图布:《路标》（丁星译），无出版社，无出版日期，第56、73、74页等。
② 后更名为伊斯兰民族阵线。

人民会议"。参加会议的代表分别隶属各伊斯兰国家的政治反对派的头面人物，或是一些激进的或极端的组织代表。第二次会议有五十多个国家五百余名代表出席，第三次会议有八十多个国家五百多名代表赴会。可能是由于 1996 年中叶本·拉登被迫离开苏丹，1997 年的第四次会议未能如期举行。可以认为，这三次聚会，对联络、组织、动员、激励当时和以后各国的伊斯兰极端势力和政治反对派的力量方面，具有划时代的意义。1998年 2 月，本·拉登与埃及、巴基斯坦和孟加拉国的宗教极端组织头目的聚会、创立"伊斯兰反犹太人和十字军国际阵线"（即"基地"组织），使伊斯兰极端势力有着统一、集中的领导，更为明确、具体的目标；同年 5月，从该国际阵线中派生出"伊斯兰圣战解放军"，随后美国驻东非的两座大使馆和它在也门亚丁港的军舰，就受到爆炸袭击。

本·拉登把一切恐怖活动都纳入"圣战"的范围。他说："这个宗教的中心是圣战。"①赛义德·库特布更为直截了当地说："伊斯兰就其本质而言，本身就具有进行圣战的理由，这一理由就在于它那解放人类的总宣言……这个本质性的理由始终是成立的，即就是没有对伊斯兰领土和穆斯林居民进行侵犯的威胁也罢!"②可见，伊斯兰极端势力所主张或实现的"伊斯兰世界革命"，根本不需要什么理由就可以进行。只要它有了"解放人类的总宣言"、有了"伊斯兰世界革命"的这个想法，就可以应用"圣战"手段去实现它的"世界革命"。

当然，伊斯兰世界当前发生的错综复杂的大小事件，不能把它一股脑儿都归咎于"伊斯兰世界革命"，把参与这些活动的人都归为伊斯兰极端势力，把所有事件都算在恐怖活动的账上。例如 2003 年以美国为首的联军入侵伊拉克以来出现的抗美武装力量，目前已发展为 20000 人。③ 他们以不同形式反抗外来侵略者、占领者。他们的活动完全是出于民族义愤和民族尊严所进行的正义斗争。应该认为，它完全有别于在伊拉克进行反美的恐怖活动，更不能把这些抗美武装力量与伊斯兰极端势力混为一谈。对

① 王伟等：《隐身大亨本·拉登》，长春出版社 1999 年版，第 51 页。
② 赛义德·古图布：《路标》（丁星译），第 69 页。
③ 《北京晨报》，2004 年 10 月 23 日报道："伊反美武装超出预想"。

当前伊拉克发生的种种事件，应予具体分析，不可胡子眉毛一把抓。

就伊斯兰极端势力而言，他们完全是按照霍梅尼、本·拉登和赛义德·库特布的说教在行动的。20世纪90年代以来，"基地"组织的频繁活动，都是在"圣战"的名义下进行的。他们不仅活跃在阿富汗、巴基斯坦、也门、索马里、塔吉克斯坦、埃及、沙特阿拉伯、阿尔及利亚、黎巴嫩、印度尼西亚等伊斯兰国家，而且在那些并非伊斯兰国家而穆斯林却又相对聚居的地区，如克什米尔、波黑、车臣、科索沃、菲律宾等，也能看到他们的踪迹。

进入21世纪，尤其是"9·11"恐怖袭击事件以来的短短3年中，以"基地"组织为代表的宗教极端势力，完全是在"圣战"名义下从事恐怖活动的。据不完全统计，仅仅死伤在百人以上的恐怖事件，就有25起（这里，并不包括百人以下的、日有所闻的恐怖事件）。如果对这些恐怖事件做一具体考察、分析的话，可以清楚地看出，它们没有什么以经济（通过绑架人质的手段，勒索巨额赎金）为直接目的的（在这方面，以菲律宾的阿布·沙耶夫集团最具代表性）事件。这些恐怖事件，攻击目标有所不同，究其性质来说，全是政治性的。

其中，针对美国，或是支持美国对伊拉克的非法入侵和占领的盟国（如澳大利亚、西班牙、英国等）的，有9起。它涉及分别发生在沙特的利雅得（2起）、摩洛哥的卡萨布兰卡（1起）、印度尼西亚的巴厘岛（1起）和雅加达（2起）、西班牙的马德里（1起）、菲律宾的三宝颜和马尼拉（1起）、土耳其的伊斯坦布尔（1起）等地。从事这些恐怖袭击的，则是分散在各地的"基地"组织或是与"基地"组织有关的恐怖组织的成员。

发生在土耳其的伊斯坦布尔（1起）和埃及的塔巴（1起）的恐怖袭击，是针对着侵占巴勒斯坦领土的以色列的。

发生在印度的孟买（1起）和巴基斯坦的卡拉奇（1起）的恐怖袭击，可能与当地的民族、宗教冲突有关。

至于在伊拉克的4起恐怖事件中，纳杰夫、巴格达和卡尔巴拉各1起，恐怖袭击的目标都是十叶派的清真寺，可能与"基地"组织有关，而在巴士拉（1起）的恐怖袭击则是针对与美国占领者有关联的警察局的。

如前所述，对于在伊拉克发生的其他袭击应予专门讨论（这里从略）。

值得注意的是，俄罗斯车臣恐怖分子分别在达吉斯坦（1起）、莫斯科（1起）、车臣（4起）和北奥塞梯（2起）制造的8起恐怖事件。其中，2004年9月北奥塞梯别斯兰第一中学的恐怖事件，是"9·11"以后最为严重的一次。它造成335人死亡，700余人受伤。车臣的恐怖分子（包括那些"黑寡妇"）在从事恐怖活动时，并没有直接打出宗教的旗号，但它具有宗教背景、利用宗教名义从境外觅钱。土耳其、卡塔尔和沙特阿拉伯是它的重要财源地，"马斯哈多夫委托其亲信乌杜戈夫，打着庆祝穆斯林节日的幌子四处筹款。"①当前，车臣已成为国际伊斯兰极端势力的聚集地。约有500—800名阿拉伯武装恐怖分子参加了车臣战争或恐怖活动。2000年，约旦籍的"圣战者"阿布·贾拉勒在车臣被俄军抓获。以后，他被遣返原籍，并被判20年监禁。"他回忆说，1987年，他在一次清真寺聚礼上听一位长老宣讲说，伊斯兰的土地阿富汗正遭受着异教徒的占领和蹂躏，参加'圣战'是每个穆斯林的责任。受到这番鼓动，20岁的贾拉勒和姐夫一起去阿富汗参加了'圣战'，1989年，苏联撤出阿富汗。贾拉勒本想回家，这时，他遇上了一个名叫阿卜杜拉赫曼·哈塔卜的约旦籍'圣战者'。此人正在招募阿拉伯雇佣军去车臣战斗。在这个同乡的蛊惑下，贾拉勒和另外40多名武装分子一起，辗转来到车臣。在车臣的阿拉伯武装分子可以分为两代：第一代武装分子是经过了阿富汗抗苏战争以及波黑战争后，在90年代初进入车臣的，这些人大多是激进的伊斯兰原教旨主义分子，鼓吹'圣战'。第二代武装分子是2002年阿富汗塔利班政权倒台后进入车臣地区的。他们大多是'圣战'组织或塔利班'外籍军团'的成员。"② 这就是说，车臣问题决不单纯是俄罗斯的内部问题。参与北奥塞梯别斯兰第一中学绑架人质恐怖事件的绑匪中，除车臣、印古什、奥塞梯和俄罗斯人外，还有外籍的伊斯兰极端分子（其中，有10名阿拉伯人和1名黑人）。可见，车臣问题有国际恐怖主义背景和"基地"组织的插手；同时，车臣恐怖分子也妄图使车臣问题国际化。

---

① 俄罗斯《共青团真理报》2004年9月8日报道："谁为恐怖袭击埋单？"

② 《环球时报》2004年9月20日高原报道："车臣有一批阿拉伯雇佣军"。

　　就当前的伊斯兰极端势力来说，他们可能有这样那样的原因或理由从事恐怖活动，但可以大致归为一个总的目标，即实施他们的"世界革命"。摩洛哥"萨拉菲运动"的领袖阿布说的一句话，是对这一系列恐怖活动的最明确的注释。他说："'圣战全球化'的时刻已经来临。"①就是说，当前伊斯兰极端势力正是把从事暴力恐怖活动视为"圣战"最为重要的、首选的手段予以认真执行的，也是他们为实现"世界革命"的基本手段。

　　就伊斯兰极端势力来说，大致可以分为3种类型。一是宣教鼓动型极端势力。它主要是通过宣教鼓动，传播它的极端主义的思想主张。这批宗教极端势力并不直接从事或很少亲自从事罪恶活动，但它却是其他类型宗教极端势力从事罪恶活动的精神支柱和活的灵魂，甚至是种种阴谋的真正策划者、暴力恐怖活动或民族分裂阴谋计划的制订者、鼓吹者。上述约旦籍20岁的贾拉勒，就是在参加清真寺聚礼时听到"一位长老宣讲"，"参加'圣战'是每个穆斯林的责任"后，成为"圣战者"的。在巴基斯坦，被好几个伊斯兰社团视为宗教领袖的高级教士尚扎伊。在"9·11"恐怖袭击事件后不久，曾率领一个由教士和情报官员组成的代表团前往阿富汗，在与奥马尔单独会谈中，承诺巴基斯坦的教职人员支持塔利班政权。美国在反恐名义下发动阿富汗战争后，他一直呼吁对美国发动"圣战"。他所在的教派曾"向阿富汗塔利班输出了数千名战斗人员，他的不少学生还是塔利班政权的重要成员。"②又如印度尼西亚的"伊斯兰组织"（有的译称"伊斯兰祈祷团"或"伊斯兰团"）的精神领袖阿布·巴希尔承认，"在他的课程里确有'圣战'课程，但这只是'信仰'的课程，至于学生以后是否从事爆炸活动与他无关"，他认为"美国政府一开始就是伊斯兰教的敌人"，因此，"他支持'基地'组织的行动。"③可见，鼓动他人去"参加'圣战'"的约旦"长老"、巴基斯坦的尚扎伊、印度尼西亚的阿布·巴希尔等这样有宗教身份的人，他们本身并没有履行参加"圣战"的"责任"。这表明他们属于那种专门从事宣教鼓动的极端势力。

---

① 《环球时报》2003年5月19日任毓骏报道："卡萨布兰卡炸得惨"。
② 《北京晨报》2004年5月31日"晨报档案"。
③ 《环球时报》2002年10月17日李亚丽报道："印尼教士与拉登齐名"。

二是暴力恐怖型极端势力。这股极端势力不过是极端的思想主张、阴谋计划的执行者，以其实际行动体现其极端主义，使极端主义得以现实化和物质化。他们虽然主要从事的是暴力恐怖活动，为达到其政治目的，在必要的时候也可能会从事某些宣教鼓动工作，但这完全是为它的暴力恐怖活动服务的。从上述 25 起恐怖事件中，可以明显地看到，该类型中的成员都是十足的职业杀手、雇佣军和亡命徒。他们在恐怖袭击身亡后甚至被某些人奉为"烈士"，但这并不能改变他们杀人嗜血的本性。

三是民族分裂型极端势力。它同样是极端的思想主张、阴谋计划的实施者。从事的主要是分裂国家、分裂民族的活动。根据需要，这股极端势力也会以暴力恐怖手段以求达到分裂的目的。上述俄罗斯发生的 8 起恐怖事件，都与车臣恐怖分子的分裂活动有关。至于在这股极端势力的心目中，究竟要建立什么样的国家，是伊斯兰的还是世俗主义的国家，目前还没有实例可资考察。就车臣恐怖分子的民族分裂活动来说，如果它一旦达到分裂目的的话，有的认为它拟"建立一个跨越整个北高加索的地区的伊斯兰帝国"，有的人认为它拟"实现建立一个横跨车臣、印古什和北奥塞梯的伊斯兰共和国这一目标"[①]。就菲律宾的阿布沙耶夫集团来说，如果它达到分裂目的的话，所拟建立的则是它所宣称的伊斯兰教法统治的"伊斯兰国家"、伊斯兰制度。

笼统地说，这三种不同类型的宗教极端势力的任何活动，都是在宗教名义下体现其极端主义的特征；分别地说，它们又各有所司、各司其职。实际上，它们可能有着并不十分严格的、不成文的内部分工。在有些国家（或地区）的宗教极端势力可能只有两种类型（即宣教鼓动型和暴力恐怖型的极端势力），二者是合一的；在另一些国家（或地区）这三种类型的极端势力可能都存在，因而显现为宗教极端势力的三位一体。

三　关于建立地区性"伊斯兰国家"的政治主张问题

根据马克思主义的基本观点，革命的根本问题是政权问题。"伊斯兰

---

① 英国《星期日电讯报》，2004 年 9 月 5 日文章："残酷的叛乱分子梦想建立一个伊斯兰帝国"。

世界革命"也不例外。霍梅尼认识到夺取并执掌政权的极端重要性，但在如何夺取政权问题上，仅仅一般性地提出"推翻"那些"残酷无情的政府"和"罪恶执政者"。本·拉登在这方面前进了一步。他明确提出：取得政权的基本手段是"推行圣战"、"执行圣战"，因为"这个宗教的中心是圣战"，更不必说赛义德·库特布的"伊斯兰就其本质而言，本身就具有进行圣战的理由，这一理由就在于它那解放人类的总宣言"的说法了。

事实上，自从伊朗"伊斯兰革命"胜利以来，伊斯兰世界在取得并执掌国家最高权力方面，已经提供了四种基本模式。即：

其一，伊朗的模式。在宗教领袖的鼓动下，获得教界的普遍支持，通过 1978 年以及 1979 年年初的群众运动，自下而上地夺取政权，从而建立伊斯兰政权，推行伊斯兰教法的统治；

其二，苏丹的模式。宗教极端势力利用 1985 年和 1989 年的两次军事政变，在国家政治生活中获得重要地位。它的头目哈桑·图拉比成为苏丹的精神领袖，对国家实施伊斯兰教法统治；

其三，阿富汗的模式。通过抗苏战争形式，"圣战者"组织不断壮大力量最终取得政权，先是"圣战者"建立伊斯兰教法统治的政权，后是塔利班对国家实施伊斯兰教法的统治；

其四，土耳其的模式。通过大选的合法手段，谋取议会多数或相对多数席位，组阁执政。土耳其埃尔巴坎的繁荣党以及其后由繁荣党更名的道德党（美德党，以埃尔德安为首）提供了成功的经验。阿尔及利亚在这方面提供了失败的教训。尽管繁荣党和道德党并不能直接实施伊斯兰教法统治，但它的伊斯兰倾向，为伊斯兰极端势力演示了以合法手段掌权的实例。

这些伊斯兰政权的最终命运如何，是成功还是失败，已居于次要地位。重要的是，这里提供的模式，对当前的伊斯兰极端势力从事的"世界革命"、谋取政权，是否具有借鉴意义，值得人们深思。

以前，那种只考虑在某个国家内部建立伊斯兰国家、伊斯兰制度的设想，随着伊斯兰极端分子跨国家、跨地区恐怖活动的开展，一个值得注意的动向是，在世纪之交，特别是本世纪以来的短短数年中，已被建立地区性"伊斯兰国家"的政治主张所替代。

　　例如，印尼"伊斯兰组织"（"伊斯兰祈祷团"、"伊斯兰团"）的精神领袖阿布·巴希尔提出了建立东南亚统一的伊斯兰国家的政治主张。这已成为当地一些宗教极端组织的行动目标。印尼的"伊斯兰组织"已与菲律宾的摩洛伊斯兰解放阵线、泰国南部的穆斯林分离组织的骨干经常秘密会谈，商讨建立包括印度尼西亚、马来西亚、新加坡、泰国南部、菲律宾南部和文莱等东南亚六国广大的伊斯兰地区的"伊斯兰国家"。[①]

　　克什米尔的宗教极端组织"曾讨论过建立一个跨克什米尔、巴基斯坦、阿富汗、伊朗和中亚的伊斯兰政权的可能性"。2002 年 2 月，巴基斯坦伊斯兰促进会的头目卡兹·胡塞因·阿赫麦德在拉瓦尔品第的克什米尔团节日上讲话中提出，"一个从克什米尔到中亚的伟大的伊斯兰国家将在克什米尔独立之后出现。"[②]即使当前克什米尔的宗教极端组织还来不及具体实施这一设想，还在争取克什米尔的独立或从印度的治理下解放出来，但这一设想毕竟反映了南亚地区伊斯兰极端势力的基本设想，即建立独立的地区性"伊斯兰国家"。

　　在巴基斯坦还有另一些泛伊斯兰组织，包括与"基地"组织有联系的圣战者运动（HUM）、伊斯兰圣战运动（HUJI）、穆罕默德之军（JEM）和信徒之军（LET）等。它们的"目标是要'解放'全印度的穆斯林，最终是要在南亚建立一个伊斯兰王国。"[③]

　　此外，塞尔维亚和黑山共和国的陆军上校斯托亚诺维奇说："我们获悉，'基地'组织在科索沃以及阿尔巴尼亚北部建有据点……并且他们在马其顿西部地区活动频繁"，"这一地区的穆斯林极端分子的战略目标是在巴尔干半岛建立一个伊斯兰国家。"[④]

　　目前，俄罗斯有 4300 万穆斯林，主要分布在高加索地区。车臣的恐怖分子与达吉斯坦的宗教极端分子在 1998 年已妄图在高加索"建立统一

① 《环球时报》2002 年 10 月 17 日李亚丽报道：《印尼教士与拉登齐名》；日本《朝日新闻》2002 年 10 月 23 日报道：《东南亚恐怖组织揭秘》。

② 《国际恐怖主义和宗教极端主义对中亚和南亚的挑战国际研讨会》论文集：《中亚和南亚的恐怖主义和宗教极端主义》，杨恕译，兰州大学出版社 2003 年版，第 29 页。

③ 同上书，第 139 页。

④ 美联社贝尔格莱德 2004 年 2 月 1 日电：《传"基地"欲在巴尔干半岛建国》。

的车臣—达吉斯坦伊斯兰国家。"①在北奥塞梯别斯兰绑匪恐怖事件发生后，舆论普遍认为它的最终目的是梦想"建立一个跨越整个北高加索地区的伊斯兰帝国"，有的人认为它为"实现建立一个横跨车臣、印古什和北奥塞梯的伊斯兰共和国这一目标"，正如车臣恐怖分子头目巴萨耶夫公开叫嚣的，他的任务是要"解放整个高加索。"②

关于中亚地区问题，新泛伊斯兰主义历来把中亚地区视为"绿化"、即"伊斯兰化"的重要目标。与此同时，外来的瓦哈比分子与乌兹别克斯坦的宗教极端势力的结合，在中亚地区猖狂活动，期望当地实现伊斯兰革命，最终在整个中亚地区建立"伊斯兰国家"、伊斯兰制度。

在当前已经存在伊斯兰国家的情况下，为什么还会出现建立"伊斯兰国家"，甚至提出建立地区性"伊斯兰国家"的政治主张呢？问题很简单，因为在伊斯兰极端势力看来，现有的伊斯兰国家，按照他们的标准，除了极个别的外，都是世俗主义的国家，而不是他们心目中的严格遵循伊斯兰教法的、按照伊斯兰教法实施统治的"伊斯兰国家"、伊斯兰制度，甚至像沙特这样的政教合一的国家，在他们看来，也不是什么真正意义上的伊斯兰国家。因此，建立地区性伊斯兰国家，只是从事"世界革命"的一个重要步骤。

伊斯兰极端势力当前实践"圣战"具体手段，就是从事暴力恐怖活动。他们妄图以此达到夺权目的。任何一股极端势力如果真能这样夺权的话，那将在取得并执掌政权的四种模式之外，提供新的第五种模式，这将对伊斯兰世界的其他极端势力是个巨大的鼓舞和推动。

四　重视伊斯兰问题

伊斯兰极端势力鼓吹的伊斯兰世界革命、他们从事的暴力恐怖活动、他们提出的关于建立地区性"伊斯兰国家"的政治主张，是一回事；至于

---

① 《人民日报》1999 年 8 月 11 日刘刚专稿。
② 英国《星期日电讯报》，2004 年 9 月 5 日文章：《残酷的叛乱分子梦想建立一个伊斯兰帝国》；《环球时报》2004 年 9 月 10 日关健斌、顾小清报道：《高加索，令俄罗斯头痛》。

他们能否实现、能否达到他们所期望的那种"伊斯兰化"、"解放全人类"的目标是另一回事。上述的伊斯兰问题，显然不是什么宗教问题，而是政治问题。鼓吹"伊斯兰世界革命"以及为此实施的暴力恐怖活动，完全不是在履行宗教功课；伊斯兰极端势力的所作所为，完全不能等同于一般穆斯林群众的日常社会活动；建立地区性"伊斯兰国家"的政治主张以及它所从事的相关的活动，根本不是什么宗教要求，没有哪个真正宗教性的组织会提出这类要求的。但不管怎么说，那些面对这类伊斯兰问题的人们，必然会觉察到它对所在国家或地区造成的危害或严重破坏，这就迫使人们重视伊斯兰问题、重视它的思想观念及其行为活动。

第一，我们应当看到霍梅尼、本·拉登和赛义德·库特布的说教，是当今伊斯兰极端势力从事一切罪恶活动的思想基础和行动指南。在20世纪的70—90年代以来，伊斯兰世界内外所发生的一系列恐怖事件，都不过是赛义德·库特布极端思想的现实化和物质化。而霍梅尼和本·拉登的思想，只是赛义德·库特布的思想在新的社会条件下的延续和发展。因此，我们应当把当今伊斯兰世界宗教极端势力的一切活动，都放到霍梅尼、本·拉登和赛义德·库特布的思想框架中思索、考察。任何轻视或忽视霍梅尼、本·拉登和赛义德·库特布思想对伊斯兰极端势力的指导意义，都很容易把他们的活动看成是孤零零的、毫无联系的活动。事实并非如此。因为对伊斯兰极端势力来说，"世界革命"的目标已经不是什么进行再宣传、再鼓动的问题，而是如何使之成为实际行动的问题。对此，我们在思想上虽不应过度担忧、思虑，但也不可轻视，甚至忽视它的危害。

第二，我们应当极其重视当今伊斯兰世界流传的两种思想，有被伊斯兰极端势力利用的可能。这两种思想是：其一，"乌玛"思想。它主张"乌玛"具有超国家、超民族、超地域的特性。它把一切信仰伊斯兰教的人，都归于一个民族共同体、视为同一"乌玛"的成员。本质上，它是泛伊斯兰思想的根源。其二，泛化伊斯兰教的思想。它把伊斯兰教视为无所不包的社会上层建筑，即它不仅是一种宗教信仰，一种生活方式，一种习俗风尚和一种伦理规范，而且是一种政治制度，一种经济制度，一种文化体系和一种意识形态。这两种思想，同霍梅尼关于"伊斯兰教和伊斯兰政府是神圣的统一体"的思想、本·拉登关于伊斯兰教的宗教使命和政治使命"是独一无二的"、"宗教是政治的不可分割的组成部分，反过来也是如此"的思想、赛义德·库特布关于"伊斯兰厌恶把它局限在一种文化意识的范围之内，因为这一点违背它的特性和最终目的，伊斯兰思想应该体现于群体之中，活生生的组织之间，现实运动之内"的思想，极其类似。[1]这两种思想很容易被伊斯兰极端势力所利用，把宗教与政治视为同一，以信仰画线，利用宗教认同，寻求它的同情者、支持者，招募它的追随者，必要时候的庇护者。

第三，我们应当极其重视伊斯兰极端势力在我周边国家的动向。由于伊斯兰极端势力必定坚持他们的"世界革命"、在各地从事频繁活动（包括恐怖活动），以求在东南亚、南亚、中亚、高加索和巴尔干等地建立地区性"伊斯兰国家"。这就要求我们密切关注他们的一切动向，首先是他们的政治动向。特别是东南亚、南亚、中亚正好在我周边的西部和南部，这些地区的伊斯兰极端组织，拟建立的地区性"伊斯兰国家"，正好形成对"我"的弧形包围，值得我们高度警惕他们在其他地区，特别是在东南亚、南亚、中亚等地区公开的或隐蔽的活动。"中国长期遭受恐怖主义、分裂主义和极端主义'三股势力'的侵扰，'东突'恐怖势力是中亚'三股势力'的主要力量之一，该势力以将新疆从中国分裂出去为目标，与中亚地区的一些组织相勾结，参与、制造一系列恶性恐怖事件，包括杀害中国驻外使馆外交官、袭击中国出访代表团、杀害中国公民等。"[2]在此情况下，尤应时时防范他们对我西部和南部地区的渗透，或从其他关口对我的渗透。

第四，在当前的国际政论中，基于冷战终结后美国在世界范围横行霸道的现实，有"单极世界"的说法。俄罗斯的鲍里斯·沃尔洪斯基认为，"苏联解体后，出现了新的局面，现在习惯称为单极世界结构。而'单极'概念定义本身就包含矛盾：自然界根本不会存在单极。就是说，应当自动出现某种新的力量轴心"，他指出，"国际恐怖主义成了这样的

---

① 霍梅尼：《伊斯兰革命的篇章》，第13页；王伟等：《隐身大亨本·拉登》，第13页；赛义德·古图布：《路标》，第35页。

② 《北京晨报》2004年10月28日。

轴心"。他认为"从物理角度讲这种概念就像单极那样是不可思议的。极必须是两个,不能多,也不能少。"①不管鲍里斯·沃尔洪斯基所说的"极"只能是"两个,不能多,也不能少"能否被普遍接受,他关于国际恐怖主义已经成为当前世界的"新的力量轴心"的论断,无疑是值得人们重视的。大量事实表明,他所说的国际恐怖主义,实际上指的是伊斯兰极端势力。就国际反恐斗争而言,把它与国际社会对立起来是可以的,但从国际政治格局演变的角度考虑,把它视为"极",只是要人们应重视它对国际社会构成的威胁和危害,并不表明它是多极化格局中的一"极"。

美国在阿拉伯世界,进而在伊斯兰世界的所作所为,特别是在阿富汗和伊拉克的所作所为,以色列对阿拉伯土地(巴勒斯坦和叙利亚的土地)的占领和在巴勒斯坦的作为,是伊斯兰极端势力鼓动和激励民众反美、反以的最好借口。可以说,伊斯兰极端势力抓住了民众对美以不满的情绪,同样的,在某些伊斯兰国家当政者的腐败问题上,伊斯兰极端势力谴责社会的种种弊端,提出建立符合伊斯兰的公正、平等、正义的伊斯兰社会、伊斯兰秩序的主张,迎合了伊斯兰世界广大民众的心理,尽管它的思想主张,并不是什么高明的理论,但它却能起到宣传鼓动作用,能够吸引、掌握、激励、控制很大一部分民众。这正是伊斯兰极端势力的说教诱人之处,是它能够获得追随者,以及在从事恐怖活动后能够得到一些人的庇护的原因所在,也是那些以人体炸弹、汽车炸弹、飞机炸弹的形式从事暴力恐怖活动的人甘愿自我牺牲的原因所在。

不管怎么说,伊斯兰极端势力是以伊斯兰世界观、伊斯兰价值观来观察问题、对待问题和处理问题的。他们的说教对那些自幼受过伊斯兰思想熏陶、滋养、教育,信仰极其虔诚,进而到狂热,盲目认同伊斯兰极端势力说教的人们来说,就能受到它的影响。人们不应忽视它对社会稳定、民族团结、国家安全和国际形势产生的消极和破坏作用。即使伊斯兰极端势力鼓吹的所谓"伊斯兰世界革命"只是"天方夜谭",但人们仍不应忽视

---

① 俄罗斯《生意人报》2003 年文章,题:《欧美对抗只会对人类文明的敌对势力有利》,鲍里斯·沃尔洪斯基撰。

它为实现这一目标而从事的暴力恐怖活动的现实危害性。因为它们的这一思想主张的流传之处，所导致的恐怖行为，都会危害有关国家的社会稳定、民族团结和国家安全，这是个不可忽视的问题。

（刊载于《宗教与世界》2004 年第 11 期）

当代伊斯兰政治化发展的历史剖析

本文所述当代发展的历史上限，指第二次世界大战结束以来伊斯兰政治化的发展。伊斯兰政治化不是伊斯兰教，但它与伊斯兰教有着密切关系。讲伊斯兰教的历史文化，无法回避伊斯兰政治化问题。我准备讲以下几个问题，即一、什么是伊斯兰政治化，二、伊斯兰政治化发展的一般状况，三、伊斯兰政治化的思想基础，四、伊斯兰政治化的社会历史渊源。

一　什么是伊斯兰政治化

"二战"结束以来，大多数伊斯兰国家取得民族民主革命胜利后，首要任务是巩固政权、维护独立、发展民族经济、民族文化。就伊斯兰教来说，在这一时期，这些国家都先后出现伊斯兰复兴的现象。

伊斯兰复兴包括复兴思潮和复兴运动两个不同的层面。伊斯兰复兴的主张和要求，既有宗教领域的复兴，也包含着政治、经济、文化、社会等不同领域的复兴，在有些国家还存在民族复兴的问题。

大量事实表明，伊斯兰复兴主要集中在政治领域，或者说，集中在伊斯兰政治化问题。

所谓伊斯兰政治化，简单说来，就是从政治角度来阐释宗教问题。极力、热衷于这样做的人，既有教界或宗教社团的领袖人物，也有某些政界和知识界的人士。对这些有社会地位和社会身份的人，我把他们统称为伊斯兰主义者。

伊斯兰主义不是宗教。它是在伊斯兰意识形态指导下的、具有鲜明政治性的思想主张。他们揭示《古兰经》和"圣训"的政治含义，从政治角度阐释宗教问题。通常引用的《古兰经》经文是："天地的国权归真主所有。"（第 3 章第 189 节）"天地万物的国权只是真主的……"（第 5 章第 120 节）。根据这类经文，他们极力强调世间的一切政权归真主。这样的政权，就是超国家、超民族、超地域的伊斯兰政权。根据他们的思想，它不仅要在一国范围之内建立伊斯兰政权，而且要建立不受时间、地域和民族限制的、无所不在的政权。

伊斯兰政权应实施伊斯兰教法的治理。他们说的伊斯兰教法，被认为是由经训所体现的、适应一切时代，不受地区、民族限制的神法。所谓神法，它指的是真主治理世间的、包含人们日常宗教生活和社会生活的一切方面、一切问题的法规。神法不可更改、不可增添、不可删减、不可替代。在现实生活中，实现伊斯兰教法的治理，就是世间的一切，都要经过教法的审视，一切应按教法行事。具体说来，在政治上应建立伊斯兰国家、伊斯兰政权；社会上应实施伊斯兰制度、伊斯兰秩序；经济上应实行伊斯兰的社会公正、平等和正义，反对非伊斯兰的、东方的和西方的经济制度；律法上以教法替代受西方影响制定的律法；文化上则应反对西方化、世俗化的生活方式、意识形态、习俗风尚和价值观念。总之，就是全面推行伊斯兰教法，实现社会生活的伊斯兰化。

他们主张的教法治理，就是反对人对人的统治。甚至像埃及、沙特这样的伊斯兰国家，都不是他们心目中的严格遵循教法、实施教法治理的真正意义上的"伊斯兰国家"，而是世俗国家。在他们看来，就应从行动上摧毁这类国家现存的社会制度，建立符合教法统治的伊斯兰社会、伊斯兰制度。对这类国家实行伊斯兰革命，也是很自然的事。

穆斯林的宗教职责，就是无条件地遵奉教法，服从教法治理，捍卫教法实施。从词源上来说，"穆斯林"一词由"伊斯兰"而来，"伊斯兰"的含义是顺从，"穆斯林"的真实含义是"顺从真主意志的人"。因此，具有穆斯林身份，作为不同时代的当政者（哈里发、君主、统治者、教法官等）不过是替代真主在世间司法、执法。在他们看来，教法不是人所制定的，人无权立法。至今，有的伊斯兰国家没有宪法，奉行的仍然是伊斯兰教法，就是这个原因。

仅从伊斯兰政权、伊斯兰教法来说，就可以看出，伊斯兰政治化就是通过引申经训、衍生而出的政治说教、政治吁求，完全不同于伊斯兰教的教义信条、礼仪禁戒、神学思想。对于一般的民众来说，它可能并不具有什么现实意义，可是，对于那些具有激进的或极端的思想的人，则会信奉它、追随它，为之出力、为之奋斗，为之献身、为之卖命。

二　伊斯兰政治化发展的一般状况

那么，当代的伊斯兰政治化的情况又是怎样的呢？

应该说，它的发展与"二战"结束以来的政局有着密切关系；与伊斯兰复兴的整个过程，也是完全匹配的。

大致从"二战"结束到60年代末70年代初，可以说是伊斯兰政治化的早期发展。

这一时期，伊斯兰世界建立起3个世界性的国际组织。1951年，以巴基斯坦为首建立世界穆斯林大会（卡拉奇）；1962年，以沙特为首建立伊斯兰世界联盟（简称"伊盟"，麦加）；1971年，以沙特为首建立伊斯兰会议组织①（吉达）。

世界穆斯林大会的宗旨是：在世界各地传播伊斯兰教，宣扬超国家、超民族、超地域的泛伊斯兰主义，维护与增进穆斯林的团结、合作，抵制马克思主义、无神论和西方世俗化倾向的影响。伊斯兰世界联盟的宗旨是：在世界范围内，派遣传教士，传播伊斯兰教教义，扩大伊斯兰教的影响，维护穆斯林的权益，协助世界各地的穆斯林组织和团体举办宣教活动，促进他们的内部团结，支持国际和平和合作。这两个组织的基本任务虽然是宣教，但在它们的历次会议发表的声明和宣言中，都有明确的政治主张，可以认为它们是宗教—政治性的非政府组织。

伊斯兰会议组织的宗旨是：促进各成员国之间的伊斯兰团结，加强它们在经济、社会、文化、科学等方面的合作，努力消除种族隔离和种族歧视，反对一切形式的新老殖民主义，支持巴勒斯坦人民恢复其民族权利和重返家园的斗争，支持一切穆斯林人民保障其尊严、独立和民族权利的斗

---

① 2011年6月已更名"伊斯兰合作组织"，有57个国家参加其活动。

争。要求穆斯林真诚信仰伊斯兰教,真正恪守伊斯兰教的准则与价值为生活的规范。可以说,它是政治—宗教性的国际联盟。

一般说来,这几个国际性的社团组织,都或多或少地具有官方背景。从它们的宗旨中,可以明显地看出伊斯兰的政治化和政治的伊斯兰化。

1967年,阿拉伯一方在第三次中东战争中失败。这以后,伊斯兰复兴思潮急剧演变为复兴运动。作为复兴思潮,它虽有政治性的内容,但很难说这时已有政治性的行动;可是,作为社会运动,它除了在民间有一般性的宗教复兴外,日益显露出它的政治色彩、政治图谋。

从60年代末70年代初到90年代末,伴随着伊斯兰复兴运动的急剧发展,伊斯兰政治化最引人注目、最为突出的,则是伊斯兰政权意识的发展。最值得人们关注的,是这一时期发生的一些重大事件。

第一,1979年年初,伊朗革命胜利。伊朗革命是伊斯兰复兴运动的产物。霍梅尼(1902—1989)强调"不要东方,也不要西方,只要伊斯兰",不断鼓吹"输出革命"。伊朗革命虽然发生在十叶派伊斯兰世界,他关于建立"伊斯兰政府"的政治主张,极大地鼓舞了逊尼派穆斯林的斗志,推动了世界范围的复兴运动走向高潮。

第二,1979年年底,正值伊斯兰新旧世纪交替之际。沙特发生武装占领麦加大清真寺事件。它号召推翻投靠美国的、腐败的、非伊斯兰的沙特家族统治。沙特当局派出万人军队,并借用巴基斯坦数千武装经过两周血战,才得以平息叛乱。几乎与此同时,沙特东部地区的十叶派穆斯林,在伊朗革命的影响下,也发生动乱。同样经过军警的镇压,才得以平息。

同年年底,苏联军队入侵阿富汗。这不仅为复兴运动提供了重要的活动舞台,而且为伊斯兰世界的激进分子从中寻求了出路。他们摇身一变成为"圣战者",纷纷来到阿富汗,投入抗苏战争。这时,本·拉登积极组织、输送和训练来自世界各地穆斯林参与抗苏战争,并为"圣战者"修建工事,建立基地。

第三,1980年年底,尼日利亚发生在"马赫迪"名义下的武装暴乱,为的是迎接伊斯兰新世纪的复兴者来临,推翻腐朽的统治。在暴乱中,死伤4000余人。

第四，1981 年，埃及总统萨达特在阅兵时被刺身亡。

第五，1982 年，叙利亚哈马市的穆斯林兄弟会策划武装叛乱。阴谋败露后，当局派出 17000 名军警经过 3 周激战，双方死亡 30000 余人（军人丧亡 6000 余人），伤者不计其数，16000 余人遭逮捕。随后，兄弟会以恐怖活动针对军校学员和军人进行报复。1986 年 4 月国庆前夕的爆炸中，750 名军人丧生，150 名受伤。

第六，1983 年，苏丹伊斯兰势力趁势控制国家政权。80 年代以来，尼迈里在经济发生困难和伊斯兰复兴的双重压力下，不得不讨好并利用以哈桑·图拉比为首的穆斯林兄弟会，在国内推行伊斯兰教法、实施伊斯兰化政策。这使得停火 10 多年的南北战争（国家军队与基督教徒和原始拜物教徒的战争）再次爆发；兄弟会成员在他的安排下担任要职，从而控制了政权。尼迈里又不得不反过来镇压兄弟会。这导致 1985 年苏丹国防部长苏瓦尔的军事政变；可是政变当局继续依靠兄弟会、实施伊斯兰教法。结果，国内经济更趋恶化，仅在 1988 年就饿死 25 万人，130 万人流离失所。1989 年，巴希尔将军发动新的军事政变，他同样得到兄弟会的支持。以后，哈桑·图拉比也就成为新政权的精神领袖和国民议会议长。

第七，1990 年，阿尔及利亚民族拯救阵线在地方选举中获胜。80 年代末，阿尔及利亚的经济形势恶化，20 多个省发生骚乱。伊斯兰组织提出要求政治、经济和社会改革的 12 点纲领。1989 年，各不同伊斯兰组织组成民族拯救阵线。1990 年 6 月，在 48 个省的地方选举中，民族拯救阵线取得 32 个省和 55.42% 的市镇的胜利，组织地方政府。1991 年年底的国民议会第一轮选举中，它又获大胜，在 430 个议席中，获得 188 席，执政的民族解放阵线仅获得 15 席。如果 1992 年 1 月第二轮选举正常举行的话，民族拯救阵线必胜无疑。沙德利总统因选举失利被迫辞职。军方随即组成"五人军事管理委员会"接管政权。随之，民族拯救阵线被宣布为非法，从而导致新的动乱。

第八，1990 年，伊拉克在两伊战争结束后不久，武力吞并科威特。沙特政府惧于伊拉克的军事实力，吁请美国派兵保护。这为伊斯兰势力从事反美斗争提供了新借口。本·拉登提出，美国大兵出现在阿拉伯"圣地"上，完全是对伊斯兰教的亵渎和侵犯。他向沙特政府建议，"圣战者"能打败苏联军队，同样可以抗击伊拉克人。本·拉登组织、鼓动抗苏战争的老兵投入反美斗争。1994年，沙特政府吊销了他的护照，本·拉登被迫流亡苏丹。在苏丹期间，他一方面在苏丹、索马里、阿尔巴尼亚建立训练营地，为他的世界革命准备力量，另一方面继续经营公司为世界革命筹备资金。

第九，世界范围的伊斯兰势力在苏丹聚会。整个80年代，伊斯兰世界出现了一大批激进的或极端的组织，这些组织都企图建立伊斯兰政权，实现国家的伊斯兰化。1991年，在伊朗的支持下，同时在本·拉登的配合下，哈桑·图拉比在喀土穆召开"阿拉伯伊斯兰人民会议"。与会者大多是各伊斯兰国家的政治反对派的领袖人物，或是这些国家的激进组织或极端组织的代表。1993年出席会议的有50多个国家的500余名代表；1995年有80多个国家的500多名代表参加会议。1996年，本·拉登被迫离开苏丹（拿着苏丹护照）。原定于1997年的第四次"阿拉伯伊斯兰人民会议"未能按计划如期举行，以后，它也就无声无息了。

第十，1994年，阿富汗的伊斯兰学生军——塔利班崛起。阿富汗战争并没有因苏联于1988年、1989年的撤军而结束。相反的，阿富汗各"圣战者"组织为争权夺利而爆发内战。塔利班崛起后，迅速夺取阿富汗的首都喀布尔（1996年9月），建立伊斯兰政权并极力推行伊斯兰教法统治。

第十一，1996年，土耳其的伊斯兰政党——繁荣党通过大选上台执政。这无疑为伊斯兰极端势力提供了新的谋取政权成果的样板。

第十二，1998年，本·拉登在阿富汗正式建立"基地"组织。本·拉登回到阿富汗后，分散在世界各地的激进分子逐渐向阿富汗转移和集中，投奔到他的门下。本·拉登再次利用以前的军事营地从事训练活动，这就为极端势力的发展奠定了基础。当年，本·拉登与巴基斯坦、埃及和孟加拉国的伊斯兰极端分子聚会，建立"伊斯兰反犹太人和十字军国际阵线"（简称"基地"组织），以后又从该国际阵线中派生出"伊斯兰圣战解放军"，专门从事恐怖活动。作为国际恐怖主义组织活动，它的分支迄今在不同国家从事罪恶活动。

简略回顾这一时期的重大事件，我们可以对伊斯兰政治化的发展，有一个总体的认识。

　　从 20 世纪 90 年代末叶以来，国际性的恐怖主义的不断发展。根据笔者的不完全统计，仅从 2002 年 5 月到 2004 年 10 月这段时间内，共发生与"基地"组织有关的、伤亡在百人以上的恐怖活动有 20 余起，波及 10 多个国家。这还不算伤亡在百人以下的恐怖活动。

　　21 世纪以来，宗教极端组织在从事暴力恐怖活动的同时，它们的领袖人物关于建立地区性伊斯兰国家的设想，有了重要发展。这是不同于 20 世纪的一个鲜明特点。

　　例如，印尼"伊斯兰组织"的精神领袖阿布·巴希尔与菲律宾的摩洛伊斯兰解放阵线、泰国南部的穆斯林分离组织的骨干秘密会谈，提出建立东南亚统一的伊斯兰国家的政治主张。它包括印尼、马来西亚、新加坡、泰国南部、菲律宾南部和文莱等六国。①

　　克什米尔的宗教极端组织讨论"建立一个跨克什米尔、巴基斯坦、阿富汗、伊朗和中亚的伊斯兰政权的可能性"。2002 年 2 月，巴基斯坦伊斯兰促进会的头目卡兹·侯赛因·阿赫麦德提出，"一个从克什米尔到中亚的伟大的伊斯兰国家将在克什米尔独立之后出现。"②

　　巴基斯坦圣战者运动、伊斯兰圣战运动、穆罕默德之军和信徒之军等组织的"目标是要'解放'全印度的穆斯林，最终是要在南亚建立一个伊斯兰王国"③。

　　科索沃和阿尔巴尼亚的宗教极端分子的"战略目标是在巴尔干半岛建立一个伊斯兰国家。"④

　　在俄罗斯高加索地区，车臣和达吉斯坦的宗教极端分子妄图"建立统一的车臣—达吉斯坦伊斯兰国家"⑤。它的最终目的则是建立"跨越整个北高加索地区的伊斯兰帝国"，或是建立"横跨车臣、印古什和北奥塞梯

---

① 《环球时报》2002 年 10 月 17 日李亚丽报道："印尼教士与拉登齐名"；日本《朝日新闻》2002 年 10 月 23 日报道："东南亚恐怖组织揭秘"。

② 《国际恐怖主义和宗教极端主义对中亚和南亚的挑战国际研讨会》论文集：《中亚和南亚的恐怖主义和宗教极端主义》，杨恕译，兰州大学出版社 2003 年版，第 29 页。

③ 同上书，第 139 页。

④ 美联社贝尔格莱德 2004 年 2 月 1 日电："传'基地'欲在巴尔干半岛建国"。

⑤ 《人民日报》1999 年 8 月 11 日刘刚专稿。

的伊斯兰共和国这一目标"，要"解放整个高加索"。①

在中亚地区，外来的瓦哈比分子同当地的宗教极端势力结合，期望在当地实现伊斯兰革命，最终在中亚地区建立伊斯兰国家。

我们不能设想他们为建立伊斯兰政权、从事"伊斯兰世界革命"，已经有了一个总体战略，或总体部署。但我们也不能低估伊斯兰主义者的智商和"基地"的组织能力。尽管他们在从事恐怖活动的同时，鼓吹"革命"，设想建立地区性的伊斯兰国家，可能只是"天方夜谭"。但他们的恐怖活动，对社会稳定、民族团结、国家安全和国际形势所导致的消极和破坏作用，对我们来说，仍不应忽视它的现实的危害性。

三　伊斯兰政治化发展的思想基础

这里，应该指出，有三位最为重要、最具代表性的伊斯兰主义者的思想、言论，对当代伊斯兰政治化具有不可忽视的影响。

其中，第一位是埃及的赛义德·库特布（1906—1966）。1948—1950年，他曾在美国学习。回国后，他对1952年纳赛尔的世俗政权不满，1953年参加了穆斯林兄弟会。作为理论家，他成为兄弟会的领导成员之一。1954年，兄弟会在亚历山大暗杀纳赛尔未遂，兄弟会被当局镇压，他被捕入狱，判刑15年。1964年，他被提前释放。1965年又因涉嫌参与阴谋颠覆活动被捕，1966年被处决。

在狱中，他写了《路标》一书。他的书稿被秘密携出监狱后印制成册，开始在社会上流传。1970年，纳赛尔去世。埃及实行非纳赛尔化，大批被关押的兄弟会成员被释放，《路标》获得更广泛的传播。赛义德·库特布在《路标》中明确提出：

> 伊斯兰不是解放阿拉伯人的宣言！它的使命也不仅仅是面向阿拉伯人的！它的命题是人，是整个人类，它的领域是大地，是整个

---

① 英国《星期日电讯报》2004年9月5日文章："残酷的叛乱分子梦想建立一个伊斯兰帝国"；《环球时报》2004年9月10日关健斌、顾小清报道："高加索，令俄罗斯头痛"。

地球；

伊斯兰就其本质而言，本身就具有进行圣战的理由，这一理由就在于它那解放人类的总宣言；

伊斯兰传播的实质，它的目标就是"伊斯兰化"；

伊斯兰有权摧毁其前进道路上的一切障碍……伊斯兰有权先发制敌，采取行动；

伊斯兰不仅仅是一种把它的信仰通过宣讲方式传达给人们就满足的单纯信仰，而是一种体现在有组织的运动体之中的行动起来解放全人类的道路。[1]

上述引文集中反映了他的政治主张。在整个 20 世纪 70—80 年代，甚至在 90 年代，埃及不时发生的恐怖活动，特别是阴谋颠覆活动，以及以后发展的事件来看，都不过是在实践赛义德·库特布的政治主张，其目的则在于建立伊斯兰教法统治的"伊斯兰国家"、伊斯兰社会、伊斯兰制度。

另一位值得提出的是伊朗的霍梅尼。1989 年，霍梅尼去世。伊朗公布了他的"最终遗嘱"——《伊斯兰革命的篇章》。在"最终遗嘱"中，他明确提出：

我的政治宗教的遗嘱不仅仅是写给伊朗人民的，而且是对所有穆斯林人民以及全世界被压迫人民的，而且是对所有穆斯林人民以及全世界被压迫人民的忠告，无论他们的国籍和教义是什么。

我号召其他穆斯林民族，以伊斯兰政府、以伊朗的奋斗着的人民为榜样，倘若你们残酷无情的政府不听从人民的要求，那么就推翻它们。

你们这些世界上被压迫大众，你们这些穆斯林国家的人民，站起来，拼命去争取你们应当得到的权益，对抗超级大国的腐化的宣传，

---

① 以上语录摘自赛义德·古图布的《路标》（无出版社、出版日期）；《伊斯兰——被误解了的宗教》（International Islamic Federation of Student Organizations, Salimiah Kuwait 22057）。

驱逐那些把你们的劳动果实送给你们和伊斯兰敌人的罪恶执政者，……要实现这一决心，意味着打倒世界上所有的横暴者，帮助被压迫大众成为你们土地的领导者和继承者。①

在这份"最终遗嘱"中，反映了他的"伊斯兰世界革命"的目标是夺取国家最高权力。应该指出，此前伊朗鼓吹的"输出革命"，显然体现了霍梅尼的上述思想。

第三位是大家熟悉的本·拉登。在"基地"组织建立以后，他在不同场合提出的"圣战"主张，本质上，是在激励恐怖活动。他说：

真主要求我们以这个宗教来清除不信者和净化穆斯林世界，特别是在阿拉伯半岛。

我信奉真主，这包括推行圣战以传播真主的教义，同时把美国人从所有穆斯林的土地上赶出去。

这个宗教的中心是圣战。

在我们的宗教里，我们相信真主缔造我们是为了让我们去信仰他。真主缔造我们并以这个宗教赐福我们，他命令我们去执行圣战是为了把真主的神谕传递给那些不信的人。②

发生在 20 世纪不同年代的上述重大事件，是当代的活生生的现实。赛义德·库特布、霍梅尼和本·拉登的思想和言论，一直在蛊惑、激励着伊斯兰世界的激进的或极端的分子，支配并指导着他们的活动。笔者认为从这些事件和他们的言论中，至少可以得出以下几个初步的结论：

第一，应该极端重视赛义德·库特布所说的"伊斯兰传播的实质，它的目标就是'伊斯兰化'"，"解放全人类"。霍梅尼所说的"倘若你们残酷无情的政府不听从人民的要求，那么就推翻它们"；本·拉登所说的"这个宗教的中心是圣战"、"把真主的神谕传递给那些不信的人"。可以

---

① 以上语录摘自霍梅尼的《伊斯兰革命的篇章》，香港穆士林布道会出版 1990 年版。

② 以上语录摘自本·拉登的多次讲话，见王伟等《隐身大亨本·拉登》，长春出版社 1999 年版。

认为，他们的思想和言论是伊斯兰政治化的集中表现，而伊斯兰政治化的要害，则是夺取政权并建立伊斯兰政权。他们所拟达到的最终目标，能否实现是一回事；但它必然造成严重的危害或破坏，则是另一回事。这正是值得我们高度警惕和密切关注的，我们应该极端重视宗教极端分子在我周边国家以及在我新疆地区的公开的或隐蔽的活动。

第二，苏丹举行的三次会议，对组织、动员宗教极端势力投入 20 世纪 90 年代以来的恐怖活动、军事活动，有着一定的内在联系。特别是 1998 年组建"伊斯兰反犹太人和十字军国际阵线"后，使得宗教极端势力的活动，获得了组织保证，有着更为明确的目标，统一、集中的领导，活动经费的支持。在组织、激励宗教极端势力的恐怖活动方面，具有划时代的意义。

第三，从 1979 年伊朗"伊斯兰革命"胜利以来，伊斯兰世界已经提供了政权更迭的四种模式。即在宗教领袖的鼓动下，通过群众运动形式，自下而上地夺取政权，从而推行伊斯兰教法治理的伊朗模式；宗教势力利用军事政变，在国家政治生活中成为精神领袖并在国内实施伊斯兰教法治理的苏丹模式；在"圣战"名义下，通过战争形式组建军队、攫取政权、实施伊斯兰教法治理的阿富汗模式；阿尔及利亚和土耳其通过参与选举的合法斗争的模式。阿尔及利亚的伊斯兰民族拯救阵线提供了失败的教训。土耳其埃尔巴坎的繁荣党提供了成功的经验。尽管埃尔巴坎在军方的胁迫下辞职，但繁荣党改头换面，重建的美德党，在大选中再次上台组阁执政。繁荣党和美德党虽然不能直接实施伊斯兰教法治理，但它提供了以合法手段掌权的可能。以后，巴勒斯坦的哈马斯通过大选组阁执政，表明大选是政权更迭的重要模式。

就国家关系来说，我们不应说三道四。尽管伊斯兰政治化不是当代伊斯兰世界的思想主流，但我们时时、处处都可以看到它的严重影响。从学术研究的角度来看，伊斯兰政治化过程中提出的政治主张和相关的活动，仍是值得我们重视的。对国际政治研究来说是不能不涉及的问题；同样的，对于宗教研究来说，也是无法回避的问题。

四　伊斯兰政治化的社会历史渊源

研究历史的重要任务之一，就在于从极其复杂的历史现象中，寻求它的发展规律。从过去，看现在，进而探索它在今后发展的大致的轨迹。反过来说，从现实生活中发生的重大事件中，借鉴历史，寻求它的历史渊源，也可能大致琢磨到它今后发展的基本动向。就当代伊斯兰政治化的发展来说，可以很清晰地看到以下几点：

首先，伊斯兰教本身是社会运动的产物。穆罕默德在创立伊斯兰教的过程中，既使崇拜偶像的部落民，信仰真主独一，完成了宗教革命；又统一了阿拉伯半岛，把分散的、无政府状态的阿拉伯半岛的部落民，使之隶属于具有国家雏形的麦地那社团，完成了社会革命。恩格斯在19世纪的50年代，把它称为"穆罕默德的宗教革命"[①]。80年代，恩格斯在给马克思的信中进一步指出，"仅仅在研究这些多少是人工造成的世界宗教，特别是基督教和伊斯兰教的时候，我们才发现：一般的历史运动带有宗教的色彩"[②]。穆罕默德创立伊斯兰教，是带有宗教色彩的一次"历史运动"，它"毕"宗教革命与社会革命"于一役"。

伊斯兰教由民族宗教迅速演变为世界宗教离不开移民、与其他民族成员的婚配、收养、部落上层的改宗导致整个部落的皈依等等。但是，事实表明，如果没有军事征服和对外扩张，伊斯兰教很难在很短的时间内，迅速地越出半岛，走向周边地区。军事征服不过是政治行动的延伸和另一种表现形式。

例如，20世纪70年代埃及出现了一批极端主义组织（如"伊斯兰解放党"、"真主战士"、"圣战组织"），其中，最有代表性的是"赎罪与迁徙"组织。它接受了赛义德·库特布所说的当代社会完全陷入了"蒙昧主义"，认为埃及社会完全腐败了。真正的穆斯林应该仿效穆罕默德当年从

---

　　① 《恩格斯致马克思》（1853年5月26日），《马克思恩格斯全集》第28卷，第250页。

　　② 恩格斯：《路德维希费尔巴哈和德国古典哲学的终结》（1886年），《马克思恩格斯选集》第4卷1972年版，第231页。

麦加迁徙到麦地那一样，远离这个地方。他们来到上埃及的一个山洞里，进行学习和接受军事训练。图谋建立真正的伊斯兰国家。由于阴谋败露，遭到埃及当局的镇压。

当代伊斯兰政治化无外乎是宗教与政治互为表里的，在新的历史条件下发生的事件。伊斯兰主义者正是妄想通过他们的活动，得以再现穆罕默德当年建立伊斯兰政权的情景。

其次，"托古改制"是当代伊斯兰政治化的基本手段。当前，美国、以色列在中东地区的作为，严重伤害了伊斯兰世界穆斯林的民族尊严和宗教情感。这是伊斯兰政治化获得发展的极为重要的外在因素。某些伊斯兰国家当政者的腐败、无能、屈从西方大国，社会上存在着种种弊端和固有的矛盾，是伊斯兰政治化发展的内在原因。

要改变令人不满的现状，在缺乏应有的先进的、革命理论的情况下，只能回归传统，求助过去。历史上，伊斯兰教地跨欧、亚、非三大洲的帝国版图，一直是一些穆斯林津津乐道、念念不忘的。伊斯兰教有过百年复兴之说。在"二战"后的伊斯兰复兴过程中，社会上宗教气氛日益浓厚，他们要求恢复中世纪强盛时期的辉煌，甚至要求恢复教法治理的呼声也不断高涨。这种在口头上、形式上"托古"，祭起复兴的大旗；实际上，在他们的内心深处是要"改制"，改变现状。"托古改制"，恢复黄金时代的辉煌，成为他们迎合民众心理，鼓动和激励民众反美、反以、反对本国当政者的最好借口，也是他们妄图建立所谓的符合社会公正、平等、正义的伊斯兰社会、伊斯兰制度的政治吁求。

他们的政治主张、政治要求，并没有什么高明之处。但它却能吸引、诱惑、激励、控制很大一部分民众。这正是伊斯兰主义者的说教，适应了民众的不满心理，能够获得信奉者、追随者的原因所在；也是那些为了宗教信仰、为了民族尊严，改变不尽如人意的现实，以人体炸弹、汽车炸弹、飞机炸弹的形式，甘愿自我牺牲者的原因所在。

再次，权变继续起着重要作用。权变是伊斯兰教获得发展的一条基本规律。变与不变，辩证地统一于伊斯兰教之中。所谓"不变"指的是对真主独一信仰的不变，除此之外，一切皆变。问题是"变"什么，怎么变，什么时候"变"？

历史上，伊斯兰教作为伊斯兰国家的精神支柱，只是在生活上、精神上控制民众、约束民众，但它从未出现过能够左右穆斯林精神生活的中央教会组织。同时，伊斯兰教史上，也从来没有发生过宗教改革运动，在人们的社会生活中，沿袭传统、延续传统，成为伊斯兰教共同宗奉的一条基本原则。这条基本原则，称为"特格里得"（或"仿效"原则），就是一切应尊奉经训、"仿效"权威。这保证了伊斯兰教的相对稳定；它对那种某些创新或有别于传统的言论主张、行为做法，则视为"比达阿"（或"异端"），就会受到抨击和反对。

可是，大量事实表明，权变思想使得伊斯兰教得以不时地适应形势发展的需要，发生相应的变化。例如，伊斯兰教于 7 世纪初兴起后，它的教义信条和礼仪禁戒，到 8 世纪时才得以定型。汇集"圣训"和"圣训"实录的出现，大致经过近两个世纪才得以完成。十叶派大致经过约三个世纪才得以形成；逊尼派大致经过约四五个世纪才最终形成。这些都是赖于权变而得以发展的结果。这是说，在坚持传统、沿袭传统的同时，它又会适应形势的发展而发生权变，保证它得以继续存在、发展，而不致衰落。

在当代，伊斯兰宗教思想同样是在权变的。伊朗奉十叶派伊斯兰教为国教。十叶派的基本教义是 9 世纪中叶形成的。根据它的"隐遁教义"，第十二伊玛目（？—874？）并没有去世，作为隐遁伊玛目，他隐遁在某个地区。在伊玛目隐遁时期，有代理人为他处理日常事务。941年时，第四任代理人宣布，此后不再有代理人。因而此前称为小隐遁时期（约从 874 年到 941 年）；此后则为大隐遁时期（从 941 年开始延续迄今）。根据该教义，第十二伊玛目将以马赫迪（即"救世主"）的身份，在世界充满暴虐和邪恶时，率领正义之师于世界末日再世，铲除暴虐和邪恶，伸张正义，恢复真正的伊斯兰信仰。从该教义提出，到 20 世纪的 70 年代，十叶派穆斯林甘愿在痛苦、灾难下生活，期待隐遁伊玛目的回归、马赫迪的降临。

霍梅尼在领导反对巴列维国王斗争时，通过发动群众，以实际行动夺取国家最高权力，并在"最终遗嘱"中明确提出，"我们也应该努力把布满全球不公正和专制铲除，作为他来临的先决条件。"①就是说，不应消极地、遥遥无期地等待马赫迪的降临，要为马赫迪的降临做必要的准备。显然，这是十叶派教义的一个重要发展和权变。

阿富汗奉逊尼派伊斯兰教为国教。在逊尼派教义中，它的阿訇、毛拉通常拥戴当局的统治，从没有染指政权的意图。可是，1996 年 4 月，奥马尔在 1000 余名阿訇的支持下，出任塔利班政权的埃米尔。奥马尔本人不过是个参加过抗苏战争的小毛拉。这同样表明政权意识在逊尼派伊斯兰教中的发展和权变。尽管塔利班政权已经崩溃，但是，值得人们重视的是，从不染指政权的逊尼派教界人士，在当代也发生了巨大变化。这正是权变的一个重要结果。

最后，政教一体观念支配着人们的心理和行为。伊斯兰世界历来有一种极其流行的主张和说法，即伊斯兰教不仅是一种宗教信仰和一种哲学，而且还是一种政治制度和一种经济制度，一种文化体系和一种意识形态，一种习俗风尚和一种伦理规范，一种价值观念和一种生活方式。就是说，伊斯兰教无所不包、政教一体。从这样的观念出发，很自然地会使伊斯兰教被泛化和政治化。在伊斯兰世界，宗教与政治被视为同一，不对两者做出区分。甚至有人反对政教分离，认为伊斯兰教与政治不可分割。

从赛义德·库特布、霍梅尼和本·拉登的言论中，可以明确地看出，他们都坚持宗教与政治是一回事。赛义德·库特布说：

> 伊斯兰厌恶把它局限在一种文化意识的范围之内，因为这一点违背它的特性和最终目的，伊斯兰思想应该体现于群体之中，活生生的组织之间，现实运动之内。
>
> 道路在哪里？我们应当怎么办？答案有一个，而且只有一个使伊斯兰的目标得以实现的道路，那就是"信仰"。②

霍梅尼把伊斯兰教与政治视为同一的、不可分割的统一体。霍梅

---

① 霍梅尼：《伊斯兰革命的篇章》，香港穆士林布道会出版 1990 年版，第 52 页。
② 以上语录摘自赛义德·古图布的《路标》（无出版社、出版日期）。

尼说：

> 伊斯兰教和伊斯兰政府是神圣的统一体。①

本·拉登同样认为伊斯兰教的宗教使命和政治使命是同一的。他说：

> 所有这些使命都是建立在一个基本观念上的，这个观念对伊斯兰来说是独一无二的，即宗教是政治的不可分割的组成部分，反过来也是如此。②

这种政教一体观念，在伊斯兰世界之所以有一定的市场，这与伊斯兰教从兴起之日起，就与社会运动密切相关，也与伊斯兰教从来没有发生过宗教改革有关。不仅宗教与政治没有分离，甚至在不少国家和地区还存在宗教干预法律、干预教育的现象。不管怎么说，伊斯兰主义者是以伊斯兰世界观、伊斯兰价值观来观察问题、对待问题和处理问题的。它的世界观、价值观对我们不起作用，但对那些盲目信仰伊斯兰主义者说教的民众来说，却有很大的活动空间。

就我们来说，应该严格区分宗教与政治，伊斯兰教与伊斯兰政治化也不是一回事。但是，伊斯兰教与伊斯兰政治化两者又有着密切关系。问题是如何认识它、对待它。

由于伊斯兰教在国际、国内有其特殊性，目前，很多人不愿或是不敢去碰伊斯兰教，可能是畏惧会担风险。笔者算是冒险谈点对伊斯兰教、对伊斯兰政治化的认识。有什么不妥的地方，请大家批评指正。

（刊载于《部级领导干部历史文化讲座》，国家图书馆出版社 2010 年版）

---

① 霍梅尼：《伊斯兰革命的篇章》，第 13 页。
② 王伟等：《隐身大亨本·拉登》，第 13 页。

当代宗教的发展趋势

第二次世界大战以后，不同宗教的自我调节、自我复兴的机制，都在发挥作用。面对着社会生活现代化、世俗化和科学技术的发展，各个宗教内部的调整、更新、改革的表现形式则不划一。在当代社会中，宗教的发展趋势大致如下：

其一，宗教将继续面临来自内外的挑战。

在宗教内部，传统信仰的分化现象将会发展，不断兴起的新兴宗教，也将衰落，人们对宗教的冷漠态度会有所增加，这为现代迷信的发展开了方便之门。现代迷信不是宗教，但传统信仰却是它不时取得思想滋养，争取、发展信徒的源泉。与此同时，宗教的个性化以及新的宗教狂热也会得到发展。在宗教名义下的极端主义（宗教极端主义）会继续得到发展，对那些持有由热忱到狂热、由激进到极端、多少偏离"正统"信仰的人来说，很容易成为宗教极端主义的追随者或俘虏。由于种种原因，会有越来越多的信徒放弃信仰，甚至成为无神论者。据统计，美国从 1990 年到 2001 年的 10 年间，不信仰宗教者从 1311.6 万增加到 2753.9 万，即增加了 110%。

现代科学技术仍然是宗教的对立物，宗教将继续受到来自外部的冲击。据 2003 年报道，获得 1962 年诺贝尔医学奖的佛朗西斯·克里克，在《自然神经学》的论文中称，"他和他的研究小组通过大量实验已经发现了人类的'灵魂细胞'"。他说，"人的灵魂或意识根本不是先天就有的，而是由人体大脑中的一小组神经元细胞产生和控制的"①。这一发现是对人

---

① 邱凤侠：《英国学者找到"灵魂细胞"挑战宗教》，国家宗教事务局宗教研究中心：《宗教与世界》2003 年第 3 期，第 45 页。

类具有"永恒的灵魂",肉体是灵魂居所的"灵魂不朽论"的强烈挑战。越来越多的信徒抛弃那种与科学和理性思维并不相容的所谓天堂地狱的信条。

其二,宗教混合或融合的趋势将获得发展。

宗教在东西方世界混合或融合现象,早在"二战"以前已经存在。随着战后东方国家不同宗教信仰者的流动和大批移民涌入西方国家,他们也把传统信仰携入西方世界。以前是基督教在作为殖民地、半殖民地的东方国家布道和传播。与殖民主义时期不同的是,现在是东方信仰在基督教的传统流传地区生根、发芽,吸引了当地民众加入东方宗教。除了升学、就业、难民、偷渡等原因导致人口繁衍而使东方宗教发展外,当地居民与东方宗教信仰者的通婚、对当地传统信仰的厌烦、追求新奇以及对外来文化和信仰的向往,特别是在那些追求时尚、新潮的人中,往往以新奇为时髦,以别致显个性,可能是东方宗教在西方获得发展的一个更为重要的原因。道教、印度教、锡克教、耆那教等都成为吸引西方人士的宗教。宗教之间的融合兴起了新的信仰社团。伦敦基督教研究协会公布的一项研究报告指出"这种混合状态有时能促使多宗教团体之间的相互理解与合作,但更多的时候是引起摩擦和分裂。"[①] 移民通常愿意学习新语言和新文化,但他们很少接受所在国的宗教而坚持原有信仰,作为保持自身民族文化特性的重要手段。目前,伊斯兰教已成为北美、西欧的第二大宗教。

其三,宗教与迷信共存现象将会延续下去。

那些与当代宗教共存共荣,仍然十分猖獗的迷信活动,不过是以宗教为保护伞而得以复活,或以宗教为巢穴而得以生存、延续、活跃、发展的传统迷信。如果迷信仅在民间存在并受到某些人群欢迎,在适应这些人的精神心理需要的同时,满足了另一些人猎取金钱或性欲的需要,这在任何社会都是难以避免的。可是,迷信得到当今某些国家有组织的资助和支持,却是咄咄怪事。据《环球时报》报道,20世纪末印度组织大批专家研究一本有2300多年历史的军事秘籍,力求从中挖出祖先留下的战场"妙方":让士兵吃用特殊草药加牛奶酥油制成的食物,可支撑一个月不吃

---

① 罗恩·塞勒斯:《全球宗教九大趋势》,见《未来学家》(双月刊)1998年1—2月号。

饭；穿涂有猫头鹰和兀鹰血浆的骆驼皮鞋，可行军数百公里而不疲劳；用萤火虫、野猪眼睛磨制成的粉末，能帮助士兵增强夜视能力等。该"妙方"得到国防部的大力支持，政府为此拨出专款[①]。还有报道说，1978 年美国中央情报局成立"巫师情报小组"，以此"寻找情报目标、蕴藏的外国情报人员和所需的文件"。它由 6 名"声称具有特异功能的人和巫师组成"。自成立以来，它已完成 25 个部门的 182 项绝密任务。"每项任务平均由巫师作法 81 小时"，他们通常"在一间小黑屋里，求助者告诉巫师一个数字……仅凭这个数字就信口开河地说出他们头脑里想的事情"[②]。

其四，传统习俗和传统观念将与宗教信仰并存。

在宗教盛行的国家里，一些受过现代教育的年轻人开始抵制、摆脱千多年来的陋习和观念的束缚。据《环球时报》报道，在尼泊尔胡姆拉县的拉马族中，已有越来越多的年轻人向祖祖辈辈流传下来的一妻多夫制挑战，离开家庭，去过独立的婚姻生活。

其五，宗教信仰者日减直接影响宗教的发展。

那些实施内婚制的民族，人口增长与否对宗教的发展具有重要意义。印度的拜火教徒因实行内婚制而使人口锐减，长此以往，宗教面临的衰落是无法挽回的。同样的，以色列的犹太人也面临人口负增长问题。犹太人并非全是虔诚的犹太教徒，不少人是世俗主义者，他们乐意过现代化、世俗化的生活，不愿生育过多的子女。与犹太人不同，以色列的阿拉伯人一直保持着高生育率。正统的犹太教徒和拉比（教士）认为，人口问题已对以色列构成"严重威胁"。

同样，东方宗教信仰者的流动、移民，进入相对聚居于基督教传统流传地区。其中，某些信徒的高生育率以及他们在西方国家的人口大量繁衍，已引起基督教界的不安和关注。由于"穆斯林民族的高出生率和俄罗斯人皈信伊斯兰"，"如今在莫斯科乃至全俄罗斯，伊斯兰是名副其实的俄罗斯第二大宗教"，俄罗斯政府已开始关注两种文化的冲突问题[③]。

① 钱峰：《印度，徘徊在传统与现代间》，《环球时报》2002 年 9 月 5 日。
② 段莉：《美中央情报局有个巫师组》，《环球时报》2003 年 1 月 24 日。
③ 《俄罗斯的穆斯林将使俄罗斯穆斯林化》，《宗教与世界》2001 年第 5 期，第 45—46 页。

其六，教界人士越来越重视利用现代科学技术手段传播宗教。

目前，各个宗教都设立了自身的网站。利用互联网从事布道宣教，传播宗教信息，较之空中教会又有其不可忽视的优点。通过电台、电视布道宣教是单向的，布道者与信徒之间无法进行思想交流。互联网可沟通思想，有的网站"定期刊登有教职人员的讲道或讲经"、"在网上提供信仰咨询"、"提供网上灵修、代祷、诵经、法事等宗教活动"，并从事"宗教教育"。德国宗教网站负责人表示，信徒可以随时通过网络与神职人员讨论信仰问题；伦敦"首选基督教会"电台设立"告解者"网站，让有罪信徒通过网站"提供的空间打字"告解，乞求宽恕。网站称，上网忏悔是"你和上帝的事情，你的隐私受到十足的尊重"。但有的天主教会谴责这种做法，认为"告解不能靠电话、电邮或代理人"。

其七，宗教国家化趋势的发展。

随着中世纪的结束，宗教在国家的社会政治生活中已不可能再当主角，只起着配角的地位。就世界范围而言，政教分离则是社会历史发展的总趋势。近代以来，尽管在一些国家中仍然实施政教合一的政体，但宗教、教界本身只能隶属于政治，不能再干预被视为尘世俗务的政治、法律、教育，除了那些在宗教名义下的政治反对派外，作为一种社团组织而敢于与当局相对抗的宗教，几乎是不存在的。

宗教所起的精神诱导、心理感化的功能，被视为社会的一种稳定因素，在许多方面是其他形式都难以替代的。这正是为什么有些国家重视宗教的伦理说教作用，而不放弃对宗教的干预或利用，进而强化对宗教的控制，也是国家乐意并支持宗教事业发展的原因所在。宗教的基本信条具有相对的稳定性，外部力量对它并不能起到多大的作用。宗教虽有自身相对独立的传教布道、发展信徒的使命，但宗教的存在和发展，离不开经济、财力支持。为求得自身在现代社会生活的发展，仅仅靠信徒的奉献和教会的产业，已无法满足宗教日益发展的需要了。一方面，宗教布道宣教、发展信徒的使命，有时与一些国家的内外政策和战略意图是完全一致的。另一方面，有的宗教乐意接受国家的资助，谋取国家财政的支持，进而积极参与政治、影响政治，以利于宗教事业的发展。由于宗教接受了来自国家的资助和支持，也就很容易听命于国家而被利用，这就使宗教有可能被国家化，成为对外从事渗透、颠覆的工具；有的通过援外的手段（以工程技术人员、专家、教师、商贸人员等身份）或游客身份从事有利于派遣国的宗教活动。

其八，妇女在宗教中的地位将日益显要并不断提升。

在任何一个宗教里，妇女通常是虔诚信仰者和宗教活动积极参与者。在世俗生活中，妇女的权益日益受到社会的普遍关注。随着妇女社会地位和自我意识的不断上升，她们争取提高自身在宗教中的地位的活动也在发展。"二战"后，西欧、北美等国新教教会陆续册封女牧师，普世圣公会的新西兰、美国和加拿大三个教省进而册封女主教，2000年荷兰天主教也册封了第一位女神职人员。英国圣公会于2000年7月举行的主教会议上亦拟设立女主教。在伊斯兰教中，一些国家的逊尼派已任用女阿訇；阿尔及利亚宗教事务部决定建立女阿訇制度，第一批184名妇女经过全面的伊斯兰和社会科学知识的训练，将以清真寺为中心从事社会工作。在伊朗，十叶派的"六位伊斯兰教资深法学家发表声明，批准妇女领导女性做礼拜"。犹太教妇女为争取在耶路撒冷哭墙（犹太教圣地）祈祷的宗教权益，进行了11年的抗争。根据犹太教正统派规定，妇女不得穿着祷告披肩、不得阅读某些经文，也不得大声祈祷。2000年以色列最高法院裁定，"妇女有权在所有的宗教场所，包括象征犹太团结精神的哭墙前面，像男人一样的祈祷"。这表明妇女在犹太教中的宗教权益已经受到有关方面的重视。泰国尼姑学院院长带领一批尼师到国会请愿，为争取自身享有僧侣应有的权益而积极活动，不管最终结果如何，这都表明妇女自我意识的提高，在争取自身应有的宗教权益。

其九，宗教极力赋予人以神性或半神性的趋势会有所发展。

在科学技术日益发展的今天，再把人奉为神灵或半神灵的现象是极其愚昧、荒谬的。某些新兴宗教的教主宣扬自身为"神"，追随者则把他作为"神"予以信仰；在这些新兴宗教的进一步发展中，有的则会发生演变，蜕变为邪教。与此同时，"造神"事件得到某些宗教—政治集团、政治集团或政客的支持，这种趋势会获得不断地强化。2002年8月，日本战争博物馆举办的展览中，否认裕仁天皇于1946年曾宣布放弃"神圣地位"（即否认自身的神性），继续坚持"日本天皇的神圣地位自'二战'以来

并未发生改变"。英国《卫报》报道称，东京靖国神社的一个祭司说，
"神道教内部还是一如既往地认为，天皇的祖先来自天神（根据神道教的
信仰，天皇是太阳女神的后裔）的世界，因此他是神"。靖国神社供奉的
是日本历次对外侵略战争 270 余万阵亡者的牌位，其中有 240 余万是在
"二战"中死亡的，包括被处以绞刑的前首相东条英机在内的 14 名甲级战
犯的灵位。新加坡《联合早报》报道，日本前首相森喜朗说，"日本是以
天皇为中心的神的国家"，"天皇制是发动战争的肇因，不废除它，很可能
再度成为战争的祸首"①。2004 年《环球时报》刊载本泽二郎的文章《靖
国神社与对亚洲的蔑视》："正是依托于天皇家族宗教（神道教）的靖国
信仰，日本才能发动侵略战争。军国主义者正是以'为天皇效忠，为天皇
牺牲就能在靖国神社得到供奉'为口号，逼迫有为的青年上战场，要他们
为天皇实现'光荣战死'。这种以靖国神社为象征的宗教正是日本军国主
义的精神支柱。"② 日本前首相小泉连续 5 次跪拜靖国神社日本战犯的牌
位，联系到日本强化《日美安保条约》，不断篡改历史、修订历史教科书，
他上台以来通过的"周边事态法"、"有事法案"、下令出兵伊拉克等事件
表明，朝拜靖国神社的举动是借宗教之名，祈求"日本国家主义向战前回
归"之实。日本右翼势力利用民众对神道教的信仰，再次神化日本天皇。
这种奉人为神的目的，显然不是宗教性的，而是政治性的。"造神"的结
果，对所在国民众并不是福音。

其十，宗教政治化现象的发展不可避免地导致宗教的异化、蜕变。

宗教的政治化与宗教日益被某些教界人士或有政治企图的人，滥用宗
教于政治、经济、文化、社会等各个领域，以至于使之成为民族冲突的工
具。20 世纪 70 年代以来，宗教政治化现象在各大宗教中都有不同程度的
发展。80 年代末、90 年代初，东欧剧变、两德统一、苏联解体、冷战结
束。民族主义在一些国家出现了新的高涨，宗教政治化的现象或隐或现地
发展，对民族主义的发展起着特殊的作用。一方面，宗教自我的发展，需
要与现实生活的各个领域发生或疏或密的联系；另一方面，宗教具有的政

① 姚巧梅：《日本战后 50 年与天皇制》，新加坡《联合早报》1995 年 5 月 8 日。
② ［日］本泽二郎：《靖国神社与对亚洲的蔑视》，《环球时报》2004 年 1 月 9 日。

治、经济、文化、伦理等功能以及它的外衣作用，也会促使人们去支持它、利用它，以达到自身的目的。如上所述，在宗教政治化发展的同时，它的极端形式的异化，而使宗教发生质的变化。它由原来能为教民接受的宗教信条，演变为极端主义的社会政治主张，随之出现极端主义行为活动，从而蜕变为宗教极端主义。宗教极端主义的发展对国际的和地区的安全和稳定可能构成或已经构成严重威胁，是当代宗教的发展中更值得关注的、不可忽视的趋势。宗教极端主义不是宗教，但与宗教有着密切的关系。因此，各个宗教都要从内部遏制宗教狂热、清除威胁宗教自身的激进分子或极端分子。

宗教将长期存在下去。在经济全球化、信息化获得高度发展的时代，宗教在不断进行自我调节、自我复兴过程中，是继续固执自身的传统还是适应社会生活的发展而变化？这是摆在不同宗教面前的共同的课题。不管你是不是教徒，也不管你是否与教徒有过接触，宗教在社会中的影响是现实的、活生生的；它时时、处处在对人们产生影响，而这种影响又总是隐隐约约的、潜移默化的。人们可以轻易地感觉到、体察到它的影响；但是，感觉到的、体察到的东西，能否真正地理解它、重视它，却是不那么容易的。就是说，"宗教因素"已成为"了解历史、政治、社会甚至经济的一个关键因素。"① 无论是研究历史问题，还是研究现实的社会政治、经济、文化、民族等不同领域里的问题，忽视对宗教问题的了解，有时可能只是雾里看花，难以切中要害。

（刊载于《中国宗教》2006 年第 2 期）

---

　① 转引自金宜久《国际政治中的"宗教因素"》，《世界经济与政治》2002 年第 9 期，第 17—22 页。

第三编

国际政治与宗教极端主义

当代国际政治中的伊斯兰问题

20 世纪 60 年代末 70 年代初，伊斯兰复兴的社会思潮演变为社会运动。以新泛伊斯兰主义、伊斯兰教的民间复兴以及伊斯兰主义为表现形式的三股复兴潮流，汇合成世界范围的伊斯兰复兴运动（伊斯兰运动），把"伊斯兰"提到战后从未有过的、引人注目的境地。

70 年代末叶以来，无论是伊朗"伊斯兰革命"胜利、教士阶层的神权统治取代巴列维王朝的独裁专制、输出"伊斯兰革命"，还是阿富汗圣战者反对苏军入侵、内战、各圣战者组织间的火并以及塔利班崛起；无论是沙特和尼日利亚在"马赫迪"名义下相继爆发武装暴乱，还是埃及总统萨达特在阅兵时被刺杀的事件；无论是因拉什迪《撒旦诗篇》引发的伊朗与西方大国的紧张关系，还是在伊斯兰名义下频频发生的暴力恐怖活动，这一切不仅在伊斯兰世界内外引起一系列的连锁反应，把伊斯兰复兴运动推向高潮，而且使整个世界为之震惊，成为国际社会关注的中心。

进入 90 年代，在伊斯兰各国政府不同程度的支持下，新泛伊斯兰主义没有显现出任何衰微的迹象。作为伊斯兰教的民间复兴，它的热诚在伊斯兰世界范围内似乎有所衰退或降温，可是，在伊斯兰世界以外的穆斯林相对聚居的地区却有所发展。在伊斯兰世界，不管伊斯兰主义是否具有官方的色彩、是否获得当局的支持，它在民间的，特别是以政治反对派面目出现的、种种小集团的暴力恐怖活动从未中止。而在非伊斯兰世界的、穆斯林相对聚居的地区，它的政治活力的能量和动量同样不可低估。由于伊斯兰主义对地区政治和国际政治的重大影响，国际社会尤为重视它的政治动向和发展趋势，是有一定道理的。

为使中国在国际、国内都有一个和平、稳定和安全的环境，以利于国家的社会主义现代化建设的发展，有必要对国际政治中的伊斯兰问题，尤其是某些伊斯兰主义者从事的暴力恐怖活动，予以密切的关注。

一　"伊斯兰"所指为何？

伊斯兰教与政治具有密切关系。这是伊斯兰教兴起之日就有的，是在它的历史发展进程中不断得到强化的。然而，宗教并不等同于政治，政治也不等同于宗教。即使伊斯兰教具有政治性的特点，但它毕竟是宗教而不是政治。因为礼拜、纳课与社会运动毕竟不能视为同一，宗教信仰与宗教政党的活动毕竟是两码事。对伊斯兰教与它的衍生物予以限定，既要看到两者之间的相互关联，又应给予必要的区分。就伊斯兰教的衍生物而言，其中不乏穆斯林政治的、经济的、文化的、社会的行为表现及其后果。虽说它们与伊斯兰教具有某种有机联系，但毕竟是伊斯兰宗教精神在不同社会领域的延伸和显现，而非伊斯兰教自我。

所谓"伊斯兰"，指的是伊斯兰宗教精神在社会不同领域得到相对独立发展的种种社会现象。凡是冠之以"伊斯兰"名目的，都可以构成伊斯兰因素。它们虽以不同的形式表现出来，乃至各有其质的规定性，但它们共同的本质之点却要体现同一宗教精神，即体现对"安拉独一"的信仰，不得背离与之有关的教义和信条。这是伊斯兰因素得以存在的基础，离开它的宗教精神，一切无从谈起。

应列入伊斯兰因素的，第一，是伊斯兰教自我。在伊斯兰诸因素中，伊斯兰宗教的影响和作用不言自明，无须赘述。

第二，它包括伊斯兰的生活方式、意识形态、价值观念、伦理规范。对穆斯林来说，这一切是否符合伊斯兰的宗教精神极端重要。凡是伊斯兰的，就被认为是合法的，可以认同、接受。反之，则是非伊斯兰或反伊斯兰的，就被认为是非法的，予以拒绝、排斥。西方的生活方式、意识形态、价值观念、伦理规范，遭到拒绝、排斥的基本原因，就在于它被认为是非伊斯兰的或反伊斯兰的。现实生活中，最为紧要的是，人们不得触犯、亵渎穆斯林信仰的至上神灵安拉、《古兰经》以及他们奉为"至圣"的先知穆罕默德。无论何时、何地、何人，只要触犯、亵渎了这三者（或是其中之一），不管是言论还是行为，都会被视为对伊斯兰教的不恭或污蔑，都会受到斥责，成为反对的目标，严重的则会引发信教群众的抗议、示威、游行，以至于社会动乱和暴力活动，招致杀身之祸，进而导致国际政治事件，对社会、对国际关系产生消极影响。

第三，它包含以伊斯兰为特征的传统文化。信仰伊斯兰教的民族都有各自的民族文化，无论是精神文化，还是物质文化（伊斯兰文化），都与他们的宗教观念息息相关，在他们各自的文学艺术、思想情感、习俗风尚、意向爱好、心理情绪中得到充分的反映，形成该民族的文化传统和文化特色。任何来自外界的对他们的民族传统文化的轻侮、污蔑，都会触犯他们的民族情感和宗教情感，遭到那部分固执于民族文化传统的人的抨击和反对，更不用说违反其生活习俗、破坏其宗教信仰了。即便是它的民族内部出现违背其传统文化的思想、行为和做法，同样会被视为大逆不道或叛逆，甚而会遭到相应的诅咒和惩罚。

第四，它包含伊斯兰的社团组织。作为某种政治势力或社会力量，这类社团组织都在伊斯兰意识形态下从事活动。它的成员或是从属于官方机构，或是隶属于民间团体。就其性质而言，除纯宗教性的社团（如某些苏非教团）外，在伊斯兰世界既存在宗教—政治性组织，如一些国家的穆斯林兄弟会，国际性的世界穆斯林大会（1949 年正式成立）和伊斯兰世界联盟（1962 年成立），也存在政治—宗教性组织，如伊斯兰会议组织（1971 年 5 月成立）。此外，还有纯政治性的宗教政党、形形色色的社团组织。它们专门从事政治活动，与宗教毫无关系。如果硬要说它们与宗教有什么关联的话，那只是在伊斯兰名义下从事非宗教活动，仅此而已。

第五，它还包含伊斯兰国家（地区）和伊斯兰世界。本文说的伊斯兰国家（不采用"穆斯林国家"的概念）以参加伊斯兰会议组织的成员国（地区）为准。伊斯兰国家所具有的伊斯兰属性往往程度不一。有极其明显的世俗性国家，也有政教合一的或神权制的国家。不管这些国家所具有的伊斯兰属性的程度如何，由这些国家构成本文所称谓的伊斯兰世界（本文也不使用"穆斯林世界"这一概念）。此外，在非伊斯兰世界还存在穆斯林相对聚居的地区。尽管这些地区并不包含在伊斯兰世界的范围之内，在考虑伊斯兰因素时，不能不涉及这些地区。

第六，它还应包含伊斯兰的社会思潮和社会运动。当代的伊斯兰复兴运动是在复兴思潮基础上发展起来的。伊斯兰国家的复兴思潮，作为一种观念的东西，活跃于思想领域，往往会涉及民族、政治、经济、文化、社会、伦理等不同领域的复兴要求，而不限于宗教领域。但它首先以复兴宗教的面目出现。由于它有自身的倡导者、鼓吹者、传播者，它就可以影响群众的精神生活和精神面貌，也就会有它的信奉者、追随者、同情者。复兴运动在一个国家、一个地区一旦兴起，就会强烈地表现其或是宗教的或是政治的特性。这是当前伊斯兰诸因素中最为引人注目的、也是影响当代国际政治生活重要的因素。

第七，它还包含种种实体文物（圣地、圣物、寺院建筑、器皿、文物等）。伊斯兰世界的这类实体文物，在穆斯林心目中的地位和影响不可忽视、不可低估，更不能遭受任意的侵犯或亵渎。在触犯、破坏圣地、圣寺、圣物等问题上，任何穆斯林都不会漠不关心、置若罔闻的。

以上列举的伊斯兰因素，只是为了说明它们既与伊斯兰教密切相关，又与伊斯兰教自我有所区别。在国家的、地区的和国际的政治生活中，这些因素都会或是积极或是消极地产生影响，因而应予密切关注。

二　伊斯兰因素的体现者

伊斯兰的每一因素，不论是无形的还是有形的，不论是动态性的还是静态性的，都相对独立地存在，都有可能得到相对独立的发展，都由伊斯兰教的信仰者——穆斯林在政治、经济、文化等社会领域中的活动，显现其活力（尤其是它的政治活力），相应地发挥其社会政治功能。这种活力、这类功能一旦发挥出来，就会对国内政治、地区政治或国际政治产生影响。这在传统信仰它的民族或国家中的表现尤甚。我们说伊斯兰教是政治性的宗教、是具有政治活力的宗教，其原因也正在此。当我们涉及伊斯兰教以外的伊斯兰因素时，同样可以说，它们因伊斯兰的宗教精神而具有政治特性、具有政治活力。

不论穆斯林所在的国家或地区，使用何种语言，属于哪个种族、民族或部落，都可以划分为教界（具有不同教职和主持不同教务的人员：教长、阿訇、乌里玛、阿亚图拉等）和非教界；从社会方面说，他们分别隶属于社会不同的阶级、阶层或集团。伊斯兰国家里的一般教徒群众、政党、社团的一般成员，人数虽多，但他们通常属于社会的中下层。只有那些教界人士、国家的统治者、管理者以及宗教政党、宗教社团的领袖人物才是穆斯林的中、上层。在上层中，尤以掌握国家实权的统治者，那些形形色色的社团组织（特别是政治反对派）的领袖人物，在体现伊斯兰因素中才起着决定性的作用。

就普通穆斯林而言，他们应信奉、遵循宗教的教义、经典（《古兰经》和"圣训"）和教法，并应在信奉和遵循经训教法的基础上使之付诸实践。至于他们是如何实践的，有时并不取决于他们个人的认识和意愿，而是听命于他们追随的教职人员、社团组织的首领或国家的当政者。一句话，他们应听命于宗教的或政治的上层人士的意愿或决定。无论是教界还是非教界，无论是当政者还是政治反对派，无论是在伊斯兰国家还是在非伊斯兰世界穆斯林相对聚居的地区，他们都会在维护伊斯兰信仰的前提下，或是基于意识形态，或是出于宗教情感和民族义愤，或是由于价值观念和价值取向的不同，都会以伊斯兰为外衣，利用伊斯兰的旗帜，达到一定的政治目的。这是当前国际政治生活中屡见不鲜的社会现象，伊斯兰因素也正是通过他们而得以体现。

这里，对专题报告涉及的几个概念予以说明。所谓"穆斯林少数"是伊斯兰世界对非伊斯兰国家穆斯林的称谓。他们是所在国的少数民族，通常居于少数地位，由此得名。当前，在非伊斯兰世界的穆斯林相对聚居地区，他们的宗教—政治态度和活动对所在国家和地区的稳定起着极其重要的作用。

在伊斯兰世界中，还有"穆斯林民族"的说法。它认为，"全体穆斯林同属一个民族"，"穆斯林，不论其肤色、语言和国籍，他们是一个统一的民族"。实际上，这是以宗教信仰为划分民族的标志，在现实生活中，会遇到实际困难。

所谓"穆斯林自觉"，指的是那些为复兴伊斯兰信仰而自觉活动的人。在伊斯兰国家中，由于受到外来生活方式、意识形态或所受教育的影响，确有宗教意识淡漠、信仰上并非人们所想象的那样虔诚、履行宗教功课上并非那样认真，甚而不履行宗教功课的穆斯林。经过"二战"后的伊斯兰复兴，特别是在伊斯兰复兴运动日趋高涨时期，情况有所变化。如果他们的"自觉"仅仅表现在认真对待宗教生活，人们看到的只是宗教在民间的复兴。如果他们的"自觉"表现在热衷、关注社会政治、经济问题，其复兴也就不限于宗教领域，而会扩及政治、经济、文化以至于民族领域内的复兴。因而这部分人的精神追求和活动，对世界范围伊斯兰复兴的全面发展，起着极其重要的作用。

所谓"教权主义"，伊斯兰教的"教权"只是教职人员（教界）主持宗教生活以及与宗教有关的世俗生活的权力，俗人或普通穆斯林没有任何教权。教权主义与宗教性的教权不同，它是在宗教名义下对国家最高权力的一种要求。这在本质上是一种政治主张。由于伊斯兰教的教派分野，在宗教政治理论上，十叶派主张，"教权"还应包含对国家最高权力的执掌（至于它能否掌握国家权力是另一回事），因而它的教界通常沿袭着参政传统，通常是教权主义者（至于他是否提出此种教权要求是另一回事）。逊尼派的教界，一般说来，并不从政，也不染指政权、觊觎政权，他们带领教徒服从《古兰经》中所说的主事人（即国家各级行政官员）。在逊尼派世界，"教权主义"往往成为教界之外的、宗教社团领袖人物或权势人物对国家权力的觊觎和要求。他们在某些地区之所以有相当的群众基础，也正与当地民众固执于宗教信仰有关。因而"教权主义者"一旦执掌国家权力，必然是伊斯兰主义的。

所谓"圣战主义者"，指的是那部分以"圣战"为职业的雇佣军。他们在为伊斯兰信仰而战的思想召唤下、在为伊斯兰世界革命而战的思想激励下参与各地的"圣战"。在阿富汗抗苏战争期间，来自世界各地的"圣战者"为捍卫穆斯林的利益、反对苏军的入侵而接受训练，参加抗苏战争。可是，在战争结束后，他们已由圣战者演变为"圣战主义者"，无论他们是继续留在阿富汗参加战斗，或是返回原籍，或是在世界各地流窜，专门参与"世界范围的圣战"，都是为了伊斯兰的世界革命，从而成为雇佣军或职业杀手，在各地从事暴力、恐怖活动。当前，他们已经形成国际性的网络，严重威胁到伊斯兰世界内外的安全和稳定。

伊斯兰教与国际政治的关系，实际上指的是伊斯兰的种种因素通过穆斯林上层与国际政治发生关系。唯有那些具有政治抱负者，能利用伊斯兰宗教因素于社会政治领域，使政治伊斯兰化，或是利用伊斯兰的政治因素于宗教，使伊斯兰政治化，从而影响国内的、地区的、国际的政治生活。

所谓政治伊斯兰化，指的是强调政治的伊斯兰特性，赋予政治以更为浓厚的伊斯兰色彩和伊斯兰内容，为其政治主张寻求经训教法的根据和前人的例证，使用更多的伊斯兰语言、贴上更厚的伊斯兰的标签推行其伊斯兰政策，甚而以伊斯兰为外衣掩盖其政治纲领、政治活动，以至于暴力、恐怖活动。伊斯兰教本身具有政治的特性。所谓伊斯兰政治化，无外乎更为强调伊斯兰的这种政治特性。它极力揭示经文圣训的政治内容和政治含义，在思想上更为突出它的意识形态化，在组织上更为强化它的政党化，在行动上更强烈地显现出它的极端化。这就是为什么伊斯兰因素受到世人广泛关注的基本原因。

因此，在考虑当代国际政治中的伊斯兰问题时，应严格区分宗教与政治、信仰社团与恐怖组织、布道宣教与输出革命；就是说，应严格区分宗教行为、宗教活动与在宗教名义下的非宗教的社会政治行为、社会政治活动。

三　伊斯兰国家

近代以来，由于伊斯兰国家大多沦为西方大国的殖民地、半殖民地或保护国，西方的生活方式、意识形态、价值观念和伦理规范成为当地上层以及很大一部分民众的追求和基本生活准则。可是，伊斯兰国家取得民族独立和解放后，并未建立伊斯兰所宣扬的公正、平等、正义的"伊斯兰国家"、伊斯兰社会。与此相反，当今一些伊斯兰国家存在专制独裁，政治腐败、经济不振、分配不均、贫富对立；因西方化、世俗化的影响，还存在着类似西方社会的那种男盗女娼、道德沦丧等种种罪恶行径和社会弊端。西方殖民者对这些已经获得独立的伊斯兰国家，或是继续插手、干预它们的内部事务，或是派兵直接入侵以便控制、操纵这些国家。而这些国家的当政者或是无力反抗，或是对此予以默认。伊斯兰世界各国的社会、政治、经济的现实状况，令人沮丧、令人不满，与伊斯兰所主张的理想社会的原则格格不入。在那些虔诚信仰民众的心目中，现实与理想的矛盾如此尖锐，差距如此悬殊。这迟早会成为与西方的生活方式、意识形态、价值观念和伦理规范发生对抗、冲突以至于决裂的原因所在。正是这一切，为伊斯兰因素发挥作用奠定了思想基础。

"二战"后伊斯兰世界各国内部在政治、经济、社会、宗教等领域发生的一系列巨大变化，对民众的觉醒和重新认识社会各个领域发生的重大事件，具有重要意义。1967年，埃及、叙利亚和约旦在第三次中东战争（"六五战争"）中失败，包括穆斯林视为第三圣地的耶路撒冷老城也完全丧失。这促使伊斯兰世界反思，开始对种种非伊斯兰的、外来的、西化的和世俗化的生活方式、意识形态，以至于当政者所实行的政策产生反感和怀疑；反犹太复国主义斗争的宗教因素也愈来愈浓。尤其是1969年耶路撒冷老城被视为圣寺的阿克萨清真寺焚毁，导致整个伊斯兰世界的愤怒。原来只是作为巴勒斯坦—阿拉伯同以色列之间的领土—政治之争，演变为伊斯兰世界的穆斯林与以色列之间的宗教—领土—政治之争。此时，利比亚卡扎菲上台执政。他极力推行伊斯兰化的政策；25个伊斯兰国家首脑应摩洛哥之邀参加拉巴特会议，酝酿建立泛伊斯兰的、由国家首脑参加的国际联盟——伊斯兰会议组织。加之，各国的政治反对派或种种小社团组织的活跃，一股自上而下与自下而上相结合的鼓吹宗教、利用宗教的浪潮，在伊斯兰世界的官方和民间急剧发展。这就极大地推动了世界范围的伊斯兰复兴运动的兴起，使人感到伊斯兰世界在伊斯兰旗帜下的全面复兴。这正是当代国际政治中伊斯兰因素得以显现其政治活力的社会政治背景。

就宗教信仰来说，伊斯兰国家大致可以分为以下四类。其一，传统信仰伊斯兰教的国家。这些国家居民的多数（或绝大多数，或全部）是穆斯林。尽管其中有的国家在战前曾是西方大国的殖民地、半殖民地或附属国，但它们的居民并没有放弃原先的传统信仰。在他们取得独立后，伊斯兰信仰也就很自然地延续下来。其二，基于民族的、宗教的原因，以单一"民族理论"为基础，从统一的多民族国家中分裂出来后宣布为伊斯兰国家（其实，表面上以民族、宗教为由导致的分裂；本质上，它反映了民族资产阶级和地主阶级的经济利益以及他们的政治需要）。伊斯兰教是这些国家的居民的传统信仰，居民的绝大多数是穆斯林。如巴基斯坦、孟加拉国。其三，出于政治、经济的目的而宣布为伊斯兰国家。在这类国家中，穆斯林只占居民的少数，如乌干达；有的甚至不到总人口的20%，如乍得、喀麦隆、贝宁、加蓬等。其四，冷战结束后，有的国家重又承认自身的伊斯兰属性，参加伊斯兰会议组织的活动。历史上，这类国家曾是伊斯兰国家或是伊斯兰国家的属地；当前同样因政治、经济需要，而宣布为伊斯兰国家。如本报告所涉及的中亚国家以及阿塞拜疆、阿尔巴尼亚等。上述国家，不管其政体如何，也不管其民众宗教信仰的程度如何，宗教、伊斯兰意识形态在这些国家的政治生活中，不是居于统治的地位，就是有着不可忽视的影响。即使像土耳其这样最早宣布实行政教分离和世俗主义的国家，在战后实行内外政策时，也经常支持和利用伊斯兰教；"二战"后建立的共和制国家，同样在不同程度上支持和利用伊斯兰教，或是在它的名义下，谋取外援。更不必说那些政教合一的君主制或神权制国家了。

战后，各伊斯兰国家间仍存在着对立和不和，也不乏纠纷、冲突和战争。究其原因，大致有以下几点：

首先，殖民主义者留下的隐患。由于很大一部分伊斯兰国家的疆域和国界，是由殖民主义者为适应统治需要而在地图上划定的。它反映了殖民大国的势力范围和战略利益所在。同时，由它们划定的边界，已得到国际社会的公认；要重新划分边界并非轻而易举的事。伊斯兰国家取得民族独立后，不得不面对现实，无力重新划分边界、确定疆域；即便是有争议的地区，有关国家有重划边界的愿望或意图，也会遭到另一些既得利益国家的反对。边界地区所蕴藏的丰富的矿产、水利资源，边界地区的跨界民族问题等，都在很大程度上制约了伊斯兰国家间的关系，也为这些国家间的边界纠纷埋下了无法摆脱的隐患。甚而成为相关国家不时发生边界冲突和战争的重要根源。

其次，大国间的争夺导致伊斯兰国家间的矛盾和对立。基于历史的原因，西方大国在伊斯兰世界有其传统的利益和势力范围。冷战时期，以美国为首的西方大国和苏联在伊斯兰世界实行的政策，从根本上说，是利己的、是它们的整体对外战略的重要组成部分。20世纪50年代由英国直接出面组织并参加的巴格达条约组织，是与苏联相抗衡的北大西洋组织在东南部的延伸，以与美国为首的东南亚条约组织衔接，形成对苏联和社会主义国家的包围，防止苏联的势力南下；也是遏制并反对这一时期伊斯兰世界蓬勃发展的民族、民主运动的顽强堡垒。而苏联在这一时期对伊斯兰世界民族、民主运动的支持，目的在于瓦解西方大国的包围、削弱它们在伊斯兰世界的影响。其结果，造成伊斯兰世界的分裂和不和。它的影响在冷战后依然可以隐隐约约地看到。

再次，利害冲突和政见分歧导致的矛盾和对立。伊斯兰各国的当政者，不管是实行政教分离的共和政体，还是实行政教合一的君主（或君主立宪）制政体或神权政体，他们考虑任何问题的原则和基点，只能是国家利益、民族利益。而在国家利益、民族利益中，最根本的是国家、民族的政治、经济利益和安全利益，以至于统治者家族的统治利益，而不是别的什么利益，如对伊斯兰共同信仰的利益，或泛伊斯兰的利益。在国家、民族的政治、经济、安全利益的驱使下，各国当政者在涉及内外事务问题时，发生政见分歧或激烈对抗，是极其自然、正常的事，这很容易导致国家间的政治对立。所谓信仰的利益、泛伊斯兰的利益，只有在伊斯兰世界对外斗争需要时，才有可能提上日程。

最后，民众间、国家间的贫富不均也影响伊斯兰国家间的矛盾和对立。在伊斯兰世界中，不仅各伊斯兰国家内部存在着阶级对立和贫富矛盾，而且伊斯兰国家间也存在贫国与富国的差异。尽管在很大一部分穆斯林看来，人的贫富、贵贱由先天注定，个人不得有不切实际的幻想和奢望，可是，在现实社会中，富国的巨商大贾、王公贵族奢侈豪华、糜烂颓废、荒淫无度、一掷千金，而国内的以及那些穷国的贫困者身无立锥地、食无隔夜粮、过着度日如年的生活。两者形成如此鲜明的对照，这无疑会引起后者的义愤和不满。伊拉克在两伊战争中损失惨重。战后，它以战争在于捍卫海湾国家、防止伊朗的"伊斯兰革命"输出为借口，武力吞并科威特，企图以此摆脱困境。由此爆发海湾战争。在战争中，它不仅得到国内民众的支持，而且得到相对贫困的也门、约旦、巴勒斯坦的支持。伊斯兰世界因贫富不均而导致的民众和国家间的对立，虽然难以通过吞并、掠夺、战争求得解决，但它却反映了伊斯兰世界贫富间矛盾和对立的一面。

在当代国际政治生活中，基于上述原因导致伊斯兰国家在很多问题上难以协调一致、共同应付瞬息万变的国际形势。加之民族、宗教等问题的困扰，使伊斯兰国家面临诸多的问题，这很容易与伊斯兰因素挂钩。在伊斯兰复兴运动的高涨时期，伊斯兰国家在制订内外政策时，可以从不同需要和动机出发，以维护伊斯兰的信仰和穆斯林的利益为它的基本原则，也可能因政治、经济的原因而置信仰于不顾。任何国家的政策的基石，都不会是宗教信仰的或文化的利益，只能是国家、民族的政治、经济利益，即如何维护国家的独立、富强，社会的稳定、繁荣，民族的和睦、昌盛，这一切显然比之于宗教、文化更为重要、更为根本。大量事实表明，凡是以维护宗教信仰面目出现的社会的或政治的活动，都是一定利益集团所使然的，总是隐藏着一定阶级、阶层或社会集团的政治的和经济的利益，任何社会行为、政治行为的背后都有其鲜明的阶级烙印。同一信仰或不同信仰民众间的矛盾和冲突，有时虽以民族、宗教信仰、生活习俗或语言文化等形式的矛盾和冲突表现出来，但归根结底总是有着更深层次的政治的、经济的原因。统治阶级恰恰以此粉饰统治，作为维护统治利益的手段。同样的，被统治阶级、政治反对派也会利用伊斯兰的宗教精神，或是作为互助、共济、团结、友爱的纽带，或是以此作为反对统治、压迫的工具。当今各伊斯兰国家的某些极端主义组织正是在伊斯兰的名义下，利用伊斯兰的旗帜从事反社会、反当局、以至于在境外从事暴力、恐怖的活动。

四　与伊斯兰有关的热点地区

当代国际政治中，值得人们关注的、与伊斯兰有关的热点，在伊斯兰世界主要有以下地区：

——在南亚，印巴关于克什米尔的争夺，短期内难以获得完满的解决；加之，当地民族主义的兴起，期望实现克什米尔的独立，不仅会促使印巴冲突有可能随时爆发，而且也可能导致印巴联手抑制克什米尔民族独立运动的发展态势。此外，巴基斯坦国内存在的教派（逊尼派与十叶派）之争，构成巴内部社会动乱不已的原因之一；而教派间的械斗和杀戮，往往又会引发包括宗教政党在内的各政党间的激烈争夺，严重威胁着巴政局的稳定，为军界介入政治提供条件。至于军界干预政治的后果，无论是缓和还是加剧地区性冲突，都受到外界的关注。

——在西亚，除了海湾战争的遗留问题（如因核查伊拉克的大规模杀伤性武器而导致美英对伊的空中行动）尚未得到妥善解决外，20 世纪 90 年代以来，中东和平进程有所进展。以色列接受了"以土地换和平"的原则；但它的宗教极端组织对和平进程不时进行干扰和破坏；在巴勒斯坦，哈马斯和伊斯兰圣战者组织为争取民族解放斗争，虽有正义、合理的一面，但它的军事组织所从事的武装斗争，特别是它所从事的暴力、恐怖活动，仍受到世人关注。1999 年 9 月，巴以双方在埃及签署执行怀伊协议备忘录后，哈马斯的创始人和精神领袖亚辛声称，"哈马斯将继续进行战斗"，值得人们重视。此外，以在撤出黎巴嫩南部设立的缓冲区、撤出叙利亚戈兰高地问题上，在黎以、叙以中止 4 年谈判后，它虽表示接受上述原则，但其诚意仍要由事实检验。黎巴嫩真主党与以色列之间的武装冲突，仍不时爆发，影响该地区的稳定。此外，土耳其继派军深入伊拉克北部镇压库尔德工人党民兵武装后，逮捕了它的领袖厄贾兰并判处死刑，而厄贾兰则宣布中止武装斗争以换取当局的赦免。厄贾兰的命运究竟如何，与库尔德工人党是否会再次从事武装活动息息相关，这同样关系着西亚的稳定。不久以前，土真主党屠杀无辜的罪行被揭露后，更表明对它的伊斯兰极端势力不容乐观。塞浦路斯的土耳其族穆斯林与希腊族的矛盾并未完全解决，也会影响该地区的稳定。

——在北非，埃及不时发生的恐怖活动所引起的社会不宁，仍是世人关注的问题之一。苏丹一度中止了的南北方（基督教徒和原始拜物教徒与穆斯林）的内战，在 20 世纪 80 年代中叶实施伊斯兰教法、全面推行伊斯兰化后，重又爆发。加之因权力变更在不同穆斯林政治集团之间也引发战争。伊斯兰民族阵线领袖、议会议长哈桑·图拉比曾是巴希尔政府的精神领袖。1999 年底，终因政见分歧导致两者分手，苏丹内部矛盾激化。1996 年阿尔及利亚的大选表明，人民期望的并非伊斯兰的生活方式。它宣布了伊斯兰主义不得人心，但伊斯兰极端势力从未中止武装和恐怖活动。1999 年 9 月，布特弗利卡总统提出的"国民和解"计划，获得阿尔及利亚人民以压倒多数投票支持。尽管该"计划包括完全或部分赦免投降的伊斯兰好斗分子，但不包括对老百姓施以骇人听闻暴行的伊斯兰极端分子"，由于坚持伊斯兰主义的极端分子并未完全放弃武装活动，阿国内局势仍不可乐观。西撒哈拉问题迄今没有得到合理、认真的解决，也为这一地区留下不稳定的因素。

——在中亚，20 世纪 90 年代初，中亚五国脱离苏联宣布独立。在此前后，伊斯兰复兴在这些国家已有不同程度的发展。由于中亚在历史上曾是伊斯兰世界的组成部分，迄今仍被某些人视为伊斯兰世界的自然延伸，或被视为应予再"绿化"的潜在地区。就五国的整个形势来说，还算不上是热点，但塔吉克斯坦当局与伊斯兰复兴党武装的内战，一度影响着该地区的稳定。随之建立的联合反对派以阿富汗为基地从事武装骚扰，更增加问题的复杂性。在国际社会的斡旋下，塔当局虽与联合反对派达成和解，允许后者在政府中享有职位，但联合反对派并未放弃建立伊斯兰国家的政治企图，塔国内的不稳定因素依然存在。与此同时，当代瓦哈比派在吉尔吉斯斯坦、乌兹别克斯坦日益活跃，它的武装企图以吉的南部为走廊渗入乌费尔干纳地区，已威胁到吉的安全；而当代瓦哈比派在乌的猖獗活动，对乌的安全构成的威胁也是当局无法掉以轻心的。

——在阿富汗，1988 年苏联从阿富汗撤军后，阿富汗"圣战者"随即转入国内战争。在与政府军战斗中，"圣战者"武装节节胜利。1992 年"圣战者"武装攻克喀布尔并建立"圣战者"政权。由于分权不均，各派军阀武装势力随即兵戎相见。1994 年，在巴基斯坦难民营中成长起来的伊斯兰学生武装"塔利班"崛起，反对阿各派势力。"塔利班"的胜利进军并于 1996 年 9 月夺取首府喀布尔后，继续向北方推进。"塔利班"与阿各派政治势力能否通过政治协商、达成和平协定，尚有待于国际社会的调停和事态的发展。

——在东南亚，印尼国内局势因东南亚经济危机的爆发而恶化。1998年 5 月针对华人的暴乱虽已平息，但发生暴乱的根本原因并未解决。60 年代一度发生的反对华人的事件在 30 余年后再现，表明印尼当局缺乏消除国内危机的手段，往往把矛头指向华人，既拙劣、愚蠢，又不能解决问题，只会使国内固有矛盾深化或潜伏着更大的危机。1999 年 8 月，东帝汶通过全民公决，决定脱离印尼独立，这在印尼其他地区（如亚齐）引起了连锁反应。同时，印尼穆斯林与基督徒的暴力武装冲突不断，严重影响到它的社会政治、经济生活。

——在东非，索马里的内战打打停停，反映了部落间的争端难以通过武力手段解决。能为各派政治势力接受的解决办法，又无法立即生效。其最终结局只有加深民众的灾难。此外，在撒哈拉以南非洲，塞拉利昂、几内亚比绍的内战，都在一定程度上影响地区的和平和稳定。

至于在非伊斯兰世界的、穆斯林相对聚居的地区，可以称得上是热点的主要有以下地区：

——俄罗斯北高加索地区。车臣是俄北高加索地区的自治共和国之一。穆斯林在居民中占有相当的比例。1991 年年底，车臣宣布独立。1994年车臣爆发武装冲突。同年年底，俄军进入车臣首府与反俄政府武装发生战斗。1996 年 6 月，俄与车臣达成停火和撤军协议；协议规定有关独立问题到 2001 年讨论。可是，它的武装头目迫不及待地于 1999 年 7 月以来派出武装恐怖分子约 3000 人分批渗入邻近的达吉斯坦，从而引发与俄联邦军队的战斗。它在所占领的达吉斯坦村庄实施伊斯兰教法统治，同时，它还派出恐怖分子在莫斯科等地制造爆炸事件，造成千余人伤亡。俄军与车臣伊斯兰恐怖分子的战斗，目前虽已接近尾声，车臣伊斯兰极端势力窃据的领土大部分已获得解放，但不管它的结局如何，由于他们得到国际恐怖主义的支持，这对穆斯林相当聚居的北高加索地区总是个隐患。

——波黑问题。南斯拉夫联邦的波斯尼亚和黑塞哥维那（波黑）境内分别聚居着塞尔维亚族、克罗地亚族和穆斯林。1992 年 4 月，他们就是否脱离南斯拉夫联邦宣布独立发生争执，并由此爆发内战。国际社会与各有关方面先后就停火问题提出五个方案均告失败。1995 年年底，各方在美国的压力下，最终接受结束波黑危机协议。通过大选产生由三方代表组成的波黑政府。它能否解决波黑社会亟待解决的经济、政治和难民等社会问题，尚有待于各方的合作与努力。目前的稳定，完全是靠北约维和部队在当地的驻扎和防范。一旦维和部队撤离后，波黑的局势能否继续维持和平的局面，亦应有待事态的发展。

——南斯拉夫塞尔维亚的科索沃问题。科索沃是南斯拉夫联盟塞尔维亚共和国境内的一个省。科索沃的主体居民是阿尔巴尼亚族人（穆斯林）。它们争取独立的斗争得到外来的，主要是阿尔巴尼亚的支持。在当地的民族冲突中，以美国为首的北约对南内部事务的武力干预，经过78天的狂轰滥炸，暂时平息了该地区的紧张局势。由于北约维和部队无力制止科索沃解放军（已在北约的授意下成立"科索沃保安团"）对塞尔维亚人的仇杀，又无法保证塞尔维亚人的人身安全，特别是科索沃境内的民族矛盾和宗教矛盾，以及是独立还是自治问题，在短期内难以得到圆满解决。当地的形势不容乐观。

——在东南亚，20世纪70年代，菲律宾的摩洛民族解放阵线开始争取民族独立、反政府的战争；以后，它以民族自治取代民族独立而于1996年接受政府停火协议。它的民族自治主张和和平协议，能否得到贯彻执行，也有待于时间的检验。但从民族解放阵线中分裂出来的摩洛伊斯兰阵线仍继续坚持武装斗争，该地区仍无和平可言。在泰国，则有北大年穆斯林争取民族权益的斗争，同样影响当地的和平与稳定。

伊斯兰世界的和伊斯兰世界以外的、穆斯林相对聚居地区的热点问题，显然并不限于以上罗列者。但仅从以上问题就可看出，它们都是国际政治中不可忽视的与伊斯兰相关的热点地区，这是值得世人密切关注的。

五　应极端重视伊斯兰问题

当代国际政治中与伊斯兰有关的热点地区的存在，无论从哪个方面、哪种意义上说，都要求人们极端重视伊斯兰问题。重视它，完全是基于伊斯兰既包含有形的政治行为体（伊斯兰国家和伊斯兰社团组织），也包括伊斯兰的宗教思想、意识形态、文化传统这样的无形的因素。作为人们思想信仰和精神寄托的宗教，在一个相当长的历史时期内不会消亡，甚而会长期存在下去。伊斯兰教也不例外。思想和文化本身不能等同于国家机器和社团组织，但思想和文化与国家机器和社团组织一样，都是通过穆斯林来体现其政治活力的。飞机、舰艇和枪炮，没有人去掌握它、使用它，不过是一堆毫无生气的钢铁铸件。反之，宗教说教一旦掌握了穆斯林的思想、情感和行为，他们也就会在伊斯兰宗教精神激励下、在合适的时间、地点、条件下，不断地对社会显现其政治活力，掀起令人震惊的伊斯兰运动，形成巨大的动量和能量。特别是那些受到伊斯兰宗教精神激励的政治反对派，或某些极端的小集团、小组织的成员，都会为伊斯兰而献身舍命。显然，这是伊斯兰因素及其体现者在起决定性作用，也是本研究报告所关注的。

就世界范围而言，那种认为伊斯兰构成当代和平和发展的威胁的论调，显然是有所夸张的，可以说是某种冷战思维的产物，有其政治的企图。然而，就某个国家或某些地区而言，不能不看到在伊斯兰名义下的种种极端势力（教权主义者、圣战主义者、恐怖主义者以及当代瓦哈比分子、好斗分子等）却是作为社会不稳定的因素以至于现实威胁而存在的。这种社会不稳定的因素、这种威胁的存在，恰恰是有关国家或地区发生动乱的现实的根源。不能因为它对世界和平、对国际社会没有构成威胁，就否认它对某些国家或地区的安全和稳定构成威胁。同样的，不能因为它对某些国家或地区是个威胁，就肯定它对整个世界、对国际社会是个威胁。两者不能相互取代，也不能相互否定。大量事实表明，在伊斯兰诸因素中，以伊斯兰名义从事的非宗教性活动，对国内政治、地区政治、国际政治都会产生影响。哪里有极端的伊斯兰主义者、伊斯兰极端势力出没或活动，哪里就会出现社会动乱、不稳定以至于暴力、恐怖活动，从而对这些国家或地区构成现实的而非想象中的威胁。更应重视的是，在当今国际社会条件下，暴力、恐怖活动还会得到国际恐怖主义的资助和支持，这已为大量事实所证明，不可等闲视之。

就中国来说，应从国家长治久安的角度考虑伊斯兰问题。境外的、周边的稳定和安全问题要考虑、要研究，西北新疆地区的稳定和安全问题同样应考虑、应研究。因为新疆地区并非没有类似的问题。新疆地区已经发现那种主张建立"伊斯兰国家"的政治纲领。为实现这种分裂主义的政治纲领，这批伊斯兰极端势力已经建立起"真主党"、"伊斯兰解放党"以及"穆斯林志愿军"。他们不仅有分裂主义的"行动纲领"，而且有现实的行动。新疆地区不时发生的暴力、恐怖活动，对新疆已经构成现实的而非想象中的威胁。这是不得不提防的。

研究20世纪90年代国际政治中的伊斯兰问题，为的是了解世界范围的伊斯兰主义，特别是伊斯兰极端势力的动向和发展趋势，从而研究伊斯兰问题对我新疆地区已经产生和可能产生的影响，并为此提出相应的对策和建议。

[原载于《20 世纪 90 年代国际政治中的伊斯兰》（研究报告的第一部分"总报告"），中国社会科学院世界宗教研究所印制，2000 年 4 月]

国际政治中的"宗教因素"

　　当前，世界上除了佛教、基督教和伊斯兰教三大世界性宗教外，还存在一些民族性宗教（如印度教、犹太教等）。在这些宗教流传的国家或地区中，"宗教因素"通过它的体现者，在不同程度上对当地的经济、政治甚而扩及对地区的或国际的经济、政治产生影响。阿以关于圣地耶路撒冷的争夺、2000 年 9 月沙龙硬闯阿克萨清真寺并由此导致的冲突，特别是令世人震惊的"9·11"恐怖袭击事件等等，都表明其中存在着"宗教因素"问题。据报道，美国已有越来越广泛的学术界人士"开始认为，'宗教因素'是了解历史、政治、社会甚至经济的一个关键因素。"① 为深入探究"9·11"事件，应在经济、政治原因之外，寻求它的"宗教因素"有其现实意义。

何谓"宗教因素"

　　什么是"宗教因素"？笔者的理解是：宗教在信仰它的人群中，既支配他们的精神生活，又约束他们的物质生活；能产生这种支配或约束力量的，有宗教的自我，也有宗教在社会不同领域显现或延伸的不同形式。包括宗教自我在内的种种表现形式，都可能构成对某些人们的社会生活产生支配力或约束力的一种或多种因素。或者说，宗教在社会领域中以不同形式的显现或延伸，都有可能形成其支配力或约束力。由于它以不同形式存在于现实社会中，这些形式也就不可避免地具有其宗教精神的鲜明烙印；由于它对其信仰者的社会生活产生支配力或约束力，这些形式也就必然与社会

---

　　①　Mark Clayton，"Scholars Get Religion"，*The Christian Science Monitor*，Feb. 26，2002.

不同领域有着某种联系，并获得相对独立的发展，而这种联系和发展本身又受它的宗教精神制约或控制。显然，只要能体现一定宗教精神并能相对独立存在、发展的任何一种形式，都可以称之为"宗教因素"。

从现实生活中已经显露出来的大量事例来看，可以说，"宗教因素"至少应包括以下主要方面：

第一，它以宗教自我的形式表现出来。宗教通常有其信仰和崇拜的对象（即该宗教信仰、崇奉的神灵）及其相关的教义、礼仪、戒律、习俗和节日。就宗教信仰者而言，他们所信仰的宗教对其社会生活不可避免地产生这样或那样的影响，与此同时，他们的社会生活反过来也会对其宗教信仰产生影响；同样的，宗教信仰者也会对来自外部的、对其信仰及其社会生活产生影响和作用的事物，做出积极或消极、激烈或温和的反应。拉什迪的《撒旦诗篇》被认为污蔑了伊斯兰教的先知及其基本信仰，它所引发的世界范围穆斯林的抗议、伊朗随之与西欧国家出现的紧张关系，即为一例。

第二，宗教意识形态是"宗教因素"的又一表现形式，全面地体现了宗教的核心信仰或宗教精神。宗教意识形态通常以思想、主张、观念或文字等形式，在政治、经济、法律、哲学、文学、艺术等社会不同领域表现出来。它以自身的核心信仰或宗教精神而有别于其他宗教的信仰或其他意识形态。坚持其宗教意识形态，或使之实施，往往是某些宗教虔诚信仰者为之奋斗的至上目标，也是某些有政治图谋者从事动员、激励、网罗、组织那些盲信盲从者有效的精神武器，更是那些宗教狂热者或是乐意或是被迫为之献身（如人体炸弹）或从事恐怖活动的思想基础。

第三，"宗教因素"还以民族传统文化的形式表现出来。信仰不同宗教的民族，各有其不同的民族传统文化。它以所信仰的宗教精神和宗教观念为特征，并以此而有别于其他民族的传统文化。民族传统文化是该民族的宗教认同和民族凝聚力所在，它在宗教认同、具有民族凝聚力的同时，也就包含其排斥力。一般情况下，信仰不同宗教的民族，可以与周边的其他民族和睦相处。但在特殊情况下它的排斥力也就会显现出来。一个民族的传统文化，对其他民族而言，可能并不具有特殊意义。而对于它的民族成员而言，有时则是说不得、碰不得的，如果出现那种（不管是来自教内还是教外的）轻侮、曲解、污蔑、亵渎的现象，往往会导致人们意想不到的民族宗教冲突或社会动乱，甚至会引发国际事件。

第四，它还包括属性不一的社团组织或机构。除了那些纯宗教性的社团组织或机构（如教会、修会、宗教协会等）外，有的是具有不同程度的宗教—社会—政治性的社团组织或机构，有的是在宗教名义下的纯政治性的小社团组织以至于政党组织。这些社团组织或机构也可能是跨地区、超国家的国际性组织。它们的共同特征在于：作为一定社会力量或政治势力，在该宗教意识形态下从事合法或非法、公开或隐蔽的活动。在现实生活中，尤其不可忽视有关国家的政治反对派或那些具有政治图谋者所建立的、形形色色的极端主义、恐怖主义、分裂主义的组织及其有关的活动。其中，以本·拉登为首的"基地"组织最具代表性。

第五，在一定宗教意识形态基础上建立（或企图建立）的国家实体。上述的社团组织和机构并非国家实体，即便是其中有的组织机构具有官方半官方的背景或性质，它们仍然是非政府组织。以宗教意识形态为基础建立的国家实体则不同，不管它采取何种政体形式（共和制、君主制或君主立宪制、神权制），它是宗教性国家，而非世俗国家；由于宗教在这类国家中居于左右国家权力的地位，宗教在这类国家的地区或国际活动中，起着重要的作用。这样的国家实体无疑是"宗教因素"之一，塔利班政权一度统治下的阿富汗即如此。至于某些宗教极端主义组织主张建立的所谓宗教国家，并为之积极从事阴谋活动的，在现实生活中同样会发挥其影响和作用，也可视为"宗教因素"的一种表现形式。

第六，在宗教意识形态下形成的社会思潮和社会运动。20 世纪 70 年代以来，在伊斯兰教、印度教、犹太教以至于基督教、佛教及其他宗教中，都存在向它的原旨教义复归的主张或要求。这一被称为"原教旨主义"的现象，在不同宗教那里的表现形式和发展程度则有所不同。① 其中，以伊斯兰复兴形式显现的社会思潮，在某些伊斯兰国家中表现得尤为突

---

① 见 Martin E. Marty & R. Scott Appleby 主编下列各书：*Fundamentalisms Observed*（1991）；*Fundamentalisms and Society*（1993）；*Fundamentalisms and the State*（1993）；*Accounting for Fundamentalisms*（1994）；*Fundamentalisms Comprehended*（1995），以上各书均由 The University of Chicago Press 出版。

出。它的复兴主张或要求并不限于宗教领域，已经扩及政治、经济、文化等社会领域，甚至演变为社会运动，形成冲击社会的巨大的物质力量，在有些国家或地区，还出现在宗教复兴名义下的民族复兴的要求。至于在其他宗教那里，虽然尚未形成类似伊斯兰复兴那样的社会运动，但这并不等于不存在复兴的主张和要求，只是它尚未受到传媒的关注和极力渲染罢了。

第七，"宗教因素"还包括与一定宗教精神相应的物化形式。物化形式通常有其象征物（如圣地、寺院建筑、宗教器皿、文物等），尤其是那些被视为具有神圣性的象征物，它们在"宗教因素"中起着不可忽视的作用。它不可侵犯、不可亵渎，一旦遭到不管来自哪个方面的侵犯或亵渎，都可能产生严重后果：轻者会受到抗议、抨击和不满，重者则会引起冲突、动乱、仇杀以至于爆发战争。这在某些宗教中表现得尤为突出。例如，穆斯林与犹太教徒之间的圣地之争、印度教徒与穆斯林的寺庙之争，并由此导致的民族宗教冲突，都是如此。当然，圣地之争和寺庙之争有其经济、政治等更为根本的原因，但这不排除隐蔽在经济、政治原因之后的"宗教因素"在其中所起的作用。

"宗教因素"的这些方面，既可能是与信仰有关的问题，也可能会引发出政治问题。这完全取决于来自内外的影响，更取决于"宗教因素"的体现者对此做出的反应。

"宗教因素"的体现者

现实生活中，"宗教因素"对社会产生程度不一的或严重或轻微的影响。可是，"宗教因素"自身并不能对社会生活直接产生支配力或约束力，也不能对来自内外的影响做出相应的反应，必须通过宗教信仰者的行为才得以演变为社会的或政治的活力。基于社会发展水平、宗教信仰者状况的不同，这种活力的表现形式在不同宗教那里也有所区别。但有一点可以肯定，即宗教信仰者的信仰与他的社会生活可能相互产生影响和作用，则是共同的。就是说，"宗教因素"的真正体现者是与该宗教有关的信仰者，而不是无关的人士。如果没有宗教信仰者的活动，任何"宗教因素"都不可能产生影响、发挥作用，形成现实的活力，特别是它的政治活力。"宗教因素"有不同表现形式，可以单独的，也可以结合在一起，通过宗教信仰者而与政治、经济、文化、民族发生联系，并在社会生活中发挥作用。尽管"宗教因素"仅能支配或约束它的信仰者，而对其他人无能为力；但这并不是说，它对社会、对非信仰者就不起作用，不产生其影响。特别是当它受到触犯、亵渎时，它对社会、对非信仰者所起的作用及其威力，有时是人们难以预料的。

一般地说，"宗教因素"通过宗教信仰者而得以体现。具体说来，这些体现者大致可以分为两类：

一类是通过宗教信仰者中的教界人士（宗教从业人员）得以体现。教界人士生活在教民之中，具有合法的身份和社会地位，与社会的各个阶层有着密切联系。他们基于掌握的宗教知识和自身的教职，而有可能主持教徒的宗教生活和世俗生活及其有关的活动。他们在教民中的声威，使他们有可能成为普通教民的代言人和宗教利益的维护者，他们中的某些人，则可能是某一地区或某个国家的宗教领袖。一般情况下，他们会引导教民遵纪守法、与社会其他成员和睦相处，不会与社会相抗衡，是社会的稳定因素；在特殊情况下则另当别论（可能是社会的不稳定因素）。

另一类是那些并不具有教职的非教界人士。与教界人士不同，他们并没有什么教职。可是，由于他们是这一或那一宗教的信仰者，他们往往以宗教为工具，利用宗教、利用"宗教因素"从事活动，而有可能骗取一部分教民的信任，使之成为他们的追随者。这些人通常是一些国家的政治反对派，或某些从激进到极端的小集团、小组织的头目和骨干。不管他们在社会中是否具有合法的身份和地位，作为宗教信仰者，他们利用宗教所从事的活动显示，他们与那些教界人士主持宗教活动有着本质的区别。由于他们打着宗教旗号、利用宗教从事活动，有时使得人们难以认清他们活动的真正目的和真实的政治企图。

在现实社会生活中，根源于政治经济利益的矛盾、冲突或战争，有的与宗教无关。然而，确有一些根源于政治经济利益的矛盾、冲突或战争，不是具有宗教的色彩，就是得到宗教外衣的掩盖或庇护，甚至表现为赤裸裸的不同宗教（或同一宗教不同教派）之间的冲突。这里，宗教被作为政治工具而被人们所利用。所谓宗教工具，指的是宗教不是作为信仰对象，而是用来达到一定社会政治目的的手段。通常所说的"披着宗教外衣"、"具有宗教色彩"，或是借用"宗教的名义"、"打着宗教的旗号"、"以宗教为幌子"，或是以信仰来掩盖、庇护其罪恶活动，等等，都是在利用宗教、糟蹋宗教。在这种场合出现的活动，也就不是人们所闻所见的活生生的宗教活动。

事实上，任何宗教信仰本身不需要外衣，没有必要给自身加上一层宗教色彩，也不需要"以宗教名义"、"以宗教为幌子"，更不需要"在宗教名义的掩盖下"、"在宗教的庇护下"从事活动。就是说，同一宗教，可以是人们信仰、崇拜的对象，也可能被某些有政治图谋者所利用，成为政治的工具。问题在于那些利用宗教的人，不会是一般的宗教信仰者及其教界人士，而是有其政治图谋者。

严格区分"宗教因素"的这两类不同的体现者十分必要。因为当前从事暴力恐怖活动、民族分裂活动，并能对生活构成现实威胁的，恰恰是那些具有政治图谋的宗教极端势力及其追随者。

极端势力利用"宗教因素"的典型表现

如果把当前国际政治中发生的重大事件予以分类统计，人们会发现，其中有些事件的缘起或发展与"宗教因素"密切相关。在这些事例中，尤以本·拉登及其"基地"组织更为典型。

1998 年 2 月，本·拉登与埃及、巴基斯坦、孟加拉国的宗教极端主义组织的头目，在白沙瓦建立"伊斯兰反犹太教和十字军国际阵线"（即"基地"组织）。它的成立宣言（《圣战檄文》）明确提出："为了执行真主的旨意，我们向所有的穆斯林倡议发动如下的圣战：有组织地杀死美国人和他们的同盟军——士兵和公民，这是每一个任何国籍的穆斯林在有可能的情况下的个人义务。"[1]宣言表明，它不是在倡导或表述什么宗教教义或宗教思想，而是在申明"基地"组织的政治纲领。

① 王伟、王凌、龚佳编著：《隐身大亨本·拉登》，长春出版社 1999 年版，第 38 页。

同年 5 月，本·拉登在接见全美广播公司记者约翰·米勒的采访时，明确提出该国际阵线的战斗目标。他说："真主缔造我们并以这个宗教赐福我们，他命令我们去执行圣战是为了把真主的神喻（谕——引者注）传递给那些不信的人"，"真主要求我们以这个宗教来清除不信者和净化穆斯林世界，特别是在阿拉伯半岛。"他还说："我信奉真主，这包括推行圣战以传播真主的教义，同时把美国人从所有穆斯林的土地上赶出去。"[①] 与国际阵线成立宣言相应的是，他的谈话所表明的不是什么宗教说教，而是再次具体表述了他的社会政治主张，从中可以清楚地看出，他的近期目标是反对美国人及其同盟者。

实际上，为了"杀死美国人"，早在国际阵线成立前，以本·拉登为首的"基地"组织已经从事了多次针对美国的恐怖主义活动，国际阵线成立后，这类活动继续进行。它以 1998 年爆炸美国驻东非的两座大使馆、2000 年爆炸美国在也门海港停靠的军舰以及"9·11"恐怖袭击事件而达到顶峰。从事这些恐怖主义活动，完全是在坚持它的社会政治纲领和政治主张，强烈地反映出宗教意识形态在其中的决定性作用。

在反美、把美国人"从所有穆斯林的土地上赶出去"之后，本·拉登以及"基地"组织是否会放弃"推行圣战以传播真主的教义"，把"真主的神喻（谕——引者注）传递给那些不信的人"，"以这个宗教来清除不信者和净化穆斯林世界"的奋斗目标呢？或者说，它们是否会放弃为一场伊斯兰的世界革命做准备，为在世界范围内建立"伊斯兰国家"、伊斯兰政府和伊斯兰社会的远期目标呢？目前讨论这个问题没有现实意义。因为本·拉登及其"基地"组织所确定的反美、把美国人"从所有穆斯林的土地上赶出去"的任务，不仅远未完成，而且自身命运难保，正面临被歼灭、被迫四处逃窜、隐蔽和潜伏的处境。但从它的宗教意识形态来看，它永远也不会放弃这些目标。

本·拉登及其"基地"组织所坚持并实施的宗教意识形态，无非是在宗教名义下活动的极端主义或宗教极端主义。表面上看来，它所奉行的宗教极端主义，仅仅是利用宗教名义针对美国人及其同盟者的社会政治主张

---

① 王伟、王凌、龚佳编著：《隐身大亨本·拉登》，长春出版社 1999 年版，第 61、62、65 页。

和恐怖行为,似乎没有越出这个范围。其实不然,它在某些国家或地区,指使其追随者从事恐怖主义活动(或是仅在某一国家内从事其恐怖活动,或是越出国界而在其他国家或地区从事国际性的恐怖活动——国际恐怖主义);在另一些国家或地区,则指使其追随者从事分裂主义活动(民族分裂主义);或是在同一国家或地区,既指使其恐怖主义活动,又指使其分裂主义活动。就宗教极端主义、恐怖主义和分裂主义三者的关系而言,宗教极端主义显然具有更根本的性质。它是恐怖主义和分裂主义的思想基础和活的灵魂,而恐怖主义和分裂主义不过是达到宗教极端主义的罪恶目的的手段和具体应用。

严格说来,那些在宗教名义下主张、坚持并实施极端主义的社会集团或政治势力,都可以称为宗教极端主义分子或宗教极端势力。其中,就包括那些从事恐怖主义和民族分裂主义的分子。尽管宗教极端势力的主张并非宗教教义,而是政治主张;它的活动并非宗教活动,而是政治活动,但它仍要利用宗教名义、以宗教为幌子、在宗教掩盖下从事其活动。否则的话,它的诱骗性质就要大打折扣,它的影响范围就会受到限制。当今社会中,宗教极端势力之所以有其活动市场,本·拉登及其"基地"组织之所以能蒙骗相当一部分群众(既有中下层的群众,又有上层社会的成员),作为"宗教因素"之一的宗教意识形态所起的不良作用,在任何时候都不可低估,而其严重后果,更不能等闲视之。

重视"宗教因素"在国际政治中的影响和作用

现实生活提示人们:"宗教因素"并非时时、处处对所有地区或世界上的事件产生影响和作用,而只对那些与之有关的事件产生影响并发挥作用。当前在宗教名义下的暴力恐怖活动、民族分裂活动以及民族宗教冲突,往往都与宗教极端势力问题有关,都有其"宗教因素"。随着时间的推移,可能会越来越引起人们的关注,这就要求人们重视"宗教因素"。

其一,宗教有可能成为宗教极端势力制造事端的诱因或导火线。一般地说,宗教不是政治,宗教问题是信仰问题,不是政治问题。由于宗教信仰不仅具有群众性的特点,而且还表现在它的民族成分和国际联系上。这就是宗教极端势力期望其活动能够获得同一信仰者的支持、得到后者的掩护甚而使之国际化的原因所在。为制造事端，宗教极端势力在可供选择的手段中，宗教无疑是首选的手段。对宗教信仰者而言，宗教问题最容易激起他们的宗教感情，迷惑他们的视线，引发出政治事件，特别是在宗教名义下从事的暴力恐怖活动、民族分裂活动以及民族宗教冲突，其最初的诱因或导火线，往往都是极不显眼的琐事或极其平常的争端。它之所以迅速转化为激烈的冲突，是与宗教极端势力在其中的不良作用、使之复杂化、使之激化分不开的。因而人们在提防宗教问题的性质转化为政治问题的同时，应重视宗教极端势力利用"宗教因素"的问题。

其二，宗教极端势力把宗教作为廉价工具，为达到它们的社会政治目的而不惜糟蹋其所信仰的宗教。因为宗教在它们那里是个最为廉价的外衣、最为方便的工具，也是它们动员、组织、激励同一信仰者投入其活动的最有说服力和欺骗性的有效手段。尤其是它们的激进的或极端的社会政治主张，只要适应一部分信仰者的需要，就能得到后者的同情、赞赏、资助。更不必说它们在满足后者的精神需要的同时，许诺以物质补偿了。事实表明，它们在激励、网罗、组织、动员它的追随者方面，已经取得相当的成功。工具的方便、廉价，是它们乐意利用的一个重要原因。

其三，宗教极端势力会利用宗教认同而排斥一切。一般地说，宗教认同具有凝聚力的同时，又有排斥力。对于宗教界内的那些开明人士而言，他们在信仰上认同的同时，并不对教外人士持拒绝和排斥态度，这表明他们在宗教上的宽容、豁达。宗教极端势力则不同，它们会以信仰画线，对外持排斥态度。这在它们的社会行为、政治行为中充分表现出来。它们极力排斥其他宗教的信仰者或无信仰者，宗教宽容在它们那里往往不起作用。特别是为达到其政治目的或是涉及社会政治及经济利益问题时，它们可以完全不顾后果，甚至铤而走险、滥杀无辜。

其四，警惕宗教极端势力利用现代科学技术、信息网络从事罪恶活动。一方面，随着社会的进步，生活的现代化和世俗化，科学技术的发展，已有越来越多的宗教信仰者的宗教观念日益淡薄，参加宗教生活的次数日益减少，对宗教活动的兴趣开始下降；另一方面，这也使得那些宗教极端势力有可能利用科学技术、信息网络以及现代交通工具从事罪恶活动。在思想上，这些宗教极端势力，可以称得上是"伊斯兰主义者"或"传统主义者"，可是在现实生活中，它们决不排斥对现代科学技术和信息网络的掌握和应用。"9·11"恐怖袭击事件已经充分证明了此点。当前，世界各国普遍担忧"基地"组织掌握并应用生物、化学、核武器于恐怖活动，不是没有根据的。①

其五，跨国界活动的宗教极端势力更值得人们警觉。在有些国家或地区发生的民族宗教冲突，其活动主要限于该国或该地区范围内，它与其他国家同一宗教信仰者只是信仰上的、思想上的联系，而不是组织上的联系，其危害性多少有所局限。可是，那些跨国界活动的宗教极端势力（如"基地"组织）则不同，它们与外界不仅有着信仰上、思想上的联系，更为严重的是有着组织上的联系。为从事其罪恶活动，它们早已与各地的宗教极端势力组织建立联系、形成网络，甚至在一些国家训练恐怖分子（如阿富汗），在世界各地部署力量，有组织地派遣其成员渗透到世界各地，"大约60个国家"有它的"恐怖组织"；② 因而它可以随心所欲地通过信息网络或是越出国家范围，从事跨国界的活动。

其六，宗教极端势力往往利用信仰者的双重身份从事活动。信教民众都具有双重身份，他们既是这一或那一宗教的信仰者，又是所在国家和社会的公民。这决定了他们的生活内容也是双重的：既要过宗教生活，又要过世俗生活。由于人的思维方式、价值观念的整体性，对很大一部分宗教信仰者来说，他们在日常的世俗生活中难以做到离开所受的宗教思想的影响或束缚，开展单独的、不受宗教思想影响的社会行为或政治行为；或者说，他们在宗教生活中，仅以所受的宗教信仰影响来从事思维并做出价值判断，而在社会生活中，则难以做到以纯粹的世俗思维方式进行思想活动并做出纯粹世俗的价值判断。这就导致宗教极端势力有可能利用这种双重

---

① 1998年12月23日，本·拉登接受了全美广播公司驻巴基斯坦记者站的制片人的采访。在"采访中，本·拉登并不否认他正在寻求生化武器和核武器。他说：'我寻求得到这些武器，是一种宗教责任。如何使用它们，由我们自己说了算。'"（见王伟、王凌、龚佳编著《隐身大亨本·拉登》，长春出版社1999年版，第202页）"9·11"事件后，美国在阿富汗的"反恐战争"中，已经发现"基地"组织的洞穴里有关生化武器和核武器的资料，这表明作为"原教旨主义者"的宗教极端势力，并不放弃对现代科学技术和武器设备的应用。

② 见美国总统布什于2002年6月1日在西点军校就美国的对外政策的演讲。

身份去俘虏他人，而具有这种双重身份的人，也很容易被宗教极端势力所利用和俘虏。

其七，宗教极端势力会利用民族问题从事其罪恶活动。在那些多民族、多宗教信仰的国家或地区，在不同民族之间、不同信仰的民众之间，因社会政治地位、经济利益的不同，文化习俗、价值观念的差异，由此导致矛盾以至于冲突是很自然的事。由于民族问题往往与宗教问题纠缠在一起，这就使矛盾显得极其复杂、尖锐，冲突显得十分激烈、持久。研究民族问题，自然离不开经济、政治问题。在有些时候，只有深入研究宗教问题之后，才能真正了解民族问题的症结所在。特别是宗教极端势力往往在宗教名义下，挑拨民族关系、离间民族团结、分裂民族群体，使统一的、多民族的国家出现民族分裂（分立、分离）的现象，形成严重的民族分裂主义活动。

其八，宗教极端势力往往利用民族宗教冲突达到其罪恶目的。大量事实表明：信仰不同宗教的民族，往往在信仰、语言、习俗上存在着矛盾和差异，普通教民可能因日常琐事，加之长期恩怨、不和、敌视的积累而发生冲突。在多数情况下，这类冲突既可能是"宗教因素"引发的，也可能在其背后存在经济、政治的原因。在一般情况下，这类冲突比较容易和缓并获得解决。可是，一旦这类冲突由宗教极端势力介入，或是由宗教极端势力蓄意唆使、挑拨而爆发的，情况则完全不同。它成为在宗教名义掩盖下从事的社会政治活动；民族宗教冲突一旦爆发出来，在短期内很难得到平息。即便是最初矛盾、冲突的原因完全是自发的，其发展、演变及其严重性都无法预料，更何况那些故意挑动并具有明确的政治企图的事件了。

这就是说，宗教极端势力可以利用一切与宗教有关的事件、活动、问题从事其罪恶活动。当然，还可以提出其他的重视"宗教因素"的理由，如不可忽视由它引发的有关地区安全问题、社会稳定问题，也应该考虑到宗教极端势力利用"宗教因素"从事的恐怖主义、分裂主义等活动，仅从以上几点就可看出重视并研究"宗教因素"的必要。在研究中，严格区分"宗教因素"中的宗教问题（它是个信仰问题，涉及的是信仰是否纯正，有关的宗教教义和礼仪、生活习俗、寺院、圣地、圣物是否被触犯、亵渎等）与政治问题，严格区分民族宗教冲突中的宗教问题与政治问题，仍然是有积极意义的。应该看到，宗教极端势力利用宗教本身是个政治问题，而不是宗教问题。不能把民族宗教冲突中的宗教问题与冲突中出现的宗教极端势力利用宗教问题混为一谈。显然，宗教极端势力利用宗教纯粹是个政治问题，而不是什么宗教问题、信仰问题。无论是"9·11"恐怖袭击事件之前还是之后，与本·拉登及其"基地"组织有关的大量材料表明，这股宗教极端势力在各地的活动都不是什么宗教活动，而是在宗教名义掩盖下的、十分严重的、地地道道的政治活动，而其恶劣影响又远远超出一国的或地区的范围，这就有必要重视国际政治中的"宗教因素"问题。

经济是社会的基础，政治是经济的产物并是它的集中表现；"经济和政治又是文化的基础、根基，文化是经济和政治的产物，而经济、政治和文化又通过直接和间接的、简单和复杂的相互作用形成一个有机的立体网络，文化的作用是巨大的重要的不可缺少的，但决定整个社会面貌的最后的根基、推动社会前进的最后的动力是经济。"① 作为文化表现形式之一的宗教，它的基础同样是经济、政治。宗教与政治、经济相比，一方面总是处于次要的、隶属的地位，但在另一方面它也可能在与政治、经济的相互作用中产生影响并发挥作用。有时，这种影响和作用是惊人的、严重的，因而也是人们不应忽视的。当然，对"宗教因素"的这种影响和作用，既不应夸大，也不应缩小，而应予以恰如其分的分析、认识和对待。

（刊载于《世界经济与政治》2002 年第 9 期）

---

① 黄楠森：《文化研究应以唯物史观为指导》，载《光明日报》2002 年 6 月 11 日。

对当代国际政治中伊斯兰问题的认识

对当代国际政治中的伊斯兰问题的探讨，从大量的论述和繁杂的资料中可以得出如下几点基本认识。

一　在当代国际政治中，伊斯兰复兴仍会继续发挥作用并产生影响

20 世纪 60 年代末 70 年代初，伊斯兰复兴运动在世界范围内骤然勃兴。这是由社会思潮向社会运动发展、演变的结果。缘起于某个或几个国家与伊斯兰复兴有关的突然事件，在信息社会里，便很快扩及周边地区。在伊斯兰世界，人们看到的是官方与民间复兴的结合。实际上，它体现为复兴的三种形式——民间的、泛伊斯兰的以及伊斯兰主义的——合一。除了宗教自我的复兴外，它必然导致伊斯兰名义下的政治、经济、文化等社会领域的以及有关民族的复兴。复兴的表现形式及其复兴程度在不同国家表现得极不平衡。

在政治领域，所谓"不要东方，也不要西方，只要伊斯兰"、"不要政府，不要法律，只要古兰经"、"伊斯兰是解决办法"等口号，从不同侧面反映了伊斯兰主义者的政治要求和政治主张。

政治是经济的集中表现，政治被伊斯兰化的同时，经济领域内，同样不可避免地会发生伊斯兰化的现象，或者说，经济的伊斯兰化。伊斯兰世界陆续出现了一批关于伊斯兰的经济理论和著作，强调经济生活应极力贯彻有关的经文精神或内容，期望经济活动应受伊斯兰的精神和伦理原则的指导。这方面主要涉及应予遵循的禁令（利息、合法经营）、规定（纳课、施舍、济贫等）、公平原则（不欺诈、不克扣斤两等）和伦理规范。

一些伊斯兰国家建立了取消利息的伊斯兰无息银行、伊斯兰银行，算是以此贯彻《古兰经》关于利息的禁令。可是，经济生活、经济活动毕竟有它自身运行的规律，宗教能够对它进行干预或产生影响的度毕竟有限。文化领域较之经济领域的复兴更为明显。除宗教在民间的自我复兴外，在一些伊斯兰国家内，排斥西方的生活方式、意识形态，以及有关的报纸杂志、音像制品；与此同时，涉及宗教内容的报刊书籍、音像制品充斥市场，电台电视播放有关宗教内容的节目剧增。在一些国家对以前法制改革所取得的成果的放弃，更能说明伊斯兰复兴在法律领域的反映。政治、经济、文化等不同领域伊斯兰复兴的集中表现，则是社会生活的伊斯兰化的发展。

二　在当代国际政治中，应深化对伊斯兰的认识

在研究国际问题时，继续深化对伊斯兰的认识，十分必要。伊斯兰教是政治性的宗教。它的政治性特点是它诞生之日就有的，是在长期发展进程中不断得到强化的。对普通信众来说，它是宗教信仰，是他们的精神寄托、心理慰藉。这与其他世界性宗教是一样的。可是，伊斯兰教不同于其他世界性宗教之处在于，它重视两世（今世和来世）生活，既关心来世的奖惩赏罚，又关心现世的福祸善恶。当穆斯林、特别是他们中的虔信者，在关注世俗生活，尤其是社会政治生活时，他们借以观察问题、说明问题、处理问题的立场、观点和方法，他们的价值观和价值取向，通常是伊斯兰的。他们持有的伊斯兰的意识形态和它的传统的社会政治主张，会在观察、说明、处理问题时，强烈地反映出来，甚而会显现出强烈的、人们可以理解的宗教感情来。在那些多民族的国家和地区中，则会显现出他们的民族感情来。

穆斯林或他们中的虔信者对伊斯兰的基本原则的坚持是执著的。在伊斯兰原则中，最为重要的是对真主、对先知穆罕默德、对《古兰经》的信仰和尊重。他们所坚持的伊斯兰原则、他们的思想、情感亦非短期灌输、塑造的产物，而是先辈信仰代代继承和延续下来的，是他们经过自幼家庭的熏陶、成长过程中学校和社会的影响，并由他们中的上层予以强化的结果。对伊斯兰基本原则的信仰、忠诚、维护，相关的思想、情感，以至于

为之舍命献身，已经成为他们的生活方式、意识形态、价值观念、习俗风尚的组成部分。

在现实生活中，影响国家、地区、国际政治的，不全是宗教，甚至完全不是宗教，而是在伊斯兰外衣、名目下的社会行为、政治行为。尽管它们的社会、政治活动采取了伊斯兰的词句，应用了伊斯兰的名义，但它们毕竟与宗教活动有别。因此，应把宗教活动与这类社会、政治活动严格区分开来。这样，就可极大地避免伤害穆斯林宗教情感、民族情感的事件发生。因为把一切伊斯兰外衣、名目下的社会、政治活动（特别是暴力、恐怖活动）都与伊斯兰宗教联系起来，把它视为宗教信仰和宗教活动，既会伤害他们的宗教、民族情感，又难以对这一复杂的社会现象做出科学的解释。

三　在当代国际政治中，伊斯兰意识形态仍值得人们重视

在伊斯兰世界，无论是涉及政治、经济、文化、法律、伦理等社会问题，还是民族问题，都与伊斯兰意识形态密切相关，它仍将在传统主义与现代主义的交替作用下发生影响。传统主义与现代主义两者既不绝对地排斥，又不会绝对地融合，而是你中有我、我中有你，它们的基本出发点都是维护伊斯兰的信仰阵地和信仰原则，而交替作用无外乎是为了显现其适应性罢了。当代的伊斯兰主义可以说是新传统主义，它以传统主义为主，其中又含有现代主义的成分，因而它既不是纯而又纯的传统主义或绝对地、无条件地向伊斯兰教的原旨教义复归，又不是完全抛弃传统的现代主义。今后伊斯兰意识形态的发展，即使是现代主义占上风了，它也不会是纯而又纯的现代主义，其中仍会夹杂着传统主义即伊斯兰信仰的。如果它完全抛弃传统主义、完全背离伊斯兰信仰，那它也就不再是伊斯兰意识形态了。

应该指出，传统主义并非绝对诉诸暴力、恐怖手段，而现代主义并非绝对排斥暴力、恐怖手段。问题是在伊斯兰复兴高涨时期，暴力和恐怖手段是那些传统主义者，尤其是他们中的极端主义者，在无法达到自身的目的时而采用的一种手段。反之，只要这种手段有利于现代主义者实现他们

的目的时，他们也不会拒绝使用。

应该看到，伊斯兰意识形态是穆斯林文化认同、信仰认同的思想基础。无论就世界范围而言，还是就穆斯林个人而言，能够团结伊斯兰国家共同表态的、能够动员穆斯林奋起的，只能是伊斯兰意识形态。20 世纪60 年代末耶路撒冷的阿克萨清真寺被焚事件之所以引起伊斯兰国家的震惊、不满和抗议，伊斯兰会议组织之所以得以建立并获得迅速发展，伊斯兰复兴运动以来，之所以每年世界各地、各民族约有 200 万穆斯林朝觐麦加，80 年代末拉什迪的《撒旦诗篇》几乎引起世界范围穆斯林的抗议，一个基本原因就在于他们之间的文化认同、信仰认同。

在伊斯兰世界，各伊斯兰国家之间、穆斯林个体之间，由于贫富强弱的不同，人们很难发现他们在利益上有什么经济认同，更谈不上有什么政治认同了。尽管伊斯兰世界有地区性的经济合作组织，但这离他们关于建立伊斯兰共同市场的设想相距还很远。尽管他们已有了伊斯兰会议组织，但在涉及与伊斯兰无关的国际问题或其他问题上，也就很难有共同的立场和态度。他们可以以一个声音说话、表态，并一致对外，它的先决条件必定是与伊斯兰有关的，或者说，泛伊斯兰的问题。因为一个声音或一致对外的思想基础是他们的文化认同、信仰认同，是他们的宗教情感，离开共同的宗教信仰，任一伊斯兰国家必定以自身的国家利益、民族利益为重，任一穆斯林必定以个人的切身利益为重。

四　在当代国际政治中，应关注经济政治化、政治经济化问题

经济全球化并不能完全克服世界经济早已存在的各种弊端，穷国无法追赶上富国的经济发展水平，只能是富国愈来愈富，穷国对富国的依附性愈来愈大。

就伊斯兰世界来说，在经济全球化过程中，无疑是把伊斯兰国家投入全球化的大熔炉的同时，并不能抹去伊斯兰国家经济领域内具有特色的活动。它无法取消伊斯兰无息银行、伊斯兰银行，这是埃及、巴基斯坦、伊朗等伊斯兰国家在伊斯兰复兴运动高涨过程中刚刚建立的。同样的，它也

无法取消穆斯林凭借虔诚信仰而遵循的一种宗教制度和宗教义务——纳天课或缴纳宗教课税（通常应按年收入的 1/40 纳课）。

如果说，伊斯兰国家开办无息银行、取消利息、将宗教义务变为社会法律行为的做法，可以称之为伊斯兰经济化的现象的话，那末，伊斯兰国家在对外经济援助过程中，使受援国在接受经援的同时，在信仰上也随之有所变化。它或是强化受援国民众的伊斯兰信仰，或是使受援国伊斯兰化。这种通过经济的手段达到宗教目的的做法，显然是经济的伊斯兰化。由于宗教历来从属于政治，因而它所达到的是宗教—政治的目的，甚而就是政治目的。70 年代，非洲的乌干达、加蓬等国的国家元首在接受石油美元后，皈依伊斯兰教是它达到宗教—政治目的的事例。90 年代初，中亚五国独立后，伊朗、沙特、土耳其、埃及的经济援助滚滚而来，其"绿化"中亚所拟达到的宗教—政治目的，不是别的，而是使受援国成为伊斯兰属性的国家，使之伊斯兰化。这同样可以说是经济伊斯兰化的实例。由于种种原因，这一"绿化"目的在中亚似乎未能达到，但这不是说它不想达到。在经济全球化过程中，要伊斯兰国家放弃外援的宗教—政治目的是难以做到的。

五　在当代国际政治中，西方经援和军援的结果是反西方的伊斯兰因素的增长

冷战时期，以美国为首的西方大国为适应全球战略需要，它们向一些伊斯兰国家提供了大批经济和军事援助。其基本目的在于遏制"共产主义威胁"、遏制伊斯兰世界民族解放运动的发展，企图通过援助达到经济政治化的目的，以此控制这些伊斯兰国家。一些伊斯兰国家成为西方的附庸，就是援助的结果。所以说，西方经援和军援的目的是利己的、政治性的，并非慈善性的，不是要从根本上改善受援国的落后现状，使之在政治上、经济上获得真正的独立和发展。

任何事物总是有一利必有一弊。在接受外援方面，当这些获得援助的伊斯兰国家在经济上得到发展的同时，它的宗教和宗教势力也相应地得到了复兴和发展。西方的与伊斯兰的意识形态、生活方式和价值观念毕竟是

不同的，加之，伊斯兰国家的社会矛盾和贫富分化在战后不断地加剧，富者更富，贫者依旧贫困。正是贫富差距的扩大，导致反西方的伊斯兰因素的增长，伊斯兰势力的发展和壮大。其结果则是 20 世纪 60 年代末 70 年代初的伊斯兰复兴和反西方的势力的发展。

在伊斯兰世界的受援国中，埃及在经援方面是受益最大的国家之一。它的政治反对派或激进的、极端的组织也是反西方最为激烈的伊斯兰极端势力之一。同样的，伊朗在伊斯兰革命前是军援方面受益最大的国家之一，它在革命胜利后，则成为反美的先锋。美国在阿富汗抗苏战争中用尽心机培养反苏的圣战者和武装分子，阿富汗战争结束后，这股伊斯兰势力中的极端分子则成为国际恐怖主义的基干队伍。他们的矛头首先指向的不是其他国家，而是美国，这显然是以美国为首的西方国家始料不及的。在伊斯兰世界以外的穆斯林相对聚居的地区，伴随着民族主义的高涨，发展为民族对抗和地区武装冲突，进而演变为分裂活动和暴力、恐怖活动，成为地区性的热点。当前，这种地区性的对抗和冲突，它的分裂活动会得到西方国家的同情、支持和援助，尽管它暂时还不会把矛头指向西方国家，由于伊斯兰意识形态和价值观与西方的完全不同，它迟早会与西方发生对抗的。

当伊斯兰国家实行的政策，与以美国为首的西方国家的战略利益相协调时，尚能相安无事，一旦发生利益冲突，受援国就会成为敌对国，西方国家就会对这些国家采取遏制和制裁的政策。遏制与反遏制、制裁与反制裁的国际斗争，也会随之出现。

西方的经援和军援的心术不正，往往自食恶果。伊斯兰反西方因素的增长，也就成为西方某些学者提出防范论、威胁论、文明冲突伦的根据。

六　在当代国际政治中,应密切关注当代瓦哈比派

20 世纪 90 年代以来，在中亚、在北高加索地区极其活跃的伊斯兰极端势力，从它的社会政治主张及其直接的思想渊源来说，应归于当代瓦哈比派，或者说，它是一股极端的伊斯兰主义者。

当代瓦哈比派的基本宗教—政治主张是，一切均应严格遵循正道，向

伊斯兰教的原旨教义复归，在当前，则应向瓦哈比派早年的原旨教义复归。它反对一切非伊斯兰或反伊斯兰的生活方式和意识形态，尤其是反对西方的生活方式和意识形态及其影响、反对"异教徒"，主张建立真正实施伊斯兰教法统治的伊斯兰国家、伊斯兰社会。它坚持通过圣战的手段达到这一政治目的。输出伊斯兰世界革命成为它的基本活动方式。

当代瓦哈比派的宗教—政治主张，完全不同于作为沙特官方意识形态的瓦哈比主义。由于沙特王室已执掌国家最高权力、瓦哈比教义已成为国家的统治思想，因而它通常以新泛伊斯兰主义为内外政策的指导原则：它放弃圣战，无须再通过它来谋取政权，更多的是援助有关国家和地区的宗教事业，以使受援国伊斯兰化。它的"绿化"战略的本质也正在此。

作为宗教，必然有一个布道宣教问题。就当今沙特的瓦哈比派而言，布道宣教主要是输出它的伊斯兰宗教信仰和伊斯兰意识形态。当然，为了宗教事业的发展，它也会给予有关国家或地区以援助，以支持那里宗教以及与之有关的事业。如果说它主要是通过金钱手段（提供建造、修缮清真寺的资金、资助到麦加朝觐、提供助学金、奖学金，赠送经文图书等）对外扩大影响的话，那末，以当代瓦哈比派而论，它向外输出的则是伊斯兰世界革命。至于它向外输出宗教意识形态，那只不过是掩护、是幌子。它的真实目的在于这些国家和地区发生有利于伊斯兰主义的转变。伊斯兰主义也向外提供援助，但援助不是用于宗教事业，而是提供金钱、武器弹药，甚而直接提供武装恐怖分子。因此，应严格区分宗教与政治、区分宗教与宗教极端主义、区分输出信仰与输出革命、区分新泛伊斯兰主义与伊斯兰主义。在伊斯兰主义中，还应区分温和的、激进的与极端的。只有这样，才能真正把握对当代国际政治产生影响的伊斯兰因素、认清当代瓦哈比派的真面目。

从现实的事例看，当代瓦哈比派往往在泛伊斯兰思想的掩护下，以民间活动的形式向那些非伊斯兰世界的、穆斯林相对聚居而经济又相对落后的地区渗透，极力扩大其影响。在它的激励、蛊惑下，这些地区迟早会发生严重程度不一的社会动乱和地区冲突，在多民族杂居地区则会爆发民族间的冲突。特别是那部分受到他们的影响和训练、接受了他们的资助或是受他们派遣的伊斯兰极端分子，很自然地要仿效早年瓦哈比派和 20 世纪初沙特王室通过圣战、以武力夺权，建立伊斯兰国家的做法。

七　在当代国际政治中，20 世纪 80 年代的伊斯兰圣战者到 90 年代已演变为圣战主义者

世界范围伊斯兰复兴运动兴起以来，反对东方和西方的生活方式、意识形态、价值观念、伦理规范和习俗风尚，成为伊斯兰复兴的基本内容之一。从伊斯兰世界的现实来看，反对非伊斯兰的或反伊斯兰的一切的，不单单是一股社会思潮，而且有一伙现实的伊斯兰极端主义的势力。对他们来说，伊斯兰复兴的形式，可以是意识形态的，也可以是恐怖行动的。这股极端主义势力，可以是民间自发的，也可能是国家使然的。他们的思想基础，就是对非伊斯兰的或反伊斯兰的一切的憎恨，他们的行为表面上看来似乎是宗教性的，其实是政治性的。

无论是反对东方还是反对西方，作为一个国家的基本国策，或是作为某个社团组织的行动纲领，很容易为人们所察觉。值得注意的是，阿富汗抗苏战争以来，在阿富汗和巴基斯坦境内的营地已训练了来自伊斯兰世界各地的大批圣战者，仅阿拉伯国家就有 1.5 万余名（所谓的"阿富汗阿拉伯人"）。在接受军事训练的同时，他们还受到巴的激进主义组织"朋友运动"（总部在伊斯兰堡）的思想影响。该组织自称是"真正的穆斯林圣战者国际网"，正在"为一场世界范围的圣战作准备"。这无疑是向圣战者灌输伊斯兰的世界革命思想、为伊斯兰信仰而战的思想。接受了它的思想熏陶的圣战者，在阿抗苏战争结束后，有的继续留在阿富汗参加战斗，有的已返回他们的原籍，有的则在伊斯兰世界各地流窜。90 年代，在克什米尔、波黑、科索沃、阿尔及利亚、车臣、中亚、也门等国家或地区，都能发现这批参加过抗苏战争的老战士的踪影，他们成为专司为伊斯兰世界革命而战、为伊斯兰信仰而战的雇佣军和职业杀手。可以说，他们已演变为一批"圣战主义者"，成为从事暴力、恐怖活动的基干队伍。散布在世界各地的"圣战主义者"，已形成国际性网络。而阿拉伯大富豪本·拉登则是他们的首领。即便是返回原籍者，只要他们的网络有所召唤，也会奔

赴需要他们的地区参加战斗。从现实的斗争来看,这批"圣战主义者"会继续活跃在伊斯兰世界,进而渗入非伊斯兰国家,从事暴力、恐怖活动。对他们的动向不应漠然视之。

八　在当代国际政治中,伊斯兰名义下的暴力、 恐怖活动仍有发展的趋势

"二战"后,伊斯兰世界的暴力、恐怖活动从未中止。20世纪七八十年代显得尤为突出和激烈。这一时期,暴力、恐怖活动的攻击目标、对象、地域已不限于伊斯兰世界内部,也不再限于同一信仰的穆斯林。它已远远超出地域限制,发展到非伊斯兰世界,并以非穆斯林为攻击目标。为了扩大暴力、恐怖活动的影响,并使之具有更大的杀伤力,甚而把攻击目标针对具有重大社会影响地区(如高楼大厦、闹市区、公共汽车等),或具有政治影响的场所(军营、军事机关、使领馆等),其破坏性和危害性不言自明。进入90年代,则有过之而无不及。

这批恐怖分子借口维护伊斯兰信仰,从事他们的罪恶活动。他们的目标和对象,在国内,通常是那些被视为背叛伊斯兰事业的当政者和有关的人士(官吏、军警或有影响的人物)。在国外,通常针对外国的,尤其是美国和其他西方国家的机构和人员。这些受到袭击的国家,通常被谴责为支持本国的当政者。纽约国贸大厦和美国驻东非使馆爆炸事件、埃及总统穆巴拉克在埃塞俄比亚被刺杀(未遂)事件、印度航班于尼泊尔加德满都被劫持事件,均说明了此点。以前,一些频频发生暴力、恐怖活动的伊斯兰国家,由于当局的严厉镇压,国际反恐怖主义斗争的加强,暴力、恐怖活动有趋减之势。这不是恐怖分子放弃了暴力、恐怖活动,而是把活动的重点转移到境外地区,或是隐蔽起来以图东山再起。

应该看到,冷战后,在伊斯兰世界以外的、穆斯林相对聚居地区民族主义发展后,暴力、恐怖活动伴随着地区性冲突和分裂主义活动而有所增加。这在科索沃、在车臣表现地尤为突出。当前,暴力、恐怖活动事实上与伊斯兰的"圣战主义者"已密不可分,这是伊斯兰主义发展的必然结果。

九　在当代国际政治中，伊斯兰世界的政治民主化会有所发展

伊斯兰国家随着现代化的发展，客观上要求政治民主化有相应的发展。这不是任一国家的当政者主观上是否愿意的问题，而是经济发展所使然的，也是整个世界发展的趋势所在。如果政治上没有相应的民主化，它就会制约现代化的发展，最终不利于该国经济的发展。

近代以来，伊斯兰世界的一些学者已经意识到政治民主化的必要性，为使它与伊斯兰意识形态挂钩，他们把伊斯兰教创立时期推举哈里发的协商做法，解释为当代的共和制度，称之为伊斯兰民主，似乎民主制度在伊斯兰社会中早已存在，无须求之于外界。在伊斯兰世界，除了已经实行共和制的国家仍有扩大政治民主的问题外，在那些实行君主制或君主立宪制的国家里，政治民主化的任务更为艰巨。伊斯兰复兴过程中，那种要求实施公正、平等和正义的呼声和政治主张，已迫使一些伊斯兰国家，特别是君主制国家在这方面有所行动，这包括在国家政治体制中采用或扩大议会或咨询会议的做法，它反映了政治领域内的相应的改革措施。当然，已经做的这一些，与真正的政治民主化还相距甚远，但这种改革的意向一旦实施，它就很难再走回头路。

至于伊斯兰国家究竟如何实施政治改革，采取何种形式扩大民主，这只有依靠它的政治家和民众从本国的实际出发，依据伊斯兰的原则和它的宗教精神予以创新了。要使伊斯兰国家放弃它的伊斯兰意识形态和伊斯兰的传统，完全遵循西方的道路或模式来发展它的国家政治体制是不可能的。同样的，要它仿照东方的道路或发展模式也是难以做到的。问题是伊斯兰国家究竟在多大的程度上开放民主。在那些一党专制的共和制国家里，如何开放党禁，广开言路、扩大民主；在那些君主制或君主立宪制的国家里，如何扩大民主，限制或约束统治家族的权力，这些都是伊斯兰国家应该做到而在实际上还未曾做到的。

十 在当代国际政治中,应密切关注以美国为首的西方国家对伊斯兰的态度

在"二战"后的民族独立解放运动日趋高涨时期,一些殖民主义国家在被迫退出伊斯兰世界,特别是中东时,把政权不是交给民族主义者,而是交给部落首领或君主,这时,他们很少考虑到教界。

20 世纪 60 年代以来,西方教界开始与伊斯兰教界对话。显然,这不是基于对伊斯兰的好感,而是西方教界少数人的行为。

70 年代以来,西方对伊斯兰复兴的提防,对日益发展的伊斯兰极端势力的反感,以及对他们不时发生的事件的斥责,认为伊斯兰极端势力将在不同国家和地区引起连锁反应、应予防范,进而认为它将对西方构成威胁,直至亨廷顿提出文明冲突论,这一切无疑都是西方从功利主义出发对伊斯兰所持有的一种歧视态度。

世界范围的伊斯兰复兴并不是连锁反应的产物,而是迄今已经发生伊斯兰复兴的国家,其内在矛盾发展的结果。如果没有内在的原因,外部对这些国家的影响再大,也很难说伊斯兰复兴就会在这些国家内发生。这种求之于外因论的说明是缺乏说服力的。对于伊斯兰复兴是否应予防范,则应给予具体分析。伊斯兰教的民间复兴,它纯粹是该国内部的宗教事务和宗教现象。新泛伊斯兰主义对伊斯兰世界内部的影响往往大于外部世界。它在对外的宗教交往中,布道宣教活动是任何宗教都要从事的宗教活动。思想的传播和影响是无国界的,人们难以防范。真正应予防范的,显然是伊斯兰主义、尤其是极端的伊斯兰主义(或宗教极端主义)。它通常具有明显的政治目的,在伊斯兰名义下从事政治的而非宗教的活动,甚而是暴力、恐怖活动。对于伊斯兰威胁问题,也应予以具体分析。就世界范围而论,很难说它已对整个世界和平、安全和稳定构成了某种威胁。即便是对西方国家而言,伊斯兰也没有对所有西方国家都构成什么威胁。但这不是说,伊斯兰极端势力、伊斯兰的恐怖分子不在西方国家搞暴力、恐怖活动了。毋庸讳言的是,那些极端的伊斯兰主义者确实是某些国家和地区稳定和安全的严重威胁。这是人们不得不予以提防的。应该看到,文明冲突不

过是意识形态冲突的翻版。事实上，冷战时期各种文明之间就存在着差异、矛盾和冲突，而且会长期存在下去。在冷战后把文明冲突提到不应有的高度，就会使人感到问题背后的真正目的在于掩盖西方的政治经济意图。

事实上，西方国家，特别是美国对国际性事务历来持"双重标准"。它的基本出发点则是美国的国家利益至上，它的内外政策一切都以美国的战略利益为转移。在伊斯兰问题上，同样如此。它在高喊反对恐怖主义的同时，在科索沃问题上，借口惩罚塞尔维亚族的恐怖活动，不惜对南斯拉夫实施78天的狂轰滥炸，反之，则极力支持它在早年宣布为恐怖主义组织的"科索沃解放军"。而对这支阿尔巴尼亚族穆斯林武装恐怖分子的支持，又是在人权高于主权、捍卫人道主义等美名下进行的。它的意图很明显，就是肢解南斯拉夫。今后，以美国为首的西方大国仍将持"双重标准"处理伊斯兰问题，仍将以自身的利益对待一切，这是可以预言的。

（刊载于《世界宗教研究》2001年第1期）

宗教在当代社会的蜕变

冷战结束以来，宗教极端主义问题越来越引起世人的关注。尤其是"9·11"恐怖袭击事件后，开展有关极端主义的研究显得更为迫切；同时，它不可避免地要涉及宗教问题。本文拟通过对宗教在当代社会的发展和蜕变的讨论，探讨宗教极端主义及其与宗教的关系问题，力图表明宗教极端主义并非人们日常所闻所见的、具有广泛群众基础的、通常意义上的宗教。

一　宗教在当代社会的发展

宗教在社会生活中的发展有其自身的规律。冷战结束后，它的发展不过是"二战"后发展的延续，主要表现在以下几个方面：

其一，宗教日益重视社会参与和政治参与。"二战"以来，各个不同宗教的一个突出表现是，为与所在国的社会政治经济发展相适应，宗教现代化和世俗化的发展日趋明显。一方面，宗教在个体信仰者社会生活中的重要性减弱。那些热诚并固执宗教信仰的人们显然不满于宗教的这种衰微的现状；他们无法回避更无法回答社会生活不断提出的新问题、解决日益呈现的新矛盾，尤其是因宗教现代化和世俗化所带来的一系列问题。他们不满于难以尽如人意的现实生活，力求昔日宗教繁荣景象的再现。其结果导致不同国家和地区先后出现宗教复兴的现象，其中，尤以 20 世纪 60 年代末 70 年代初以来的伊斯兰教向它的原旨教义复归最为明显和突出。它不仅企求宗教的复兴，还企求社会政治、经济、文化等不同领域的复兴。其他宗教同样存在不同程度的向原旨教义复归的现象。[①] 另一方面，宗教以

---

① 芝加哥大学出版社以"原教旨主义"为主题的出版计划，先后有五本著作问世。其中，在1991 年出版的《原教旨主义评论》中，分别涉及基督教、佛教、伊斯兰教、犹太教、锡克教、印度教、儒教在不同国家和地区所表现出来的"原教旨主义"问题。

社会群体面目出现，在处世哲学和行为策略上，为适应社会的发展而权变；在具体行为上则重视并关注社会现实问题，其根本目的仍在于在新的社会历史条件下不致因衰败而边缘化，期望继续维持在信众中的地位而不丧失其权威。宗教自我的发展，不管它是教民的自觉行动，还是教界的作为，不管它是国家的引导，还是信仰群体，尤其是政治反对派活跃的结果，人们看到的则是教徒个人、宗教团体日益重视参与社会生活各个领域的活动，不再回避世间俗务，在社会参与、政治参与中显得十分活跃、积极、热诚，甚至极力与现代科学相调和，以现代科学知识为其经典、教义做阐释、做论证，利用现代科学技术手段（如广播电视、信息网络）宣教布道，更不必说宗教传统关注的开办学校、医院、慈善机构了。

其二，宗教日益发挥其文化的社会功能。在现实社会中，宗教以精神文化、制度文化、书本文化、伦理文化、习俗文化和物质文化等不同面目存在，并发挥其社会功能。它的精神文化主要是凝聚在教徒的信仰和思想意识中的宗教教义、主张、观念、心理、情感、思潮以及以不同形式反映其精神文化的宗教神学、哲学、文学、艺术等；制度文化主要是与它的精神文化相应的宗教律法、戒律、规章以及相关的宗教礼仪制度等；书本文化主要包含它的宗教经典、宗教报刊、著作及其所反映的宗教思想等；伦理文化主要包含与它的宗教思想、观念相应的伦理主张、道德规范等；习俗文化主要包含与它的宗教思想、观念相应的习俗风尚、生活禁忌等；物质文化主要有宗教器皿、文物、建筑、碑碣等。宗教文化所体现的这些层面，是宗教在长期的社会历史发展中逐渐形成并得到完善的，也是教徒自觉不自觉地接受并极力维护的。特别是在当今信息社会采用种种科技手段传播其宗教文化的条件下，宗教文化所具有的社会性及其特有的社会功能，是其他文化难以比拟的。任何宗教都有众多的信仰者、追随者，他们是各自文化或积极或消极的体现者或传播者。为维护其宗教文化的纯洁、存在和发展，为发挥其宗教文化的社会功能，不可避免地要建立自身相应的组织机构（如教会、布道会、宗教协会等），以保证其宗教文化在日常的社会生活中发挥应有的作用，影响周围可能影响的人群；那些企图利用宗教、利用宗教文化达到一定社会政治目的人，同样会组织起来，以宗教的名义建立适应其自身需要的小社团，极力发挥宗教文化的社会功能，为他的政治辩护和服务。

其三，宗教国家化趋势的发展。就历史的整个进程而言，政教分离是社会发展的总趋势。它仅仅表明宗教不能再干预政治、法律和教育等事务，不允许宗教凌驾于政治之上；让宗教成为教徒个人的私事。不过，人们仍可看到，除了还存在一些政教合一的国家外，宗教与社会生活的各个领域仍有着千丝万缕的关系，很难说宗教与政治已完全、彻底、绝对地分离。宗教，特别是它的基本信条本身具有相对的稳定性，外部力量对它的发展并不能起到多大的作用；可是，宗教虽有自身相对独立的传教布道、发展信徒的使命，但它的存在和发展离不开经济基础和财力支持。为此，仅仅依靠信徒的奉献、教产和教会的其他收入，无法满足宗教在当代社会生活中日益发展的需要，它越来越乐意接受国家的资助、谋求国家的财政支持，以利于宗教事业的发展。虽然宗教不能再干预这些被视为尘世的俗务，但并不是说国家放弃了对宗教的干预或利用。由于国家对宗教的干预或利用，这就使宗教有可能被国家化。任何一个政党不会忽视宗教在大选中对选民的影响；同样的，宗教为谋求国家的支持，往往利用它对选民可能产生的影响，鼓励教民参与大选、参与政治。当宗教接受了来自国家的资助和支持后，也就被迫接受国家的指令而被利用，或是依附于国家的统治，或是成为国家实施内外政策和实行治理的工具。宗教所产生的精神诱导、心理感化的作用是根深蒂固的、潜移默化的。这种特殊作用，甚至被视为社会的一种稳定因素，是其他社团组织难以起到的，也是其他任何手段都难以达到和无法替代的。这正是有些国家乐意并积极支持宗教事业发展的原因之所在。国家越来越重视宗教在日常生活中的伦理说教作用，强化对宗教的控制和干预，予以安抚和利用，结果则使之国家化，成为这些国家的上层建筑的一个组成部分。这就使宗教、宗教界隶属于政治，在有的国家则成为政治的奴婢和附属品，沦为政治斗争的工具。有时，作为政治奴婢和附属品的宗教，也可能利用政治来达到自身发展的目的。宗教国家化现象的发展，是国家和教界所共同认可的。而那些打着宗教招牌的政治反对派，对这一现象并不持认可态度，斥责教界为当局服务，成为它反对当局和教界的口实之一。除了他们（及其社团组织）外，作为一种社会集团或社会势力而与国家相对抗的宗教、敢于与当局唱对台戏的宗教，几乎是不存在的。

其四，宗教与社会冲突、民族冲突的交织会日趋紧密。宗教以其民族信仰者为载体、为其活动的主体。世界上单一民族的国家并不多，大多数是历史上形成的多民族国家。民族有其特有的民族文化和民族特点，它往往与宗教、宗教文化相融合，形成以宗教意识形态为灵魂、为核心的民族文化和生活习俗。但这不是说，宗教等同于民族，民族等同于宗教。大量事实表明，在那些存在宗教对立、教派纷争的国家中，宗教问题往往与社会问题、民族问题，或者说与社会冲突、民族冲突纠结、交织在一起，才形成教族冲突。这类冲突和纷争，都是基于不同民族成员或同一民族内部因信仰上的分歧和差异而引起的。宗教对立、教派纷争是信仰的、意识形态的冲突，有其思想的、文化传统的因素；这类对立和纷争只是表象，甚而是假象。实质上，宗教对立、教派纷争的背后则有着更为深层次的原因，即民族之间的，甚而是同一民族内部因社会政治、经济利益的差异所产生的矛盾而导致的冲突。宗教对立、教派纷争的结果，使得冲突地区的社会安定和民众生活受到严重威胁，短期内难以解决。冷战结束后宗教对立、教派纷争不仅没有消除，反而随着社会的发展时而和缓时而激烈，现在则有愈演愈烈之势。严格说来，宗教对立、教派纷争已由宗教自我发展，逐渐趋向边缘化；其中，宗教因素已有所锐减，社会政治的、民族的因素则明显增加。这为宗教的政治化铺平了道路。

冷战结束以来，经济全球化的发展，必然影响到不同宗教信仰者对自身命运的思考。特别是伊斯兰世界的很大一部分人，有些对伊斯兰教所主张的关于公正、平等和正义的理想社会很是向往，有些对个人的境遇和经济状况很不满；而一些具有政治企图的人，很自然地会利用理想与现实的矛盾和差距，以宗教情感、宗教认同来网罗、纠集并激励那些宗教盲从者、政治不满者、社会失意者、失学失业者、生活无着者以及无赖和游民，形成在宗教名义下的政治反对派，组织或建立具有政治色彩的小社团，从事不利于国家和社会的活动。在政治反对派的成员中，也有那些出身中产阶级或上层社会、生活条件优越、受过高等教育、具有良好社会职业的人，他们参与这类社团组织的活动，甚而在其中起着特殊的作用。在当今社会的宗教发展中，宗教的蜕变以至发展成为宗教极端主义，是一个更加值得注意并予以专门讨论的社会现象。

二　宗教蜕变为宗教极端主义

什么是宗教的蜕变？宗教的蜕变，是宗教的蜕化、异化，即宗教发生质的变化。宗教蜕变是宗教由它的自我演变为非我。这个蜕变而出的非我与宗教的自我并存，并成为宗教自我的异己物和异己力量。它反过来给予原先宗教以曲解、亵渎、强制和糟蹋，甚至与它所从出的宗教对立和对抗，使之在民众中丧失影响和威信，进而威胁到原先宗教自身的权威。作为宗教的异己物和异己力量，不管它是否保留原先宗教的名目，它的成员是否保留着原先宗教的传统信仰（有的成员对原先宗教的信仰不仅十分虔诚，甚至达到极端盲信的程度）、是否在原先宗教的名义下从事宗教活动，它已使宗教发生质的变化。它虽然还保留着宗教的形式，似乎仍然是宗教，但从它的所作所为而不是从它的宣言和主张来看，它已背弃宗教的本质属性，不再是人们所了解和熟悉的宗教。其活动表明，它完全是在非宗教的社会意识形态激励下从事的社会政治行为；宗教在它那里不过是起着掩护作用的、为达到一定政治目的而蛊惑人心的外衣。

极端主义是人们常常使用、极其熟悉而没有给以明确界定或说明的概念；极端主义似应指那种对社会生活和问题持有的理论和主张、采取的思想作风和态度行为都已达到了顶点或极点。那么，究竟什么样的理论主张、思想作风、态度行为称得上达到了顶点或极点呢？事实上，社会生活的各个不同领域都有可能出现此类情况。

就政治领域而言，人们通常把那些抱有一定政治目的，其主张超出事物发展的一般进程，以至于在行为上采取激烈手段的个人或团伙，称为激进分子或激进派。其中，那些在主张上和行为上更为偏激，以至于达到极点的，甚至好走极端者，则称为极端分子或极端派。如果说，前者的思想、观点、行为、活动，被视为是激进主义的，那么，他们中的那些个人或团伙所持有的极端主张和极端行为，必定是极端主义的。

由宗教蜕变而来的宗教极端主义以或公开或隐蔽的形式深藏、潜伏在群众中，专门从事谋杀或代人谋杀、走私和贩卖枪支、毒品、抢劫、绑架、强暴、奸淫妇女、拐卖儿童、出售人体器官、讹诈保护费、制造假币、实施种族迫害、袭击无辜、投毒、爆破等罪恶活动，就其社会危害和性质而言，与一般犯罪活动在本质上并无区别：不同的是，它的宗教名义，它动听的宗教语言和宗教幌子，正是迷惑、蒙骗人的地方。

宗教极端主义是"宗教"与"极端主义"的复合概念。它不是人们日常所闻所见的、具有广泛群众基础的、通常意义上的宗教，也不是一般的极端主义。它可以理解为"宗教的极端主义或宗教中的极端主义"。这指的是宗教中含有极端主义的成分或因素，是宗教性的极端主义。在宗教史上，有的宗教在其活动中确实含有极端主义成分。伊斯兰教兴起不久，从穆斯林主体中分化出哈瓦利吉派。它在教派斗争中提出，非本派信徒皆为叛教徒，无论男女老少应一律杀戮；这是该派信仰伴之以行动的教义主张之一。其活动、参与教派斗争的目的不是建立一个新宗教，而是以它的教派主张为准绳，净化信仰、净化宗教、排除异己、确立正信；它所反对、杀戮的不是异教徒，而是具有穆斯林身份的教胞。把它的主张和做法视为极端主义，并不过分。尽管它的活动、它所参与的教派斗争是非常极端的，具有一定的政治性质，但它不是与宗教毫无关系的、纯粹的政治斗争，其动机、目的、主张、效果，都有着宗教的内容，没有离开宗教的属性，仍然属于伊斯兰教的内部斗争。所以说，它在本质上仍然是宗教性的极端主义。同样，伊斯兰教历史上把"那些持偏颇主张或采取暴力行为者"称为"极端派"，这一说法涉及 8 世纪中叶前后十叶派内的一些小教派。[①] 10 世纪初，该派宗教体制大致形成，它的教义学家对内部的一批宗教学者此前提出的一系列主张予以审核，其中，有的被采纳而成为官方教义，有的如所谓"神旨变换说"、"灵魂转宿说"、"神灵潜入人体说"、"委权说"等则被视为极端主张而予以摒弃。为实现其主张，它所从事的仍然是宗教活动，而不是政治活动。显然，这是内在于宗教中的极端主义，它在本质上是宗教性的，并不涉及社会其他领域的问题。

"冠以宗教之名的、在宗教名义下的极端主义"指的是那种为达到一

---

① 金宜久主编：《伊斯兰教辞典》，上海辞书出版社 1997 年版，第 229 页。

定目的而以宗教名目活动的极端主义。如果说它与宗教仍然有什么关联的话，那就是它继续使用宗教名义、其成员仍然是以该教的虔诚信徒身份在活动。它之所以需要冠以"宗教"之名，披着宗教外衣，甚至以"宗教"的形式活动，完全是因为这很适应它蒙骗、迷惑它的追随者和群众的需要。宗教的任何活动本身并不需要什么外衣，也不需要其他掩饰品来掩盖；宗教外衣通常是那些非宗教的或是违法、犯罪活动所需要的，借以掩饰它的不可告人的目的，所采用的一种方便而又廉价的手段。由于它的极端行为是非宗教的，或是赤裸裸的违法、犯罪的性质，难以骗取、诱惑更多的追随者和善良的民众，特别是骗取、诱惑那些虔诚的信仰者，所以它在极端主张和极端行为之外，再裹上一层宗教色彩、披上一件宗教外衣，使之类似于宗教活动、宗教行为。然而，这并不能改变它的极端性质；正如假冒伪劣产品再有花哨精致的包装，并不能改变其产品假冒伪劣的性质一样。明眼人、局外人是完全能够不受它的蒙蔽的。可是，它却有其特殊的功效。因为对那些信仰十分虔诚甚至达到极端盲信程度以致达到极端狂热程度的虔诚信仰者来说，就不是那么回事了。

对宗教极端主义的两种不同理解的共同点在于："宗教"作为定语用以界定"极端主义"，说明它不是与"宗教"无关的、其他（如政治、经济）的"极端主义"。

在当前世界热点地区中，许多事件完全是由宗教极端主义引发的。它将继续影响人们的社会生活，激化热点地区的那些固有矛盾，或是使之进一步恶化。它也会成为冷战后民族（或种族）冲突或战争的精神支柱，人们无法摆脱宗教极端主义的困扰。其中，以宗教为外衣的极端主义对社会的危害性更大。当今活跃于国际舞台的宗教极端主义，恰恰是在宗教外衣掩护下的、具有强烈政治性的极端主义，这也是当今人们关注的重点。不可忽视的是，在有些国家或地区，宗教极端主义已与恐怖主义和分裂主义结合起来，形成三位一体的怪胎。这三股势力的发展严重影响国际社会的安全和稳定。虽然可以说这三者都各有其攻击或加害的目标和对象，也有其相应的社会政治行为，但深究起来，人们会发现，在这三者中，宗教极端主义更多的表现是思想上、意识形态上的，它是恐怖主义和分裂主义的精神支柱和活的灵魂；而恐怖主义和分裂主义更多的表现则是行动上的，它们不过是宗教极端主义思想、纲领的活生生的体现和应用。

人们看到的是，在伊斯兰名义下的极端主义最具代表性。不仅在阿富汗、巴基斯坦、也门、索马里、阿尔及利亚、巴勒斯坦、黎巴嫩等伊斯兰国家有它的踪迹，而且它也活跃在非伊斯兰国家的那些穆斯林相对聚居的地区，如克什米尔、波黑、车臣、科索沃、菲律宾等。甚至在西方世界也有它的"基地"。然而，这不是说，它就是伊斯兰的特产，与其他宗教有关的或具有其他宗教背景的极端主义就不存在了。事实并非如此。在印度教、犹太教、基督教或佛教传播地区，这些宗教的教徒同样会在他们的宗教名义下，或是依靠同一宗教信仰的教胞的掩护，从事极端主义的恐怖活动或分裂活动；这类活动在有些国家和地区并不比伊斯兰名义下的同类活动逊色，只是传媒对它的渲染要小一些罢了。

三　宗教如何蜕变为宗教极端主义

宗教发生蜕变，在客观上需要一个过程。其中，宗教的政治化是这个过程中必经的、不可或缺的阶段。冷战时期，宗教在向它的原旨教义复归过程中，宗教政治化的现象已经显现。一般说来，这时的宗教政治化已经以温和的或激进的以至于极端的形式表现出来。无论是温和的、激进的、还是极端的发展，如果仅限于思想信仰、意识形态领域，仅仅作为一种社会思潮流传的话，它对社会、对政治的影响或冲击并不严重；如果它见诸于行动，甚而发展为社会运动的话，则会对社会、对政治产生不同程度的影响、冲击或危害。这一时期发生的、在宗教名义下的暴力恐怖活动，就属于它的极端行为。这是宗教信仰者社会参与和政治参与的必然结果之一。

就宗教政治化而言，其基本特征在于它在宗教外衣的掩盖下、庇护下的思想和行为的政治化。具体说来，它表现为信仰的政治化，主张的意识形态化，组织形式的团伙化，活动方式的诡秘化。在信仰政治化方面，它往往从曲解并掺杂政治企图入手，赋予它所尊崇的宗教经典的个别词句以政治含义，使宗教的教义思想演变为具有政治纲领的性质；在主张意识形态化方面,它在教徒信仰政治化的基础上,强调宗教主张的政治目的和意识形态特性,进而显现出它的政治特性和政治活力,诱导并裹胁它的追随者投入政治活动或社会运动;在组织团伙化方面,表现为在原有的教会、宗教社团之外,建立起形形色色的类似政党性质的、具有严密纪律的秘密的,或密谋的小集团、小组织(甚至是跨国界的国际性组织);在活动诡秘化方面,表现为在布道宣教的煽动、激励下,或在日常宗教活动的掩盖、庇护下,从事非法的、秘密的活动,它人前一套,人后一套,以至于从事阴谋颠覆和恐怖活动等。这一切正是宗教政治化的综合表现。在宗教政治化过程中所表现出来的温和、激进、极端三种形式中,真正蜕变为宗教极端主义的则是它的极端形式。

　　就世界三大宗教中的伊斯兰教而言,它的政治化、蜕变为宗教极端主义尤为明显。可以认为,伊斯兰教政治化是笼统说的。事实上,在它的政治化过程中,那些持有极端主张并从事极端活动的个人或势力集团,或者说,其中的极端派,从极端的(而不是温和的和激进的)方面阐述其宗教经典和宗教教义,并伴之以相应的极端行为;其结果,宗教思想变成政治意识形态,进而在它的政治意识形态指导下,从事有预谋的、有组织的恐怖主义活动,这已经蜕变、异化为宗教极端主义了。宗教从它的政治化再到宗教极端主义的变化,使原先宗教中的宗教性不断锐减、政治性不断剧增,这是个量的变化过程,由量变到质变,直至政治性居于主导地位,宗教性或是完全消失或是成为它从事政治活动的点缀,进而宗教最终异化为非宗教、蜕变为宗教极端主义。伊斯兰极端主义虽然还保留着伊斯兰的名目,其成员仍然在伊斯兰的名义下活动,但它已经不再是伊斯兰教的自我,而是某种与伊斯兰教自我相抗衡的异己物和异己力量;在伊斯兰名义下的极端主义不仅在思想上与伊斯兰教主张的六大信仰完全不同,而且在社会行为、政治行为上与伊斯兰教主张忠实地履行五项宗教功课和施舍行善有根本区别。例如,伊斯兰极端主义在信仰真主的掩盖下,强调对各自的小社团、小集体的首领的人身依附、绝对忠诚与盲目信仰,激励它们的成员从事非法的甚至是违法犯罪活动;即便是它要求其成员参与和从事日常的宗教功课,那也不过是个幌子,为的是掩盖、庇护它在暗地里从事的违法犯罪活动。这类活动清楚地表明,它们无论在思想上,还是在社会行为、政治行为上所显现出来的政治特性，已不再是什么宗教信仰和宗教实践，而是政治主张、政治行为；它们已经背离了伊斯兰教的原旨教义，与正常的宗教活动完全是两码事。

平心而论，在现实生活中，伊斯兰极端主义更为明显、活跃是有目共睹、无可辩驳的事实，也是其他同类活动望尘莫及的。它已构成相关国家或地区安全与稳定的最大障碍，成为这些国家或地区防范的重点对象，也是国际社会普遍关注的焦点。然而，这不是说佛教、基督教和其他宗教中就不存在政治化、不存在那种蜕变为宗教极端主义的现象了。只是这些宗教蜕变为宗教极端主义及其表现的形式和活跃的程度没有伊斯兰教极端主义那样突出、明显、活跃罢了。

宗教的政治化并不一定导致宗教极端主义。或者说，宗教蜕变为宗教极端主义，不仅要有一个过程、要有它的政治化的极端形式的演变，还需要一些基本的条件：一旦具备了这些条件，宗教的政治化过程中的极端形式就会发生质变。这时，宗教极端主义的兴起则是不可避免的了。概括起来，它的条件大致如下：

首先，它必须具有一个持有一定图谋（政治的、经济的或其他的）的、能充当其头目的个人或势力集团，为实施其图谋而从事宣传、鼓动、组织、密谋活动；其活动能吸引、网罗一定数量的支持者和追随者，他们有可能成为它的骨干和社会基础；

其次，它必须具有一种能够吸引人、迷惑人并适应他们需要的、从激进到极端的政治经济纲领或社会主张，或适应他们心理和精神需要的歪理邪说；这类纲领、主张和歪理邪说能够为它的支持者和追随者所接受，并乐意为之奋斗和献身；

再次，它必须具有一套约束其支持者和追随者的强制性的精神和组织手段；既能确保持有一定图谋者的绝对权威，又能保证他从精神到人身对他们实施有形无形的控制，使之绝对依附于所隶属的团伙或组织；

最后，它必须具有一定的经济基础以保证它的社会政治活动；其经济来源可以由它的支持者和追随者奉献，也可能由那些具有一定图谋的个人或势力集团提供，或是通过巧取豪夺的手段从社会上谋取，或是来自某些国家、基金会和个人的资助。

当宗教政治化蜕变为宗教极端主义后，它的目的、动机、基本主张、组织形式、活动手法，完全暴露出它已经脱离了宗教的范畴，不再是通常意义上所说的宗教信仰和宗教实践。宗教在它那里是道道地地的、纯粹的摆设；它具有的宗教外衣，它的成员在宗教名义掩盖下、庇护下从事的社会政治活动，它采取的宗教名义，是蒙骗人、迷惑人的手段，也是它以类似宗教而又并非宗教的特殊形式活动的原因所在。

四　宗教与宗教极端主义

宗教自我的发展，是不以人的意志为转移的社会客观进程。宗教发展以宗教认同为前提。在同一宗教内部才有认同；宗教认同是宗教存在的基础和获得力量的源泉。宗教认同是宗教获得凝聚力或内聚力的源泉。宗教认同获得凝聚力的同时，也就具有排斥力，排斥一切非本教的信仰、礼仪、习俗，以至于生活方式：宗教的认同是排他性的。内聚力越强，排他性也就会成正比地增加。任一宗教都以自身特有的信仰和礼仪而与其他宗教相区别，宗教分化出不同的教派或宗派，仍然认同它所从出的宗教。如果宗教没有认同，而与其他宗教混同，就会失去自身的特色和存在价值，从而丧失掉自身的信徒因而宗教认同有别于一般的认同。

历史上，宗教因信仰上的某些分歧和礼仪上的微妙差异，分化为不同的教派和宗派，是宗教自我发展的显著标志之一。就世界三大宗教而言，佛教于公元前 6 世纪创立后，约到公元前 4 世纪中叶时，教内对教义和戒律产生分歧，分裂为 18 部派或 20 部派。公元 1 世纪左右，出现大乘佛教（此前的佛教则被称为小乘佛教），它在发展过程中同样分化出不同的部派和宗派。[①] 基督教在它的传播过程中，因各地的社会历史、文化传统、生活习俗的不同，逐渐发展起具有地方特色的神学思想、礼仪制度。在东西方布道传教的各教会的分歧因此日深，形成东西两派教会，"终于在 1054 年彻底分裂"为沿袭拉丁文化传统的、以罗马为中心的西方教会（即天主

---

① 任继愈主编：《宗教大辞典》，上海辞书出版社 1998 年版，第 240 页。

教）和沿袭希腊文化传统的、以君士坦丁堡为中心的东方教会（即东正教）。[①] 14 世纪以来欧洲兴起文艺复兴运动，16 世纪又爆发宗教改革运动，从天主教中陆续分化出不同的宗派，以后统称为新教。这三者仍然隶属于基督教。伊斯兰教兴起后不到半个世纪，就从穆斯林主体中分裂出哈瓦利吉派（当今仅存它的一支——易巴德派）和称为"阿里党人"的十叶派，以后又从中分化为不同的支派或宗派；10 世纪时，穆斯林主体正式形成自称为"逊奈和大众派"（简称逊尼派）的派别。宗教在组织上分化和形成的不同的教派和宗派，是宗教自我的内在的发展：与之相应的是，这种内在的发展却促使了宗教在整体上（包括教义、礼仪、戒律等方面）的自我发展。这些发展的基础正是它们的宗教认同。

近代以来，兴起了一批新兴宗教。它或是在传统宗教教派和宗派的基础上演变出来的，或是借助传统宗教的有关主张与影响而另立的。一般说来，新兴宗教的兴起，与宗教分化为教派和宗派并继续隶属于传统宗教不同，它或是被原先宗教视为"异端"，或是完全脱离了原先的宗教。可以认为这些新兴宗教是原先的传统宗教的外在的发展。有的教徒在认识问题、处理问题时之所以以信仰画线，完全是宗教认同的观念在起作用，甚至是起决定性的作用。在当代伊斯兰教的宗教认同表现得尤为突出。它的这种内聚力和排斥力，正是伊斯兰复兴运动极力排斥那种被认为一切非伊斯兰的或反伊斯兰的思想和行为的力量所在，也是拉什迪《撒旦诗篇》问世后之所以会掀起世界范围穆斯林的愤慨和抗议的原因所在。如果它无法认同，势必导致宗教的分裂，例如，19 世纪末，由十叶派伊斯兰教中脱胎而出的巴哈教，经历了由十叶派的巴布教派分化而出的巴哈教派最终演变为独立的巴哈教（"巴哈伊"）的发展过程，就是伊斯兰教与巴哈教互不认同的结果。

无论是宗教分化为不同的教派和宗派，还是由传统宗教中脱胎而出的新兴宗教；无论是宗教内在的或外在的发展，还是前述的在社会领域中的活动的发展，它们的宗教属性没有改变，在本质上仍然是宗教，其基本信仰和活动仍是宗教性的，没有离开宗教的范畴。由宗教蜕变而成的宗教极

---

① 唐逸主编：《基督教史》，中国社会科学出版社 1993 年版，第 90 页。

端主义，与宗教自我的发展完全不同。宗教极端主义既不是从传统宗教中分裂出来的教派和宗派，也不是从传统宗教中脱胎而出的新兴宗教，而是宗教在社会领域中的活动的蜕变或质变。当宗教发生由政治化到宗教极端主义的质的变化后，再把它视为宗教，似乎它没有发生变化，显然是不妥的。如果认为宗教发生质变，蜕变为宗教极端主义后，就可以完全否定它与宗教的关系，也是不妥的。

那么，由宗教蜕变为宗教极端主义后，它究竟以何种形式活跃于当今的社会舞台呢？

其一，以阴谋团伙的形式活动的宗教极端主义。如上述，宗教极端主义既不同于由宗教所分化的教派和宗派，也不同于新兴宗教。它由宗教蜕变、异化后，完全丧失了宗教的特性。人们不会把这类团伙与教会、布道会、宗教协会视为同样的宗教组织；更不会把它从事的杀人放火、阴谋恐怖活动同礼拜祈祷、诵经把斋等量齐观，因为它不是宗教活动。这类团伙往往在宗教的名义下，为达到它的政治目的，使用或威胁使用恐怖手段攻击或加害于它拟攻击的对象。它在实际上不过是人人喊打的过街老鼠，因而它通常在一定人群中以隐蔽的形式活动。

其二，以邪教形式活动的宗教极端主义。邪教同样是披着宗教外衣的、而非宗教性的社团组织。尽管它最初源出于某个宗教或新兴宗教，尽管它似乎有着更多的宗教特性，尽管它自认为是宗教，它的信徒自认为是该"宗教"的、信仰十分虔诚的信徒，可是，当它发生蜕变、成为它所从出的宗教或新兴宗教的异己物和异己力量，并以某种实体形式活动后，就不再是什么宗教了。仅仅从它的信仰主张来看，它似乎是宗教；可是从其活动及其活动后果来看，它对原先宗教信仰的引申、夸张、曲解和糟蹋，对原先宗教实践的违背和破坏，充分表明了它是具有邪恶性质的、一股有组织的邪恶势力。

宗教极端主义的这两种表现形式的共同点在于，它们的主张、行为、活动完全充斥着狂热性、极端性、威慑性和破坏性，在本质上是反社会、反科学、反人性的。在有些国家和地区，它的反当局的活动，给社会安宁、稳定造成破坏和危害。这与宗教所宣称的仁慈、博爱、宽恕、善良，不可同日而语。当然，这两种团伙之间也有所区别。如果说，前者的成员除了执行某项任务的需要而奉命自杀或自残外，它的攻击或加害对象通常是本团伙以外的人；它奉命自杀或自残不是最终目的，为的是攻击社会、杀害他人。其危害性往往涉及它所攻击的有关国家或地区。那么，后者加害的对象往往是本团伙内的成员；其危害性要比前者略为逊色些。现实生活所提供的一个特例是日本的奥姆真理教。它既蒙骗、加害于自身的信徒，又在东京地铁放毒，攻击和加害于无辜者，可以说它兼有了阴谋团伙和邪教的双重宗教极端主义的特性，这说明宗教极端主义不是宗教的一个最好的典型。日本政府当初之所以允许它以法人资格登记，完全是因为它还没有暴露出邪恶本性，一旦它的邪恶本性暴露后，对它采取相应的措施则是必然的。一般说来，以阴谋团伙和以邪教形式活动的宗教极端主义，对社会都有严重危害，特别是"9·11"恐怖袭击事件发生后，开展对它们的研究，很有必要。

　　总之，宗教与政治、宗教问题与政治问题、宗教与宗教极端主义，是不同的概念，也是不同领域的问题。它们之间虽有一定的联系，但毕竟有着各自的质的规定性，不能等同看待，不可视为同一、混为一谈。宗教问题是思想问题、信仰问题、意识形态问题，以及与之相应的宗教行为问题；可是，宗教极端主义者在布道宣教的名义的掩盖、庇护下，利用宗教从事暴力恐怖、分裂国家等极端主义活动，就不是什么宗教问题而是政治问题了。人们不能因为塔利班政权允许本·拉登的"伊斯兰反犹太人和十字军国际阵线"或"基地"组织在阿富汗存在和活动，就认为他所坚持的宗教极端主义也是一种宗教。显然，利用宗教从事暴力恐怖活动，或是从事分裂活动，或是从事渗透、颠覆、破坏、干预他国内政，等等，完全不是什么思想、信仰、意识形态或宗教行为问题，而是个严重的政治问题。因为任何一位宗教家或神学家都不会承认宗教极端主义就是他们信奉的宗教，等同于他们遵循的宗教信仰和履行的宗教功课。由于宗教极端主义对社会造成的危害越来越明显、越来越严重，也就使越来越多的民众认识到它是社会的一种毒瘤和公害，日益引起人们的厌恶、抨击和反对，有关国家对它的遏制、打击和镇压，是理所当然的和不可避免的。

（刊载于《世界宗教研究》2002 年第 2 期）

宗教极端主义

在现实生活中，人们通常把那些抱有一定目的（公开的或隐蔽的）、主张超出事物发展的一般进程，以至于在行为上采取激烈手段的个人或团伙，称为激进分子或激进派。其中，那些在主张上和行为上更为偏激甚至好走极端者，则称为极端分子或极端派。如果说，前者的思想、观点、行为、活动，被视为是激进主义的，那么，他们中的那些个人或团伙所持有的极端主张和极端行为必定是极端主义的。

严格说来，社会生活的各个领域都可能发生极端主义的现象，出现极端分子或极端派。就社会政治领域而言，极端主义往往更被人们所关注。在一些西方国家普遍活跃的黑手党，专门从事各种犯罪活动：谋杀或代人谋杀、贩卖和走私毒品枪支、抢劫绑架、强暴妇女、拐卖儿童、讹诈保护费、制造假币、从事种族迫害等等，这类犯罪团伙通常被视为极端组织。"据美国南方贫困地区法律中心初步统计，美国目前的右翼极端组织有300多个，遍布近40个州，其中势力较大的新纳粹组织达70多个，3K党团伙近100个，光头党近40个，其他右翼极端组织也有50个。在这些组织中，势力最大的当属'爱国者民兵'，它在至少27个州里有大约10万名成员和1200万同情者。"①美国的右翼极端组织在违法犯罪方面并不亚于黑手党等极端组织。它们的主张、行为的极端目的，无疑都是极端主义的。

宗教极端主义与上述的极端主义不同之处在于，它是在宗教外衣下，对某个宗教的经典或教义，断章取义或从极端的方面加以引申、夸张和曲解，并在此基础上从事公开的或是秘密的危害社会的活动。就是说，凡是

---

① 刘国栋，联合国 1995 年 5 月 12 日电。

在宗教外衣的掩盖下，为达到某种目的的个人或团伙，以极端主张和极端行为表明其存在价值的，可以视为宗教极端主义。显然，宗教动听的词句以及采取类似宗教的活动方式，并不能掩盖它们的极端主张、极端行为和它们活动的极端目的。在这方面，它们与其他极端主义在本质上是一样的。

在当今世界的宗教极端主义中，无论是以个人的宗教狂热面目出现，还是以或大或小团伙的有组织的形式从事活动，都是极端势力。与个人的宗教狂热相比，以团伙形式为载体的宗教极端主义危害更为严重。人们最为常见的宗教极端主义的团伙，以暴力恐怖组织、种族主义组织、民族分裂组织、毒品走私组织、武装犯罪组织、宗教狂热组织等形式从事非法活动。与其他宗教极端主义相比，伊斯兰极端主义显得更为活跃、更为突出。例如沙特阿拉伯大富豪、国际恐怖主义头子本·拉登就是在伊斯兰的名义下从事暴力恐怖活动的。20世纪80年代，他参加了阿富汗抗苏的圣战者组织。苏军撤出阿富汗后，在他的领导下，一批经过训练、参加过阿富汗抗苏战争的阿拉伯圣战者（被称为"阿富汗阿拉伯人"），随之参加了索马里、波斯尼亚、车臣以及其后的科索沃战争；同时，作为职业杀手和雇佣军，他们在世界各地从事暴力恐怖活动。1994年，本·拉登被沙特吊销国籍后，流亡苏丹；1995年因涉嫌参与刺杀埃及总统穆巴拉克被迫离开苏丹，于翌年再次进入他以前在阿富汗设立的训练营地，继续领导伊斯兰圣战者组织。1998年，他建立了"伊斯兰反犹太人和十字军国际阵线"（即"基地"组织），随后又从国际阵线中派生出"伊斯兰圣战解放军"。伊斯兰国际阵线以及在伊斯兰名义下的其他各种极端组织从事的活动，已成为世人关注的中心，可以视为战后宗教极端主义发展的缩影。伴随着世界经济全球化的发展，宗教极端主义的活动范围已超出中东和欧洲等传统地区，日益显现出全球性的倾向，其中又以恐怖主义为最，它对国际社会的安全构成严重威胁。由于这些组织都是在信仰某一宗教的外衣掩盖下从事活动的，它很容易得到该宗教的信仰者的同情、保护和支持。这一方面是宗教极端主义有其广泛的社会基础的原因，另一方面也是它有恃无恐而猖獗活动的一个重要原因。

与上述团伙有组织形式不同的是，还有以邪教的组织形式表现出来的宗教极端主义。邪教具有更迷惑人的华丽的宗教外衣，甚而是以所谓的"改革"、"新兴宗教"、"宗教狂热"的面目活动。然而，它的极端主张和极端行为无法掩盖。"全球邪教组织约有5000个之多，单是美国就有700多个邪教组织，堪称邪教王国"，"英国约有500个邪教团体"，"西班牙是仅次于美国和日本的邪教活动最为猖獗的国家，全国现有200个'具有破坏性'的邪教组织，信徒约有1万人"，法国有"形形色色的邪教组织170多个，成员达10万余人"①。当然，邪教组织不仅在美国、英国、日本、西班牙、法国获得发展，在其他国家，例如在阿根廷、秘鲁、乌干达、肯尼亚等第三世界国家同样存在。邪教组织的名目繁多，诸如"新世纪"、"共济会洛克菲勒666"、"奥姆真理教"、"法之华三法行"、"太阳圣殿教"、"科学神教"、"布宜诺斯艾利斯修炼转化中心"、"基亚班巴圣灵降临教派"、"上帝使者"、"恢复上帝十戒（'诚'——引者注）运动"，如此等等，可以说是五花八门，无奇不有。与邪教作斗争，已成为世界各国的艰巨任务和共同使命。为此，法国政府专门成立了"打击邪教部际委员会"，以"加大打击邪教力度"②。1999年，我国取缔了"法轮功"邪教组织。

应该指出，宗教信仰自由，宗教活动自由，以及与之相关的宗教社团组织，是得到世界各国的宪法和法律保护的。可是，上述包括邪教在内的极端组织与受到保护的宗教社团组织完全不同，它的极端主张和极端行为与宗教信仰和宗教活动是两码事。已经揭露出来的大量事实表明，宗教极端主义对社会产生消极影响，具有令人发指的破坏性和危害性。众所周知，在宗教名义下从事的暴力恐怖活动，它的主要受害者往往是无辜的平民百姓。例如1998年8月，美国驻东非的两个大使馆几乎同时遭到袭击，在爆炸中共有257人死亡，5000余人受伤。恐怖活动真正杀害对象美国人仅死亡12人。以团伙组织形式从事的暴力恐怖活动中，在以他人作为攻击目标的同时，并不排斥以自杀行为达到攻击他人的目的。

---

① 李集慧：《世界正邪之战》，香港《东方日报》1999年7月27—31日文章；《邪教网上横行》，香港《东方日报》2000年2月19日文章。《西班牙打击邪教团体》，《人民日报》2000年3月7日；《法国加大打击邪教力度》，《人民日报》2000年2月29日。

② 《法国加大打击邪教力度》，《人民日报》2000年2月29日。

　　与上述犯罪团伙多少有别的是，邪教组织往往以该组织的自身成员为加害目标。它以莫须有的所谓即将来临的世界末日恐吓、威胁它的信奉者、追随者，或是以救世主显灵和教主奇迹来愚弄、蒙骗它的信奉者、追随者，或是以泯灭人性和侵犯人权的纪律来控制、约束它的信奉者、追随者，或是以对抗政府和敌视社会的"布道宣教"来训谕、诱导它的信奉者、追随者。其结果则使它的信奉者、追随者从人身上依附于邪教教主，成为对教主俯首贴耳的驯服工具。早在 20 世纪 70 年代，美国"人民圣殿教"教主组织它的信徒从加利福尼亚迁徙到南美的圭亚那，随后在教主的带领下，集体服毒自杀，共有 914 人死亡。80 年代，菲律宾和韩国都有信徒在它的头目命令下被迫服毒自杀，分别死亡 60 人和 32 人。1994 年，在瑞士和加拿大同时发现"太阳圣殿教"的信徒集体自杀事件，共有 53 人死亡。1995 年，法国发现 16 名"太阳圣殿教"的信徒集体自杀。1999 年，乌干达"恢复上帝十戒（'诫'——引者注）运动"的信徒"集体自焚"，当局在随后发掘的"集体墓穴"中，挖出大批尸体。死亡者共达 924 人。如果继续挖掘该邪教组织活动过的地区，肯定还会发现更多的受害者。上述的自杀自焚事件中（实际上很多人是被杀害后焚尸灭迹的），都包括无辜的儿童。邪教组织虽以自杀自焚作为它的活动的一个至上目的，但这不是说，它就不以他人为攻击对象了。事实并非如此。1995 年日本"奥姆真理教"在东京地铁投放神经毒气"沙林"，造成 5000 余人中毒，12 人死亡。[①] 据统计，我国因练"法轮功"致死者 1500 余人，精神失常者 600 余人。可见，邪教组织在谋杀他人或导致他人丧命或丧失理智方面并不比其他犯罪团伙逊色。这一切向善良的人们清楚地表明，邪教组织与其他犯罪团伙在本质上是一样的，人们绝不可轻视这类组织的破坏性和危害性。

　　从当前在各地大肆活跃的宗教极端主义来看，不管是以暴力恐怖的、种族主义的、民族分裂的、贩卖毒品的、武装走私的、宗教狂热的犯罪团伙组织形式体现的宗教极端主义，还是以邪教组织面目出现的宗教极端主义，概括起来，大致有以下特点：

---

① 沈孝泉：《邪教"太阳圣殿教"还会集体自杀吗？》，巴黎 1996 年 3 月 22 日电。

　　首先，它蛊惑人心的极端主张具有极大的欺骗性。宗教极端主义的"宣教"对象，大多是有着相同信仰的人，从而得以迷惑、引诱它的信奉者和追随者、掩盖了包括邪教组织在内的极端组织反科学、反社会、反人类的本性。这些信奉者和追随者，是一批受愚弄、受蒙骗的人。他们为了显示忠于"信仰"，往往对犯罪团伙的首领或邪教组织的教主言听计从，这就使他们的首领或教主得以利用、驱使他们，或是把杀人视作信仰而完成的神圣使命，或是把自杀自焚"看成是飞向夜空中的天狼星的旅行，而天狼星被认为是一颗象征不朽的星星，作这次'旅行'是躲避世界末日到来的唯一道路。"犯罪团伙和邪教组织的活动都需要经费。筹措、募集、收敛、榨取活动基金，都离不开欺骗。如果说前者主要是从它的支持者、同情者那里筹措、募集活动基金的话，后者主要是向它的信徒收敛、榨取活动基金，为此，它的教主甚至会奸淫妇女、谋财害命。①

　　其次，它具有强烈的政治性。大量事实表明，上述各种犯罪团伙的活动都有其明确的政治目的。长期以来，北爱尔兰的天主教徒主张摆脱英国基督教新教徒的统治。在过去的 30 年间，以天主教为依托的爱尔兰共和军从事的暴力恐怖活动，"有一套明确的政治、社会或者经济目标"②。1996 年，从菲律宾摩洛伊斯兰解放阵线中分化出来的阿布·沙耶夫反政府游击队，被认为已"变成匪徒、海盗和宗教狂热分子的大杂烩"，它"主张采取一切手段争取独立"，"要求成立独立的国家"，并多次绑架人质、制造爆炸事件。③渗入政治甚至是宗教极端主义的一个至上目标。1990 年，"奥姆真理教"以"真理党"的名义"参加众议院选举"，它的首领麻原说："宗教解决不了的部分，当然要从政治角度来补救，所以我开始

---

　　① 日本"法之华三法行"自 1997 年以来"向 2.2 万人收取总额约 870 亿日元的巨款"；乌干达警方查实，"恢复上帝十戒（'诚'——引者注）运动"头目"科波卫塔瑞在唆使教徒'升天朝觐上帝'的同时，却把他们变卖家产后，'奉献'出来的巨额钱款占为己有，购置了大量房地产和多辆汽车，可谓一夜暴富"。见时事社东京 2000 年 5 月 9 日电；钟菲：《邪教——人类文明发展的毒瘤》，《人民日报》2000 年 4 月 1 日。

　　② 布鲁斯·霍夫曼：《新恐怖分子：沉默不语、隐姓埋名和嗜血成性》，美国《洛杉矶时报》1998 年 8 月 16 日。

　　③ 钟盈义编译：《菲反政府游击队与绑架人质事件》，《参考消息》2000 年 5 月 7 日。

接近政治。"①宗教极端主义还极力干预政治。阿以双方宗教极端组织对中东和平进程的干扰，是和平进程停滞不前的重要原因之一。人们往往更多地关注巴勒斯坦的伊斯兰抵抗运动（"哈马斯"）的恐怖活动。其实，同样不可忽视的是以色列的宗教极端组织。"一些极右翼的拉比（犹太教神职人员）扬言，如果巴拉克拆除犹太人定居点，就是对犹太人利益的出卖，是'叛徒'行为，如果是这样，将会再次出现拉宾遇刺的事件。右翼定居者组织'下一代'头目西蒙·里克林甚至在一次群众集会上公开叫嚣，如果巴拉克下令拆除定居点，他将难逃被暗杀的厄运。"②英国穆斯林为了伊斯兰世界革命而积极备战更能说明问题。

再次，它具有严密的组织纪律。宗教极端主义为保证它的罪恶活动能得到预期的目的，总是建立起一整套严密的纪律，对内控制、约束它的信奉者、追随者，对外则便于严守秘密。除了一些小的团伙组织外，一般的大的团伙组织和邪教组织都已形成网络。最为典型的是刺杀埃及总统萨达特的伊斯兰圣战者组织。在它的总指挥和总顾问委员会下，除了有地区顾问委员会和职能委员会外，还有各种专门的职能机构，包括从事暴力恐怖活动的小组；各机构和小组的成员之间都不直接发生联系。它在从事任何行动前，都要经过秘密策划。③"奥姆真理教"为了加强对信徒的控制，"在各地建立集中营式的村庄，以入教繁琐手续来强化内部组织"；"太阳圣殿教"是一个"内部组织极其严密、成员个个匿名的地下组织"，它的成员"等级森严，一般分为三个等级，每个等级内又分为三个档次"④。"法轮功"同样有着严密的组织网络。它的200万练习者，分别由39个总站、1900个辅导站、28263个练功点所控制。建立在个人联系基础上的严密的组织网络和纪律，保证了上述犯罪团伙和邪教组织的排他性，使它得以长期隐蔽从事罪恶活动而不被人们发觉。往往在阴谋败露后，人们才得以知晓它的内幕；这时已对人类和社会造成了危害。

---

① 詹得雄：《毒气事件：日本社会的大问号》（连载），1995年5月。

② 伊怀杰：《巴拉克面对暗杀威胁》，《环球时报》2000年6月9日。

③ 米歇尔·优素福：《对现代性的背叛》，灵登，1985年，第92—98页。

④ 香港《快报》1995年5月20日文章：《麻原由偏执步入反社会邪路》；法新社法国伊泽尔省1995年12月23日电。

最后，它的活动具有广泛的跨国性。与某些国家的极端组织不同，宗教极端主义的组织，无论是罪恶的团伙组织，还是邪教组织，其活动、影响都已越出国界。如前所述，"伊斯兰反犹太人和十字军国际阵线"本身就是一个国际性组织，它的活动是跨国性的。伊斯兰圣战组织参与了很多国家的暴力恐怖活动。它的圣战者还参加了一些国家和地区的战争。事实上，作为团伙组织形式的宗教极端主义，有的已与国际恐怖主义组织和民族分裂主义组织形成三位一体的跨国性犯罪集团。邪教组织同样是跨国性的。"太阳圣殿教"就不限于在一个国家活动；西班牙"人类与宇宙能源"邪教组织的总部设在美国；日本"奥姆真理教"分设29个支部，在纽约、莫斯科等处有4个支部。值得指出的是，"法轮功"被取缔后，它在一些国家（例如加拿大和澳大利亚）的成员极其活跃，他们"已经卖身投靠国际反华势力"；澳大利亚的"法轮功"组织甚至"雇一些人代他们'弘扬大法'"，"每天给每个参与者发10澳元"①。这种跨国性的活动无疑使宗教极端主义更显现出它的欺骗性，因而也就具有更大的破坏性和危害性。

当今社会中，宗教极端主义在世界范围内获得发展和活跃不是偶然的。它或是因社会转型期的剧烈动荡、贫富分化的加剧，人们无法适应社会的变动，无法掌握自身的命运，加之对分配不公的厌恶，从而采取的一种极端的反抗形式；或是对西方的霸权主义、强权政治，乃至生活方式、文化观、价值观的不满并由此而引发对宗教所宣扬的公正、平等、正义的渴望和追求，宗教极端主义得以乘虚而入；它或是因现代化、世俗化和科学、理性思维的发展，教徒对传统宗教持冷漠态度后，宗教极端主义企图以此煽起新的宗教狂热，网罗新的信奉者、追随者；或是在传统信仰不再适应人们需要的情况下，为填补精神空虚而借助对经典、教义的"新"阐释，以笼络人心并控制人群；它或是因教派冲突、民族矛盾的激化，那部分企求改变现状、实行民族分裂的人们所采取的过激的以至于极端的手段；或是某些别有用心者为达到个人野心和私利，以之为蒙骗、愚弄轻信者的工具。不管怎么说，宗教极端主义灭绝人性、祸国殃民，已成为世界

---

① 《"法轮功"的雇佣军》，《人民日报》2000年5月23日。

性的公害，人类社会的真正毒瘤。

　　研究宗教极端主义有着重要的理论意义和现实意义。我国是一个统一的多民族、多宗教信仰国家。正确区分宗教与宗教极端主义、区分宗教教义与宗教外衣下的极端主张、区分正常的宗教活动与非法的极端活动，十分必要。为此，需要给宗教极端主义以限定，探讨它的基本表现形式、危害、特点及其发展和活跃的基本原因，使我们对宗教极端主义有一个基本的认识。宗教极端主义作为世界性的公害和人类社会的毒瘤，在产生它的原因继续存在的条件下，它总是危害人类和社会的。因此，与之斗争的任务将是长期的、艰巨的。只有与宗教极端主义作坚决的斗争，才能真正保护宗教信仰的自由、加强民族的团结、捍卫人民的利益，从而有利于维护国家的统一，社会的稳定和安全。

（刊载于《面向 21 世纪人文社会科学——100 个重大问题》，

山东教育出版社 2005 年版）

宗教极端主义的基本特征

在当代社会生活中，宗教极端主义的兴起，是人们普遍关注的一件大事。一般说来，宗教极端主义是宗教与极端主义的复合词，是冠以"宗教"之名的"极端主义"。作为观念形态的宗教极端主义，必定显现为极端的社会政治性行为。

宗教极端主义是宗教蜕变的产物，因而它不是人们信仰的宗教，但它又与宗教有一定的关联。这是宗教极端主义的首要特征。事物在发展中，会发生量变和质变。宗教的量变和质变是由它的信仰者使之发生变化的。那些在信仰上极其盲信盲从以致偏激狂热的人，在思想观念、行为活动不断向极端方面发展，最终发生质的变化时，他们信仰的也就不再是原先的宗教，而是背离信仰主流的、极端的思想观念，从事的不再是人们熟悉的宗教礼仪，而是非宗教的社会政治活动。这种非宗教的思想观念以及与之相应的行为活动，即宗教蜕变的产物——宗教极端主义。应该指出，宗教蜕变、宗教发生由量变到质变，并不是整个宗教都随之发生性质的变化，只是在那些具有某种企图（如政治企图）的人（人群）那里才发生它的蜕变。就宗教蜕变而形成宗教极端主义来说，它不是宗教，又与宗教有一定关系。

宗教极端主义在信仰同一宗教的、特定的人群中从事活动，这是它的又一特征。宗教极端主义不仅需要、利用，而且无法离开宗教名义，因为没有什么其他名义比宗教名义更能蒙骗、诱惑同一宗教的信仰者了。这是它不同于一般的极端主义之处。宗教极端主义的思想观念、行为活动，只能在同一宗教信仰者中间流传，起着组织、动员、激励以至于从事罪恶活动，没有宗教认同，就无法获得来自同一宗教信仰者的支持，进而在必要的时候从他们那里获得掩护；反之，它在其他宗教信仰者那里不仅不起作用，还会发生抵触或敌对情绪，它的任何活动都难以进行。可见，宗教认同、利用宗教名义并在特定人群中活动对宗教极端主义具有特殊重要的意义。

宗教极端主义的第三个特征是，它绝对排斥一切异质文化和一切异教信仰，进而对之冲击、拒绝、打杀、毁灭一切异质文化和一切异教信仰的载体或象征物；即便是那些与它同质的文化和信仰，由于与自身极端的思想观念具有一定差距或区别，同样会受到排斥、打击。宗教极端主义的排他性，决定了它容不得任何与它不同的思想、观点、意见、主张；它从不具有任何的包容性，也从不宽容异己者（其中，包括它自身队伍中的那些被视为叛逆者的人）。有时，它为了坚持其"神圣性"而反对世俗性；甚至为了其"传统性"而在一定程度上排斥现代性。

宗教极端主义的第四个特征在于，它是种种在宗教名义下的罪恶行径的精神支柱和活的灵魂。为了所谓的"信仰"和神灵的事业，它鼓动、激励追随者可以不择手段，可以杀人放火，也可以自我牺牲，奉献生命。它的一切思想观念、行为活动表面上是以所信仰的神灵的启示、旨意和经典的教诲为转移、确定其是非准则，主张一切应对神灵而不是对人类、对社会负责。实际上，这都是骗人的幌子。在宗教极端主义那里，由对神灵的信仰和崇拜，转而对人的信仰和崇拜，由听命于经典的教诲转而听命于它的倡导者、鼓吹者、组织者的言谈和指令。宗教极端主义为了实现其极端的主张和要求，必定形成团伙，从事有组织的罪恶活动。由于各个宗教的不同，由宗教蜕变而出的宗教极端主义在名目、主张、要求等方面，可以有所区别，但它活跃于当今社会的主要表现形式，不是以种种在宗教名义下具有政治色彩的团伙犯罪集团活动，就是以类似于宗教而又并非宗教的邪教形式活动。宗教极端主义所表现的这种形式，对社会的危害，是有目共睹，无须赘言的。

（刊载于《中国宗教》2004 年第 2 期）

"瓦哈比派"辨

在世界范围伊斯兰复兴过程中，一些坚持瓦哈比派原旨教义的人，或是受到它的影响、接受它的资助并受过它的军事训练的人，很自然地要在他们的活动中积极推行瓦哈比派的原旨教义、并以它的原旨教义为言行的基本准则。20 世纪 90 年代以来，中亚和俄罗斯北高加索地区出现了武装恐怖分子频频从事的暴力、恐怖活动，挑起的武装冲突和战争，均被视为是"瓦哈比派"的作为。

当前被国际社会指称的"瓦哈比派"，与沙特官方遵奉的瓦哈比派，尽管有所关联，但它们之间仍有所区别。本文的主旨在于对此作一辨析。

一

随着世界范围的伊斯兰复兴的发展，1990 年 9 月，以中亚穆斯林为主的伊斯兰复兴党在莫斯科登记成立。这个被外界视为"瓦哈比派"的宗教性政党成立后，随之在中亚或公开或秘密地建立分支。[1] 次年年初，它发展了 1 万名党员，10 月已发展到 7 万名党员。[2] 苏联解体后，它在中亚国家虽被宣布为非法组织，但它仍积极活动。

20 世纪 90 年代，在中亚地区和俄罗斯北高加索地区（车臣、达吉斯坦）爆发了在宗教名义下的武装冲突和战争，以及以宗教为旗帜、为掩护从事的暴力、恐怖活动，无论是在所在国，还是国际社会，都把这些事件或活动，归咎于"瓦哈比派"或"瓦哈比分子"所为。

---

① 《反瓦哈比派联盟》，俄罗斯《莫斯科新闻》1998 年 5 月 12 日，新华社莫斯科 5 月 12 日俄文电。

② 《苏联中亚地区的下一次伊斯兰革命》，英《经济学家》周刊 1991 年 9 月 21 日一期文章。

　　例如，1997 年 6 月，塔吉克斯坦当局与联合反对派停止内战、达成和解协议。此后，塔国内局势虽相对缓和，但联合反对派仍顽强地提出种种条件，其中包括要求被宣布为非法的伊斯兰复兴党的合法化，并得以参加大选。① 同时，它并未放弃在塔建立"伊斯兰国家"的政治主张，表现出它的强烈的伊斯兰倾向。

　　1997 年 12 月，乌兹别克斯坦纳曼干市 4 名警察被恐怖分子暗杀。翌年 2 月，发生一系列汽车爆炸案件，造成 16 人死亡，百余人受伤。到 1998 年 6 月底，共发生 70 余起案件。美国设在西欧的"自由之声"电台新闻广播中，把活跃于该地区的极端分子和恐怖分子称为"瓦哈比派"、"瓦哈比主义者"。该电台在 1998 年 1 月 28 日吉尔吉斯语广播中，报道了杀害 4 名警察事件。在涉及罪犯背景材料时，说他们曾在纳曼干的阿塔瓦里清真寺接受"瓦哈比思想"。同年 2 月 12 日的报道中，它更明确地指出，中亚有 400 多名穆斯林在巴基斯坦的一些地区接受了"瓦哈比派"的观点和恐怖主义训练后，"这些瓦哈比主义者通过塔吉克斯坦和吉尔吉斯斯坦进入乌兹别克斯坦进行破坏活动以及贩卖毒品和枪支"。

　　1998 年 5 月初，乌兹别克斯坦和俄罗斯两国总统在莫斯科会晤时，已考虑到阿富汗局势有爆炸的危险，宗教极端主义和恐怖主义有可能蔓延，并威胁到中亚和北高加索地区的民族利益和国家安全。他们"确信两国存在共同的敌人——瓦哈比派宗教分子，并呼吁共同对付这一威胁"，他们"公开声称 1991 年建立的伊斯兰复兴党是瓦哈比分子"②。为此，他们拟在乌兹别克斯坦、俄罗斯和塔吉克斯坦三国间建立联盟，"在抵制原教旨主义及其教派（如瓦哈比教派）方面进行合作，原教旨主义不仅威胁到中亚国家，而且也威胁到俄罗斯，因为它涉及到北高加索。"③随后，乌、俄、塔同意签署三国联盟，"其主要目的是打击伊斯兰原教旨主义"，以共同反对来自内外的"瓦哈比派"的威胁。卡里莫夫总统在谈到成立联盟的原因时提出，"伊斯兰原教旨主义的极端派——瓦哈比派"，在中亚和高加索蔓

---

① 孙勇军：《塔民族和解新进展》，《人民日报》1999 年 8 月 2 日。

② 《反瓦哈比派联盟》，俄罗斯《莫斯科新闻》1998 年 5 月 12 日，新华社莫斯科 5 月 12 日俄文电。

③ 俄通社—塔斯社莫斯科，1998 年 5 月 6 日。

延是"非常危险的"①。

1998 年 5 月，伊斯兰极端势力在吉尔吉斯斯坦开始抬头。在拘捕的 4 名外籍传教士的身上，搜查出录像带、录音带、外币和无声枪。他们在拘捕时竟然向警察开枪，他们还企图在吉招募儿童，送往国外训练。1999 年 8 月，约有 300 名武装分子从塔吉克斯坦潜入吉南部的巴特肯地区，这批武装分子劫持了包括一名内务部队的少将衔司令、4 名日本地质专家在内的人质。② 它严重威胁到吉南部和费尔干纳盆地的安全。吉当局请求俄罗斯提供军事技术（包括武器、通讯设备和夜视仪）援助，吉尔吉斯斯坦、哈萨克斯坦、乌兹别克斯坦和塔吉克斯坦四国的外长、国防部长和国家安全部门负责人发表联合声明，重申四国对潜入吉南匪帮的罪恶行径持一致立场。迄 1999 年 10 月，尽管吉当局已夺取了南部地区所有重要的战略高地，控制了局势，封锁了这些武装恐怖分子可能转移的路线。问题是迄今仍有 13 名人质在恐怖分子手中，严重影响到强力部门的行动。③

在北高加索地区，继 1999 年 7 月 200 余名伊斯兰极端分子越境渗入达吉斯坦后，同年 8 月 7 日，一股 500 余人的武装分子同样越境进入达吉斯坦。这股武装恐怖分子遭到俄当局边防部队的重创后，9 月 5 日，又有 2000 余名武装恐怖分子再次越境。在车臣武装恐怖分子渗透到达吉斯坦后，当地的极端势力也乘机活动。法新社报道说，"像车臣一样，极端的瓦哈比派伊斯兰教徒势力已经在达吉斯坦存在多年"④。他们从外部获得武器弹药，在很大程度上加剧了当地的紧张局势。在车臣的武装恐怖分子遭到当局的打击后，它的恐怖组织头目巴萨耶夫派遣五六个恐怖小组，到俄境内一些地区从事爆破活动。1999 年 9 月，恐怖分子在莫斯科、达吉斯坦等地制造了多起爆炸事件。

当月，俄与阿塞拜疆、亚美尼亚和格鲁吉亚的内务部长签署一项声明，决定共同采取行动，打击北高加索地区的犯罪和恐怖活动。法新社驻莫斯科记者尼古拉斯·米莱蒂奇同样把该地区"形势严峻"的原因归咎于

---

① 俄罗斯《莫斯科新闻》1998 年 5 月 12 日，新华社莫斯科 5 月 12 日俄文电。
② 俄通社—塔斯社比什凯克，1999 年 8 月 23 日电。
③ 俄通社—塔斯社比什凯克，1999 年 10 月 2 日电。
④ 《不平静的高加索山区》，法新社莫斯科 1999 年 8 月 14 日电。

"瓦哈比教派"。他在《达吉斯坦之战可能会使俄罗斯失去整个高加索》的新闻分析中指出:"一个多月以来,伊斯兰瓦哈比教派的原教旨主义者一直在达吉斯坦向莫斯科发出挑衅,他们两次夺取了对该地区村庄的控制。他们宣称的目标是在北高加索地区建立一个独立于莫斯科的伊斯兰国家。"①

可见,中亚和北高加索地区出现的暴力、恐怖活动,贩卖毒品和走私枪支,挑起武装冲突和战争,已不是什么宗教问题、信仰问题,而是社会问题、政治问题。这些人的活动不是什么宗教活动,纯粹是在宗教掩盖下的违法犯罪活动。人们把这一切归咎于"瓦哈比教派"、"瓦哈比分子"所为。那么,它与沙特阿拉伯遵奉的瓦哈比教派究竟关系如何呢? 对此问题有必要予以辨析。

二

众所周知,沙特阿拉伯在宗教派系属性上归于逊尼派的瓦哈比派。它遵奉瓦哈比派教义(瓦哈比主义)为国教和官方意识形态。新泛伊斯兰主义是当前沙特对外关系的基石之一。这与那些被指称为"瓦哈比派"是有本质区别的。

就"瓦哈比派"而言,它在当前主张"圣战"。主张从事暴力、恐怖活动,并向外输出暴力、恐怖活动。它要在政治上仿效早年和20世纪初沙特王室通过圣战的手段,以武力夺权。而在无法实现夺权的情况下,它则积极从事暴力、恐怖活动。正如车臣武装恐怖分子所做的那样,他们在渗入达吉斯坦后,当地的武装恐怖分子非法成立了"达吉斯坦伊斯兰舒拉"。该"舒拉"宣布,达吉斯坦全境已进入战争状态,它组建军事指挥机构,任命车臣武装恐怖分子头领巴萨耶夫为"圣战"的军事领导人。②它还要求格鲁吉亚当局和阿拉伯世界支持"圣战"。巴萨耶夫则号召达吉

---

① 法新社莫斯科1999年9月8日电。
② 所谓"舒拉",通常指的是伊斯兰国家的最高权力机构。刘刚:《达吉斯坦起战火》,《人民日报》1999年8月12日。

斯坦的基兹利亚尔市的"瓦哈比派"教徒，"把该地区从异教徒手中解放出来。"①所以说，当前"瓦哈比派"的所作所为，本质上是伊斯兰主义的。它的活动方式并非温和的，而是激进主义的，甚而是极端的。那些坚持瓦哈比派原旨教义的人，或是受到它的影响，或是接受它的资助，或是受过它的军事训练并受它派遣的人，正是当今国际社会指称的"瓦哈比派"。

"瓦哈比派"坚持圣战的目的在于建立实施伊斯兰教法统治的伊斯兰政权、"伊斯兰国家"。塔吉克斯坦的联合反对派内包括伊斯兰复兴党的成员。它在参政以后，从未放弃建立"伊斯兰国家"的企图。吉尔吉斯斯坦国家安全部长称："瓦哈比派"的战略是在乌兹别克斯坦的费尔干纳和吉的南部重新建立浩罕汗国（俄在19世纪中叶吞并的政教合一的伊斯兰政权）。乌兹别克斯坦卡里莫夫总统说，"瓦哈比派"力图推翻乌现政权，它的"目标是执掌政权并普遍建立伊斯兰国家"②。渗入达吉斯坦的伊斯兰武装分子"曾在车臣接受过武装训练。他们声称，要建立统一的车臣—达吉斯坦伊斯兰国家"，"达吉斯坦伊斯兰舒拉"宣称："我们达吉斯坦穆斯林教徒正式宣布恢复独立的达吉斯坦伊斯兰国家"，"我们宣布，捍卫伊斯兰国家是达吉斯坦每个穆斯林的义务，每个穆斯林应一直战斗到把所有的异教徒从穆斯林的领土上赶走为止。"③法新社同样报道说，渗入达吉斯坦境内的伊斯兰武装分子宣称，他们的"目标是在北高加索地区建立一个独立于莫斯科的伊斯兰国家"④。就是说，通过圣战或暴力、恐怖活动，建立伊斯兰政权、"伊斯兰国家"，是当前在中亚和北高加索地区活跃的"瓦哈比派"的基本政治主张和罪恶活动。有时，它也被国际社会称为极端的"伊斯兰原教旨主义"。

然而，在当前国际政治生活中，沙特的内外政策和它的活动，与主张圣战、主张输出革命、主张从事暴力、恐怖活动的"瓦哈比派"完全

---

① 俄通社—塔斯社莫斯科，1998年8月18日。

② 《反瓦哈比派联盟》，俄罗斯《莫斯科新闻》1998年5月12日，新华社莫斯科5月12日俄文电。

③ 刘刚：《达吉斯坦起战火》，《人民日报》1999年8月12日。

④ 法新社莫斯科，1999年9月8日电。

不同。

　　沙特已是瓦哈比派掌权的国家，瓦哈比主义已是它的官方教义、国家的统治思想。瓦哈比派在沙特是作为一个宗教教派活动而存在的。它的上层教职人员隶属于国家的统治阶层，它的宗教机构成为国家机器的一个重要组成部分，在政治生活中起着重要的作用。在沙特王室和瓦哈比派教职人员已牢固掌握了国家最高权力情况下，无须再为该派夺权和掌权而通过圣战手段，建立伊斯兰政权、"伊斯兰国家"。同时，它对外关系的基石是新泛伊斯兰主义。它所追求的是强化伊斯兰的信仰阵地、支持伊斯兰世界内外的宗教事业，它向外派遣宣教布道人员的目的在于扩大伊斯兰的影响，它从经济上积极支持一些国家和地区，其基本动机就是使受援国家或地区的伊斯兰化（"绿化"战略的本质也就在此），它尽力维护伊斯兰国家间的团结、互助和统一，以显示它是麦加和麦地那两圣地的"庇护者"和伊斯兰世界盟主。这与鼓吹通过圣战、建立"伊斯兰国家"毕竟是两码事。正因为此，在当代伊斯兰复兴运动中，沙特被国际社会普遍认为是温和的"伊斯兰原教旨主义"。当今国际社会并未因沙特奉行瓦哈比派教义，而把它与中亚和北高加索地区活跃的"瓦哈比派"等同起来。

三

　　应该指出，"瓦哈比派"与沙特遵奉为官方教义的瓦哈比派虽有区别，但它们之间仍有着共同的思想渊源，都是18世纪中叶兴起的瓦哈比派在不同社会历史条件下的发展和演变。为此，我们应从理论上对瓦哈比派兴起以来的发展、演变做一探讨，以严格区分沙特国家建立前后的瓦哈比派、伊斯兰复兴前后的瓦哈比派、沙特官方信奉的新泛伊斯兰主义的瓦哈比派与在沙特和一些国家或地区民间活动的"瓦哈比派"。对我们来说，更应严格区分作为沙特官方教义的瓦哈比派与从事暴力、恐怖活动的"瓦哈比派"。

　　18世纪中叶兴起的瓦哈比派，是以恢复伊斯兰的原旨教义、反对苏非神秘主义起家的。它在宗教上坚持严格的一神论、主张"回到古兰经去"，以恢复伊斯兰教的真精神；政治上则要建立政教合一的伊斯兰政权、伊斯兰国家。为达到这一宗教—政治目的，该派奠基人阿布杜·本·瓦哈布（1703—1792）同沙特家族联姻，通过宣教和"圣战"的手段，东征西伐，不断扩大势力，在阿拉伯半岛先后建立政教合一的瓦哈比派的政权。阿拉伯史学家称其为第一沙特王国（1740—1818）和第二沙特王国（1818—1892）。表面上，它是宗教运动，实际上是以宗教手段达到政治目的的社会政治运动。显然，宗教是外衣，政治是本质。只是由于当年奥斯曼帝国派出埃及总督的强力镇压，随后则因当地各部落酋长的权势增长，导致沙特家族在半岛的伊斯兰政权消失。王室成员被迫逃亡科威特，偏安一隅，为以后重返半岛集聚势力。[①]

20 世纪初，沙特王室成员伊本·沙特率残部从避难的科威特返回故乡，夺取利雅得，重整旗鼓。1910 年，王室再次利用瓦哈比派教义，把追随该派教义的游牧民组织起来，在控制地区建立穆斯林兄弟会（"伊赫万"），使之定居。它积极推行"伊赫万运动"。伊赫万既是宗教社团，又是军事和生产组织。沙特王室利用伊赫万在随后的武力征服中，以 1924 年攻占希贾兹地区（汉志）最为重要。这为确立它的疆界，建立统一国家奠定了基础。可是，伊赫万并不能改变游牧民放荡不羁的习性。他们在闲暇时的劫掠骚扰，对来自各地朝觐者生命财产构成威胁，使伊斯兰世界极度恐惧和不安。尤其是觊觎权力的伊赫万头目的叛乱，更是严重威胁到沙特王室的统治。为维护自身的统治并确立在伊斯兰世界的声誉和地位，沙特王室在伊赫万大致统一半岛、不再能为王室利用，只能为它带来麻烦后，随即严厉镇压了叛乱的伊赫万头目，解散伊赫万组织。1932 年，伊本·沙特定国名为沙特阿拉伯王国，自任国王。瓦哈比主义被奉为沙特的国教。

沙特变更对伊赫万的态度是它调整政策的重要标志。建国前，为统一半岛、建立瓦哈比派的国家，它利用伊赫万采取圣战手段，统一半岛、执掌国家最高权力、建立伊斯兰属性的国家。建国后，为显示它是两圣地的"庇护者"，已无必要诉诸圣战来证明它的统治的合法性。它放弃瓦哈比派关于圣战的宗教—政治主张，改变早年对待圣地、圣墓的严厉态度（19

---

① 王铁铮：《沙特阿拉伯的国家与政治》，三秦出版社 1997 年版，第 15—36 页。

世纪初它一度摧毁麦地那、卡尔巴拉等圣地的圣墓），以取悦国内外民众。

如果说，沙特在承认瓦哈比主义为官方教义的同时，又对瓦哈比派主张的圣战予以否定的话，那么，随着伊斯兰复兴的发展，在中亚和北高加索地区活跃的"瓦哈比派"再次强调圣战，则是对沙特当局拒绝圣战的再否定。

沙特王室政策的转向，并不能完全消除瓦哈比派的原有观念。在战后伊斯兰复兴的发展中，特别是石油美元的剧增，为沙特对内强化伊斯兰信仰、对外从事泛伊斯兰的宣教布道活动，支持伊斯兰事业发展，推动世界范围的伊斯兰宗教的复兴，奠定了牢固的经济基础。伊斯兰复兴在沙特国内同样具有强烈的反响。与当政者不同，沙特的那些自称"赛莱非耶"的政治反对派，视当今沙特社会是非伊斯兰的。他们认为，改变沙特社会非伊斯兰性质的基本手段仍然是圣战。他们主张严格遵循正道和伊斯兰的原旨教义，反对当今世界的一切非伊斯兰的或反伊斯兰的生活方式和意识形态，尤其反对沙特所受的西方生活方式和意识形态的影响。他们所主张的复兴，就是要向瓦哈比派的原旨教义复归，建立真正实施伊斯兰教法统治的伊斯兰政权、"伊斯兰国家"。他们的主张和活动并不代表沙特官方政策，沙特当局也无法约束它、制止它。伊朗"伊斯兰革命"的胜利，对沙特同样产生影响。这使那些继续坚持瓦哈比派原旨教义者乘机活动。1979年年底，沙特爆发以朱哈曼·乌塔比为首的、以"马赫迪"为召唤的麦加武装叛乱。它指责当今沙特王室贪婪腐败、分配不均、追随美国、背离正道，它企图通过圣战手段建立真正的伊斯兰国家。正如法国《费加罗报》所说："就像大多数信奉真主安拉的人一样，本·拉登认为原教旨主义者征服世界要从沙特阿拉伯君主制的覆灭开始：为了夺取中东，必须先夺得沙特阿拉伯这个钱柜。"①

无论称这部分武装叛乱分子为"新瓦哈比派"②，还是称他们为"新伊赫万运动"③，与中亚和北高加索地区被指称为"瓦哈比派"或"瓦哈

---

① 《钱柜战略》，法国《费加罗报》1999年8月10日文章。新华社巴黎8月10日法义电。
② Mahmud A. Faksh, *The Future of Islam in the Middle East-Fundamentalism in Eygpt Algeria, and Saudi Arabia*, Westport, Connecticut, London, 1997, p. 91.
③ 王铁铮：《沙特阿拉伯国家与政治》，三秦出版社1997年版，第184页。

比分子"的有一个共同的特点，即他们都坚持瓦哈比派的原旨教义，他们的思想渊源都来自瓦哈比派的原旨教义。正是这部分非官方的、在民间活动的伊斯兰主义者，往往在泛伊斯兰思想的掩盖下，坚持瓦哈比派原旨教义，积极输出瓦哈比派早年的宗教—政治主张，鼓吹通过圣战手段，建立伊斯兰政权、"伊斯兰国家"。也正是他们，极力主张对"异教徒"实施圣战，反对一切被视为"异端"的东西（如圣墓、麻札）。当前在中亚和北高加索地区，以及在其他地区，正是这部分受到瓦哈比派原旨教义影响并接受了"瓦哈比派"资助的人，或是经过他们训练并受他们派遣的人，在从事武装恐怖活动。他们的活动也就不是什么宗教活动，而是在宗教外衣下、信仰名义下的地地道道的政治活动了。他们所到之处，也就构成那里的不安定因素。因而他们的政治动向，很值得人们关注。

鉴于国际社会所指称的中亚和北高加索地区的"瓦哈比派"，与作为宗教教派的沙特官方遵奉的瓦哈比派既有区别，又以瓦哈比派原旨教义为共同的思想渊源，同时，作者目前还难以梳理出它与"新瓦哈比派"或"新伊赫万运动"之间的组织联系，特以"当代瓦哈比派"称之。至于当今国际社会新闻报道中把"瓦哈比派"说成是伊斯兰极端分子、极端的原教旨主义者、伊斯兰恐怖分子、民族分裂分子、武装暴徒、匪徒等等，无疑它所指的也就是"当代瓦哈比派"。

四

大量事实表明，"当代瓦哈比派"在中亚和北高加索地区的活动，严重影响到有关国家和地区的稳定和安全。问题的严重性在于，他们从事宣教布道的目的并非让人去修身养性、弃恶行善，而是激励它的成员去杀人放火、从事违法犯罪活动。这是说，他们关注的不是宗教，而是政治。宗教在他们那里，只是外衣、只是遮羞布。它之所以极其活跃，其基本原因在于：

首先，伊斯兰复兴的发展掩盖了"当代瓦哈比派"的罪恶活动。可以说，"当代瓦哈比派"是世界范围伊斯兰复兴运动的直接产物。就中亚地区而言，伊斯兰复兴党在中亚地区的影响不断扩大，与当地清真寺的迅猛发展和民众的宗教热诚是分不开的。1989年，中亚地区只有160座清真寺，到1991年，已发展到5000座。翌年，仅在塔吉克斯坦就有寺院2870座。1989年，乌兹别克斯坦的清真寺只有300座，到了1993年，已超过了5000座。① 其中，大部分清真寺是由沙特、伊朗、巴基斯坦和阿富汗出资建造或修建的。以前，从不参加宗教生活的人，现在热衷于学习阿拉伯文以便在宗教活动中念诵《古兰经》，参加礼拜的人更是挤满寺院，甚至排列在大街上礼拜。中亚伊斯兰教的复兴和发展，掩盖了当地分裂势力和极端势力的活动，为他们提供了宗教保护伞。仅在乌兹别克斯坦首都塔什干，伊斯兰复兴党的秘密组织就有5000名成员，"同市内一些清真寺有密切联系，其发言人号召推翻共产党并建立伊斯兰共和国"②。一些阿訇在宣教中公开主张建立伊斯兰政权。乌当局还破获了几个伊斯兰复兴党和"正义"宗教运动的犯罪集团，挖掘出匿藏武器的秘密据点，驱逐来自外部的53名在乌境内传播"原教旨主义"的密使。乌当局的严厉镇压，使他们的活动一度有所收敛，但这股极端势力与外来的武装恐怖分子的合流，构成乌境内更为严厉、更为活跃的恐怖活动。

其次，瓦哈比派的原旨教义是它从事活动的思想武器。无论是在伊斯兰世界，还是在非伊斯兰世界的穆斯林相对聚居的地区，"瓦哈比分子"为实现他们的宗教—政治目的，在缺乏先进的思想武器的情况下，瓦哈比派原旨教义无疑仍是他们有效的思想武器。他们通常采取向伊斯兰原旨教义复归的形式，以求"托古改制"。任何"托古"的真实目的都在于"改制"，以改变不适应他们宗教—政治主张需要的旧制，追求他们所需要的"新制"。他们"伪托"的不仅是早年的伊斯兰教原旨教义，而更适应需要的则是瓦哈比派的原旨教义，以变现实的国家、社会为实行伊斯兰教法统治的"伊斯兰国家"、伊斯兰社会。瓦哈比派的原旨教义之所以能发挥巨大的动量和能量，与"当代瓦哈比派"引导、激励、鼓舞，并掌握民众的思想言行有关，使之乐意为信仰赴汤蹈火、献身牺牲。18世纪中叶瓦哈比派兴起并形成瓦哈比派运动后的发展是如此；20世纪初伊赫万运动组织，动员教派群众通过

---

① 俄罗斯《独立报》1994年1月6日。
② 英《经济学家》周刊1991年9月21日文章：《苏联中亚地区的下一次伊斯兰革命》。

圣战手段建立沙特王国也是如此。同样的，当今在中亚和北高加索地区的武装恐怖分子也企图以此来达到他们的宗教—政治目的。

再次，"当代瓦哈比派"具有适应它活动的时机和场所。它的影响主要是在那些经济相对落后或欠发达的同时又是穆斯林相对聚居的地区流传。"车臣的发展落后于俄罗斯南方的其他民族，他们中的许多人靠在前苏联其他共和国挣钱糊口"，迄今"仍保留着族长氏族制"①。达吉斯坦是个贫困的自治共和国。它的预算的85%一直依靠莫斯科的补贴。②"当代瓦哈比派"的影响所到之处，迟早都会发生或轻或重的地区冲突，如果是在多民族杂居的地区，则会发生民族间的冲突。"当代瓦哈比派"主张圣战、排斥"异教徒"的主张，则使那些穆斯林相对聚居地区的非穆斯林，在地区冲突或民族冲突中首当其冲，成为主要的受害者。冷战时期，中亚和北高加索地区在国际政治的两极格局下，由于美苏的争夺，这些地区的种种矛盾（政治的、经济的、宗教的以至于民族的），都被掩盖在美苏争夺的阴影下难以显露出来。随着苏联解体、冷战结束，两极格局的制衡机制不复存在。原来并不尖锐的局部性的地区矛盾，这时开始突然爆发并尖锐、严重起来。这正是"当代瓦哈比派"得以利用的时机和从事暴力、恐怖活动的场所。

最后，来自外部的支持是"当代瓦哈比派"极其活跃的又一原因。中亚和北高加索地区出现的暴力、恐怖活动，车臣武装恐怖分子对达吉斯坦的渗透以及在达吉斯坦境内的武装挑衅，根据目前掌握的材料，都与沙特的本·拉登有密切的关系。③俄罗斯科学院民族学和人类学研究所高加索

---

① 俄通社莫斯科1995年1月23日特稿。
② 《俄罗斯在达吉斯坦面临双重危险》，美国《华盛顿邮报》1999年8月18日文章。
③ 20世纪80年代，本·拉登在美国的支持下，积极参加并组织伊斯兰世界的"圣战者"在阿富汗的抗苏战争。他在苏军撤出阿富汗后，返回沙特。可是，90年代初的海湾战争促使他投入反美斗争。他关于在当代建立符合伊斯兰原旨教义的伊斯兰国家，而达到这一宗教—政治目的的基本手段唯有通过圣战的说教以及他的种种反美的主张和活动，充分表明他的思想是早年瓦哈比派的宗教—政治主张在当代的再现，其本质是瓦哈比派原旨教义的。他吸收一批批青年人到他的阿富汗大本营接受军事训练。据国际反恐怖专家估计，从80年代上半叶到1995年在他主持的"大本营接受过训练的人有3万之众。这些人分别来自埃及、沙特阿拉伯、黎巴嫩、也门、阿尔及利亚、利比亚、突尼斯、苏丹和巴基斯坦等国家"。（见王伟等编著《隐身大亨本·拉登》，长春出版社1999年版，第20页）国际社会普遍认为，20世纪90年代以来伊斯兰世界内外大量恐怖活动，或多或少都与他有关。

民族研究室主任明确地说，达吉斯坦"青年中约有 85% 的人失业，他们很容易被瓦哈比派的宣传迷惑，这个教派的中心在国外。他们是乌萨马·本·拉登式的反对派，他们的目的是在自己的国家夺取政权，在周边地区建立基地和附庸集团，最终要统治世界。"①俄总理普京于 1999 年 9 月在会见美国总统克林顿后说："我们有理由认为，本·拉登的人与目前车臣和达吉斯坦事件有着千丝万缕的联系。"②北奥塞梯内务部长说："在所有这些事件的背后不只有高加索民族的极端势力和犯罪分子，还有外国势力。他们的目的是要发动一场新的高加索战争，把俄罗斯挤出北高加索，把这个具有重要地缘政治意义的地区宣布为自己的切身利益之所。"③来自外部对伊斯兰恐怖分子的支持，车臣的例子最能说明问题。"阿富汗、巴基斯坦和中东地区一些国家的原教旨主义分子积极资助车臣资金、武器和人力（在车臣匪帮中有许多外国雇佣军），他们希望扩大在俄罗斯的原教旨主义的势力范围。"④"最近有约 400 名阿拉伯和巴基斯坦雇佣军加入了车臣匪徒的队伍，还有 500 人准备从阿富汗前往车臣。"⑤"美国国务院今天说，由涉嫌的恐怖分子本·拉登领导的恐怖组织和一些结盟的组织同车臣的伊斯兰反叛分子保持着联系。"⑥当车臣的恐怖分子受到俄的严厉打击时，庇护本·拉登的阿富汗塔利班公开声明支持车臣的武装恐怖分子。这表明，外来的插手、资助、干预、激励，是当地爆发武装冲突和战争的一个重要原因；有的完全是"当代瓦哈比派"输出宗教—政治主张，特别是输出它的圣战思想、予以金钱支持以至于提供武器弹药的结果。由于国际恐怖分子积极参与中亚和北高加索的武装冲突和战争，当今所指称的"瓦哈比派"，实际上已成为国际恐怖主义的代名词。

（刊载于《中国与周边及"9·11"后的国际局势》，
中国社会科学出版社 2002 年版）

---

① 俄罗斯《今日报》1999 年 9 月 7 日报道。
② 俄通社—塔斯社奥克兰，1999 年 9 月 12 日电。
③ 俄通社—塔斯社俄罗斯弗拉季高加索，1999 年 8 月 18 日电。
④ 《谁在支持车臣的分裂主义分子》，俄新社莫斯科 1999 年 10 月 13 日专稿。
⑤ 俄通社—塔斯社车臣捷列克山区，1999 年 10 月 25 日。
⑥ 美联社华盛顿，1999 年 1 月 3 日电。

冷战后的宗教发展与国际政治

　　研究冷战后宗教发展的现状和趋势及其与国际政治的关系，是个具有现实意义的课题。在社会生活的不同领域，宗教作为一种精神或意识形态的因素，总会发挥它的作用，进而对国际政治产生或可能产生影响。因而在研究国际政治过程中，有时宗教就成为一个不可回避的问题。

　　如何认识宗教问题，冷战结束后宗教发展的现状和趋势如何，宗教发生异化并蜕变为宗教极端主义以及它与国际政治的关系又如何，这是研究宗教问题时拟深入探讨的，同样也是研究国际政治问题不应忽视的。

一　对宗教的几点基本认识

　　宗教问题是人们社会生活常常遇到的问题。当前，世界 60 多亿人口中，宗教信仰者约占 80%（其余为不信教者或无神论者）。在世界各国中，宗教在那些居于国教或国家宗教的国度里的重要性是不言而喻的。除了这些国家外，几乎不存在一个没有宗教、没有教徒的国家。即便是宗教并不居于重要地位的国家，它们在处理国内宗教事务时，在与那些宗教在社会政治生活中举足轻重的国家发生关系时，仍然有个宗教问题存在。

　　那么，在宗教与政治的相互关系中，究竟如何认识宗教问题呢？

　　第一，宗教与宗教信仰者是统一、不可分割的。宗教不单单一是个信仰或意识形态问题，不单单是个宗教礼仪和宗教禁戒问题，也不单单是个宗教活动场所及其相应的宗教象征物问题，它还有信仰宗教的主体（或信仰群体）问题。当今活的宗教，与政治发生关系并能产生现实影响的宗教，主要是通过它的信仰主体——其信徒实现的。可以说，只有探讨信仰宗教的主体在宗教生活之外的、世俗生活中的表现和活动才具有现实意义。因为任何一个宗教的信仰者都具有教徒和公民的双重身份。前者使他们追随并献身于一定的宗教，他们过的是宗教生活；后者则使他们以公民身份参与社会生活、政治生活，过的是世俗生活。宗教（主要是它的教义主张、信条，或者说，宗教意识形态）对社会、对政治产生影响，完全是教徒以公民身份参与社会政治活动的结果。因而可以看到，有什么样的宗教，就有什么样的信徒，两者是统一、不可分割的。离开教徒的社会参与、政治参与，宗教就难以在现实社会生活中发挥作用。离开信徒、没有信徒的宗教，只能是那些已经丧失信徒信仰的、历史上已死的宗教；这种作为历史文化现象的、死的宗教，不再有教徒的社会参与、政治参与，才不会对社会政治产生现实的影响。

第二，宗教的精神生活与世俗生活是互为补充的。当今的宗教有所谓出世宗教和入世宗教之分。所谓出世，指的是超脱人生、摒弃尘世俗务的束缚；出世者的生活方式与普通人有所不同，通常是避世出家的。所谓入世，指的是并不脱离尘世俗务而参与现世的物质生活和精神生活；入世者除了信仰宗教并遵循它的有关礼仪、习俗、禁忌外，他们的生活方式与常人并无区别。在当今的世界宗教中，一般认为，佛教是出世的宗教；伊斯兰教不仅是入世的宗教，而且是重两世的宗教，既重视现世的福利享受又不忘来世的永恒福乐（即所谓的"两世吉庆"）。事实上，出世和入世是相对的，并不存在纯粹出世的宗教或纯粹入世的宗教。就佛教而言，那些有虔诚信仰而不出家为僧尼的信徒（称为"居士"）并不罕见；就基督教而言，在它的修道院内有出世的修士、修女的同时，修道院外的大批信徒则是入世的；就伊斯兰教而言，它的神秘主义者（如苏非派信众）中有不少是避世隐居的。就是说，教徒个人可能是出世的或入世的，而宗教作为整体则包含着精神生活和世俗生活，两者是互为补充、缺一不可的。一般地说，宗教的所谓神圣性，仅在它的寺庙堂宇之中；在此之外，仍由世俗生活在起作用。由于宗教信徒的众多和宗教信仰的普遍性，不管哪种宗教（包括原始宗教和新兴宗教），不管它是出世的还是入世的，不管它如何自称其神圣性，在当今社会中，它的信徒都可能从事非神圣性的或违法的活动。

第三，宗教以民族为载体。任何宗教的教徒总是隶属于一定的民族，是一定的民族成员。当今世界 60 多亿人口分布在 2000 多个民族中；民族有大小，民族人口有多少，但就每个民族而言，没有宗教信仰者的现象可能并不存在。在统一的多民族国家中，不同民族的成员可能信仰同一宗教或不同的宗教，也可能同一民族的成员信仰不同的宗教或不信仰任何宗教。宗教通过它的民族成员的活动，其宗教意识形态、教义主张得以渗入到该民族的社会生活的各个领域，甚至形成以宗教意识形态为核心、灵魂的民族传统信仰、传统文化。在相关的国家或地区，宗教问题往往与民族问题、宗教文化往往与民族文化、宗教的思想情感往往与民族的思想情感（如民族主义）凝结在一起。要改变或解决这类文化和思想情感问题，有时并非一朝一夕就能做到，甚至是永远也无法做到。

第四，宗教的发展是不平衡的，宗教与政治的疏密程度也非划一的。在当今世界的宗教中，既有世界三大宗教——基督教、佛教和伊斯兰教，也有民族宗教（印度的印度教、以色列的犹太教、日本的神道教等）和部落（部族）原始宗教；既有传统宗教，也有新兴宗教。由于任何现实的宗教都是通过它的信仰者，与政治在不同程度上发生联系的，这就决定了各个宗教与政治的密切程度有所不同。在宗教与政治的关系中，既有联系极其密切的世界性宗教，如伊斯兰教，也有与政治相对疏远的宗教，如佛教（这不是说，佛教与政治一点也不发生关系）。在重视世界性宗教的同时，不可忽视具有一定人口信众的民族宗教和部落宗教。作为民族宗教的犹太教和印度教，苏丹南部地区的部落宗教，在当前政治中，都因其成员的活动而对国内政治、地区政治或国际政治产生影响。神道教更是日本战前军国主义和战后右翼势力的精神支柱。日本流传和宣扬的所谓"皇国国体优越论"、"武士道精神"、"皇国史观"等都源自于神道教。当前它的右翼势力极力否认对外发动侵略战争、篡改中学历史教科书、参拜靖国神社，都是神道教在他们的思想中作祟的结果。可见，宗教与政治的联系是首先应该肯定的，至于其密切程度则因宗教而异，应给予具体考察。

第五，宗教还以宗教文化的面目存在和活动。如果人们把宗教视为一种社会的文化现象的话，那么，人们会发现，宗教文化中渗透着宗教思想的影响。可以说，以宗教意识形态为核心、灵魂的宗教文化，较之宗教自身有着更宽泛、更深刻的社会感染力。宗教文化对社会各不同领域的影响，对人们生活方式、思维方式、习俗风尚、礼仪禁忌、心理情感、价值观念的影响，都在无形中启迪、熏陶、束缚、控制它的信众。在宗教国家，或有宗教信仰氛围的国家或地区中，宗教、宗教文化对教徒的影响是与生俱来的。人们通常看到的是，由宗教文化影响而衍生的那种情感、心理、习俗、观念，与宗教的情感、心理、习俗、观念常常是合一的，无法截然分开。宗教信仰可以通过个人的自觉选择而抛弃它，但宗教文化的影响、氛围或所处的生活环境，则是信仰者个人无法选择的，也是人们无法抛弃的；或者说，宗教文化的影响、氛围和环境，它的潜移默化及其形成的传统，较之宗教本身更为顽强、固执和持久。即便某些人不再信仰宗教，但这些人很难完全摆脱所接受的传统文化的影响。

第六，宗教问题有时是社会冲突的导火线。宗教、宗教文化，以及因宗教影响而形成的民族文化传统，不可避免地会对社会生活的各个领域产生影响。尽管可以说不同民族之间发生冲突的最根本原因是经济、政治利益的冲突。但宗教问题往往可能是这类冲突的诱因之一。不同信仰的民族之间在生活方式、思维方式、习俗风尚、礼仪禁忌、心理情感、价值观念、伦理规范，以至于语言文化等诸多方面都存在着差异，其中任何一种差异都会成为他们之间产生矛盾和冲突的原因。如果它还涉及政治问题并与之结合起来，就会使问题更趋复杂。如果从更深层次上观察，可以发现宗教信仰，以及宗教信仰者所受的民族文化传统，在民族利益冲突中仍然起着一定的，甚至是导火线的作用。特别是对事物、对问题作价值判断、决定价值取向时，总是受着判断者的宗教信仰、所受的传统文化教育、民族的状况如何的制约，这就使人们在对待并解决社会问题的同时，不可忽视对宗教、宗教文化，以及对那种受宗教影响的民族传统文化的重视、关注和研究。当然，那些存在不同宗教信仰而民族关系又能和睦相处的则另当别论。民族之间关系如此，国家之间关系同样如此。

第七，宗教认同是宗教存在的基础和活动力量的源泉。任何宗教都以自身特有的信仰和礼仪而与其他宗教相区别，在同一宗教内部才有所认同。宗教认同是宗教得以存在的基础。如果宗教没有认同，而与其他宗教混同，它就会失去自身宗教的特色、失去自身的信徒。有的教徒在认识问题、处理问题时之所以以信仰画线，完全是宗教认同的观念在起作用。宗教虽然都宣讲它的普世和宽容，20世纪60年代以来不同宗教之间甚至开展了对话，可是，宗教的普世和宽容并不能替代宗教在教义、教理之间的分歧和差异，宗教对话只能缓和它们之间在非信仰领域内的矛盾和对立，无法解决宗教之间的认同。因为宗教认同是宗教获得凝聚力或内聚力的源泉。应该看到，宗教认同获得凝聚力的同时，也就具有了排斥力。宗教认同是排他性的，凝聚力越强，排斥力也会成正比例地增加。在当代，伊斯兰教的宗教认同显现得尤为突出。它的这种凝聚力和排斥力，正是伊斯兰复兴运动极力排斥那种被认为非伊斯兰的或反伊斯兰的思想和行为的力量所在，也正是拉什迪的《撒旦诗篇》问世后，掀起世界范围的伊斯兰风暴的力量所在。北爱尔兰的天主教徒和新教徒之间的矛盾和冲突，有着种种原因制约着它无法顺利解决，其中，宗教认同显然是个重要的原因。就国家与宗教的关系而言，一般说来，任何一个国家的宗教信仰者，对国家的忠诚与信奉宗教应是统一的、互不矛盾的。也就是人们常说的"爱国爱教"应是统一的、不可分割的。可是，在现实生活中，由于宗教认同，有些人往往在国家与宗教的关系上把信奉宗教置于对国家忠诚之上（而不是相反，把忠诚国家放在首位、信奉宗教放在隶属的地位），这就很容易做出种种反社会、反国家的违法活动来。

第八，宗教有时起着外衣的作用。宗教独特的社会政治作用在于它可以被用来作为外衣。人们常说的"以宗教的名目"、"以宗教为名义"，或是"在宗教名义的掩盖下、庇护下"等等，说的都是宗教所起的外衣作用。任何正常的宗教活动本身并不需要什么外衣；宗教外衣通常是那些非宗教性活动所需要的、借以掩饰它的社会的、政治的或其他目的的手段。事实上，任何以宗教的华丽辞藻，或是在宗教名义的掩盖、庇护下从事的活动，它们在本质上都不是宗教活动，而是宗教以外的社会政治活动或其他活动。宗教名义往往是表象，在它掩盖、庇护下所从事的活动，有着更深层次的社会政治的或经济的目的和动机。应该看到，政治、经济、文化、社会和民族冲突有时之所以需要宗教外衣，是因为宗教在引导、组织、动员群众参与有关活动方面，具有独特的有效性，是其他手段难以替代的。因此，有必要把宗教置于整个社会政治的大环境中来认识，要从本质上认识宗教在某些人、某些社团组织手中是个不可或缺的社会政治斗争工具。因此，强化对宗教外衣本身以及外衣功能的研究就很有必要了。

第九，应从不同宗教之间的相互关系中认识宗教。在当今世界中，不少国家的宗教不是单一的，而是两个或多个宗教并存的，在一些地区也是如此。在这些国家和地区中，当前宗教之间的关系通常会曲折地反映出不同社会人群、不同民族之间的政治经济关系。不可否认的是，在民族（或种族）冲突中具有宗教的因素，特别是任何一方宗教情绪的高涨都会导致另一方相应而又迅速的反应，但其根本原因仍然是政治经济的因素。例如，当前印尼的穆斯林与基督徒之间、苏丹的穆斯林与基督徒和拜物教徒之间的冲突；在克什米尔冲突中，显然不单单是信仰印度教和伊斯兰教的印、巴两国民众在信仰上的冲突；同样的，在阿以冲突中，也绝不单单是信仰伊斯兰教的阿拉伯人与信仰犹太教的以色列人在信仰上的冲突。它所反映的绝不是两个民族之间的单纯的宗教信仰上的矛盾和斗争，它有着更深层次的社会政治经济的冲突。然而，印尼民众伊斯兰情绪的高涨，苏丹推行伊斯兰教法的做法，巴基斯坦和巴勒斯坦伊斯兰复兴运动的高涨，必然导致信仰其他宗教的人们的戒备和相应的反应。再如，斯里兰卡泰米尔猛虎组织从事的暴力恐怖活动，显然与泰米尔民族的民族主义高涨以及它所主张建立的独立的泰米尔国有关。由于信仰印度教的泰米尔人的民族主义和复兴印度教的原旨教义的发展，必然导致斯里兰卡居人口多数的僧伽罗人的民族主义的发展，与之相关的则促使了僧伽罗人复兴佛教意识的发展。可见，从宗教相互关系中研究宗教，有助于从一个侧面加深对国别、地区和国际政治的认识。

第十，应及时把握教界和某些神学家关于宗教问题的主张。例如，他们主张把宗教分为所谓的"天启宗教"与"非天启宗教"。他们认为犹太教、基督教、伊斯兰教是"天启宗教"，而佛教或其他多神教、原始宗教则是"非天启宗教"。他们进而认为，"天启宗教"的根本经典（如《圣经》、《古兰经》）是神灵的"启示"而非人的作品，因而它受到信徒的尊崇，反对对它的亵渎或不恭。又如，任何宗教总是把自身视为正统，把分裂出来的教派视为异端，把其他宗教视为异教。宗教分裂为教派是普遍的现象。一般说来，教派具有相对的独立性，它同样具有宗教的性质和特点。基督教就分为三大支（天主教、东正教、基督新教）以及各支又有众多的支派；伊斯兰教同样分为逊尼派、十叶派和哈瓦利吉派三大支派其中又分为许多的分支派别或学派。显然，所谓的"天启"、"非天启"之分，所谓的正统和异端、正教和异教之分，完全是从一定宗教立场为基点观察问题的结果。人们可以不赞同他们关于宗教的这类区分，也可以不赞同神灵"启示"的主张，但对他们的这种区分和主张则应予以尊重。尊重他们的主张和信仰与赞同他们的主张和信仰完全是两码事。这不仅是因为在教界的背后有着数以千万计的教徒群众，而且在尊重他们的信仰、思想和感情的同时，有利于以更为客观的视角为基点，超脱宗教或教派的立场、观点来观察、分析和处理问题；如果以某一宗教对其他宗教或教派的观点或说法为准绳来观察、分析和处理问题，就不可避免地会出现片面、偏见和偏差。

　　当然，对宗教的认识可以不限于以上诸点。而罗列以上诸点纯粹是为了从更为宽泛的视角来观察宗教问题，为的是说明在宗教与政治的关系中，宗教不是政治，也不能等同于政治。即便是像具有明显的政治特点的伊斯兰教，它仍然是宗教，而不是政治。人们常说的政教分离，仅仅表明宗教不能再干预政治（以及干预社会的法律和教育等）事务，更不允许它凌驾于政治之上；让宗教成为信仰者个人的私事，这是一方面。另一方面，人们仍可看到，任何宗教都不是孤立存在的，它与社会生活的一切领域都有着千丝万缕的联系。就政教关系而言，自近代以来宗教总是隶属于政治，很难说宗教与政治完全、彻底地分离。在通常的情况下，宗教被用来作为政治斗争的工具，成为政治的奴婢和附属品；有时，作为政治的奴婢和附属品的宗教，也可能利用政治来达到自身的目的。应该指出的是，影响当今政治的，有时不仅仅是宗教，还包括与宗教有关的种种宗教因素。

　　所谓宗教因素，可以说它是宗教在社会不同领域的衍化和延伸，并得到相对独立发展的、又与宗教密切相关的种种社会现象。以伊斯兰教为例，它的宗教因素，除了伊斯兰教的自我外，还包括体现伊斯兰的宗教精神的意识形态、以伊斯兰为特征的民族传统文化、在伊斯兰名目下的社团组织、以"伊斯兰"为名或信仰伊斯兰教的国家并由它们组成的伊斯兰世界、在伊斯兰名义下活跃的社会思潮和社会运动、伊斯兰的圣地、圣物、寺院、器皿、文物等等。可以说，各不同宗教在宗教因素的内容上都有大致相仿的方面。宗教之外的其他因素有时同样会对社会政治产生影响，是人们不可忽视的。还应指出的是，有的国家也会利用宗教并支持宗教事业的发展来达到自身的政治目的，这同样会对国内政治，进而对地区政治和国际政治产生影响，更不必说地区的或国际的政治形势变化，也会影响宗教的发展了；伴随着宗教的发展，这反过来又会对地区政治或国际政治产生影响。

二　宗教在冷战后的发展

20 世纪 80 年代末 90 年代初，东欧剧变、两德统一、苏联解体、冷战结束。宗教在冷战后的发展，可以说，不过是战后发展的延续。宗教在以下几个方面的发展，尤其应该值得人们关注。

其一，宗教日益重视社会参与和政治参与。"二战"以来，各不同宗教间尽管有它相对的稳定性，其发展也极不平衡，但它们不可能完个脱离社会其他领域而孤立地存在。一个共同的突出表现是，为与所在国的社会政治经济发展相适应，宗教的现代化和世俗化的发展日趋明显。一方面，宗教在信仰个体的社会生活中的重要性日趋减弱，从而导致宗教复兴的现象发生。大量调查材料说明，由于科学技术的发展、社会生活节奏的加快、文化娱乐活动的日益丰富多彩，加上人们所受教育和虔信程度的差异，特别是他们的社会政治经济利益的不同，在现实利益的驱使下，一些人的信仰淡化了，从事宗教礼仪，过严谨宗教生活的人愈来愈少。对于那些有执着宗教信仰的人来说，显然不满于宗教的这种衰微现状；而宗教的现代化和世俗化也无法回答社会生活不断提出的新问题、解决日益呈现的新矛盾，他们同样不满于难以尽如人意的现实生活，并力求昔日宗教繁荣景象的再现。其结果则导致不同国家和地区先后呈现出宗教复兴的现象。其中，尤以 20 世纪 60 年代末 70 年代初以来的伊斯兰教向它的原旨教义复归表现得最为明显和突出。其他宗教同样存在不同程度地向原旨教义复归的现象。向原旨教义复归，则成为各个宗教的共同特点；在宗教复兴的名义下，不仅仅是个宗教的复兴问题，其中，它还包含着大量的社会政治、经济、文化和民族等不同领域的复兴。

另一方面，宗教以社会群体面目出现，在处世哲学和行为策略上，为适应社会的发展而权变；在具体行为上则重视并关注社会现实问题，其根本目的仍在于在新的社会历史条件下不致衰败，期望在信众中继续维持其地位而不丧失其影响。宗教的自我发展，不管它是教民的自觉行动，还是教界的作为；不管它是信仰群体的活跃，还是国家引导的结果，人们看到的则是教徒个人、教会团体日益重视宗教的社会参与，不再回避世间俗务，在社会参与中显得十分活跃、积极、热诚、卖劲。可以说，他们已积极参与社会生活的一切领域，甚至极力与现代科学相调和，以现代科学知识为其经典、教义做阐释、做论证，利用现代科学技术手段（如广播电视、信息网络）宣教布道，更不必说教会传统关注的开办学校、医院、慈善机构了。同样的，无论是作为教徒个人，还是宗教社团，也都重视政治参与。宗教、宗教社团或教会的背后，意味着有千百万追随它的善男信女。特别是在那些实施政党政治的国家里，宗教意味着大批的选民和选票；这些善男信女可能是这一政党或那一政党大选选票的主要来源。任何一个政党也不会忽视宗教在大选中对选民的影响；反过来，宗教则利用它对选民可能产生的影响，积极参与政治、影响政治，以利于宗教事业的发展。

宗教在向它的原旨教义复归过程中，很自然地会发生向温和的、激进的，甚至是极端的方面发展的现象。无论是温和的、激进的发展，还是极端的发展，如果仅仅限于思想信仰、意识形态领域，仅仅作为一种社会思潮流传的话，它对社会、对政治的影响并不严重；如果它见诸于行动，甚而发展为社会运动的话，则会对社会、对政治有不同程度的影响或危害。这一时期发生在宗教名义下的暴力恐怖活动，就属于在它的极端思想指导下的极端行为的表现。这是宗教信仰者的社会参与和政治参与的必然结果。

其二，宗教日益发挥其文化的社会功能。研究当前宗教发展趋势时，不可忽视对宗教作为社会的一种文化现象的总体的考察。就宗教的文化属性而言，它包含有不同的层面。即宗教在现实社会中，它是以精神文化、制度文化、经文文化、伦理文化、习俗文化和物质文化等不同面目存在，并发挥其社会功能的。

就其精神文化而言，主要是凝聚在教徒的信仰和思想意识中的宗教教义、主张、观念、心理、情感、思潮，以及以不同形式反映其精神文化的宗教文学、艺术等；就其制度文化而言，主要是与它的精神文化相应的宗教律法、戒律、规章，以及相关的宗教礼仪制度等；就其经文文化而言，主要包含它的宗教经典、报刊、著作及其反映的宗教思想等；就其习俗文化而言，主要包含与它的宗教思想、观念相应的习俗风尚、生活禁忌、伦理道德等；就其物质文化而言，主要包含有宗教器皿、文物、建筑、碑碣等。宗教文化所体现的这些层面，是宗教在长期的社会历史发展中逐渐形成并得到完善的，也是教徒自觉不自觉地接受并极力维护的。

如前所述，宗教不单单是个宗教信仰、宗教礼仪和相关的宗教活动问题，可以说，它是作为社会的一种文化现象而存在的，特别是在当今信息社会采用种种科技手段传播其宗教文化的条件下，宗教文化所具有的社会性及其特有的社会功能，是其他社会文化难以比拟的。任何宗教，特别是作为世界性的三大宗教都有着众多的信仰者、追随者，他们正是各自宗教文化的社会功能积极或是消极的体现者或传播者。宗教文化的社会功能，通过他们积极参与社会政治活动而得以实现。任何一个宗教，为维护其宗教文化的纯洁、存在和发展，为发挥其宗教文化的社会功能，不可避免地要建立与自身相应的组织机构（如教会、布道会、宗教协会等），以保证其宗教文化在日常的社会生活中发挥其应有的作用，影响周围可能影响的人群；那些企图利用宗教、利用宗教文化达到一定社会政治目的的人，同样会组织起来，建立适应自身需要的小社团，极力发挥宗教文化的社会功能。

任何宗教都是社会历史的产物。宗教文化在当前之所以显现出它的社会功能，其成员之所以成为社会政治活动的积极参与者，是冷战后的社会历史条件使然。冷战结束以来，政治多极化、经济全球化的发展，必然影响到不同宗教信仰者对自身的宗教文化功能的思考。特别是第三世界信仰伊斯兰教的很大一部分人群，无论就他们所在国家与那些西方大国相比，还是就他们个人的境遇和经济状况而言，都处于相对弱势的地位。他们当中的一些具有政治企图的人，很自然地会利用某些宗教主张，以宗教情感、宗教认同来网罗、纠集并激励那些宗教盲从者、政治不满者、社会失

意者、生活无着者，以及无赖和游民，组织或建立起种种具有政治色彩的
小社团，有的则形成在宗教名义下的政治反对派，从事不利于国家和社会
的活动。其中，宗教的社会文化功能正是通过他们的社会参与、政治参与
而得以发挥作用的。

其三，宗教冲突、教派纷争与民族冲突的交织会日趋紧密。宗教冲
突、教派纷争是历史上早就存在的老问题。在当前世界上不仅没有解决，
而且随着社会的发展，时而和缓，时而激烈，仍然困扰着不少国家或地区
的安宁和人们的生活。尤其是冷战结束后，宗教冲突、教派纷争有愈演愈
烈之势。表面上，宗教冲突、教派纷争是信仰、意识形态的冲突，其中也
确有思想信仰和文化传统因素，并因彼此间的差异导致冲突和纷争。但在
实质上，这类冲突和纷争仍然是民族的（在有些地区则是种族的），甚而
是同一民族内部因政治经济利益的差异所导致的。显然，宗教与民族有着
密切的关系。宗教总是以民族为载体、以各个民族的信仰者为其活动主体
的。民族具有它特有的民族文化和民族特点，往往与宗教、宗教文化相融
合，形成以宗教意识形态为核心、为灵魂的民族文化和民族的生活习俗和
特点。但不是说宗教等同于民族，民族等同于宗教。民族成员在信仰上的
矛盾、分歧和差异，甚至在同一民族内部因信仰上的矛盾、分歧和差异，
则会演变为宗教冲突、教派纷争，形成教族冲突。当前，在某些国家或地
区的宗教冲突、教派纷争以及教族冲突有日趋尖锐化的趋势，这是冷战后
一个值得注意的宗教发展的现实。

现实生活中，单一民族的国家并不多，大多数国家是历史上形成的多
民族国家。大量事实表明，在那些存在宗教冲突、教派纷争的国家中，不
可避免地会与民族问题、与民族冲突纠缠、交织在一起。就这些存在冲突
和纷争的国家和地区而言，大致有以下四种情况：一是它或是在同一国家
内部，信仰同一宗教的不同民族之间的冲突或纷争。这以阿富汗抗苏战争
后形成的内战最为典型。在当时的阿富汗内战中，主要是在信仰逊尼派伊
斯兰教的以塔利班及其政治反对派之间的战争，通常被认为是普什图族与
塔吉克、乌兹别克等族之间的战争；同时还存在塔利班与一部分信仰十叶
派的哈扎拉族人的战争。二是它或是在同一国家内部因信仰不同宗教而在
同一民族之间发生的冲突或纷争。如同为阿拉伯人的黎巴嫩基督教徒与穆

斯林之间长达 15 年（1975—1990）的内战，即属此。三是它或是在同一国家内部因信仰不同的宗教或不同的教派而发生的不同民族之间的冲突或纷争。如当前印尼的穆斯林和基督徒的冲突、缅甸的佛教徒与穆斯林的冲突、斯里兰卡的僧伽罗族佛教徒与泰米尔印度教徒之间的暴力冲突、巴基斯坦的逊尼派穆斯林与十叶派穆斯林之间的冲突等，即属此。四是它或是在不同国家之间因信仰和民族构成的不同而发生的宗教民族之间的冲突或纷争。如已有半个多世纪的阿以冲突以及由此导致的四次中东战争和黎以战争，虽有宗教的因素，但它本质上是领土争端问题，既是巴勒斯坦阿拉伯人是否有权建立独立国家并返回家园的问题，也是以色列人在当地是否有权生存以及它应从所侵占的阿拉伯领土上撤离的问题。

也就是说，宗教冲突、教派纷争只是表象，甚而是假象，在这类冲突和纷争的背后，则有着更深层次的政治经济或文化因素。尽管宗教冲突、教派纷争有信仰和生活方式上的对立，但其基本原因仍在于政治经济利益的差异产生的矛盾。宗教冲突、教派纷争的结果，使得冲突地区的社会安定和民众生活受到严重威胁。特别是那些宗教与民族问题纠缠在一起的地区，这类冲突所导致的严重后果，是短期内难以消除的。

其四，宗教国家化趋势的发展。探讨宗教发展现状问题时，不可忽视国家对宗教的态度。宗教在国家社会政治生活中的地位，随着中世纪的结束已不可能再当主角，只能起当配角、隶属于政治的作用。进入近代以来，尽管在一些国家中仍然存在着政教合一的政体，但就世界范围而言，政教分离则是社会历史发展的总趋势。在那些仍然实施政教合一政体的国家中，宗教、教界本身只能隶属于政治。可以称得上是政教分离的国家里，虽然宗教与国家政权、法律、教育实现了分离，不再能干预这些被视为尘世的俗务，可是，这并不是说国家放弃了对宗教的干预或利用。除了那些在宗教名义下的政治反对派（及其社团组织）外，作为一种社会集团或社会势力而与国家相对抗的宗教、敢于与当局唱对台戏的宗教，几乎是不存在的。由于国家对宗教的干预或利用，这就使宗教有可能被国家化。宗教国家化现象的发展，与宗教自身的特点和活动有关。应该看到，宗教，特别是它的基本信条本身具有相对的稳定性，外部力量对它的发展并不能起到多大影响。可是，宗教虽有自身相对独立的宣教布道、发展信徒的使命，但宗教的存在和发展离不开经济基础。为求得自身发展，仅仅靠信徒的奉献和教会经营的产业，已无法满足宗教日益发展的需要了；它越来越积极地参与政治、影响政治，乐意接受国家的资助、谋取国家的财政支持，以利于宗教事业的发展。由于宗教接受了来自国家的资助和支持，反过来只有被迫接受国家的指使而被利用，或是依附于国家的统治，或是成为国家实施内外政策和实行治理的工具。宗教宣教布道、发展信徒的使命，有时与一些国家对外扩张的战略意图是完全一致的。这就使宗教得以成为帝国主义的工具，这在基督教那里最为明显。近代以来，它的传教士中，不少是帝国主义对外侵略的马前卒，甚至刺探情报从事间谍活动；而在帝国主义扩张以后则成为它的应声筒，对它征服地区的人民实施诱骗以至从事特务活动。冷战结束后，它同样会成为帝国主义对外从事渗透、颠覆、破坏活动的工具。与此同时，宗教所起的精神诱导、心灵感化的功能，是根深蒂固、潜移默化的。这种特殊作用，甚至被视为社会的一种稳定因素、被视为其他社团难以起到的，也是其他任何手段都难以达到和无法替代的，在许多方面，则起着任何政治难以起到的作用。这正是为什么有些国家乐意并积极支持宗教事业发展的原因所在。因而国家越来越重视宗教在日常生活中的伦理说教作用，强化对宗教的控制和干预，予以安抚和利用，结果则是使之国家化、使之成为上层建筑的一个组成部分。宗教国家化现象的发展，是国家和教界所共同认可的。这不是说，某些国家在宗教名义下的政治反对派能够认可宗教国家化现象；反之，它则斥责教界为当局的走狗和应声虫，成为它反对当局和教界的口实之一。

冷战结束后，宗教除了以上的发展外，还有一个值得注意的现象则是宗教异化，以及因宗教异化而蜕变为宗教极端主义的发展。宗教极端主义对国际社会的安全和稳定可能和已经构成的威胁，是当今更值得人们关注的。

三　宗教的异化与宗教极端主义的活跃

宗教自我的发展是不以人的意志为转移的社会客观进程。历史上，宗教分化为不同的教派和宗派，是它发展的显著标志之一；近代以来，则表现为在传统宗教的基础上脱胎而出一批新兴宗教。如果说，宗教分化为不同的教派和宗派是传统宗教内在的发展的话，那么，新兴宗教的兴起则是传统宗教外在的发展。无论是宗教分化为教派和宗派，还是兴起新兴宗教；无论是传统宗教内在的发展，还是外在的发展，它们的基本信仰和活动仍是宗教性的，它们的宗教属性并没有改变，在本质上仍然是宗教的，没有离开宗教的范畴。

宗教的异化与此有着质的区别。它既不是宗教分化为教派和宗派，也不是由传统宗教中脱胎而出新兴宗教。它是宗教发展过程中由宗教到政治的质变，它蜕变为宗教的异己物和异己力量。作为宗教的异己物和异己力量，它反过来则会给予原先宗教以曲解、亵渎、强制和糟蹋，甚至与原先宗教相对抗，使之丧失在民众中的影响和威信，威胁原先宗教的权威。作为非宗教的异己物和异己力量，它的目的、动机、基本主张、组织形式、活动手法，完全暴露出它已经脱离了宗教的范畴，不再是通常意义上的宗教。当前一种流行的说法——宗教极端主义，即宗教异化、蜕变而出的异己物和异己力量的典型表现。本质上，它是非宗教的社会政治意识形态及其相应的社会政治行为；简言之，它是宗教名目下的政治，而不是什么宗教信仰和宗教实践。虽然它仍保留着宗教名义，其成员仍有着宗教信仰并从事宗教活动，甚至在信仰上达到极其虔诚以至于到非理性的极端盲信的程度，在活动中十分热诚以至于达到非理性的极端狂热的程度，但它已不再是原先的宗教信仰和宗教实践了。宗教不过是为达到一定政治目的的工具和外衣而已。

异化也好，蜕变也好，在客观上需要一个过程。宗教异化、蜕变为宗教极端主义正是通过宗教政治化而达到的。

宗教政治化并非是冷战终结后才发生的社会现象。冷战时期，宗教向它的原旨教义复归过程中，它的政治化现象已经显现。一般说来，这时的宗教政治化已经以温和的、激进的，甚至于极端的形式表现出来。

就宗教政治化的极端形式而言，它的基本特征在于宗教信徒的思想和行为的政治化。具体说来，它表现为在宗教外衣的掩盖下，宗教信仰的政治化、宗教主张的意识形态化、组织形式的诡秘化及活动方式的暴力化。在宗教信仰政治化方面，往往从曲解并掺杂政治企图入手，赋予经典、教义以政治含义，使宗教教义、宗教思想演变为具有政治纲领的性质；在宗教主张意识形态化方面，它在教徒信仰政治化的基础上，强调宗教主张的意识形态特性，进而显现出它的政治特性和政治活力，诱导并裹胁教徒投入政治活动和社会运动；在组织形式诡秘化方面，则表现为在原有的教会、宗教社团之外，建立起形形色色的类似政党性质、具有严密特色的秘密的，或密谋的小集团、小组织；在活动方式暴力化方面，则表现为在布道宣教的掩盖、煽动、鼓动下，从事暴力恐怖活动，以至于阴谋颠覆活动；等等，可以说，这一切正是宗教政治化极端形式的综合表现。

　　宗教政治化的温和和激进形式与极端形式的区别在于，前者在思想和行为上还没有达到极端的程度；只有那种极端的形式才最终发展为宗教极端主义。就是说，那些持有极端主张和政治图谋的个人或势力集团，或宗教中的那些极端派，从极端的（而不是温和的或激进的）方面阐述其宗教经典和宗教教义，并伴之以相应的极端行为；其结果，宗教思想变成政治意识形态进而在它的政治意识形态指导下，从事暴力恐怖活动。宗教极端主义正是在政治化的极端形式的基础上发展起来的。从宗教到它的政治化到宗教极端主义的发展，是原先宗教中的宗教性不断锐减、政治性不断剧增的量的变化过程，由量变到质变，直至政治性居于主导地位，宗教性完全消失，进而宗教最终异化为非宗教，使宗教异化为政治、蜕变为宗教极端主义。尤其是在冷战后的社会条件下，他们与极端民族主义或种族主义相结合，在宗教名目下的活动迅速发展，日益显现其危害性，由此产生种种恶果，特别引人注目。当前，它已构成相关国家或地区重点防范对象，也是国际社会普遍关注的焦点。

　　就世界三大宗教之一的伊斯兰教而言，它的政治化，异化、蜕变为宗教极端主义尤为明显。可以认为，伊斯兰教政治化是笼统的说法。事实上，在它的政治化过程中，那些持有极端主张并从事极端活动的个人或势力集团，或者说其中的极端派，其发展的结果已经异化，蜕变为伊斯兰极端主义了。伊斯兰极端主义虽然还保留着伊斯兰的名目，但其成员仍然在伊斯兰的名义下活动，它已经不再是伊斯兰教的自我，而是某种与伊斯兰教自我相抗衡的异己物和异己力量。在伊斯兰名义下的极端主义不仅在思想上与伊斯兰教主张的六大信仰完全不同，而且在社会行为、政治行为上与伊斯兰教主张忠实地履行五项宗教功课和行善有着根本区别。例如，它在信仰真主的掩盖下，强调对各自的小社团、小集体的首领的人身依附、绝对忠诚与盲目信仰，激励它的成员去从事非法的，甚至是违法的犯罪活动；即便是它要求其成员参与和从事日常的宗教实践，那也不过是个幌子，为的是掩盖、庇护它的违法犯罪活动。这类活动无论在思想上、主张上，还是社会行为、政治行为上所显现出来的政治特色，已不再是什么宗教信仰和宗教实践，而是政治主张、政治行为；它们已经背离了伊斯兰教的原旨教义，与正常的宗教活动完全是两码事。这里仅仅以伊斯兰教为例，借以说明宗教的异化、蜕变为宗教极端主义的事实。平心静气地说，在现实生活中，伊斯兰教的异化、蜕变为伊斯兰极端主义确实更为活跃、明显、突出。这是有目共睹、无可辩驳的事实。然而，这并不是说，佛教和基督教中就不存在政治化，不存在异化、蜕变为宗教极端主义的现象了。甚至在一些民族宗教中，如印度教、犹太教、锡克教和神道教中，同样存在政治化、异化、蜕变为宗教极端主义的现象。只是由于不同宗教的发展和异化现象极不平衡，其他宗教所异化、蜕变的极端主义，没有伊斯兰极端主义那样受到传媒的关注罢了。

如前所述，宗教的政治化并不一定导致宗教极端主义。或者说，宗教异化、蜕变为宗教极端主义不仅要有一个过程，而且需要一些基本的条件。当这些基本条件一旦具备了，宗教的政治化就会发展为宗教极端主义。这时，宗教极端主义的兴起则是不可避免的了。

概括起来，宗教异化、蜕变为宗教极端主义的条件大致如下：

首先，它必须有一个持有一定政治图谋的个人或集团，为实施其图谋而从事宣传、鼓动、组织、密谋活动，并能获得一定数量的支持者和追随者；这些支持者和追随者有可能成为它的骨干和社会基础。

其次，它必须有一种能够吸引人、迷惑人并适应他们需要的、从激进到极端的社会政治主张和经济主张，或适应他们心理和精神需要的歪理邪说；这类主张和歪理邪说能够为他们所接受，并乐意为之奋斗和献身。

再次，它必须有一套约束其支持者和追随者的强制性的组织系统；能够从精神到人身对他们实施有形无形的控制，使之绝对依附于该组织系统。

最后，它必须有一定的经济基础以保证它从事社会政治活动；其经济来源可以由它的支持者和追随者奉献，也可能由那些具有政治图谋的个人或集团提供，或是通过巧取豪夺的手段（包括勒索、绑架、盗窃、募捐、诈骗、贩毒等）从社会上谋取。

当宗教政治化，进而发生异化、蜕变为宗教极端主义后，它就不再是宗教了。它是地地道道的、纯粹的政治；然而，它与一般的政治、一般的极端主义仍然有所不同。它具有宗教的名目、它的成员在宗教名义的掩盖、庇护下从事社会政治活动而不是宗教活动，而采取宗教名目正是它迷惑人的地方，也是它以类似宗教的特殊形式活动的原因所在。

宗教与政治是不同的概念，也是不同领域的问题。因为任何一位宗教家或神学家都不会承认宗教极端主义就是他们信奉的宗教，等同于他们遵循的信仰和履行的宗教功课。在各大宗教中，伊斯兰教是具有更为明显的政治特点的宗教；具有政治特点，并不等于伊斯兰教就是政治。因此，应严格区分宗教信仰、宗教实践与政治主张、政治活动，给予它们严格的限定。国外的一些伊斯兰教学者把伊斯兰教看作是无所不包的社会意识形态、生活方式、伦理规范、文化体系，也是社会的政治制度、经济制度。至于在国内，也有持此种主张的学者。宗教与社会的不同领域具有某种联系，甚至此种联系极其密切是一回事，把宗教与社会不同领域视为等同则是另一回事。无限夸大宗教的功能及其作用，甚至把宗教置于其他社会领域之上并不可取。那种鼓吹、传播、从事宗教极端主义的活动，无论在什么国家或地区出现，都会影响甚至危害该国或该地区的统一与安全、社会的稳定与发展、民族的团结与和睦，不利于世界的和平和国家的现代化建设，因而都是非法的、犯法的。由宗教的异化、蜕变而成的宗教极端主义在当前特别活跃，在关注宗教发展趋势的过程中，把宗教极端主义的活动与正常的宗教信仰和宗教实践严格区分开来，反对并制止这类活动，是完全应该的。

四　密切关注宗教、宗教极端主义对国际政治的影响

随着两极格局的终结，国际社会步入冷战后的相对缓和时期。在国际政治向多极化演变过程中，在 20 世纪 90 年代以来经济全球化的发展日益

前进的过程中，一般地说，宗教在国际政治中的影响，并不居于主导或重要地位。但这不是说，在国际问题中就不存在宗教问题了。特别是伊斯兰世界和穆斯林相对聚居的地区，仍是当今世界不可忽视的热点所在。至于在一些国家和地区更难以摆脱宗教因素的困扰，很多事件完全是由宗教因素引发的；或是事件的背后有宗教因素的阴影。可是，当宗教异化、蜕变为宗教极端主义后，一方面，宗教在社会生活中将继续发挥作用；另一方面，宗教极端主义则从政治动机出发同样会对社会生活发挥作用。宗教同宗教极端主义结合在一起，对国际政治所产生的影响，也就更加严重了。

第一，宗教极端主义将会激化那些热点地区固有的矛盾，或是使之进一步恶化。当今可以列入国际政治或地区政治的热点地区、热点问题，往往与宗教因素有关。而在这些热点地区种种矛盾的激化过程中，都可以看到宗教极端主义的阴影。其中，在伊斯兰世界和穆斯林相对聚居的地区，既是当今世界不可忽视的热点所在，又是宗教极端主义的重要策源地之一。例如，中东地区的阿以冲突和争端问题，涉及以色列从侵占的阿拉伯领土上撤军、巴勒斯坦民族建国、耶路撒冷的最终归属和由谁定都、巴勒斯坦难民返回家园、以色列与阿拉伯国家的关系正常化、以色列在中东地区是否有权生存等问题。表面上，这里并不涉及宗教问题。事实上，20世纪90年代初，阿以双方根据"以土地换和平"原则达成协议，中东和平进程有所起色。可是，由于以色列人与阿拉伯人的宗教信仰不同，耶路撒冷又被犹太教、基督教和伊斯兰教视为各自的宗教圣地，已经使和平进程难以顺利解决；加之，在阿以双方达成协议过程中，已经受到巴勒斯坦的伊斯兰圣战组织和哈马斯（伊斯兰抵抗组织）的暴力恐怖活动的不断干扰，犹太教的右翼宗教政党和以色列右翼势力对和平协议同样没有起到好作用，使得和平进程不断搁浅。最近一次巴以冲突的爆发，被称之为巴勒斯坦起义，完全是宗教因素引发的。2000年9月28日，以色列利库德集团右翼分子沙龙在大约3000名武装军人的陪同下擅自闯入阿克萨清真寺，不仅导致巴勒斯坦穆斯林的普遍抗议（认为这是对伊斯兰教圣地、圣寺的亵渎），引发了反抗和冲突，而且拟议中的以色列撤军问题就此成为一纸空文。在冲突发生一个月后，"一些最令人不安的景象是双方给对方的神殿造成了破坏"，它"使人们担心几十年来双方一直坚持认为的一场争夺土地的民族战争正在演变成一场全面的宗教战争"①。在冲突过程中，双方有大批人员伤亡（截至 2001 年 9 月，巴勒斯坦方面已有 600 余人死亡，20000 余人伤残）。尽管不能说阿以冲突和争端是纯粹的宗教冲突和宗教争端，它在本质上仍然是个政治性的民族冲突和领土争端问题，可是，如果没有宗教同宗教极端主义结合在一起在其中发挥作用，说不定事态发展可能会是另外一种情况或另外一种结局。

再如，印巴关于克什米尔的冲突和争端，本质上也不是什么宗教性的。可是，宗教、宗教极端主义在印巴两国的冲突和争端中所起的作用却是无法否认的。因为从印巴分治的第一天起就已经埋下了冲突和争端的祸根，而宗教、宗教因素往往是引发冲突和战争的诱因。根据 1947 年 6 月英国"蒙巴顿方案"，印巴实行分治。它以印度教徒和穆斯林居住人口为据，划分领土边界并相应地做了人口调整，这导致数百万的人口迁移和大批无家可归的难民，尽管这结束了英国在当地的殖民主义统治，然而，英国并未首尾一贯地实施这一方案。在穆斯林居于多数、印度教王公统治的克什米尔，它却主张由封建王公选择政治归属。结果，克什米尔统治者选择了印度，这导致印巴分治后不久就爆发了第一次印巴战争。1965 年 9 月印巴双方又因克什米尔问题爆发第二次印巴战争。此后，印巴双方关于克什米尔的争夺从未中止，并不时发生边界纠纷和武装冲突；其中，宗教极端主义往往是引发纠纷和冲突的重要原因。在克什米尔争端中，国际社会虽然做了大量的调解活动，但其成效微乎其微。迄今，克什米尔问题并没有获得解决。人们不难从中看到宗教、宗教因素同宗教极端主义结合在一起在其中发挥作用。

同样，阿富汗内战所影响的范围，也不单单是地区性的，它在世界范围内产生影响。1988 年年底，苏联从阿富汗撤军。阿富汗的抗苏战争结束后，随即爆发了内战。先是"圣战者"与纳吉布拉傀儡政权之间的战争；1992 年 4 月，各"圣战者"组织推翻纳吉布拉统治，在喀布尔建立了伊斯兰政权，由于"圣战者"组织之间的争权夺利，接着爆发了以拉巴尼为首的当政者与"圣战者"军阀之间的战争；1994 年 7 月，塔利班（伊斯

---

① 美国《洛杉矶时报》2000 年 10 月 28 日文章。

兰学生军）崛起，又爆发了塔利班反对各地军阀与拉巴尼政权的战争。冷战时期，因苏联入侵阿富汗，导致以美国为首的西方国家和沙特、巴基斯坦、埃及为首的伊斯兰国家反对苏军入侵的战争；就阿富汗"圣战者"而言，则成为20世纪80年代伊斯兰复兴的特殊表现形式；而在冷战结束后的内战时期，交战双方则显现为"代理人"的战争。承认塔利班政权的，只有巴基斯坦、沙特（2001年9月25日与塔利班政权断交）和阿联酋（2001年9月22日与塔利班政权断交）等三个国家；给予拉巴尼、马苏德支持的则有俄罗斯、印度、伊朗以及中亚等国家。除了内外的种种原因外，宗教同宗教极端主义不能不是阿富汗问题难以迅速解决的原因之一。由此可见，在国际政治中，宗教和宗教极端主义并非不起作用，而是它所起的作用究竟有多大的问题。

第二，宗教极端主义成为冷战后民族冲突（种族冲突）或战争的强劲精神支柱。冷战结束后的民族主义有了新的发展，出现了"二战"以来的新高涨（有的学者称为20世纪的第三次民族主义高涨）；与此相应的是，民族冲突和战争也有所发展。从当前民族冲突的国家或地区来看，它们的精神支柱在一般的宗教思想和民族主义之外，就是宗教极端主义。由于民族主义高涨和民族冲突的激化，反过来对地区政治和国际政治产生了重要影响。

显然，人们不能说，民族主义高涨和民族冲突完全是冷战后的产物；事实上，有的地区的民族冲突，在冷战时期已经存在了，只是冷战后伴随着民族主义的新高涨而有新发展。例如在东南亚，印尼的亚齐族穆斯林争取独立、建立亚齐伊斯兰国家的伊斯兰运动；泰国北大年穆斯林的活动，在冷战时期就已存在；在菲律宾，成立于1976年的摩洛民族解放阵线，最早的斗争在于争取民族独立，1978年该组织接受了有关国家的调解，以民族自治取代民族独立的主张。这导致内部政见分歧而发生分化，从中分裂出更为激进的、坚持建立伊斯兰国家的摩洛伊斯兰解放阵线。在南亚，有斯里兰卡的僧伽罗族与泰米尔族的民族冲突；在克什米尔，除了存在印度和巴基斯坦的争夺外，还存在克什米尔人争取独立的斗争等。这些冲突的影响已不限于一国范围之内，往往扩及地区范围，对地区政治，甚而对国际政治产生相应的影响。只是由于两极格局的制约，很多民族之间的矛盾和冲突，被掩盖在美苏争夺之下而不被人们重视，或是服从于两极格局而没有爆发出来。

可是，随着两极格局的终结，这些矛盾和冲突有的急剧发展，有的原来并不明显的矛盾和冲突这时却显得十分尖锐，显现为民族矛盾的激化和民族冲突的白热化。这主要表现在高加索地区和巴尔干地区。发生民族冲突和争端的双方，通常信仰不同的宗教。在高加索地区，有格鲁吉亚的阿布哈兹穆斯林与当地的基督徒的冲突，阿塞拜疆的亚美尼亚基督徒与当地穆斯林的冲突，车臣人为建立独立国家而与俄罗斯人之间的民族冲突和战争等。在巴尔干地区，民族冲突也十分激烈。在波黑，则有波黑穆斯林、塞尔维亚人和克罗地亚人之间的民族冲突和战争；在南斯拉夫，则有科索沃的阿尔巴尼亚人与塞尔维亚人之间的民族冲突；在马其顿则有阿尔巴尼亚人与马其顿人之间的民族冲突。由于这些民族分别信仰伊斯兰教或具有基督教不同支系（或东正教）的文化背景，两者之间的冲突和争端，除了得到同一信仰民族的同情和支持外，已经引起国际社会的普遍关注。特别是 20 世纪末以美国为首的北大西洋公约组织，为发动侵略南斯拉夫的战争，在谴责塞尔维亚人的暴力恐怖活动的同时，对科索沃地区的阿尔巴尼亚人的分裂和暴力恐怖活动不仅不闻不问，反而纵容和袒护，帮助训练"科索沃解放军"，并与这伙恐怖主义分子站在一起对付塞尔维亚人；直至以"人权高于主权"、"人道主义干预"为借口，对一个主权国家狂轰滥炸，其野蛮程度已不是什么它所标榜的维护"人权"和"人道主义干预"，而是侵犯人权、反人道主义，充分暴露出它的丑恶嘴脸。这无疑给当地的民族冲突火上浇油。当时，就有观察家谈到整个巴尔干地区的阿尔巴尼亚人为建立"大阿尔巴尼亚"国家的政治企图，它似乎是个民族问题，骨子里仍然是个宗教极端主义问题。当前，在科索沃的民族冲突依然如故，阿尔巴尼亚族人在马其顿的分裂和暴力恐怖活动也未终止，充分说明他们正为前述的政治野心而奋斗。而车臣人的企图也十分明显，就是脱离俄罗斯建立自身的伊斯兰国家。如果他们的企图一旦得逞，也会在高加索地区穆斯林相对聚居的俄罗斯其他共和国中引起连锁反应。上述的民族冲突对地区政治和国际政治都产生了重要影响，而这些民族冲突的精神支柱，除了民族主义和他们信仰的宗教外，正是由他们所信仰的宗教蜕变的宗教极端主义所使然。

第三，宗教极端主义严重威胁国际社会的安全和稳定。宗教极端主义对国际社会安全和稳定的威胁，是与恐怖主义和分裂主义分不开的。它以伊斯兰名义下的极端主义最具代表性。在有些国家和地区，这三者完全是个三位一体的怪胎。虽然可以说它们都有各自的政治主张，也各有其政治行为，但深究起来，人们会发现，极端主义在其中更多的表现是精神上、意识形态上的，它是恐怖主义和分裂主义的灵魂；而恐怖主义和分裂主义更多的表现则是行动上的，它们不过是实现极端主义思想、纲领的活生生的体现。极端主义、恐怖主义、分裂主义并非冷战后的产物；早在冷战时期已经威胁到有关国家和地区的安全和稳定，只是没有冷战后那样严重、那样令人震惊罢了。

特别值得注意的是，阿富汗抗苏战争结束后，即 20 世纪 80 年代末 90 年代初，在极端主义、恐怖主义、分裂主义的基础上，进而发展为圣战主义和教权主义。由于圣战主义者和教权主义者的活动，同样具有暴力恐怖和分裂活动的特色，也就更加威胁到世界各地的安全和稳定，更加具有破坏性。可以说，圣战主义和教权主义的发展，与阿拉伯富豪本·拉登有着密切关系。

所谓圣战主义，它主张"为一场世界范围的圣战作准备"，随时随地为伊斯兰信仰而战。参加过阿富汗战争的"圣战者"，不管是继续留在当地参战，还是返回原籍，或在伊斯兰世界各地流窜，他们已形成以本·拉登为首的伊斯兰国际网络，专门从事针对美国的暴力恐怖活动。1990 年 8 月，本·拉登联络了阿富汗抗苏战争时期的"圣战者"（通称"阿富汗阿拉伯人"），组织"全世界伊斯兰阵线"，并在各有关国家建立组织，从事反美斗争；1998 年 2 月他又在白沙瓦成立"伊斯兰反犹太人和十字军国际阵线"（即"基地"组织），随后又从中派生出它的军事组织——"伊斯兰圣战解放军"，上述的"圣战者"则是这类组织的骨干。人们通常所说的国际恐怖主义，即指此。就是说，当年阿富汗的"圣战者"，已演变为"圣战主义者"。这类组织先后从事的恐怖主义活动，重要的有 1993 年 2 月纽约世界贸易中心爆炸案、1996 年 6 月暗杀美国在沙特宰赫兰基地的军人案、1998 年 8 月美国驻肯尼亚和坦桑尼亚大使馆爆炸案、2000 年 10

月美国"科尔"号驱逐舰于也门亚丁湾爆炸案等,其中以2001年"9·11"事件最具代表性。从理论上说,伊斯兰教最早所说的"圣战",仅仅指在境内为信仰而对强力的一种相应的反应,在某种意义上说,它是被动的。"圣战主义"却不同,他们在"圣战"名义下,实际上成为专门从事罪恶活动的雇佣军和职业杀手,其行为则是积极主动的。只要他们的网络有所需要、有所召唤,他们就会奔赴其他国家或地区去为"伊斯兰世界革命"战斗,甚至去屠杀无辜百姓。他们的活动已越出地域范围,形成全球性的暴力恐怖网。显然,这已不是原来意义上所说的"圣战"了。

所谓教权主义,指的是在宗教名义下对国家最高权力的一种要求。如果一时还难以达到对国家最高权力的要求,则会退而对地区权力提出最大限度的要求。显然,这不是什么宗教要求,而是政治要求。教权主义者具有明显的宗教背景、极其强烈的宗教色彩,他们为之奋斗的不再是世俗的民族主义,而是极端民族主义。可以说,教权主义者必定是极端民族主义者。以伊斯兰的教权主义者或极端民族主义者为例,他们活动的明确的政治目的,就是在世界范围内实现一场伊斯兰的世界革命,从多民族的国家中分裂出来,为建立伊斯兰教法统治的"伊斯兰国家"而极力活动。而教权主义者为达到自身政治目的采取的手段,通常是圣战主义的,这与那种期望扩大民族自治、获得政治民主、改善经济条件,完全是两码事。

由于圣战主义者、教权主义者的活动,同样具有暴力恐怖和分裂活动的特色,也就严重威胁到世界各地的安全和稳定。这些圣战主义者、教权主义者在冷战结束以来,不仅活跃在伊斯兰国家和地区,例如巴基斯坦、也门、阿尔及利亚、巴勒斯坦、克什米尔、黎巴嫩等有他们的踪迹,而且在非伊斯兰国家的那些穆斯林相对聚居的地区,例如在波黑、车臣、科索沃、菲律宾等,也出现了他们的踪迹,参加这些国家和地区的战斗;为达到政治目的,他们首选的手段仍然是暴力恐怖。甚至在穆斯林不多的缅甸,他们中的教权主义者在从事暴力恐怖活动的同时,同样主张在他们的居住地建立所谓的"伊斯兰国家"。又如从摩洛伊斯兰解放阵线中分离出来的、于1991年成立的阿布·沙耶夫(阿拉伯语的意思是"带剑者")游击队,活跃于菲律宾南部岛屿。其创始人阿卜杜拉贾克·詹贾拉尼,曾在利比亚接受训练,以后参加了阿富汗抗苏战争;1998年在与政府军的交战中被打死，由他的弟弟哈达菲·詹贾拉尼领导该游击队。该组织成员只有数百人，自成立以来却专门从事杀人越货、绑架人质的罪恶活动。它主张在其活动地区建立独立的"伊斯兰国家"。它不断绑架人质、勒索巨额赎金，作为活动经费。它的活动范围并不限于菲律宾本土，有时到邻近国家（如马来西亚）从事暴力恐怖和绑架人质活动；它绑架的人质并不限于菲律宾人，还包括外国人（如美国、德国、法国等国家的旅游者和新闻记者）。为获得人质的巨额赎金，它不仅威胁人质，而且不时杀害人质。2001年6月23日，菲律宾警方在伊莎贝拉郊区发现两具无首尸体，据悉，被害者即游击队杀害的人质。① 前述的当今世界与宗教有关的热点地区，或是冷战结束后发生的重大的国际恐怖活动，只要是涉及伊斯兰的，说穿了就是与本·拉登或以他为首的国际网络有关；而该国际网络从事活动的思想基础不是别的，正是宗教极端主义。面对着圣战主义者、教权主义者在车臣、在中亚的活动，独联体国家已把高加索—中亚—阿富汗视为一个"不稳定的弧形地带"，认为"国际恐怖主义的主要策源地完全有可能从中东转移至此"，并着手共同反对国际恐怖主义；俄罗斯总统普京对圣战主义者、教权主义者在巴尔干的威胁明确指出，"造成马其顿和塞尔维亚南部危机的主要根源是科索沃问题，必须解除那里的'恐怖分子'的武装"，"该地区的稳定正受到来自民族和宗教极端主义的严重威胁，科索沃是这种威胁的策源地"。

第四，宗教、宗教极端主义问题往往成为国际斗争的一个重要方面。西方国家，特别是美国，出于实用主义和功利主义，往往利用宗教问题作为干涉他国内政的借口和一贯伎俩。美国历来对第三世界各国的内政外交指手画脚、横加干涉。冷战结束以来，国际斗争的一个重要内容是人权问题。信仰自由作为人们的一项基本权利，是人权的一个重要组成部分。宗教问题往往成为国际有关人权问题斗争的一个重要方面。以美国为首的西方大国以及这些国家的一些宗教组织，往往会以维护人权、维护信仰和人道主义的名义干涉别国内政。它所借口的所谓宗教问题，在很多情况下，就是人权问题。有时，它所说的人权问题中，就包含着宗教问题。例如美

---

① 见《参考消息》2001年6月24日第2版美联社照片。

国提出的所谓"中国人权状况"报告，它在国际人权会议上提出的所谓中国人权问题，都涉及宗教问题：即所谓的"迫害"基督教人士问题、"西藏"的宗教人权问题、新疆地区的伊斯兰教问题等。美国一而再、再而三地以宗教人权问题指责中国，其用心极其明显。在基督教方面，它要中国为西方利用宗教从事侵略、渗透、颠覆和破坏活动大开方便之门；在藏传佛教方面，它则支持达赖集团的分裂活动，以谋求"西藏独立"，分裂并破坏中国的统一；在伊斯兰教方面，它虽然在有的地区极力反对伊斯兰极端主义和国际恐怖主义，相反的，它则希望这股祸水在中国的新疆泛滥成灾，加之当地的极端民族主义的活动，以便于它插手干预新疆事务。

各国的宗教组织之间存在着正常的交往，这是一回事；利用宗教干预他国内政、从事罪恶活动则是另一回事。而利用宗教从事侵略、渗透、颠覆和破坏活动，或是从事分裂活动，或是从事暴力恐怖活动，完全不是什么信仰问题、意识形态问题，而是个严重的政治问题。美国故意混淆宗教与政治的界限，把宗教问题与政治问题混为一谈，其政治图谋十分明显，那就是利用宗教问题，推行它的霸权主义和干涉主义。

在对待宗教极端主义问题上，同样存在着国际斗争。国际社会普遍关注宗教名义下的社团组织（或政治反对派），尤其是极端主义组织的政治动向。严格说来，在冷战结束后以宗教名义从事活动的政治反对派，既有从事相对温和活动的社团组织，也有激进的以至于从事暴力恐怖活动的极端的社团组织。在伊斯兰世界，埃及的穆斯林兄弟会和伊斯兰圣战组织、阿尔及利亚的伊斯兰拯救阵线、巴勒斯坦的哈马斯等，都是最具代表性的社团组织；至于以本·拉登为首的伊斯兰国际网络及其恐怖主义组织，更是一些国家所提防的。这不是说，在伊斯兰世界以外的国家和地区，在宗教名义下的或是具有宗教背景的社团组织就不存在了。如在英国北爱尔兰地区就有爱尔兰共和军；在斯里兰卡则有泰米尔伊拉姆猛虎组织及其专门从事恐怖活动的黑虎组织。然而，国际社会关注这类社团组织的活动、关注它们的政治动向，并不认为它们是宗教活动，而是认为它们在宗教名义下从事政治活动。这类组织所具有的宗教名义则有着某种迷惑性和欺骗性。这些国家和地区的善良的人们很容易受到它的蒙骗，从而有可能被它裹胁，成为它的社会基础。可是，美国在对待这类问题上，完全是以它的国家利益为转移，完全持以双重标准。

　　例如，1979 年以来美国一直把一些国家列为支持恐怖主义的国家。1995 年它再次宣布七个国家为支持恐怖主义的国家（有五个是伊斯兰国家），其中并不包括阿富汗。这时，它正与阿富汗的塔利班打得火热，只是在塔利班夺取喀布尔后，开始实施极端主义的政策，包括在国内严格实施伊斯兰教法统治、禁止妇女参加工作和女青年入校学习、纵容毒品生产、贩卖和走私毒品，以及其后庇护国际恐怖主义头子本·拉登、炸毁两座具有 2000 年历史的人类文化重要遗产——巴米扬大佛（其中一座高 53 米，另一座高 36.5 米）等，这一切一直令世人吃惊，使国际社会对它的极端主义主张和做法抱有戒心，才使美国有所收敛。如果塔利班政权实行的不是极端主义政策，它会继续与之合作的。又如，1997 年美国国务院再次确定 30 个组织为恐怖组织，其中，主要是一些伊斯兰社团组织，并没有把频频从事暴力恐怖活动的"科索沃解放军"列入这 30 个恐怖组织之中。再如，本·拉登是美国在阿富汗抗苏战争期间一手扶植起来的反苏同伙，只是在苏联从阿富汗撤军后，本·拉登随即与美反目并鼓动反美，美国才与本·拉登分道扬镳。不难设想，如果本·拉登继续同美合作，情况将会是另外一个样子。2001 年 9 月 11 日，美国纽约的国际贸易中心和华盛顿的五角大楼遭到恐怖分子袭击，美国随即宣布将以战争手段打击国际恐怖主义，并与俄罗斯联手支持阿富汗北方反塔利班联盟，通过狂轰滥炸，打垮了塔利班政权，摧毁了本·拉登的"基地"组织。可见，美国完全是以它的国家利益作为处理国际事务的原则。对触犯到它的国家利益的，则不问青红皂白地予以打击（或扬言予以打击），即使伤及无辜，它也强词夺理，欺凌弱小。然而，它对其他国家或地区遭到恐怖主义的袭击，并不直接涉及它的国家利益的，它不是不闻不问，就是予以支持。在俄罗斯，车臣恐怖主义分子爆炸莫斯科的大楼，美国并未予以谴责，完全表明它在对待宗教极端主义问题上，持的是双重标准。

　　总之，宗教与宗教极端主义、宗教与政治、宗教问题与政治问题，二者虽然具有一定的联系，但毕竟有着各自的质的规定性，不能等同看待，不可视为一回事。国际问题是复杂多变的，影响国际问题的因素是多方面的。在考察宗教以及由宗教异化、蜕变为宗教极端主义与国际政治的关系时，既应看到它的影响或可能产生的影响，又不应夸大它的影响。随着研究活动的深入，全面地、多视角地，包括从宗教、从宗教极端主义的视角观察国际问题，是有现实意义的。

（刊载于《世界宗教问题大聚焦》，中国现代国际关系研究所民族与宗教研究中心，时事出版社 2003 年版）

第四编

伊斯兰极端势力

伊斯兰极端势力研究（之一）

　　2001 年 6 月中旬，中国、哈萨克斯坦、吉尔吉斯斯坦、俄罗斯、塔吉克斯坦、乌兹别克斯坦六国元首在上海签署了《哈、中、吉、俄、塔、乌联合声明》、《"上海合作组织"成立宣言》和《打击恐怖主义、分裂主义和极端主义上海公约》。会议公报明确指出，当前与会各国的主要危险来自恐怖主义、分裂主义和极端主义。

　　冷战结束以来，恐怖主义、分裂主义和极端主义，在世界各地单独地或是结合在一起从事罪恶活动；其中，尤以在伊斯兰名义掩盖下的恐怖主义、分裂主义和极端主义，或伊斯兰极端势力的活动为甚。现有资料表明，当今世界不同国家（或地区）的、极其活跃的伊斯兰极端势力，以本·拉登为首的"伊斯兰反犹太人和十字军国际阵线"——"基地"组织最具代表性，它已形成国际性的恐怖主义网络。"9·11"恐怖袭击事件以来的种种事件表明，伊斯兰极端势力直接威胁到所涉足的国家和地区的安全和稳定，危害无辜者的生命和财产。目前，"基地"组织在阿富汗虽遭到致命打击，庇护它的塔利班也已崩溃，但它的恐怖主义网络并未被撕碎，它分散在各地的成员并未被肃清，还不时地分股活动、制造暴力恐怖事端，对它的破坏性和危害性不可低估。此外，在一些国家（或地区）还存在着或隶属于"基地"组织，或与之有不同程度的或紧密或松散的联系的伊斯兰极端势力，其破坏性和危害性同样值得人们关注。这迫使人们应认真而又严肃地对待它、防范它、研究它。

　　伊斯兰极端势力的活动，特别是在我周边国家的活动，其势力、其影响已扩展到我新疆地区。2001 年 10 月 19 日，中国外交部新闻司在上海 APEC 新闻发布会上证实，"中国新疆分裂分子即所谓'东突厥斯坦组织'的成员，确实在阿富汗境内接受过恐怖组织的训练。确实有一部分人想通过暴力恐怖活动，把新疆从中国分裂出去"。2002 年 1 月 21 日，国务院新闻办公室发表题为《"东突"恐怖势力难脱罪责》的文章，揭露"东突"恐怖势力近年来在境内外从事的恐怖活动。反对伊斯兰极端势力的活动及其影响，反对在伊斯兰外衣掩盖下的恐怖主义、分裂主义和极端主义，是当前开发西部地区的一个不可忽略的急迫任务。2003 年 12 月 15 日，公安部反恐怖局公布第一批认定的"东突"恐怖组织和恐怖分子的名单。可见，开展对伊斯兰极端势力的研究，完全适应当前国家建设、维护安全和稳定的需要，是个具有极其重要的现实意义和理论意义的重大课题。

关于新疆的伊斯兰极端势力的罪恶活动问题，另有专门研究报告。本研究报告将根据掌握的资料，探讨活跃在当今世界各地的伊斯兰极端势力，尤以冷战后以"基地"组织为代表的伊斯兰极端势力为重点（而不涉及"二战"以前的或历史问题），并在此基础上提出我们的一些不成熟的意见和看法，供有关部门参考。

一　什么是伊斯兰极端势力

伊斯兰极端势力是一股在宗教名义掩盖下的、通过传播极端主义的思想主张、从事暴力恐怖活动或民族分裂活动的社会政治势力。它活跃于伊斯兰世界内外，其成员——伊斯兰极端分子——以伊斯兰信仰和穆斯林身份为掩护，在穆斯林群众之中活动。因此，有必要既对这股极端势力与一般的极端势力及其活动做出区分，又应与一般穆斯林及其宗教活动做出区分。

首先，应严格区分伊斯兰极端势力与一般极端势力。伊斯兰极端势力需要宗教名义、宗教外衣，完全在于它需要利用"伊斯兰教"的影响力和召唤力，以穆斯林身份在同一信仰者中间从事布道宣教活动，蒙骗、诱惑它的追随者，或一般穆斯林群众。这是其他任何名义或外衣难以比拟的。在它那里，宗教不过是个廉价的工具和骗人的幌子。说它与"伊斯兰教"有关，指的是它有宗教背景，它布道宣教的内容完全是在传播它的极端的社会政治主张，或是在政治性的说教中，夹杂着某些宗教的话语。它把从事的活动，宣称为忠诚信仰、履行神圣职责。可是，受其迷惑、蒙骗者往往在接受它的说教后，会死心塌地听命于它、效忠于它，心甘情愿地为之自我牺牲、为之舍身卖命；或是成为它的社会基础，掩护它的成员的活动。伊斯兰极端势力在当今世界不同地区已组成形形色色的阴谋团伙，具有明确而又极端的社会政治主张，严密的组织结构，其成员或追随者则受到该团伙的人身和精神的控制，并在它的纲领主张的支配下从事有组织的罪恶活动。

一般极端势力的成员，即便是具有穆斯林的身份，但他们从不利用宗教名义或以宗教外衣来掩盖其罪恶活动。判定任何极端势力所形成的团伙或组织的活动是伊斯兰极端势力，还是一般极端势力，区别在于它是否利用"伊斯兰教"、是否与"伊斯兰教"有关；凡是利用的、有关的即伊斯兰极端势力，而那些并不利用也无关的，即一般极端势力。例如，贩毒走私集团虽与伊斯兰极端势力一样，也会以团伙形式活动，但它从事贩毒走私（当然，也有个人单独从事贩毒走私的），从不需要借助什么宗教背景，也不会喧嚷在为宗教信仰献身。

其次，应严格区分伊斯兰极端势力的成员与伊斯兰教一般信仰者。伊斯兰教的一般信仰者与伊斯兰极端势力的成员，无论在信仰上还是在行为上有着本质的区别。伊斯兰教有它的宗教信仰和宗教实践，也有它的劝善惩恶的律法禁戒、伦理规范；它的信仰者通常遵循伊斯兰教的宗教信仰、履行它的宗教功课、按它的宗教戒律、伦理规范律己、待人、接物、处世。伊斯兰极端势力所宣扬的极端的社会政治主张，既不是什么宗教信仰，也不是什么宗教戒律、伦理规范；而是某种冠以伊斯兰名义的政治图谋，它所从事的活动，更不是伊斯兰教要求的宗教活动，而是与它的政治图谋相应的违法的或罪恶的活动；它的成员即便是穆斯林，他的教徒身份也只是掩护他从事非法或违法活动的外衣。它所实行和追求的，也不是人们所闻所见的伊斯兰教。

与之相应的是，伊斯兰极端势力的政治活动与一般穆斯林的宗教活动也有着严格区别。宗教与政治是不同的概念，也是不同领域的问题。说伊斯兰教是具有政治特点的宗教，并不等于伊斯兰教就是政治；仅仅说它具有政治特点。伊斯兰政治不过是把政治裹上伊斯兰的外衣，它在本质上仍然是政治而不是宗教。因此，有必要严格区分宗教信仰、宗教实践与政治主张、政治活动，给予它们以严格的限定。一方面，宗教不是政治，政治也不是宗教，二者不能等同。另一方面，宗教政治化后，也就不再是宗教；而政治化了的宗教，仍然是政治而不是宗教。伊斯兰极端势力为从事罪恶活动，必定潜伏在一定的社会人群之中，以其或公开或隐蔽的身份，在宗教的名义下，鼓吹激进的以至于极端的社会政治主张。它蛊惑人心的宣传和隐秘的组织活动，即使具有一定的社会联系和群众基础，但它与一般穆斯林生活在光天化日之下，无须任何掩饰和外衣，毕竟有着根本区别。伊斯兰教布道宣教、穆斯林参加礼拜、祈祷、把斋、持戒是一回事；伊斯兰极端势力煽动、策划、组织和实施暗杀爆破、勒索绑架、分裂破坏、暴力恐怖等活动是另一回事。前者是宗教活动，后者是政治活动或罪恶活动，两者不能相提并论、同日而语。思想外化为行为，是人的主观能动性的一个重要表现。思想外化通常以人的有意识、有目的活动表现出来。伊斯兰极端势力提出极端的社会政治主张，通过它的成员、追随者的活动而外化，表现为它所策划、组织和实施的暴力恐怖活动、暗杀爆破活动、武装盗窃活动、民族分裂活动、走私枪支毒品活动、绑架勒索活动、贩卖人体器官活动等有组织犯罪活动，这都是思想外化为行动、精神转化为物质并形成物质性的破坏力量的显现。任何地方一旦出现这类形式的活动，其破坏性和危害性就成为有目共睹、不言而喻的了，它对所在国或所在社会带来的不是什么福音和福利，而是危害和破坏、恐惧和灾难。显然，这类活动不是伊斯兰教的什么宗教信仰和宗教实践。与伊斯兰教主张的六大信仰和五项基本功课完全是两码事。任何一位教长、阿訇或宗教家都不会承认在宗教名义下活动的恐怖主义、分裂主义和极端主义，就是他们信奉的宗教，等同于他们遵循的宗教信仰和履行的宗教功课，这是毫无疑义的。即便是那些受它蒙骗、诱惑的穆斯林群众一旦觉醒过来，在认清伊斯兰极端势力的阴谋活动后，也不会继续追随它去从事非法或违法的活动的。

由于伊斯兰极端势力的成员与伊斯兰教一般信仰者，有着本质的区别，因而在组织形式方面，应对伊斯兰极端势力为从事破坏活动组成的阴谋团伙组织，与穆斯林为从事宗教、文化、社会等生活、开展相关活动而组成的宗教组织、文化组织、群众组织等一般社团组织，以至于它的社会政治组织（如政党组织），做出严格区分。同样不能将二者等同看待。

伊斯兰极端势力在其活动时，冠以伊斯兰的名义，并不能说明它就是伊斯兰教的宗教信仰和宗教实践。只能说明伊斯兰极端势力与伊斯兰教有某种联系。但它已经不再是通常意义的伊斯兰教，它已经从伊斯兰教中蜕变、异化而出、作为伊斯兰教的一种异己物和异己力量而存在、而活动。当它从伊斯兰教中蜕变、异化而出，成为伊斯兰极端势力后，它的头目、骨干、成员及其追随者，并不因这种蜕变而丧失原有的信仰、丢掉以前的穆斯林身份；反之，他们在思想上的虔信、行为上的热诚甚至达到盲信、盲从、疯狂、变态的程度。这股极端势力所组成的阴谋团伙，会在信仰的掩盖下，责令它的追随者盲目信仰、无限忠诚并依附于它的头目，在人身上和精神上受到阴谋团伙的控制。

当前以"基地"组织为代表的伊斯兰极端势力，尽管利用宗教信仰，以穆斯林的身份来掩护它所从事的活动，但其目的和动机从表面上来看似乎是为了宗教信仰，实际上，它所造成的破坏和危害，完全表明它在曲解、糟蹋伊斯兰教。大量事实表明，当前伊斯兰极端势力攻击和从事恐怖活动的对象，通常是非穆斯林；"9·11"恐怖袭击事件充分说明了此点。有时，它也会触及穆斯林的生命财产，但它完全是把攻击对象视为叛教者予以对待的；埃及伊斯兰圣战组织 1981 年对前总统萨达特的刺杀就是这样认为的。

二　伊斯兰极端势力的形成和发展不是偶然的

伊斯兰极端势力的形成和发展，有其历史的先例。翻开伊斯兰教史，人们就会发现，无论是社会行为方面，还是教义主张方面，都有着极端主义的事件可资明证。伊斯兰教兴起后不久，被称为"正统哈里发"时期的四任哈里发中，有三任哈里发欧麦尔（634—644 年在位）、奥斯曼（644—656 年在位）和阿里（656—661 年在位）是被刺身亡的；其中的奥斯曼和阿里是被穆斯林同胞刺杀的。这时的恐怖活动纯粹是无组织的个人行为；此后则不同，它已发展为有组织的宗教社团行为。阿里在位时期兴起的哈瓦利吉派（尤其是它的一支阿扎里加派），以极端的教义和以无情屠杀闻名。它主张本派以外的穆斯林均为叛教徒，无论男女老幼一律应予杀戮。它是这样说的，也是这样做的。反之，它对犹太教徒和基督教徒则持相对宽容态度。这种极端行为不可避免地遭到普通穆斯林的反对和哈里发帝国的镇压，该派除了温和的一支易巴德派外，最终销声匿迹。其后，十字军东侵时期，伊斯兰教中的阿萨辛派（亦称暗杀派、尼查尔派），刺杀的对象并不限于十字军的王公，甚至包括教内的政敌和无辜者。该派成员在接受指令、实施暗杀行动前，往往吸食大麻叶（阿萨辛派之名本身具有吸食大麻叶的人之意）而有暗杀派之称。该派盘踞的山寨，后来在蒙古铁骑的打击下被摧毁。阿巴斯王朝崩溃后，恐怖活动依然存在。

在教义主张方面，伊斯兰教史上同样有其先例。在倭马亚王朝（661—750）和阿巴斯王朝（750—1258）鼎革前后，已经出现了有关教义主张上的"极端派"的名称。一些持有极端主张的学者，提出真主的精神或本体可以"潜入"人体、真主的旨意能够"变换"、真主会把某些神权委托凡人（"委权"），或提出伊玛目灵魂中的神性可以"移居"而代代相传，或声称神人同形同性、人具有神性、人是神灵的化身等极端教义。它在伊斯兰教中虽不居于主流地位，但在一定人群中流传却影响着很大一批民众的信仰。约在 10 世纪时，这类"极端派"的主张最终被抛弃。

历史表明，伊斯兰教史上那些具有极端思想、极端行为者或极端派，历来认为自身为正信、正统和合法；而视他人的思想、行为或派别为谬误、非法，为异端、叛教者。人们不能说，当代伊斯兰极端势力是以前的极端传统的延续或发展；但它却是历史上的极端思潮、活动和派别在当代社会的再现。

伊斯兰极端势力形成和发展，与那些具有政治经济图谋的野心家、阴谋家密不可分。为从事罪恶阴谋活动，那些具有政治经济图谋的野心家、阴谋家必定要物色、蒙骗、招募、网罗他们的追随者。除了阿富汗抗苏战争时期经过战争洗礼的各国外籍"圣战者"，构成伊斯兰极端势力的基本骨干外，他们往往从那些政治不满者、宗教盲从者、社会失意者、生活无着者、投机钻营者、失学失业者、不明真相者、信仰极端者、行为狂热者中物色对象，甚至包括亡命徒和职业杀手，由此形成极端势力。他们还必须招募、网罗那些出身中上层社会、生活条件优越、受过高等教育、掌握科技知识、具有良好社会职业者中吸收或发展成员；这些人往往是伊斯兰极端势力中的真正"精英"或骨干。仅仅依靠这股邪恶势力，他们的罪恶阴谋仍然无法得逞；他们还需要宣传、鼓动并扩大它的影响，那些受到蒙骗、诱惑的群众和一些地区的部族首领及其民众，则会形成他们广泛的社会基础或保护伞。

　　具体说来，伊斯兰极端势力是由一批宗教极端分子、恐怖分子、民族分裂分子构成行动大军。他们攻击的对象，通常被视为"敌对者"、"叛教者"，而攻击的结果往往旁及无辜者，甚至主要的受害者是平民百姓。他们觊觎权力，从地方权力到国家的最高权力，都是他们期望攫取的目标。他们妄图分裂统一的多民族的国家，以达到个人的或小集团的私利。他们的政治经济奢望和野心，决定了它的活动方式的隐蔽、非法，并具有危害性和破坏性。在这股邪恶势力中，那些野心家、阴谋家是罪恶活动的真正组织者、策划者，而它的骨干队伍、成员或追随者则是罪恶阴谋的执行者。

　　那些具有政治经济图谋的野心家、阴谋家，盗用宗教名义和摘取经训的只言片语蒙骗、诱惑追随者和一般穆斯林，使之参与、投入他们的罪恶活动。人们从《古兰经》的经文中可以看到，伊斯兰教是入世而又相对宽容的宗教。它明确责令穆斯林在宗教和日常生活中，应"谨守中道"（25：67）、应"寻求一条适中的道路"（17：110），这表明伊斯兰教强调的是中庸之道，并不是极端的。在这类训诫基础上，伊斯兰教已形成一整套的有体制的信仰礼仪、教法禁戒、伦理规范和生活习俗，也不会是极端主义的。随着社会的发展，它的教义学家已对服从"主事人"、"圣战"、"蒙昧时代"等经文，为顺应时代发展和政治需要，已做了极其宽泛的解释。如服从"主事人"问题，它从早年指先知或使者、穆斯林公社（"乌玛"）的首领（如哈里发、长老）、以后则指伊斯兰国家的当政者（从中世纪的苏丹、埃米尔，到当代的君主、总统或其他首领），也可以理解为服从伊斯兰教的宗教领袖；又如"圣战"问题，它在伊斯兰教史上已为广大穆斯林所放弃，无论是逊尼派还是十叶派都不再把它作为基本信条予以信仰，强调它"奋斗"、"尽力"等更为一般性的解释，而不具有为信仰而战的含义；不再把伊斯兰教兴起后的社会描绘为"蒙昧时代"，如此等等。

　　信仰真主，是伊斯兰教教义和信仰的核心；为信仰真主就必定要顺从真主的旨意。可是，在那些野心家、阴谋家那里，为达到罪恶的政治目的，正是利用这一信条，往往以实用主义、功利主义的手段摘取经文中的只言片语，加以引申和曲解，或是以伊斯兰教史的先例为证，借以表明他们的行为的正统和合法。他们极力使信仰极端化、行为狂热化、宗教政治化，作为宣传鼓动、从事违法或罪恶活动的所谓经典或理论依据。其中，埃及穆斯林兄弟会领袖之一的赛义德·库特布提出的，所谓当今社会仍处于"蒙昧时代"的主张；法拉格（埃及伊斯兰圣战组织头目）和本·拉登极力鼓吹的"圣战"主张，最具欺骗性和诱惑力，它对当代伊斯兰极端势力的影响及其从事的罪恶活动，作何估计均不为过。他们出于政治需要，强制其追随者应服从阴谋团伙组织中的"主事人"，从人身到精神应绝对依附于它的头目，责令其追随者参加"圣战"或其他罪恶活动，作为检验他们是否听从召唤、信仰是否虔诚的标尺。此外，他们还利用伊斯兰教关于公正、平等、正义的理想主义的主张，关于反对一切非伊斯兰的和反伊斯兰的主张，关于穆斯林兄弟情谊的主张，关于宗教认同而排斥异己的主张，关于一切以伊斯兰意识形态为观察、衡量、处理现实事务的主张等，从极端的方面予以解释，对伊斯兰极端势力的形成和发展，同样起着重要的作用。

三　以"基地"组织为代表的伊斯兰极端势力是如何形成的

　　20世纪90年代以来，伊斯兰极端势力不仅在一些伊斯兰国家中继续活动，还以国际恐怖主义网络的形式活动。它的活动范围已越出伊斯兰世界，对整个国际社会的安全和稳定构成威胁。

　　以"基地"组织为代表的伊斯兰极端势力，是在伊斯兰世界已经出现一批激进主义的或极端主义的小社团的基础上形成并获得发展的。60年代末，伊斯兰世界发生的两件大事，直接影响到伊斯兰复兴的社会思潮演变为复兴运动。一是1967年第三次中东战争。在战争中，埃及、叙利亚、约旦等阿拉伯国家丢失大片领土（其中包括伊斯兰世界视为圣地的耶路撒冷老城，在老城中有穆斯林视为圣寺的阿克萨清真寺）。二是阿克萨清真寺于1969年8月被焚。在伊斯兰复兴运动中，伊斯兰政治化的现象急剧发展，无形中形成温和的、激进的和极端的三股社会力量或政治势力。1979年，伊朗"伊斯兰革命"胜利后，实施向外输出革命的政策，对伊斯兰复兴运动中形成的社会政治势力的影响，尤其是对伊斯兰极端势力的激励和影响是无法估计的。同年年底，沙特的伊斯兰极端势力武装占领麦加大清真寺、苏联军队入侵阿富汗并由此爆发抗苏战争，更促使了伊斯兰政治化的发展。在"不要东方，也不要西方，只要伊斯兰"的口号激励下，伊斯兰世界内外的一批批年轻穆斯林，作为"圣战者"，陆续奔赴抗苏战场，投入阿富汗战争，使得伊斯兰复兴趋向高潮。在"圣战者"队伍中，本·拉登起着特殊的作用。他为抗苏战争在世界各地招募、网罗"圣战者"，并为抗苏战争提供资金、修筑地道、涵洞和工事；他的活动，得到美国和一些伊斯兰国家（巴基斯坦、沙特、埃及等）的支持和赞助。1989年，苏军撤军；阿富汗随之爆发内战。那些参加过抗苏战争的阿拉伯籍的外来"圣战者"，无论是留下来参加它的内战，还是返回原籍或在世界各地流窜，都为90年代以"圣战"名义出现的各地的战争、武装冲突和暴力恐怖活动，提供了兵源和奠定了思想和组织基础；而他们在训练中掌握的、在战争中强化的战斗技能，再次得到发挥的时机和场所。80年代抗苏战争时期和90年代由训练营地（即"基地"）组织训练的"圣战者"，已成为在世界范围实施恐怖活动的工具。这批"圣战者"不仅从事恐怖活动，而且参与了一些国家或地区（如车臣、波黑、科索沃、克什米尔、阿尔及利亚、索马里、塔吉克斯坦）的战争或武装冲突。

在"基地"组织形成过程中，苏丹起过特殊的作用。1984年以来，苏丹连续发生两次军事政变。穆斯林兄弟会的头目哈桑·图拉比乘机登上苏丹的政治舞台。他在国家政治生活中推行极端主义政策，有利于国内伊斯兰极端势力的发展。1991年、1993年、1995年，他在伊朗的支持下，连续召开三届伊斯兰极端势力和各国政治反对派的代表大会。这不仅对组织世界范围的伊斯兰极端势力、对伊斯兰极端主义的发展产生了重要影响，而且对以后"基地"组织的形成，做了必要的酝酿和准备工作。90年代中叶，本·拉登和他的一批忠实的亲信由苏丹转移到阿富汗，重新启用抗苏战争时期的训练营地（即"基地"），并受到塔利班的庇护。

这股伊斯兰极端势力之所以发展为国际恐怖主义网络，与冷战后伊斯兰世界的政治形势密切相关。两伊战争结束后，伊拉克于1990年以武力吞并科威特；为防止伊拉克的入侵，沙特允诺美国在它的国内驻军。次年年初，爆发海湾战争，以美国为首的多国部队打败伊拉克。此后，美国军队继续驻扎在海湾和沙特阿拉伯。本·拉登自认为"圣战者"在信仰的激励下，使用现代武器既然能打败苏联数十万军队，他们必定能与另一个"大撒旦"美国相抗衡。他的反美思想不断发展，最终演变为反美行动。

伊斯兰极端势力之所以在当代社会获得发展，有其不可忽视的社会原因。从整体上来说，伊斯兰世界存在着贫国与富国问题，同时，任何一个伊斯兰国家都没有解决贫富间的差距、缓和贫富间的矛盾。分配不公、有关社会民生问题等固有矛盾得不到认真解决，而当政者又腐败无能、屈从于外国势力、政策失误，加之内部矛盾激化，一句话，任何社会问题或政治问题，都可能成为这股极端势力发展的缘由、从事罪恶活动的口实。

伊斯兰极端势力利用现实生活中存在的黑暗、腐败、邪恶和不公等问题，与伊斯兰教主张的公正、平等、正义的理想社会、与中世纪伊斯兰教史上一度出现的黄金时代，形成鲜明的反差。它既以理想社会作为斥责、抨击现社会、反对国内当政者的借口，又为以本·拉登为首的伊斯兰极端势力，在宗教外衣的掩盖下，利用伊斯兰世界对美国和以色列的民族仇恨和宗教仇恨，不断物色、招募、网罗和训练宗教极端分子、恐怖分子、民族分裂分子，为建立"基地"组织，准备了条件。1998年2月，以本·拉登为首的"伊斯兰反犹太人和十字军国际阵线"（即"基地"组织）的建立，标志着伊斯兰极端势力实现了国际大联合；阿富汗则成了它的大本营和根据地。

以"基地"组织为代表的伊斯兰极端势力，由于它的跨国界活动，已形成国际性的恐怖主义网络。随着发生"9·11"恐怖袭击事件，以及国际反恐怖主义联盟的建立，美国对阿富汗反恐战争的胜利，塔利班虽已溃败，但本·拉登和奥马尔并未擒获，分散在不同国家和地区活动的"基地"组织成员并未肃清，在世界范围内要完全铲除伊斯兰极端势力仍任重道远。

四　当代伊斯兰极端势力的基本表现形式及其政治主张

冷战时期，伊斯兰极端势力已以阴谋团伙形式活动。冷战后，它除了继续活跃于西亚北非地区，从事的暴力恐怖主义活动外，已扩展到南亚、东南亚、中亚、高加索和巴尔干地区，甚至把黑手伸向以美国为首的西方国家。特别是以"基地"组织为代表的国际恐怖主义势力，与伊斯兰世界内外的其他极端势力或阴谋团伙，建立起或紧密或松散的联系的同时，还与非伊斯兰的恐怖组织有联系，这是值得人们密切关注的。

本研究报告专注于研究那些利用伊斯兰教、在伊斯兰名义掩盖下的恐怖主义、分裂主义和极端主义，即通常所说的伊斯兰极端势力。根据它在不同国家和地区的活动特点，它采取或公开或隐蔽的活动，或是交替使用公开和隐蔽的形式活动；就其从事活动的手段而言，为达到目的，它除了主张并使用一般的暗杀手段外，还采取更具威胁力的人体炸弹、汽车炸弹、飞机炸弹等暴力恐怖手段攻击它的目标；就其组织形式而言，它或是分别以恐怖主义团伙、民族分裂主义团伙和极端主义团伙的形式活动，或是恐怖主义、分裂主义和极端主义形成三位一体的极端团伙形式活动。就这三者之间的关系而言，极端主义更多地体现在思想主张方面，往往是恐怖主义和民族分裂主义的政治核心和活的灵魂；恐怖主义和民族分裂主义更多地体现在行为、活动方面，往往是极端主义的物化，变极端主义的思想主张为现实的暴力恐怖主义活动。具体说来，伊斯兰极端势力的政治主张大致如下：

在伊斯兰国家内部，应以伊斯兰的原旨教义和意识形态净化思想、净化社会；反对社会生活中的一切被视为非伊斯兰的或反伊斯兰的生活方式、意识形态、价值观念、伦理规范和习俗风尚，极力实现社会生活的伊斯兰化；推翻那些腐败无能的、依靠外来势力实施统治的君主制或世俗主义政权，真正实现伊斯兰教法在国家的统治，建立名副其实的伊斯兰国家、伊斯兰制度。

在世界范围内，伊斯兰极端势力把矛头首先指向美国，并把反美与反其同盟者联系起来。它认为，美国掠夺伊斯兰世界的财富，践踏伊斯兰的圣地（指美国军队驻扎在沙特阿拉伯）；它是伊斯兰世界应予推翻的、一些国家腐败无能的当政者的"主子"；在阿以冲突中，它持双重标准，袒护并支持以色列继续占领阿拉伯（叙利亚、巴勒斯坦等）的领土，特别是对伊斯兰教奉为第三圣地耶路撒冷老城的占领；美国和英国还对伊拉克没完没了地轰炸，完全是在残害无辜和屠杀伊拉克人民。它进而企求实现世界范围的伊斯兰革命。

在伊斯兰复兴运动的高涨时期，已有一些国家的伊斯兰组织有参政意识和参政活动，可是，它们从未获得国家权力；在合法手段无法攫取政权后，它则主张以非法的或暴力恐怖手段攫取权力。它的阴谋团伙往往鼓吹或从事种种危害社会的暴力恐怖活动或民族分裂活动，把伊斯兰国家的君主或实施世俗主义政策的当政者，视为叛教者而加以反对。

由伊斯兰极端势力体现的极端主义，或者说，伊斯兰极端主义，在塔利班政权控制下的阿富汗最具代表性。它建立的伊斯兰政权，强制推行极端主义政策，全面实行社会的伊斯兰化、禁止妇女参加社会工作、禁止女青年入学学习，输出伊斯兰革命等；甚至庇护以本·拉登为首的"基地"组织，妄图实现他们鼓吹的伊斯兰世界革命。

以"基地"组织为代表的国际恐怖主义，在当前实际上已演变为"圣战主义"，专门为实现伊斯兰世界革命而战斗的一支雇佣军和职业杀手。他们所到之处，对当地的和平、安全和稳定，构成最为严重的威胁。

伊斯兰极端势力所表现出来的分裂主义，往往是民族主义向极端民族主义发展，并最终演变为教权主义。无论是在逊尼派伊斯兰教、还是在十叶派伊斯兰教内，教权是某些教职人员具有的一种宗教特权：主持穆斯林的日常宗教生活（领导礼拜、讲经布道等）和社会生活（主持婚丧等红白喜事）的权力。只有那些受过系统的宗教教育，经过一定年限的学习，完成学业并得到一定宗教机构认可后，才具有教权；这些学员唯有在清真寺或伊斯兰经学院校任职后，才能显现其教权，其行使教权的范围仅仅限于它的信仰者，无权越出这个范围。教权并非任何具有穆斯林身份的人都享有的。在逊尼派那里，教权并不涉及国家权力；它的历史传统也没有提供教职人员染指国家权力的先例。在十叶派那里，它允许"伊玛目"获取国家权力，那只是末世学中提到的、在世界末日前的"太平盛世"时的事。伊朗伊斯兰革命胜利后，霍梅尼不再期待遥遥无期的"太平盛世"，而由教士阶层直接执掌政权。90年代中叶塔利班兴起后，奥马尔以逊尼派教长的身份掌权。从而在十叶派和逊尼派中分别突破它的传统，为教界掌权提供了先例。

教权主义是在宗教名义下的政治主张和政治行为，与通常所说的教权完全是两码事。教权主义谋求政治独立，主张从统一的多民族的世俗国家中分裂出来、建立伊斯兰教法统治的、伊斯兰属性的国家并执掌其最高权力。当前，在俄罗斯的车臣、南斯拉夫的科索沃、菲律宾的棉兰老、印度尼西亚的亚齐等国家（或地区），主张民族分裂、建立独立国家的伊斯兰极端分子本身并没有什么"教权"。即使他们主张实施伊斯兰教法统治的政体并以此为活动目标，他们的活动既是违法犯罪的，也是不符合宗教自身的主张和广大穆斯林企求社会稳定和经济发展的愿望的。如果他们之中真有掌握"教权"而又觊觎国家最高权力（或地方权力）的人，他们的政治要求，也是违背统一的多民族国家的根本利益的。

伊斯兰极端势力历来认为，伊斯兰的宗教信仰没有国界限制，是超时空、超地域、超民族的。因而在伊斯兰外衣掩盖下活动的恐怖主义、分裂主义和极端主义，从来就没有民族国家和国际法的观念。这就是为什么以"基地"组织为代表的国际恐怖主义网络的成员，会随意地越出国界，从事跨国界的恐怖主义或分裂主义活动的原因所在。

五　研究"当代伊斯兰极端势力"课题的重大意义

伊斯兰极端势力，不管它是由恐怖主义、分裂主义和极端主义分别体现的，还是由这三者结合体现的，对当代社会的影响和危害是显而易见的。

本课题研究重要的现实意义和理论意义在于：

其一，研究当代伊斯兰极端势力产生、发展的基本原因，它存在和活动的社会条件，它的基本主张、组织形式、活动特点和活动规律，对研究如何防范暴力恐怖、民族分裂活动事件在其他国家（或地区）的再现，无疑是重要的。研究当前国际社会反恐斗争，居于显要地位，并不是说，分裂主义和极端主义就无须反对了。在世界不同国家（或地区），分裂主义和极端主义仍在顽强地表现自身；在有的国家或地区，分裂主义、极端主义的活动往往与恐怖主义活动是三位一体的、无法分割的。作为"基地"组织的一个重要分支，菲律宾的阿布·沙耶夫组织的政治主张中，分裂主义就是它的一个重要内容，而且是与它的恐怖行为相伴而行的。

其二，美国在阿富汗反对恐怖主义的战争，击溃了庇护"基地"组织的塔利班政权，"基地"组织也遭到致命的打击。可是"基地"组织分布在世界各地的成员并未肃清，国际恐怖主义网络并没有被粉碎，它仍在从事危害国际社会的安全和稳定的活动。这表明反对伊斯兰极端势力的斗争的长期性、任务的艰巨性。同样的，在伊斯兰世界内外产生恐怖主义和极端主义的社会根源没有消除的情况下，在一些国家和地区仍然存在分裂主义的情况下，反对伊斯兰极端势力的斗争，也不是短期内能够解决的。反对恐怖主义、分裂主义和极端主义斗争的长期性，决定了开展对伊斯兰极端势力的研究，是完全必要的。

其三，如何既从理论上严格区分宗教与宗教极端主义、伊斯兰教与伊斯兰极端势力，又要说明宗教与宗教极端主义、伊斯兰教与伊斯兰极端势力之间的关系；如何既要看到它们之间存在着一定的联系，又要对它们做出严格的区分，不使之混淆；如何从理论上说明伊斯兰极端势力在不同国家或地区表现出来的恐怖主义、分裂主义和极端主义这三者之间的关系。这不仅是个理论问题，而且有利于观察、处理和区别对待现实生活中的有关问题。做出这些理论说明，亦即把伊斯兰极端势力与一般的宗教信仰者严格区分开来，把伊斯兰极端势力从穆斯林群众中剥离出来、揭露出来，完全有利而无害于他们的宗教信仰。那种把伊斯兰极端势力等同于伊斯兰教，进而"妖魔化"伊斯兰教，不仅是极其错误的，而且是别有用心的。当前美国"妖魔化"伊斯兰教的目的，显然在于为它"改造阿拉伯世界"制造舆论。这是我们应予反对的。

其四，"9·11"恐怖袭击事件表明，该事件的恐怖活动的参与者，都具有阿拉伯的血统，是在"圣战"的名义下从事的罪恶活动。在伊斯兰世界的某些国家中，仍然有人把从事恐怖活动者视为"英雄"、"烈士"、"殉教者"的现象。那种回避伊斯兰极端势力与伊斯兰教的关系的做法、回避参与并从事伊斯兰极端势力活动的成员的民族属性的做法，表面上似乎有利于信仰该宗教的民族和群众，实际上，它既不利于伊斯兰教本身，也不利于人们对宗教外衣的伪装作用的认识，无法深入揭露类似的阴谋活动。这是一方面。另一方面，如何在反对伊斯兰极端势力的同时，明确表明这既不是反对伊斯兰教，也不是反对一般的穆斯林信仰者，更不是反对那些信仰伊斯兰教的民族，特别是阿拉伯民族或阿拉伯人民，只是反对他们中的败类和恐怖分子、分裂分子和极端分子，这是需要予以理论说明的。尽管我们的研究难以改变某些人的偏颇的看法，但可以具体的事例，以客观、公正、科学的态度，从理论和现实两个不同方面，表明它的反社会、反人类、反理性的性质，进而说明伊斯兰极端势力对当今社会的破坏和危害。

总之，开展对伊斯兰极端势力的研究，具有重要的现实意义和理论意义。

（刊载于《伊斯兰极端势力研究》研究报告——总报告，世界宗教研究所印制，2005 年 5 月）

伊斯兰极端势力研究(之二)

在本研究报告即将结束时，我们拟就研究活动中遇到的以下几个问题，提出我们的看法，作为本研究报告的结束语。这些问题是：

其一，关于本·拉登和"基地"组织安排的第二套班子是否存在的问题；

其二，伊斯兰极端势力变更活动方式和斗争策略问题；

其三，美国在反恐战争名义下"改造阿拉伯世界"的"理论"和企图问题；

其四，继续开展有关伊斯兰极端势力的研究问题。

作为国家社科基金"十五"科研规划的一个重点研究课题，同时也是中国社会科学院"十五"规划的一个重大研究课题，有其时间的限定，应该告一段落。可是，伊斯兰极端势力依然存在。它随时随地在从事其极端主义的布道宣教活动、暴力恐怖活动或民族分裂活动，对国际、国内安全与稳定构成的威胁和影响，既是现实的，又是潜在的。因此，关注并研究伊斯兰极端势力问题，是个长期的任务。

当前国际社会中有"妖魔化"伊斯兰教的现象。说到底，完全是因为这些人对宗教与政治不作任何区分，故意予以混淆的缘故。

结束语之一:关于"基地"组织的"第二套班子"的动向问题

"基地"组织犹如"百足之虫，至死不僵"。它在阿富汗失去庇护所后，除了那些在反恐战争中已经毙命或被俘者外，其余的成员大多已四处逃窜。据法新社报道，巴基斯坦的人口贩子告诉《新闻周刊》记者，美国反恐战争打响后，约有150—200名"基地"组织的核心成员非法逃离了阿富汗。他们"经由中亚地区到达乌克兰，而最终目的地是英国和德国"，"每个阿拉伯战士支付2万至3万美元以被送出阿富汗。"① 这些逃脱出来的"基地"组织成员中，有的可能正是它的第二套班子的核心成员。

严重关注"基地"组织第二套班子的动向，完全是因为本·拉登及其"基地"组织早在数年前，即反恐战争打响之前，已经安排了它的第二套班子。

巴基斯坦三军情报局根据对已捕获的"基地"组织成员的供词，认为"基地"组织已将它的中心转移到巴基斯坦。美国有关方面认为，"有可能成为'基地'组织新基地的国家或地区应具备下列条件：（1）必须是伊斯兰国家；（2）中央政府的管理不能覆盖全境；（3）在地形上有很多易于潜伏的地方。巴基斯坦被认为是一个强有力的候选地。"英国情报部门认为，"基地"组织正设法将阿富汗的恐怖分子基地转移到黎巴嫩。据说本·拉登在90年代初曾于黎巴嫩真主党的一位高级成员会晤。"基地"组织在本·拉登仍然健在的情况下，本·拉登一方面安排"数千名成员潜伏在世界各地"，另一方面，"世界各地的'基地'组织的拥护者和追随者打算重新建立一个由意识形态上相似但彼此独立的组织组成的松散联盟。"② 这完全是有可能的。

由于在"基地"组织安排的第二套班子中，已经被抓获的高级成员，有"基地"组织的对外行动计划部长阿布·祖贝达。他是"基地"组织所有重大恐怖活动的首席幕后策划者，他还掌握"基地"组织全部海外活动小组的名单。"基地"组织的绝大多数成员都是他一手训练出来的。他不仅有40个假姓名，而且还有同样数量的与那些假姓名配套的伪造护照。③ 阿布·祖贝达的真名是扎因·穆罕默德·侯赛因，30岁，巴勒斯坦人，出生在沙特利雅得的一个富裕家庭。在"基地"组织中，他的地位仅次于本·拉登、扎瓦希里和阿提夫（已于反恐战争后不久在空袭中被击

---

① 法新社华盛顿2001年10月28日电。
② 美国《洛杉矶时报》2002年10月15日文章："巴厘岛爆炸案表明恐怖分子转移了目标"。
③ 《北京青年报》2002年1月17日。

毙)。据认为,他与"基地"组织的其他成员至少策划了 5 起阴谋活动,其中包括 1998 年美国驻东非的两座大使馆(肯尼亚和坦桑尼亚)的爆炸事件、2000 年亚丁港美国"科尔"号驱逐舰爆炸事件和"9·11"恐怖袭击事件。他在 20 多岁时就结识了本·拉登,经常被委以重任。在阿提夫被炸死后,开始执掌"基地"组织的军事指挥权。"他没有走过导致其他巴勒斯坦人走向恐怖主义的典型的民族主义道路。他的主要目的不是巴勒斯坦国,而是伊斯兰极端主义。"①

另一名被捕的"基地"组织高级成员是拉姆齐,29 岁,也门人。据巴基斯坦警方掌握的资料称,他至少有两个化名:拉姆齐·本·阿尔谢巴赫和拉姆齐·穆罕默德·阿卜杜拉·奥马尔。他在巴基斯坦的卡拉奇的公寓里被捕的一周前,曾接受半岛电视台的采访并回答了有关问题。美国情报人员正是通过他在公寓里打出的卫星电话,把他逮捕的。拉姆齐是"基地"组织在德国的分支机构的负责人,与"9·11"恐怖袭击事件第一名劫机者阿塔住在汉堡的同一个公寓,在阿塔赴美学习飞行驾驶后,他曾向阿塔汇款。他于 2000 年的半年(5—10 月)中,4 次申请赴美签证均被拒绝。否则的话,他很可能成为"9·11"恐怖袭击事件的第 20 名劫机者。他在向半岛电视台的讲话中,自称负责"9·11"恐怖袭击事件的后勤和协调工作。② 被逮捕的"基地"组织高级成员还有本·拉登的财务顾问艾哈买德·萨里姆;此外,还有艾哈迈德·奥马尔·阿卜杜拉·拉赫曼,他是 1993 年纽约世贸中心爆炸案的主谋、已被逮捕的拉赫曼教长的儿子。2005 年 5 月 4 日巴基斯坦新闻和广播部长拉希德宣布,"'基地'组织重要成员、被称为'小来登'的阿布·法来杰·法尔贾·利比,上周在与阿富汗接壤的部落区被巴基斯坦警方捕获。"利比被认为是"基地"组织的"老三"。③ 5 月 13 日,美国广播公司报道,美国派出的"食肉者"无人侦察机本周发射导弹,炸死"基地"组织的一名高级成员,也门人海赛姆叶梅尼。据中央情报局官员分析,他很可能接替不久前被捕的利比,任"基

---

① 俄罗斯《消息报》2002 年 2 月 20 日文章:《本·拉登有了继承人》。
② 西班牙《世界报》2002 年 9 月 15 日文章:"恐怖分子因说得过多而落网";《环球时报》,2002 年 9 月 16 日文章:"'拉登第二'被活捉"。
③ 《环球时报》2005 年 5 月 6 日报道:"巴政府抓获'小拉登'"。

地"组织的"老三"。①

"基地"组织的一些重要成员不是被捕，就是被击毙。这对解决国际恐怖主义网络问题创造了有利条件。"迄今为止，巴方已经向美国移交了700多名恐怖分子嫌疑人。"② 其中究竟有多少恐怖分子是"基地"组织安排的第二套班子中的核心人物，对外界来说仍然是个谜。要真正弄清国际恐怖主义网络、目前第二套班子中还有哪些成员、他们隐藏在何处，在短期内大概是无法弄清的；即使抓到了本·拉登本人和庇护他的奥马尔，或是该网络被粉碎了，也很难说就能完全弄清，甚至永远也无法弄清其真相。

由于"基地"组织所列举的从事"圣战"（见《圣战檄文》）的三点理由并没有得到完全解决，有的依然存在，因而它在世界范围内会继续从事反美反以的"圣战"，在其成员的国内则会继续从事其反对"腐败政权"的暴力恐怖活动。美国在海湾地区仍然有驻军；2003 年 3 月开始的伊拉克战争虽已结束，但美国军队何时结束对伊拉克的军事占领、美国改造伊拉克的愿望能否真正得到贯彻、在它的操纵下成立的伊拉克政权能否真正体现伊拉克各不同民族、不同教派和不同政治派别的愿望和利益，这是"基地"组织开展"圣战"的最好借口；事实上，在伊拉克的反美武装中，有一支由扎卡维领导的队伍就属于"基地"组织。当前在伊拉克极其活跃的恐怖活动中，有的就是以扎卡维为首的"基地"组织的成员干的。

关于解决巴勒斯坦与以色列问题，在以色列继续控制着耶路撒冷老城、占领巴勒斯坦领土、巴勒斯坦难民返回家园等问题，在没有获得认真解决之前，伊斯兰极端势力从事的"圣战"或暴力恐怖活动是不会停止的。更何况"基地"组织的远期战略目标，即它在世界范围进行的"伊斯兰革命"、建立地区性伊斯兰国家的政治主张没有实现之前，不管"基地"组织的命运如何，也不管本·拉登个人的命运如何，第二套班子中的其他成员的命运如何，在"圣战"名义下的恐怖主义活动仍会继续下去，甚至会在新的社会条件下获得新的发展。因而要"赢得对恐怖主义的胜

---

① 《环球时报》2005 年 5 月 16 日报道："'基地'还有多少老三"。
② 《环球时报》2005 年 5 月 6 日报道："巴政府抓获'小拉登'"。

利"，至少在短期内是不大可能的。

值得注意的是，属于"基地"组织的国际恐怖主义网络的组织成员，据说分布在50多个国家；据估计，其成员有3000—4000人。在美国攻击塔利班的空袭中，可能已有一半成员丧生，或被逮捕而被关押在关塔那摩监狱，还有的成员可能已经逃窜或潜伏在世界各地，包括在西方国家。其中，既有从事暴力恐怖活动分子，又有宗教学者，这些人和有关的组织与"基地"组织有的联系可能很紧密，有的可能很松散。这些宗教极端分子、恐怖主义分子都经过了特别训练（"据德国联邦刑事厅负责人说，最近几年本·拉登的阵营在阿富汗、巴基斯坦和其他国家训练了至少7万名伊斯兰恐怖分子"，"这些接受训练的人员来自'50个国家'，他们构成了严重的恐怖威胁"）。不管这些宗教极端分子、恐怖主义分子是否参加过阿富汗的抗苏战争，是否有实际的战斗经验，也不管这些人是否都在坚持本·拉登的政治主张，是否在继续从事恐怖主义活动，"7万名恐怖分子"的战斗力和破坏力，是不可忽视的。与这些恐怖主义分子的斗争，实际上是在打一场不知道打击对象在何处的无形的战争。因为"基地"组织的国际恐怖主义网络分布在50多个国家，美国不可能对这些国家都进行类似阿富汗、伊拉克这样的战争；即使它选择了索马里、伊朗、也门、苏丹、菲律宾或其他的国家作为打击的对象，这终究不能彻底消灭所有的恐怖主义分子。有材料说，宗教极端分子、恐怖主义分子在20世纪80年代已潜入美国和其他西方国家，甚至在2000年前，本·拉登已授权建立"恐怖分子第二梯队"，并与"基地"组织保持非直接的联系。就潜入美国的成员来说，就有通信专家、特种部队军官、医生和筹资网络的人员。他们在美国和其他西方国家已取得合法身份或居留权，要通通挖出这些宗教极端分子、恐怖主义分子（据说仅在美国被列入审查对象的，有美国国籍的阿拉伯血统的人就有5000人，已逮捕的有1200多人），彻底粉碎国际恐怖主义网络，显然是极其困难的事。据英国媒体2002年元月披露，尽管本·拉登物色的接班人阿布·祖贝达已经被逮捕，可是"基地"组织确定马卡维为"基地"组织的指挥官，以替代被美国炸死的前指挥官阿提夫。可见，这种安排表明"基地"组织为从事并实现它的政治目标的一项重大举措。巴基斯坦警方对最近被捕获的利比的审讯得知，"'基地'组织在英国有一个'恐怖小分队'，目前只有一人被抓获，其余都潜藏着，等待机会随时发动袭击。"① 这表明即便是国际恐怖主义网络被粉碎了，也还会出现新的宗教极端分子、恐怖主义分子从事类似的恐怖活动的。这是因为恐怖主义的产生有它深刻的社会历史根源。一方面，在产生恐怖主义的根源无法立即消灭的社会条件下，会继续不断地产生新的恐怖主义活动。就是说，只要存在滋生极端主义、恐怖主义的土壤，就会滋生极端主义、恐怖主义。要彻底消灭恐怖主义的罪恶活动，首先必须铲除滋生恐怖主义在国际、国内的土壤，要做到这一点，并非短期内能够实现的。埃塞俄比亚总理梅莱斯说，"恐怖主义往往与贫穷相伴，哪里有贫困和社会动荡，恐怖主义就会在那个地方悄悄地生根发芽。"② 这个说法是有一定道理的。国际恐怖主义网络之所以极其活跃，如前述，除了中东地区各伊斯兰国家内在的社会矛盾外，更与战后中东地区所处的政治境遇有关。要解决伊斯兰世界内外存在的这种种不公正、矛盾和问题，也非一朝一夕能够做到的。而在反对国际恐怖主义网络从事的暴力恐怖活动时，还应反对它以外的，不管是何时何地，以何种借口和方式、由何人从事的暴力恐怖活动，即反对一切形式的恐怖主义活动。

另一方面，关于什么是恐怖主义，即如何确定什么是恐怖主义，还没有公认的、能为国际社会普遍接受的定义。由于各不同国家和民众所处的地位不同，就会给予不同的界定，得出不同的定义。因而当一部分人反对恐怖主义的同时，另外一部分人则认为不是恐怖主义，而是革命行动或民族解放斗争。当这类问题得不到认真解决的情况下，很难说对恐怖主义的界定能够得到共识。尽管在它的主要方面，如具有政治目的、针对无辜平民的、采取极其残酷手段的、由非国家的社团组织或个人从事的暴力恐怖活动，可以认为恐怖主义，可以得到很大一部分人的赞同。可是，这同样不能获得另一部分人的赞同。即由国家所实施的暴力恐怖活动是不是恐怖主义问题，仍然是有争议的。如在某个国家当局的指使下、以国家机器的暴力对付其他国家的平民百姓，这被视为国家恐怖主义的恐怖主义，究

---

① 《环球时报》2005 年 5 月 16 日报道："'基地'还有多少老三"。

② 同上。

竟是不是恐怖主义，在国际社会仍然难以取得共识。

可见，反对恐怖主义任重道远。这对反对一般的恐怖主义是如此，对反对以"基地"组织为代表的、由伊斯兰极端势力所体现的国际恐怖主义同样如此。

总之，"基地"组织的整个动向值得人们关注。但这不是说，除了那些与"基地"组织有一定联系，是它的细胞组织的极端组织值得人们关注外，一些与"基地"组织关系并不密切，或者完全没有任何关联的极端势力，就可以排除在人们的视野之外了，相反的，同样应将它们置于视野之中。

结束语之二：伊斯兰极端势力在变换
活动方式和斗争策略

当前，"基地"组织在阿富汗的大本营不再存在。它的成员有的被捕获，有的被击毙。那些幸存者除了落脚、潜伏在巴基斯坦和阿富汗边境的部落地区外，有的已经逃到或早已潜伏在西方国家或其他地区。

应该看到，"基地"组织成员与分布在世界范围的伊斯兰极端势力之间的联系，可能是组织上的，也可能是思想上的——即在反美的政治主张和对美国的仇恨方面，他们是共同的。这种思想上联系的纽带，有时甚至比组织上的联系，可能更难肃清，也更为可怕。因此，既不能把当今世界上发生的一切恐怖活动都算在"基地"组织的头上，而忽视对其他伊斯兰极端势力的关注；又不可小看"基地"组织与其他伊斯兰极端势力的连手和结合，对世界安全和社会稳定的破坏和危害。根据已经揭露出来的资料，伊斯兰极端势力在受到严重打击后，已经改变了活动方式和斗争策略。概括起来，它在当今采取的活动方式和斗争策略大致如下：

其一，建立新领导机构。伊斯兰极端势力的政治动向值得注意。首先，"基地"组织安排过它的"第二套班子"，潜伏在世界各地。尽管它的"班子"里的某些成员已被捕，其实力受到削弱，但这并不影响它仍能继续潜伏待命。其次，本·拉登本人目前还活着；"基地"组织因某些领导成员的被捕获和被击毙，但以他为首的"基地"组织并没有被消灭。他

在 2003 年 3 月伊拉克战争前夕发表的抗击美国入侵伊拉克的号召，2003
年 5 月沙特连续发生 4 次自杀性汽车爆炸事件是他在数周前"秘密发布
'实施袭击'的命令"，都说明他隐匿在某个地区并在指挥"基地"组织
成员伺机而动。① 再次，一度庇护过"基地"组织的塔利班，它的成员除
了已被击毙和溃散者外，大约有 1000 名成员撤离阿富汗、潜入巴基斯坦。
它的第二号人物卡比尔（原是塔利班政权的副总理）与其他一些高层领导
在白沙瓦举行了一次战略性会议，决定今后与本·拉登分道扬镳。种种迹
象表明，塔利班正在静观形势，等待时机，以便东山再起，恢复在阿富汗
的伊斯兰制度，实施伊斯兰教法的统治。2003 年年初，美国拟发动伊拉克
战争时，奥马尔"呼吁阿富汗人向美国首都华盛顿及阿富汗现政府发动
'圣战'"；4 月 1 日，坎大哈街头出现奥马尔签署的一份名为《把阿富汗
变成伊拉克的第二战场》的公开声明提出，"任何侵略穆斯林土地的异族
人都是世界全体穆斯林的公敌"。这表明，"在阿富汗打击塔利班和'基
地'组织残余势力远远没有结束"。② 最后，"基地"组织目前又更换了新
的领导层。新任命的发言人萨比特·本·卡伊斯声称，"基地"组织领导
层"已经完成了内部改革，新的领导人甚至连基地前任领导人都不知道"，
"目前正在采取的措施包括：补充新的领导人，征召、培训新人，指导一
些极端伊斯兰武装组织袭击行动；在阿富汗境内组织袭击行动，以夺回被
新政府控制的地盘；广开财路，寻找新的经济后盾等"；他还说："美国安
全机构对'基地'领导层做出的变化一无所知"，"圣战中的殉难行动将
继续进行下去"③。不管本·拉登与塔利班是否分手，现有资料都说明伊斯
兰极端势力为适应内外形势的变化，不断调整它的领导层，或建立新的领
导班子，其目的在于坚持它的极端主义的政治立场和政治主张，拟继续从
事其恐怖活动。

　　其二，转移总部。"基地"组织无法在阿富汗肆无忌惮地活动已是事

① 《北京晨报》2003 年 5 月 17 日报道："美称拉登导演沙特爆炸"。
② 《北京青年报》2002 年 7 月 4 日；《北京晚报》2002 年 6 月 17 日；2003 年 2 月 13 日、2 月 18
日《北京晨报》；2003 年 4 月 4 日，《国际先驱导报》。
③ 《北京晨报》2003 年 5 月 9 日；英国《卫报》2003 年 5 月 9 日；《环球时报》2003 年 5 月 9
日。

实，它会很自然地逐步演变以适应条件和环境的变化。至于它究竟在何处设立总部，抑或是在一定时期内以分散活动为主，让它的地区组织发挥招募成员、组织培训、制订计划、从事恐怖活动，在条件成熟时再设立总部，都是可能的。从已有报道看，关于"基地"组织的新据点问题，日本《世界日报》的报道称，"'基地'组织已把据点从阿富汗转移到巴基斯坦"，它的理由是，"有可能成为'基地'组织新基地的国家和地区应具备下列条件：①必须是伊斯兰国家；②中央政府的管理不能覆盖全境；③在地形上有很多易于潜伏的地方。巴基斯坦被认为是一个强有力的候选地。"① 美国《基督教科学箴言报》则报道称，包括本·拉登手下的第二号人物扎瓦希里在内的"基地"组织重要成员仍在阿富汗，他们"出现在沙希库特地区坚固的洞穴中"②。《环球时报》称，巴基斯坦政府否认本·拉登窝藏在巴基斯坦后，"美国参议院情报委员会主席格雷汉姆表示，根据情报分析，本·拉登和他的副手扎瓦希里很可能藏在阿富汗和巴基斯坦交界的山区。"③ 同样的，根据上述说法，阿富汗和巴基斯坦交界的山区很可能是"基地"组织的新据点；"基地"组织也有可能在其他地区建立新的总部。有材料说，它准备在黎巴嫩建立总部。最近据阿拉伯国际日报《生活报》报道，阿尔及利亚的安全部门发现，"基地"组织的领导人在马里、尼日利亚和乍得等国活动，正"试图与阿尔及利亚的伊斯兰恐怖组织进行联合"，把它的总部从阿富汗转移到非洲。"在阿尔及利亚活动的极端暴力组织成员有好几千人"，"基地"组织正"试图消除各成员之间的意识形态分歧，以完成联合。"④ 以色列的安全部门官员认为，世界各地的地方性恐怖组织已与"基地"组织取得联系以形成一个强大的组织，每个地区都有一名领导人，下面有一名主管，此外还有一个决策机构和几个地区委员会，"现在你所到之处都有'基地'组织存在。"⑤ 过分夸大"基地"组织"无所不在"，似乎并无必要。因为"基地"组织的存在，特别

---

① 日本《世界日报》2001年12月21日报道：《"基地"组织重新开展活动》。
② 美国《基督教科学箴言报》2002年3月18日报道：《"基地"组织密谋新的袭美计划》。
③ 《环球时报》2002年9月2日文章：《恐怖分子在干什么》。
④ 埃菲社开罗2002年6月8日电。
⑤ 美国《华盛顿日报》，2002年12月9日电。

是设立它的总部的地区，必须要有同一宗教信仰的群众的掩护和支持，作为它活动的基础；必须要有适合它活动的地形或地势，以便它隐蔽潜伏，同时又方便它的人员培训、后勤供应、信息交换等。由于伊斯兰极端势力的各个组织是以从事"圣战"和恐怖活动为主的实体，因此，它的总部似乎更应接近那些频频发生民族、宗教冲突或战争的地区，这样便于它对这些地区施加影响、发挥作用。

其三，扩大袭击目标。"9·11"事件后，美国强化了它在国内的警戒和镇压，欧洲各国也加强了对伊斯兰极端势力的镇压。伊斯兰极端势力在西方国家难以下手的情况下，很自然地会把袭击目标扩大，甚至把袭击目标转向境外，转向一些薄弱地区和薄弱环节，继续进行反美恐怖活动。2002年12月30日，美国基督教会在也门医院的3名医生被击毙。枪手是伊曼大学的宗教极端分子，该大学因它的激进主义的宗教色彩一度被当局查封。值得注意的是，"基地"组织和塔利班当年7月针对美国军队的袭击事件只有8起，而到12月达到了24起。这表明它的战斗力在逐渐恢复。① 2003年5月12日深夜到次日凌晨，沙特首都利雅得连续发生4起自杀性汽车爆炸事件，造成10余名美国人死亡，50余人受伤。② 伊斯兰极端势力在针对美国人从事恐怖袭击的同时，还把袭击目标扩大到它的盟国，以色列首当其冲。2002年4月11日，在突尼斯旅游胜地杰尔巴市的一座犹太教会堂前，一辆装满炸药的卡车爆炸，死伤19人。③ 同年11月28日发生多次针对以色列的恐怖袭击事件。当天，从肯尼亚起飞的以色列客机，遭到两枚导弹袭击（飞机有安全设施而幸免于难），一个自称"巴勒斯坦军"的恐怖组织声称对此负责；以色列人在肯尼亚经营的蒙巴萨宾馆发生汽车炸弹爆炸事件；以色列北部的一个选举利库德集团主席和该党总理候选人的投票站遭到恐怖袭击，多人受伤。这些袭击事件发生后，有情报表明，伊斯兰极端势力很可能在南非的开普敦从事恐怖活动。对此，以色列政府已关闭它驻南非使馆，并向国民发布通告，禁止他们到南非的

① 《北京晨报》2002年12月1日；日本《读卖新闻》2002年12月23日报道。
② 《北京晨报》2003年5月14日。
③ 《光明日报》2002年12月9日。

旅游。① 法国油轮在也门海面遭到袭击爆炸事件，也是"基地"组织把袭击目标扩大到它的盟国的证明。据不完全统计，从"9·11"事件到2004年10月的数年中，在世界一些国家发生死伤超过百人以上的恐怖袭击事件有20余起（见专题研究报告之一），这清楚地表明"基地"组织已扩大了它的袭击目标。

其四，袭击人群密集地区或场所。伊斯兰极端势力从事恐怖袭击的政治企图十分明显，即对袭击对象的极端仇视。然而，它在无法攻击袭击对象时，往往不再顾及对无辜者的杀戮和伤害。车臣2003年5月12日上午，在车臣首府格罗兹尼北部的兹纳缅斯科耶镇，车臣恐怖分子驾驶一辆满载炸药的卡车，冲进联邦安全局办公楼；这幢两层办公楼被完全摧毁，还炸出直径达16米、深2米的弹坑。据统计，有52人死亡，300余人受伤，其中57人伤势严重，并使50个家庭失去住房。两天后（5月14日），车臣沙斯罕—尤尔特村外，来自车臣、达吉斯坦和印什古的15000名穆斯林参加宗教活动。一名46岁的妇女引爆炸弹。这次自杀性爆炸造成30人死亡，150余人受伤。② 2002年10月12日晚，印尼伊斯兰协会制造爆炸事件。它在巴厘岛库塔海滩的"帕迪"酒吧内引爆自杀性爆炸，在大批惊慌的游客逃向户外的街道时，停靠在"萨里"夜总会门外的小货车随后爆炸。爆炸造成202人死亡，330多人受伤；其中，澳大利亚游客88人死亡。③ 2003年5月10日，菲律宾科罗纳达尔的露天市场发生爆炸。当天正逢交易日，造成13人死亡，20余人受伤。阿布·沙耶夫组织声称对爆炸事件负责。④ 这些恐怖袭击事件表明，伊斯兰极端势力攻击人群密集地区或场所，为的是向公众显示其存在，它以"人体炸弹"或"汽车炸弹"作为完成攻击使命的标志。

其五，继续在西方国家内部招募新成员。"9·11"事件后，西方国家，特别是美国已经强化了它的安全、情报、移民等工作，提防"基地"组织。可是，这并不能完全遏制"基地"组织在这些国家的活动。根据

① 法新社耶路撒冷2002年11月29日；《信报》2002年12月18日。
② 《北京晨报》2003年5月13日、5月14日；《环球时报》2003年5月16日。
③ 《北京晚报》2003年5月12日。
④ 《北京晨报》2002年5月11日，5月12日。

"基地"组织在西方国家，尤其是在美国已经从事过的恐怖活动来看，它大致采取三种方式招募、网罗成员，通过他们从事恐怖活动。首先，它从中东、南亚、东南亚等地区向西方国家的移民、难民和在西方国家学习、工作的青年人中招募成员，经过一定训练后，再根据需要让这些成员在西方国家境内或境外从事恐怖活动，或是让他们潜伏下来，等待时机再从事恐怖活动。其次，它从外部有计划地派遣那些已经受过训练的成员潜入西方国家，或是使之融入西方社会、长期隐蔽以待时机，或是即时从事恐怖活动。最后，它通过各种手段（通过清真寺、网站、婚姻，甚至在监狱里对犯人的布道宣教，使之皈依信仰）在西方国家物色发展对象，进而把这些发展对象招募为"基地"组织成员。据报道，"基地"组织招募新成员的"主要地方是美国监狱"，把那些被定为"犯有暴力罪行而且不忠于美国的人"招募进组织，它还"把那些'对国家政策幻想破灭'的人（如被定罪的罪犯，特别是走私犯；投机者；咖啡馆、餐馆和旅馆工作人员；边境、机场和海港的安全人员等）列为'人选'。""在过去 10 年中，估计有多达 1500—2000 名持有美国护照的人在'基地'组织的队伍中露过面"[①]。例如穆哈吉尔是个土生土长的美国人。他出生在纽约州的布鲁克林，原名乔斯·帕迪利亚。穆哈吉尔在少年时期是个街头流氓，从 1985 年到 1991 年间，被拘捕 5 次；1991 年 8 月因交通事故被捕时仍是天主教徒；服刑一年被释放后，又被拘捕 10 余次；1993 年出狱时已信奉了伊斯兰教。后与埃及妇女结婚离开美国。此后，他便成了"基地"组织成员，多次前往巴基斯坦和阿富汗。据称，他在阿富汗和巴基斯坦学会如何制造"脏弹"。由于他有美国护照，"基地"组织派遣他回国以具有放射性的"脏弹"从事恐怖袭击，在回国的当天被捕。[②]

其六，改头换面。本·拉登和助手扎瓦希里在波黑战争时期（1992—1996），除了招募那些"有着中东血统、肤色黝黑的人"参加"圣战"外，"已经招募白肤金发蓝眼的波黑人编成部队进行训练，并给他们灌输殉教思想"；"基地"组织在当前形势下，更会采取这一做法以改变恐怖

---

① 美国《华盛顿时报》2002 年 6 月 18 日。
② 同上；路透社华盛顿 2002 年 6 月 11 日电；《环球时报》2002 年 6 月 13 日。

分子的外在形象。"今后的恐怖分子活动可能会由白肤金发蓝眼的人来实施"，在这些波黑伊斯兰教信徒中，有很多白肤金发蓝眼的斯拉夫人，他们"数以千计"，"曾经受到穆斯林游击队员的训练，他们中的很多人最后加入了国际部队。"①"基地"组织不仅在波黑这样做过，以后又在塞尔维亚的科索沃这样做过；它在美国招募白皮肤的美国公民参加"圣战"、从事恐怖活动，这不能不是它改头换面的新手法。

其七，就地取材制造武器。从事恐怖袭击，离不开人员和器材。"基地"组织目前已转移行动地点，并将依靠一些地区伊斯兰组织的人员，在袭击行动中使用花费更少的器材。新加坡专家古纳拉特纳认为，"基地"组织的进攻意图"从未泯灭"，但它的进攻能力已被削弱，因而"该组织越来越倾向于寻找一些攻击起来不太费力，并且花费最少的目标"，它的恐怖分子"将采用一些不太尖端的技术，例如在药店和电子器材商店购买用于制造炸弹的化学物质和元件等"。他们"将利用到处都可以买到的、尤其是从药房、化学用品商店和五金店买得到的东西。'基地'组织成员将就地取材，用买来的材料制造武器。"②

其八，重视海洋袭击。伊斯兰极端势力的袭击目标无处不在。它利用全球航运业基本上处于无序状态，不断更换船只名称、重新喷漆，或伪造公司法人重新注册，以逃脱监视。可是，2002年年底以来，"基地"组织很可能把它的袭击目标放在海上。美国情报人员确认，全球共有15艘货船归"基地"组织控制，或可被调用。这些船只在运输货物、资金和日用品的同时，还可运输恐怖分子、炸药，进而被用以从事恐怖活动；"北约还发现了其他24艘与恐怖分子有染的船只"。据《新闻周刊》报道，在袭击"科尔"号美国军舰和法国油轮中扮演重要角色的"基地"组织成员纳希里（已被捕）透露，"基地"组织在袭击海上目标时，采用4种策略：即"运用装载爆炸物的摩托艇发动海上袭击"、"利用拖网渔船和中型船只靠近舰艇，然后实施爆炸"、"从飞行俱乐部和小型机场购买或偷取私人飞

---

① 美国《洞察》周刊2002年12月10日一期文章：《圣战分子改头换面》。
② 法新社雅加达2003年1月2日电；新加坡《海峡时报》2003年1月13日文章：《"基地"组织在2003年的发展轨迹》。

机，装载烈性炸药发动袭击"、"训练水下破坏队，由他们展开行动"。为达到袭击的目的，2002 年年初，纳希里曾运送一队在阿富汗训练的沙特人到摩洛哥，"准备对穿越直布罗陀海峡的美国战舰发动此类袭击"，结果该恐怖团伙被摩洛哥安全部门破获，"但关键技术人员却设法逃脱了。"①

其九，利用因特网下达指示。"基地"组织成员在被迫转入地下、分散活动的同时，为加强彼此间的联系，将更多地使用因特网。这不仅可以获得信息，进行策划和筹备，而且成为"基地"组织下达指示的重要手段。特别是他们在使用因特网过程中，通过某些密码信号，传递指示，是各国政府难以对付的。美国情报和反恐怖专家说，"伊斯兰恐怖分子的势力最近几个月在因特网上迅速壮大"，"一些新网点不断涌现，内容包括血淋淋的游戏，连环漫画和一些由花草树木等令人匪夷所思的符号写成的东西——它们可能是给恐怖分子的密码信"，过去，"基地"组织很少直接公开承认对恐怖活动负责，而在 2002 年年底以来，他们公开在因特网上承认爆炸事件由他们所为（如肯尼亚蒙巴萨宾馆爆炸事件）。② 如果认为这是恐怖分子的"绝望表现"，可能为时尚早。

结束语之三：关于美国"改造阿拉伯世界"③的"理论"和企图

由于"基地"组织从事一系列针对美国的恐怖活动，特别是"9·11"恐怖袭击事件后，美国政界和舆论界普遍认为，中东是恐怖主义的滋生地。为反对恐怖主义，美国的政界和舆论界开始提出可以称为"新帝国主义论"的一些新"理论"和秘密报告。这可能是美国在"反恐"名目下改造伊斯兰世界设想的来源。现将有关报道，概述如下：

其一，张牙舞爪的新帝国主义论。

---

① 美国《华盛顿邮报》2002 年 12 月 31 日；《环球时报》2003 年 1 月 3 日；法新社华盛顿 2003 年 1 月 19 日电。

② 美国《新闻周刊》2002 年 12 月 30 日文章：《"基地"组织的新生》。

③ 原研究报告为"改造伊斯兰世界"。阿拉伯世界为伊斯兰世界的主体部分。更换说法反映美国当前的战略行为。

2002 年 8 月，日本《中央公论》发表文章指出：2001 年 10 月，《旗帜周刊》（主编前国务卿克里斯托弗）刊登《华尔街日报》评论版主笔布兹的文章，标题为《美国帝国主义＝对付恐怖主义最现实的做法是美国欣然发挥作为帝国主义应发挥的作用》。

布兹认为，"只有推翻萨达姆政权，阿拉伯世界才有可能建立民主制度，处于沙特阿拉伯、约旦、埃及等专制政府下的阿拉伯世界才有可能点燃希望的火种。只要美国决心不变，中东的那些机会主义者就会和美国合作。"[①] 他说，美国"通过对日本和德国的占领，出色地使民主在日本和德国扎下了根"，美国"现在同样可以这样做"；他的想法是，"在推翻萨达姆政权后，要有推翻沙特阿拉伯、约旦等王权的思想准备，美国要在整个中东乃至阿拉伯世界建立民主主义，这是'自由帝国'美国的义务，美国要建立世界新秩序"；他提出，当前的阿拉伯国家可能担心的不是阿拉法特的命运，而是自身会被国内的民主运动所埋葬；美国名义上要求巴勒斯坦临时权力机构进行"改革"，实际上是在摸索如何排斥阿拉法特。[②] 排除阿拉法特本身被认为"民主改革"的一个重要步骤。布兹在"9·11"事件后不久发表文章，完全反映了美国右翼的基本观点。

为新帝国主义论张目的，主要借助以下四种观点，即：

失败国家论——2002 年 3 月，泰国《曼谷邮报》发表文章称，美国最近提出了"失败国家论"。它界定"失败国家"的定义是，"并不局限于那些常常被指责为'恐怖主义'的国家，如伊拉克、北朝鲜或者像索马里那样的正陷于无政府状态的国家"，它还"包括像伊朗、埃及、尼日利亚这些国家，因为它们不能为它们的人民提供就业、受教育和寻求发展的机会。由于这种发展落后将使不满情绪和暴力行动蔓延，并通过恐怖主义行动扩散到其他国家，因此其他国家有权对这些'失败国家'采取行动，来制止将伤害其他国家的恐怖主义。"[③] 显然，"失败国家论"实际上是为美国军事干涉其他国家并对这些国家进行"改造"提供合理性的借口。

---

① 日本《中央公论》月刊 2002 年 8 月号文章：《自高自大的美国和新帝国主义的登场》。
② 同上。
③ 泰国《曼谷邮报》2002 年 3 月 31 日文章：《"失败国家论"会使全球出现无政府状态》。

新殖民政策论——2002 年 4 月，日本《赤旗报》文章称：英国布莱尔首相的外交政策顾问罗伯特·库珀的《世界秩序重组》（小册子）中提出，为对付恐怖主义威胁，美英等国就应确立能以军事手段介入世界任何角落的"新帝国主义"，如果恐怖主义和罪犯以非民主国家为基地展开活动，西方国家有必要率先发动武力和军事干涉。他提出，"要使落后国家的文明和统治获得新生就需要新的殖民政策。"① 在美国，有着同样的论调。

剥夺主权论——现任美国国务院政策计划办公室主任的理查德·哈斯提出"剥夺主权论"。他说，"在各国拥有的主权当中应附带不能杀害本国国民和不支持恐怖行动等一系列义务。不能实现这一义务的国家应被剥夺主权和不被干涉的权力。美国等国家应被赋予进行干涉的权力"，"在发生恐怖事件的情况下，是与预防性的、决定性的自主防卫权力紧密相连的。"这一理论实际上使美国绕开联合国，不需要联合国授权，军事干涉其他国家事务合法化。②

先发制人论——2003 年 2 月 14 日，美国继提出"摧毁这个'邪恶的轴心'是美国的使命"的"邪恶轴心论"后，又提出先发制人的使军事进攻合法化的《打击恐怖主义国家战略》。根据该"战略"，美国"在必要时，我们将毫不犹豫地单独行动，行使我们的自卫权力，包括先发制人地攻击恐怖主义分子"。③"新帝国主义论"企图在那些战败的国家中，由美英式的"自由民主"体制重新组合世界秩序。在这些地区建立适应美英需要的国家。阿拉伯世界则是美英首先考虑实施它的改造世界蓝图的地区，而伊拉克则首当其冲。

其二，"反伊（拉克）倒萨（达姆）"的最终目的是要改造伊斯兰世界。

2003 年 3 月 20 日，美国在反恐名义下正式发动伊拉克战争。显然，"反伊倒萨"并不是美国的最终目的。它的最终目的是什么呢？从美国媒

---

① 日本《赤旗报》2002 年 4 月 8 日文章：《"新帝国主义论"在美英抬头》。

② 同上。

③ 《北京青年报》2003 年 2 月 16 日。

体的文章来看，是要根本改变阿拉伯国家的社会制度，首先是伊拉克、沙特等阿拉伯国家的社会制度。

2002 年 9 月 12 日，《纽约时报》发表专栏文章，《沙特王室的分裂》。它说："一年前的昨天，一次谋杀了 3000 美国人的 19 个自杀炸弹式攻击中有 15 人是沙特公民。他们的罪行并不足以玷污所有 2200 万沙特人民（其中 2/3 是 19 岁以下的年轻人），但有一点无法逃避，这些疯狂的谋杀者是这个石油王国的产物，而这个王国长期以来又是激进的伊斯兰教义的大本营，而正是这种激进的伊斯兰教义滋生针对所有'异教徒'的仇恨——基督徒、犹太教徒以及拒绝接受其中世纪式阿拉伯教义的大多数穆斯林。"它接着说："鉴于沙特王国产生了这些恐怖主义分子，也考虑到沙特情报部门拒绝将他们扣押的'基地'组织成员交给美国审讯，我们自然有权力提出疑问：谁在统治那个国家？当现在中风在床的法赫德国王去世后谁将执掌这个国家的权柄？现在王室的两派何时会发生冲突？我们又将支持哪一边？"[①]

同年 11 月 26 日，《华盛顿时报》列举了 4 个例子，说明沙特一直将其巨额石油财富中的一部分转给了伊斯兰恐怖主义组织（特别是指"基地"组织）。这些例子是：

＊沙特支持的人道主义组织，如国际慈善救济组织，是恐怖分子的掩护者，其中包括 1998 年炸毁美国驻非洲两座大使馆的恐怖分子；

＊沙特慈善机构 Wafa 人道主义组织同本·拉登有牵连，它在从事合法的慈善事业的同时，也给一些可疑的组织提供资金；

＊沙特政府向大约 100 名巴勒斯坦自杀性爆炸者的每个家庭支付 5000 美元，以色列掌握了这些支付每笔款项的档案；

＊北约官员在 2001 年 9 月搜查沙特一位亲王成立的援助波黑高级委员会时，发现了恐怖分子袭击世贸中心和其他袭击目标的照片。

此外，有报道称："美国情报单位与金融调查人员已拟出一份秘密名单，是 9 位向'基地'和其他激进穆斯林恐怖团体提供资助的富翁，其中 7 名沙特人、1 名巴基斯坦商人，还有 1 名埃及商人。美国广播公司甚至

---

① 张西明：《新美利坚帝国》，中国社会科学出版社 2003 年版，第 252 页。

称，至少有 12 名沙特富商正使用塞浦路斯和马来西亚等国的账户向'基地'组织提供资助，其中包括经营银行、钻石和房地产生意的沙特富商亚辛。"①

　　美国战后的中东政策表明，它一直偏袒以色列。它认为，以色列是西方式的民主制度，而伊斯兰世界，特别是在中东地区、海湾地区，则是君主独裁制度（如沙特等海湾国家）或军事独裁制度（如伊拉克、叙利亚等）。"美国一些高级官员、国会议员和主流媒体在'9·11'事件发生后，时不时地公开攻击沙特，甚至对其个别领导人公然指名道姓地批评。沙特在美国的侨民、留学生也时常遭到歧视性对待"，"西方国家的某些高官和智囊团已在发表要改变海湾国家的制度、习俗和传统，建立美式的'民主'国家的言论。"② 对此，沙特舆论普遍担心，沙特当局则十分恼怒。因为这些言论不仅来自于美国主流媒体，而且还有国会议员、政府智囊、高级官员。此外，美国国会还在"宗教自由"和"妇女权利"等问题上谴责沙特。实际上早在 2001 年 11 月，《纽约时报》发表社论指出："现在是改变默认沙特实行不民主的君主制度以换取石油这一既往政策的时候了。"③ 这些言论显然无助于改善"9·11"以来美国与阿拉伯国家的关系。

　　其三，妄图重新组合中东版图、推进中东民主化。

　　西班牙《起义报》2002 年 10 月发表文章，题目是《美国重划中东版图的计划》。它提出，美国重组行动中的目标包括：彻底镇压巴勒斯坦人，建立一个新国家，使沙特和埃及丧失在该地区的影响；控制该地区的石油供应和油价，巩固美国在政治、经济和军事上的霸权地位，与欧盟、俄罗斯、中国等企图进入该地区的国家相抗衡。由兰德公司制定的关于美国中东战略的一份秘密报告提出，"军事打击伊拉克是战术目标，沙特阿拉伯是战略目标，埃及是大猎物"④。它认为，美国面临的威胁（国际恐怖主

---

　　① 美国《华盛顿时报》2002 年 11 月 26 日文章：《恐怖主义问题严重影响美国与沙特的关系》；《环球时报》2002 年 11 月 28 日文章：《美对沙特王室起疑心》。

　　② 《北京青年报》2003 年 3 月 23 日报道：《沙特忧虑为哪般》。

　　③ 日本《每日新闻》2001 年 11 月 29 日文章：《美国与沙特"亲密"关系出现险情》。

　　④ 西班牙《起义报》2002 年 10 月 10 日文章：《美国重划中东版图的计划》。

义）诞生于埃及、沙特、伊拉克等国家现行的教育、社会和政治体系中。报告建议用一切可能的手段将西方模式，即自由化、民主化和西方化强加给它们，控制并减少它们对美国在中东利益的威胁。①

法国《解放报》2002 年 12 月 5 日文章指出，华盛顿高层正在传阅一份肢解沙特阿拉伯的秘密报告，它提出在推翻萨达姆政权和伊拉克被托管后，可以使沙特东部的哈萨省脱离沙特；哈萨省不仅盛产石油，而且这里的主要居民是十叶派，他们对沙特的瓦哈比派掌权没有好感，他们曾经在 1979 年发生过反对沙特当局的活动。它还提出，可以将麦加和麦地那交给哈希姆家族管理。哈希姆家族是伊斯兰教创立人穆罕默德的后裔；他们具有沙特家族所缺乏的伊斯兰合法性。②

2003 年 2 月 26 日，美国总统布什在美国企业研究所发表讲话说，"只有在伊拉克建立新政权，才能成为其他中东国家自由的典范"，他反复强调美国要以萨达姆之后的伊拉克为样板，推进整个中东的民主化，他要先从伊拉克和巴勒斯坦开始来对伊斯兰世界进行改造。③

然而，香港凤凰卫视资讯台总编辑、著名时事评论家阮次山认为，美国发动伊拉克战争虽然只是战术手段，而不是战略目的，但它"不会立刻修改中东版图。"④ 美国"不会立刻修改中东版图"是一回事，作为国家的一种政策，它又是另一回事。因为美国认为，正是伊拉克、沙特等国家支持、纵容了恐怖主义；改造伊拉克、沙特等国家，使之民主化，为的是"使恐怖主义失去富有的庇护者"，是它们"在出资培训恐怖分子和奖励人体炸弹。"⑤

从现实来看，阿拉伯世界确实落后、独裁、专制、没有民主、自由、歧视妇女等等，正如联合国开发计划署的一项调查报告所说的，阿拉伯世界存在三大问题。即缺少自由、妇女处于劣势地位以及教育体制疲弱。它说："所有阿拉伯国家的国内生产总值加起来还比不上西班牙一国的国内

---

① 西班牙《起义报》2002 年 10 月 10 日文章：《美国重划中东版图的计划》。
② 法国《解放报》2002 年 12 月 5 日文章：《使沙特失去稳定的计划》。
③ 《日本经济新闻》2003 年 2 月 28 日；俄罗斯《独立报》2003 年 2 月 28 日。
④ 《国际先驱导报》2003 年 4 月 25 日。
⑤ 《日本经济新闻》2003 年 2 月 28 日；俄罗斯《独立报》2003 年 2 月 28 日。

生产总值"，"阿拉伯人要想充分发挥他们的潜能，有必要进行彻底的改革。然而，阿拉伯国家政治体制难以变更，经济步伐沉重，因此，观察家不相信它们甚至愿意听从联合国开发计划署的建议。"① 尽管如此，但这并不能成为美国或其他国家改变沙特或其他伊斯兰国家社会制度的理由。阿拉伯国家的社会制度应不应改变，应该由谁改变，这应由阿拉伯国家的人民自身决定，其他国家是无权越俎代庖的。

美国绕开联合国，没有联合国的授权，在"反恐"、"解放"的名义下对伊拉克的入侵，是不得人心的。为达到军事干涉、发动伊拉克战争，美国所提出的"理论"，完全是帝国主义的理论，并没有什么说服力；在国际关系中，也不具有任何的合法性，显然是站不住的。如果从伊斯兰复兴的视角来看，不管美国入侵的这些目标能否实现，只要美国在伊拉克、在海湾地区的军事继续存在，它对这些地区怎么说都是个威胁。它都会激发起当地穆斯林的民族义愤、宗教情感，必然做出不同形式的或强或弱的反应。恐怖主义袭击，仍将不可避免。

其四，反美情绪和反美恐怖活动将继续存在。

反美，是"不要东方，也不要西方，只要伊斯兰"在西方世界的具体化。早在伊斯兰复兴运动兴起时，伊斯兰世界就出现了反美情绪。美国作为西方世界的最大代表，反对西方化、世俗化很自然地把矛头首先指向美国；事实上，反美的思想、主张、观念、情感，一直在伊斯兰世界的广大民众中存在着、流传着，甚至对伊斯兰世界以外的穆斯林都产生相当的影响。反美情绪，应该说，是民族义愤、民族仇恨的集中表现。它是信仰伊斯兰教诸民族受到西方国家，特别是美国长期来的欺压、侮慢后，为维护自身民族尊严的一种有形无形的抗议。在伊斯兰世界这种情绪甚至夹杂着不同程度的宗教情感在内。伊斯兰复兴运动兴起以来，美国提出的所谓"防范论"、"连锁反应论"、"伊斯兰威胁论"、"文明冲突论"等，在伊斯兰世界遭到了反对。不久前，对中东国家进行了一次民意调查。在被调查的人中，对美国不满的，沙特占95%，摩洛哥占91%，约旦占80%，

---

① 德新社开罗 2002 年 12 月 29 日电。

埃及占79%。①

伊斯兰世界对美国的不满，正是1998年2月以本·拉登为首的伊斯兰极端势力成立"基地"组织，号召反美"圣战"的借口。在伊斯兰极端势力那里，为维护民族尊严，很自然地以恐怖行动作为"弱者"反抗的武器。

伊拉克战争后，美国急于解决伊斯兰极端势力反美的借口问题。它放弃在沙特驻军，准备撤军近1万人，放弃利雅得南部的沙漠基地；拟以"民主"、"自由"、"反恐"、"解放"的名义，在伊拉克实施民主改革；正式提出中东和平"路线图"，企图解决巴勒斯坦和以色列问题。②

可是，早已埋藏在伊斯兰世界的反美的民族义愤、民族仇恨，加上宗教情感，并不会因此而改变、消除他们的反美情绪。

在沙特，几乎在美国宣布从沙特撤军不久，2003年5月12日深夜到次日凌晨，沙特首都利雅得西方人居住的东区连续发生4起自杀性汽车爆炸事件，造成20人死亡（其中8名美国人），193人受伤。③爆炸事件显然与沙特当局于5月6日逮捕19名"基地"组织成员有关，这次自杀性爆炸是该组织未被逮捕的成员所为，其目标完全是针对美国和其他西方国家进行的报复行动。

美国为改造伊拉克所建立的伊拉克政府，究竟如何运转，如何解决伊拉克固有的民族（阿拉伯民族和库尔德民族）、教派（十叶派和逊尼派）、以及民族内部（库尔德斯坦爱国联盟和库尔德民主党）和政党（以十叶派为主体的伊拉克国民大会党和以逊尼派为主体的伊拉克民族和解组织）之间的矛盾和冲突，仍然是个问题；这还不算"被推翻的阿拉伯复兴社会党"与这些政党的矛盾和冲突。④由于新政府是在"不是占领"的遁词下，受美国的"监督"或支配下活动，这能否为伊拉克人民接受，仍然是个问题。

① 俄罗斯《独立报》2003年3月23日文章：《第一个世界全球化纪元》。
② 美联社沙特2003年4月29日；法新社拉姆安拉2003年4月30日；俄罗斯《独立报》2003年2月28日。
③ 《北京晨报》2003年5月14日，5月15日；《环球时报》2003年5月14日。
④ 《环球时报》2003年5月9日。

　　由美国、欧盟、联合国和俄罗斯四方提出的分三阶段完成的中东和平"路线图"，在三年内（到 2005 年）能否顺利实施、能否保证巴勒斯坦和以色列双方都按此"路线图"前进以解决半个多世纪的争端，可能并不那么容易。"哈马斯"领导人伊斯梅尔·哈尼亚反对国际社会拟订的和平"路线图"，认为该"路线图"将"以巴勒斯坦人的内部争斗取代巴以冲突"；"哈马斯"的精神领袖亚辛明确表示，"'路线图'内容偏向以色列，我们拒绝接受。"① 这无疑宣告暴力恐怖活动将继续存在下去。

　　为什么恐怖活动仍然存在，为什么西方打不赢反恐战争，英国《观察家报》国际新闻主编彼得博蒙特认为，"关键是'基地'组织的思想，它的思想已深深植根于从阿富汗到东南亚和非洲国家"，它的反美思想是"通过清真寺、激进的出版物和因特网进行的动态对话。具体指令几乎是多余的，因为各个团伙非常清楚该干什么，什么时候干，它们不断适应新的安全措施、寻找新的目标。"② 5 月 12 日深夜，沙特发生的 4 起爆炸事件是在"基地"组织的秘密指令下实施的。在爆炸事件发生的前夕，一个不知其名的恐怖组织，以《阿拉伯半岛的圣战者》为题，在网站上发表声明："我们制造、购买的枪支弹药不是用来吓唬和杀戮穆斯林兄弟的，而是用来对付'十字军'的。'十字军'强占穆斯林的世界，他们的飞机从我们的土地上升空，向阿富汗、伊拉克的穆斯林兄弟投下了威力强大的炸弹。"③

　　美国在反恐的借口下，制造种种"理论"，妄图通过"妖魔化"伊斯兰教的手段，既打击、遏制，甚至消灭反美的伊斯兰极端势力，又达到"改造伊斯兰世界"的目的，显然这是行不通的。一方面，伊斯兰国家、伊斯兰世界是否应该改造，应该由这些国家自身决定并予以实施，并不需要美国在那里指手画脚、推销美国式的民主、自由。另一方面应该看到，伊斯兰极端势力反美有着深刻的社会历史、政治经济、文化宗教等多方面的原因。当这些原因继续存在的情况下，伊斯兰极端势力通过"圣战"的

---

① 法新社加沙城 2003 年 4 月 30 日电。
② 英国《观察家报》2002 年 12 月 1 日文章：《我们为什么打不赢这场战争》。
③ 《环球时报》2003 年 5 月 14 日。

手段反美则是不可避免的。这还不算伊斯兰极端势力对以色列以及对美国的其他盟友的暴力恐怖活动、对它们所在国家的"非伊斯兰"政权或"腐败政权"的当政者的暴力恐怖活动。从研究当代伊斯兰极端势力的视角来看待这个问题，是不应忽视的。

结束语之四：继续开展关于伊斯兰极端势力问题的研究

通过对"当代伊斯兰极端势力"课题的研究，我们认为，伊斯兰极端势力是伊斯兰极端主义的活生生的载体和体现。它是一股在"伊斯兰"名义下的极端分子形成的社会政治势力。在他们那里，伊斯兰教不过是掩盖他们从事罪恶活动的宗教外衣；它的各个成员——伊斯兰极端分子在信仰上可能极其虔诚，但他们的所言所行、所作所为与一般穆斯林的宗教生活和宗教活动，完全是两码事。因为他们在"伊斯兰"名义下从事的爆破、暗杀、绑架、劫持、投毒、恐吓等罪恶活动，不是什么宗教信仰和宗教礼仪实践活动，不过是宗教的政治化；他们提出的政治主张并企图通过"圣战"手段予以实现的政治目标，不过是使政治宗教化。除了那些与伊斯兰极端势力同流合污的分子外，不会有哪位教长、阿訇或穆斯林承认其伊斯兰的合法性。

因此，我们应在伊斯兰教的广大信仰者与伊斯兰极端势力之间，即在伊斯兰名义下的那些恐怖分子、民族分裂分子和极端分子之间做出严格区分；应对伊斯兰教的宗教活动与那些利用"伊斯兰"以为宗教外衣从事恐怖活动做出严格区分；同样的，由于当前以本·拉登为代表的"基地"组织奉行的是新瓦哈比主义，因此，有必要对沙特官方信仰的瓦哈比主义与以本·拉登为首的伊斯兰极端势力奉行的新瓦哈比主义（或当代瓦哈比主义）、赛来非耶做出严格区分。① 伊斯兰问题，是个既涉及宗教——伊斯兰教，也涉及那些与伊斯兰教有关而非宗教的问题，或者说，是个与宗教有关的政治问题。因此，有必要严格区分宗教——伊斯兰教与那种与宗教问

① 见金宜久《〈瓦哈比派〉辨》，李玉、陆庭恩：《中国与周边及"9·11"后的国际形势》，中国社会科学出版社2002年版，第288—302页。

题有关而又并非伊斯兰教的政治问题——伊斯兰极端主义问题。就是说，宗教与政治、伊斯兰教与伊斯兰极端主义有着本质区别，伊斯兰教的信仰者与伊斯兰极端势力有着本质区别，决不能将二者混为一谈，视为同一。

由于伊斯兰极端势力以"伊斯兰"的名义掩盖他们的罪恶活动，这就有必要重视并继续开展有关伊斯兰极端势力的研究、重视并继续开展有关那种利用宗教外衣从事形形色色的罪恶活动的研究，重视并继续开展有关宗教极端分子为什么要利用宗教外衣问题的研究。一句话，与本课题有关的，应该重视并继续开展对"伊斯兰问题"的研究。

那种把伊斯兰教与政治视为同一的观点本身，完全是宗教极端主义的表现。霍梅尼就积极鼓吹伊斯兰教与政治同一。他主张"伊斯兰教和伊斯兰政府是神圣的统一体。"① 本·拉登主张伊斯兰教的宗教使命和政治使命是同一的。他说："所有这些使命都是建立在一个基本观念上的，这个基本观念对伊斯兰来说是独一无二的。即宗教与政治的不可分割的组成部分，反过来也是如此。"② 赛义德·库特布更为明确地提出："伊斯兰厌恶把它局限在一种文化意识的范围之内，因为这一点违背它的特性和最终目的，伊斯兰思想应该体现于群体之中，活生生的组织之间，现实运动之内。"③ 从上述的这些言论中可以看出，伊斯兰极端势力为实现它在世界范围的伊斯兰革命的政治主张、达到它的建立伊斯兰国家、伊斯兰制度的政治目的，必然会在同一宗教信仰背景的民众中，传播它的极端主义思想主张，组建它的极端组织，体现于一定的活动甚至是现实运动之中。

当我们对当前的伊斯兰复兴运动的极端表现形式——伊斯兰极端势力作一考察后，不可避免地要再回到复兴运动的兴起及其发展趋势问题的探讨。应该看到，伊斯兰复兴从它的中心地带阿拉伯国家，首先是从埃及兴起并向其他地区不断扩展后，形成世界范围的社会性的复兴运动；其中，既有温和的形式，也有激进的和极端的形式。20世纪的70、80、90年代以来，伊斯兰世界所发生的一系列重大事件，特别是极具危害性和破坏性

---

① 霍梅尼：《伊斯兰革命的篇章》，第13页。
② 王伟等：《隐身大亨本·拉登》，第13页。
③ 赛义德·古图布：《路标》，第35页。

的事件，都是它的极端形式——伊斯兰极端势力制造的。它不仅发生在阿拉伯世界，而且在阿拉伯世界以外地区也有它的黑手。这些罪恶活动不过是赛义德·库特布极端思想的现实化和物质化，成为当代伊斯兰复兴极端形式的真正依据和基础，而霍梅尼和本·拉登的思想，不过是赛义德·库特布的思想主张在新的社会条件下的延续和发展。如果伊斯兰复兴极端形式还受到什么思想影响的话，应该说，埃及的哈桑·巴纳和巴基斯坦的毛杜迪的思想主张，在伊斯兰世界具有同样不可忽视的重要影响。

值得注意的是，当前伊斯兰极端势力在我周边的东南亚、南亚、中亚等地区的不同国家中活动，这些国家在我西南、西北地区。这在无形中使得伊斯兰极端势力的活动范围，对我形成战略性的弧形包围。在我新疆地区已经存在"东突"、"三股势力"的情况下，在他们与境外伊斯兰极端势力有着不同程度的联系的情况下，对他们公开的或隐蔽的活动，不能不提高应有的警惕。在本课题研究即将结束之际，乌兹别克斯坦费尔干纳盆地东缘的安集延市，于5月12—13日发生武装骚乱。参加武装骚乱的"武装分子既有匪徒，也有极端分子，还有从阿富汗来的塔利班人员"，他们袭击州内务局和安全委员会大楼、州政府，冲击监狱，从监狱中释放了2000余名罪犯。到17日为止，造成169人死亡。此次武装骚乱的"策划者是中亚极端组织'伊扎布特'（伊斯兰解放党，总部设在英国伦敦）的新分支'艾克拉米亚'（源自阿拉伯语，意为'至尊'；一说是'伊斯兰复兴党的一个分支'）。"表面上，这次武装骚乱的目的是要解救被关押的"艾克拉米亚"组织成员；实际上，它的最终目标是"以费尔干纳盆地为中心，建立伊斯兰哈里发，即统一的伊斯兰国家。"① 由于费尔干纳盆地是中亚地区伊斯兰极端势力最为集中的地区，它是前述的"乌兹别克斯坦伊斯兰运动"、"伊斯兰解放党"和"瓦哈比派"、赛来非耶等伊斯兰极端势力的大本营，这对周边国家不能不产生影响，也值得我们关注（有关"乌兹别克斯坦伊斯兰运动"、"伊斯兰解放党"和"瓦哈比派"、赛来非耶等情况，见专题研究报告之五）。

在伊斯兰极端势力那里，伊斯兰世界革命是个长期目标，并不一定非

① 《环球时报》2005年5月16、18日；塔斯社莫斯科5月15日电；塔斯社塔什干5月17日电。

要在短期内完成。这就会形成这样一种形势，即宗教极端组织在各国的活动不会立即停止。当前伊斯兰极端势力似乎并没有极力鼓吹它的世界革命，实际上，在它那里已经不是什么问题，也不是什么进行再宣传、再鼓动的问题，有关"伊斯兰世界革命"的政治主张是它早已提出的问题（见专题研究报告之九），只是如何去实践，去使之成为实际行动的问题。因此，我们在思想上不可轻视，甚至忽视它的危害。

不管怎么说，伊斯兰极端势力是以它特有的世界观、价值观来观察问题、对待问题和处理问题的。他们的世界观、价值观对我们不起作用，但对那些自幼受过伊斯兰思想熏陶、滋养、教育，而信仰又极其虔诚、狂热，并盲信盲从伊斯兰极端势力说教的人们来说，就不是那么一回事了。人们不应忽视受到它的思想影响所能起到的消极和破坏作用，对社会稳定、民族团结、国家安全和国际形势产生的消极和破坏作用。即使伊斯兰极端势力鼓吹的所谓"伊斯兰世界革命"可能只是"天方夜谭"，但人们仍不应忽视它为实现这一目标而从事的暴力恐怖活动的现实危害性。因为他们的这一思想主张的流传之处，所导致的恐怖行为，终究会危害有关国家的社会稳定、民族团结和国家安全，这是个不可忽视的问题。

当前，有人反对"宗教外衣"的说法。似乎一提出"宗教外衣"，就是把严肃的政治问题，简单地归结为宗教问题。实际上，宗教是宗教，宗教外衣是宗教外衣；任何宗教都不需要什么宗教外衣；需要宗教外衣的，就不是什么宗教。问题是，伊斯兰极端势力为什么需要"伊斯兰"这件宗教名义、利用"伊斯兰"为宗教外衣？显然，对他们来说，需要和利用的目的在于迷惑、诱骗同一宗教信仰者，然后依靠这些人的掩护，或是混在他们之中从事阴谋、罪恶活动，进而从中物色、招募、网罗需要的人。对那些明眼人来说，可以透过现象看本质，一眼就看穿它的反动本质；区分什么是羊，什么是狼，什么是"羊外衣"。而对那些有着虔诚信仰并受到伊斯兰极端势力迷惑、诱骗人并不是这样；否则的话，伊斯兰极端势力就不会在特定的地区、特定的人群中活动了，他们的极端组织就得不到什么发展了。事实是，"9·11"事件以来，如各专题研究报告所列举的事实那样，他们仍然在从事暴力恐怖活动。这表明"伊斯兰"的宗教名义、宗教外衣对某些人视为不必要的同时，另一些人仍然需要它、利用它，仍然有一些人在继续受到它的迷惑、诱骗。并不因为那些明眼人看穿了它的本质，伊斯兰极端势力就不再需要它、利用它了，而另外一些人就不再受骗上当了。

就本·拉登的"伊斯兰反犹太人和十字军国际阵线"发表的《圣战檄文》而言，共用1600个字号召"圣战"。在该声明中，涉及真主、圣书、先知、伊斯兰教、圣地、圣战、穆斯林、清真寺等词汇，共出现50处，另外还引用经文8段，约500字。这些经文和有关信仰的词汇，正是那些虔诚信仰者受到"基地"组织迷惑、诱骗的地方。① 它正是"基地"组织的极端政治主张和恐怖活动使用的宗教外衣，也是它糟蹋、曲解伊斯兰教的地方。

就"伊斯兰极端主义"（或"伊斯兰极端势力"）而言，之所以给"极端主义"（或"极端势力"）以"伊斯兰"的限定，完全是因为它是在"伊斯兰"名目下的，而不是在基督教、佛教或其他宗教背景、宗教名目下的"极端主义"，更不是其他形形色色的"极端主义"；它也不是在基督教、佛教或其他宗教名义下活动的"极端势力"。这里，"伊斯兰"正是此种"极端主义"（或"极端势力"）的"宗教外衣"，而非犹太教或其他什么教的"极端主义"（或"极端势力"）的"宗教外衣"。如果反对使用"宗教外衣"的表述形式，完全可以直接表述"极端主义"（或"极端势力"），没有必要给它再加上"伊斯兰"的帽子。人们总不能既给"极端主义"（或"极端势力"）戴"伊斯兰"的帽子的同时，又反对戴这个帽子。事实上，当今国际社会里，确实是"伊斯兰极端主义"或"伊斯兰极端势力"最为活跃；这不是说，其他的"极端主义"，其他宗教中的"极端势力"就不存在了，就不活跃了。

当然，伊斯兰极端势力作为一个整体而言，新瓦哈比主义只是它的精神武器之一；它在不同国家和不同地区，可以有新瓦哈比主义之外的、其他的精神武器。但对本·拉登及其"基地"组织成员来说，对中亚、北高加索的某些伊斯兰极端分子来说，对阿富汗和巴基斯坦的某些伊斯兰极端分子来说，他们的精神武器正是（有的主要是）新瓦哈比主义。他们是新

---

① 王伟等：《隐身大亨本·拉登》，长春出版社1999年版，第36—39页。

瓦哈比主义的真正载体和活生生的体现。在当今国际社会中，至少是在沙特和其他一些海湾国家，不仅存在瓦哈比主义和瓦哈比派，而且还存在"新瓦哈比主义"（或"当代瓦哈比主义"），有"新瓦哈比派"（或"当代瓦哈比派"）的活动。后者在沙特还相当活跃（只是它自称为"赛来非耶"罢了）。如果把伊斯兰极端主义与"新瓦哈比主义"、把伊斯兰极端势力与"当代瓦哈比派"完全等同起来，显然是过于简单化了。因为在本·拉登及其"基地"组织成员之外，在"当代瓦哈比派"之外，还有在"伊斯兰"名目下的其他的极端势力。

问题是，新瓦哈比主义或当代瓦哈比派，在"二战"后的伊斯兰复兴过程中真正活跃起来。它在涉足社会政治活动后日益显现其激进主义。1979 年沙特的伊斯兰极端分子策动的麦加大清真寺事件，表明沙特的"当代瓦哈比派"暴力倾向的发展。当这批极端分子被镇压后，在 90 年代，沙特的"当代瓦哈比派"以"请愿书"（有 57 人签名）和"劝告备忘录"（有 107 人签名）等温和形式，呼吁沙特王室进行社会政治改革；他们这样做并不是说该派中的极端分子、以本·拉登为首的伊斯兰极端势力放弃恐怖手段从事活动了。几乎在教界和其他人士提出"请愿书"和"劝告备忘录"的同时，以本·拉登为首的沙特极端分子则以恐怖手段反对美国在沙特的驻军并反对沙特王室。[①]本·拉登在沙特无法继续活动后，先后流亡苏丹和阿富汗。在此之前，新瓦哈比主义已经在一些国家和地区获得流传（见有关专题研究报告），当本·拉登一伙伊斯兰极端势力从苏丹转移到阿富汗后，当代瓦哈比派分子也就加紧在沙特以外地区活动；这不是说，本·拉登及其代表的伊斯兰极端势力流亡国外后，新瓦哈比主义在沙特境内就不再流传了。当代瓦哈比派在沙特境内不断制造爆炸事件，就充分说明它在继续从事暴力恐怖活动，而不是不再存在、也不再活动了。

"9·11"事件过后 7 天，英国《星期日电讯报》发表文章称："并不

---

　　① 本·拉登在接见美国记者阿内特时，谈到他反对沙特王室的原因。他说："当时沙特政府转向压制学者和信仰伊斯兰教的言论，特别在沙特政府禁止萨尔曼阿乌达教长、萨法阿哈瓦里教长和其他学者之后，我发现自己不得不行使自己小小的权利以表白正确和禁绝错误。"（王伟等：《隐身大亨本·拉登》，长春出版社 1999 年版，第 52 页。）

是所有的穆斯林都是制造自杀爆炸事件的恐怖分子，但是所有制造自杀爆炸事件的穆斯林都是瓦哈比教徒。"① 它还提出，"瓦哈比教派狂暴，不宽容，而且极度狂热。它起源于阿拉伯半岛，并且是海湾各国的国教。瓦哈比教派是伊斯兰原教旨主义中最极端的一个派别"，认为该教派从 18 世纪晚期起，"就与大批屠杀一切反对者联系在一起。例如，瓦哈比教徒于 1801 年经过盖尔巴拉（卡尔巴拉）城，在大街上杀死了 2000 平民"；它在指出本·拉登是瓦哈比教徒后，接着说，"在以色列制造自杀爆炸事件的人是瓦哈比教徒。拉登的埃及盟友、几年前在卢克索刺死外国游客的人是瓦哈比教徒（他们欢呼雀跃，浸泡在深至肘部的血水中，发出亵渎神灵的狂喊）。阿尔及利亚的伊斯兰恐怖分子是瓦哈比教徒。他们为净化世界所做的贡献是，杀害犯下诸如放映电影和阅读非宗教类报纸这类罪行的人。在克什米尔杀害印度教徒的塔利班式的游击队员也是瓦哈比教徒。"②可惜，这篇文章没有对早年的瓦哈比派与当前已经掌权的瓦哈比派给予区分，也没有对当前"制造自杀爆炸事件的恐怖分子"（认为"都是瓦哈比教徒"），与沙特广大的瓦哈比派穆斯林做出区分。因为"制造自杀爆炸事件的恐怖分子"属于"当代瓦哈比派"，与奉瓦哈比主义为沙特国教的瓦哈比派仍有所区别。把一切都归于"瓦哈比教徒"，这无疑是打击一大片，其结果并不能打击真正应该打击的伊斯兰极端势力。我们认为，当代瓦哈比派的成员与瓦哈比派信徒，有联系也有区别，应该具体问题作具体分析，不要眉毛胡子一把抓。做出这类区分的意义在于：并非每个沙特的或其他国家的瓦哈比派穆斯林都是恐怖分子；只有当代瓦哈比派中的那些极端分子才应该是防范的对象。他们的活动范围并不限于沙特境内，他们的行为在任何国家和地区对安全与稳定都构成现实的威胁，是应防范的对象。

那种认为"瓦哈比"是个"纯宗教问题"，那种认为一提"新瓦哈比主义"（或"当代瓦哈比主义"），一提"新瓦哈比派"（或"当代瓦哈比派"），就是将伊斯兰极端主义"与宗教甚至宗教派别混为一谈"。这种看

---

① 新华社伦敦 2001 年 9 月 30 日英文电：英国《星期日电讯报》文章：《一切始于沙特阿拉伯》。
② 同上。

法是肤浅的，也是毫无根据的。

　　无论是历史上的"瓦哈比"，即瓦哈比派，还是当前的"瓦哈比"，即"当代瓦哈比派"，它们的活动中都具有强烈的社会政治内容，有着明确的社会政治目的。从"瓦哈比"诞生的第一天起，它就不是什么"纯宗教问题"，而是在复古名义下的社会—政治运动（即人们所说的复古主义，当前有人称它为"原教旨主义"）。它是与反对奥斯曼帝国在半岛的势力和统治纠缠在一起的政治问题。① 如果说它与宗教有关，那"瓦哈比"也是个宗教—社会—政治运动；它是"穆罕默德·本·沙特渴望借助伊斯兰教瓦哈比教义来实现其扩大领地，确立沙特家族在阿拉伯半岛统治权的政治目的"，"宗教对穆罕默德·本·沙特来说则是他实现政治目的的手段和工具。"② 这是历史所表明了的，也是现实大量的事实所证明了的。如果把那些属于"当代瓦哈比派"，又向沙特当局提出"请愿书"和"劝告备忘录"的教界和其他人士，都归为极端分子、恐怖分子；如果把那些在思想上的信仰者、同情者都归为伊斯兰极端主义，可能对认识问题和处理问题有害而无益。就是说，如果把它简单地看作"纯宗教问题"，就很自然地会"与宗教甚至宗教派别混为一谈"了，"这是一个错误的和可能造成决策失误的结论"。

　　表面上看来，在研究伊斯兰极端势力问题时，似乎没有必要讨论"瓦哈比"问题。那种认为"瓦哈比"是什么"中亚的'瓦哈比'是官方宗教界最先喊出来的"，是什么"当地的'传统派'先嚷嚷的"。其实不然。如果中亚没有"瓦哈比"，无论谁有再大的本领和喉咙，"喊"不出也"嚷嚷"不出"瓦哈比"来的。事实表明，"瓦哈比"不仅在中亚活动，而且在塔利班垮台前的阿富汗活动（有它的载体），在巴基斯坦活动（也有它的载体），还在俄罗斯的车臣活动，甚至到南斯拉夫的科索沃地区活动。尽管伊斯兰教是这些国家（或地区）传统流传的宗教，可是，为什么传统的"宗教外衣"在这些地区的影响和作用不大，为什么那些被认为"官方宗教界"、"传统派"的人，反而没有"瓦哈比"具有吸引力、诱惑

---

① 王铁铮：《沙特阿拉伯的国家与政治》，三秦出版社1997年版，第12页。
② 同上书，第14，15页。

力？我们认为，这正是应该研究的问题。如果认为"瓦哈比"非要在这些地区形成和建立了什么教派后才开始在这些地区活动，这种看法未免太天真了。问题在于，无论有没有它的教派，他们的活动都不是什么"教派问题"、"纯宗教问题"，而是政治问题。问题还在于，对"瓦哈比"应该做具体的分析，分清那些以"瓦哈比"为"宗教外衣"从事罪恶活动的首恶分子、骨干分子，与那些受骗上当的一般群众。对"瓦哈比"做出具体的、历史的区分，目的很明确，是为了说明在这些地区活动的伊斯兰极端势力不是别的什么极端分子、恐怖分子，而是在"瓦哈比"的"宗教外衣"下活动的极端分子、恐怖分子，为的是更清楚地认识它、更有针对性地认真对待它。拒绝对问题开展深入的研究，似乎只要把它归为"伊斯兰极端主义"、"极端政治运动"就什么问题都解决了；如果问题是这么简单的话，"伊斯兰极端主义"早就解决了。其实，问题并没有解决，"瓦哈比"照样在这些地区活动。2003 年 5 月 12 日，在车臣和利雅得几乎同时发生自杀爆炸事件。车臣死亡 52 人，受伤 300 余人；利雅得死亡 10 余名美国人，受伤 50 余人；随后，在车臣、菲律宾、摩洛哥都发生爆炸事件，这一连串的爆炸事件都是"基地"组织策划下实施的恐怖活动，都与当代瓦哈比派有关。看来，"瓦哈比"并不是什么"纯宗教问题"，而是社会政治问题；提出"瓦哈比"，并没有"与宗教甚至宗教派别混为一谈"。相反的，"瓦哈比"是当前研究伊斯兰极端势力的重要内容之一，也是应该继续予以研究的问题之一。

（刊载于《伊斯兰极端势力研究》研究报告——结束语，世界宗教研究所印制，2005 年 5 月）

本·拉登与"基地"组织

　　第二次世界大战后，伊斯兰世界流传的复兴思潮，在第三次中东战争中阿拉伯一方失败后，演变为伊斯兰复兴运动。到了 20 世纪 90 年代，伊斯兰极端势力迅猛发展。在此期间发生的一系列暴力恐怖事件、跨国界的暴力恐怖事件、民族分裂主义和恐怖活动相结合的事件等等，已经严重危害到社会稳定、地区安全，甚至威胁到无辜民众的生命财产。特别是"9·11"恐怖袭击事件造成的危害，西方社会的某些人把本·拉登视为当今世界"令人恐惧的亿万富翁"、"伊斯兰恐怖主义银行家"、"美国的头号敌人"、"国际恐怖主义头子"等，而伊斯兰世界的某些人则把他视为敢于反美的"民族英雄"、伊斯兰世界的"革命者"。国际社会存在如此对立的观点，有必要根据已有材料，考察以他为首的"基地"组织的基本状况，进而弄清在此前后发生的所有暴力恐怖和民族分裂活动，与"基地"组织的关系；显然，要完全弄清这一切可能有其难度，并非本专题报告能力之所及。

一　本·拉登其人①

　　19 世纪末，本·拉登的曾祖父奥克巴从波斯（今伊朗）来到也门定居。②

---

　　① 2011 年 5 月 1 日，美国特种部队海豹突击队奉命潜入巴基斯坦伊斯兰堡附近的一所别墅，将本·拉登击毙。

　　② 菲利普·阿齐兹：《乌萨马·本·拉丹其人》（法国《问题》周刊文章），见 1998 年 9 月 16 日《参考消息增刊》。

20世纪40年代，他的祖父离开也门迁到沙特。[1] 他的家族历来有经商传统，以后又涉足建筑行业。在沙特，他的祖辈参与建造沙特王室别墅而结识多位亲王和王子，由开设建筑公司到承揽宫殿、别墅、清真寺和其他工程（机场、高速公路和政府大楼等），发展为掌握沙特最大的建筑工程集团。据估计，他的家族资产有50亿—60亿美元，家族地位因财富的剧增而与王室成员的关系日趋紧密。

本·拉登1957年出生于沙特首都利雅得，是他的父亲的51个（一说有54个）子女之一，在男性中排行17。他的母亲据称是巴勒斯坦人。他在17岁时，与叙利亚籍的表妹结婚，此外，他还另有3个妻子。本·拉登除了接受宗教教育外，还在阿卜杜勒—阿齐兹大学学习宗教、管理和经济学课程。

1979年年底，苏军入侵阿富汗。他的家族设立了"伊斯兰拯救基金会"，由23岁的本·拉登直接领导。

1980年6月，本·拉登到土耳其的伊斯坦布尔设立总部，专门招募并帮助那些志愿参加抗苏战争的"圣战者"，为他们提供路费；他还设立训练这批"圣战者"的营地，向他们传授有关从事游击战的技能。基金会得到沙特和美国的支持和资助。这些"圣战者"经过一定训练后，把他们送到抗苏战争前线，参加战斗。

1982年，本·拉登把伊斯坦布尔的总部迁到巴基斯坦的白沙瓦，与巴基斯坦的兄弟会成员阿扎姆共同创办了一个专门为"圣战者"组织提供兵源和募集资金的机构——"支持者之家"。"该组织在世界各地（包括美国、埃及、沙特阿拉伯和巴基斯坦等）建立了征兵中心，最终从约50个国家征募、输送了数万名战士参加抗苏战争。该组织也在阿富汗和巴基斯坦建立了准军事训练营地。"[2] 他还为阿富汗修筑公路、地下涵洞和其他建筑，特别是在巴基斯坦和阿富汗先后设立16处军事训练营地。

1986年，据说本·拉登到了前线，参加战斗；在这一期间结识了以后

---

① 一说，他的父亲原是也门的建筑工人，20世纪50年代移居沙特；一说他的父亲于30年代"骑着骆驼离开了南也门原教旨主义的据点里巴特村。"见法国《巴黎竞赛画报》2001年10月4日文章：《一个宠儿的历程》。

② 王伟等编著：《隐身大亨本·拉登》，长春出版社1999年版，第19页。

建立的塔利班首领奥马尔，使他在以后得到塔利班的庇护。

1988 年，本·拉登在阿富汗建立了一个称为阿尔—伊达（"加埃达"，意思为基地）的机构，专门用来训练阿拉伯籍的"圣战者"。苏联从阿富汗撤军后，这些训练营地为各地方军阀所控制，该基地对他重返阿富汗从事恐怖活动，具有重要的意义。

1989 年，苏联从阿富汗撤军，本·拉登返回沙特。由于他的家族常年为沙特王室建筑事业效劳以及他在阿富汗抗苏战争中的表现，使他与王室成员的关系非同一般。

1990 年 8 月，伊拉克吞并科威特。沙特政府唯恐伊拉克入侵而吁请美国保卫。这时返回沙特的本·拉登，为反对沙特王室把美国军队引入沙特、保护沙特王室，他开始反对王室，成立"全世界伊斯兰阵线"，从事反对沙特王室和反美斗争。同年年底，他把活动中心转移到苏丹的喀土穆。他在苏丹开办公司，承包建筑工程。他还在苏丹和其他国家建立训练营地，以资金支持反美和反对沙特当局的活动。

1991 年年初，爆发海湾战争。战后，美军继续驻扎在沙特，他与王室的关系日趋紧张。

由于本·拉登不断号召国内穆斯林使用暴力把美国军队赶出沙特，他的游击队还不断袭击政府军和美军，引起沙特王室的不满，1994 年 4 月沙特吊销了他的护照，被迫流亡苏丹。在苏丹栖身后，他在从事商务活动、为反美筹集资金的同时，一方面，没有放弃与分散在世界各地的老兵的联系，另一方面，在苏丹和其他地区（如阿尔巴尼亚）建立多处营地，招募并训练宗教极端主义分子和恐怖主义分子，为他的反美反以的世界革命做准备。

1995 年，第 31 届非洲首脑会议于埃塞俄比亚举行。本·拉登和埃及的一些宗教极端主义分子涉嫌在苏丹策划暗杀参加会议的埃及总统穆巴拉克（未遂）。苏丹政府在国际社会压力下，难以让他在苏丹继续活动，本·拉登被迫转到他以前经营的阿富汗。

1996 年 5 月，他拿着苏丹护照，与"3 个妻子、13 个孩子和一支阿拉伯好战分子和保镖组成的队伍"，离开苏丹后到阿富汗的贾拉拉巴德。最初，"当地一个名叫马哈茂德的指挥官对他发出了邀请"，答应向本·拉登提供保护。马哈茂德是 80 年代共同抗苏的阿富汗战友。这时，本·拉登还"受到上了年纪的阿富汗地方领导人尤努斯·哈利斯的保护。"[①] 9 月，塔利班夺取了喀布尔，本·拉登得到塔利班伊斯兰政权的庇护。在阿富汗，他利用以前建造的基地，继续招募并训练来自世界各地的新的"圣战者"，在培训这些"圣战者"从事恐怖活动的种种技能外，还向他们灌输为伊斯兰世界革命献身的思想。

据称，本·拉登在沙特、其他海湾国家和西方国家拥有 60 家公司，涉及建筑、石油、制造、宝石、金融等行业，他还"做其他生意，增强财力"。"他投资和赚钱的方法五花八门，传说中有贩毒、偷运核材料、化学武器和军火买卖，也承办恐怖袭击"，他"所做的特别生意，是制造地雷，也提供清除地雷和供应义肢的服务"，他"杀人也救人，从中获利，每日都有大笔进账"，他的代表"活跃于巴林市场，也在伦敦金融市场活动"，他还是"苏丹、利比亚和也门几家银行的大股东，这些银行替犯罪集团和贩毒集团洗钱"，在阿富汗抗苏战争和海湾战争中，他的建筑公司还"承包工程"，在"筑路、挖隧道和在山上建永久性掩体方面"获利，1993 年，他的"控股公司"在苏丹夺得"8500 万美元的巨额合同：承建喀土穆—尚迪—阿特巴拉之间的干道公路。该公司还承建了苏丹首都商业中心的三座大楼"。可是，据沙特情报官员、图尔曼·费萨尔王子说，"在我主管情报工作期间，我的估计是至多 4000 万至 5000 万美元"[②]。本·拉登的个人财富究竟有多少（有从 5000 万、3 亿到数十亿美元等不同说法），没有人知道。不管怎么说，他绝非无钱无名之辈，是个大富豪是肯定无疑的。特别是他的极端主义的社会政治主张，得到很大一批年轻的"同情者提供的数百万美元的捐款"，更不必说，包括伊斯兰国家在内的一些富豪、商人、基金会、慈善机构对他的活动的支持和赞助了。这正是他有着雄厚财力从事极端主义事业和恐怖主义活动的经济基础。

---

① 美国《华盛顿邮报》2001 年 12 月 23 日文章：《在"基地"组织的秘密世界中》（李凤芹译）。
② 香港《东方日报》文章：《恐怖大亨的财富秘密》，载于 1998 年 9 月 16 日《参考消息增刊》；路透社利雅得 2001 年 11 月 7 日电。

二　"基地"组织是如何形成的

　　"二战"以后，中东地区政局一直动荡不定。四次中东战争、以色列入侵黎巴嫩的战争、两伊战争、海湾战争，以及大批中东地区的"圣战者"投入阿富汗抗苏战争，加之地区冲突（特别是阿以冲突）和民族的、地区的、宗教的纠纷，使得中东地区成为国际政治的热点。

　　1979 年年初，伊朗"伊斯兰革命"取得胜利；伊斯兰世界各个阶层，特别是青年一代深受伊朗输出革命的影响。在复兴运动日趋高涨的大气候下，同年年底，苏联错误地估计形势，派军入侵阿富汗；阿富汗各地、各民族、各部族、各教派的穆斯林陆续奋起反抗，投入战斗，最终形成全国性的抗苏战争，这成为伊斯兰复兴的特殊表现形式。1989 年，苏军撤出阿富汗，可是，阿富汗的战争并未终止。先是"圣战者"反对纳吉布拉傀儡政权的战争；1992 年，七党联盟的"圣战者"占领首都喀布尔、成立以拉巴尼为首的伊斯兰政权后，随之爆发了同是"圣战者"的拉巴尼当局与不同派系的军阀和地方武装势力之间的战争；1994 年中叶，阿富汗战场上出现了伊斯兰学生军——"塔利班"，随即发生塔利班反对军阀和拉巴尼当局的战争。1996 年 9 月塔利班夺取喀布尔，陆续占领阿富汗 90% 以上领土；拉巴尼退居北方，并与一些地方军阀结成北方联盟，与塔利班继续战斗。

　　以本·拉登为首的"基地"组织正是在冷战结束以来的、与伊斯兰世界有关的国际重大事件的发展中，尤其是连续不断的阿富汗战争的环境下形成、发展，从而产生其影响和作用的。大致说来，它的形成过程，可以分为三个不同的阶段：

　　其一，准备阶段。阿富汗抗苏战争期间，一批批深受伊斯兰复兴思想影响的伊斯兰世界内外的穆斯林青年，主要是阿拉伯世界的和巴基斯坦的穆斯林（其中有一批军人），陆续参加"圣战者"队伍。究竟有多少外来的"圣战者"到阿富汗参加战斗，没有确切的资料。最多的说法有 80000 人，也有的说 25000 人，最少估计为 15000 人；说法尽管不一，但一个基本的事实可以肯定，即参加抗苏战争的"圣战者"，不限于阿富汗人。

　　抗苏战争期间，以美国为首的西方国家和一些伊斯兰国家为阿富汗"圣战者"提供了大批经济和军事装备（美国大致花费了100亿美元）。与此同时，美国中央情报局还在它的训练营地向来自世界各地的"圣战者"传授爆炸、射击、驾驶、潜伏、渗透、制造爆炸武器等各种军事技能，这些经过训练的外籍"圣战者"成为战场上有特殊攻击力和战斗力的游击战士；其中一些人，以后则成为"基地"组织的国际恐怖主义网络的骨干或基本成员。

　　其二，组织酝酿和思想酝酿。苏军撤离阿富汗后，参加抗苏战争的外籍"圣战者"（即所谓的"阿富汗阿拉伯人"），除有1000余老兵留下来继续参加阿富汗内战外，其余的或返回原籍，或留在白沙瓦，或以美国、巴基斯坦、阿富汗、苏丹、德国、瑞士、海湾国家和斯堪的纳维亚为中心活动，或在世界各国流窜。有些老兵则成立了小型、松散的地下小组，它们之间已有非正式的联系。在整个90年代，本·拉登与这些老兵继续有联系，鼓动和组织他们为伊斯兰的事业战斗，他们已成为典型的雇佣军和职业杀手。

　　本·拉登在反对沙特王室和反美斗争中，把活动中心转移到苏丹首都喀土穆。这时，苏丹伊斯兰民族阵线①主席哈桑·图拉比正处于掌权地位。他分别于1991年、1993年、1995年召开"阿拉伯伊斯兰人民会议"，把各伊斯兰国家的政治反对派和各种极端的小社团召集在一起，使之建立联系，其目的在于鼓吹世界范围的伊斯兰革命思想并输出革命。这几次会议和本·拉登的活动，实际上为建立国际恐怖主义网络做了进一步的思想上和组织上的酝酿。后来，本·拉登的心腹法德勒被捕后在法庭上供认："基地和其他几个恐怖组织有联系，包括黎巴嫩南部、埃及、利比亚、也门、叙利亚、菲律宾、埃塞俄比亚和要脱离俄罗斯的车臣共和国内的组织。它在英国、马来西亚、苏丹、香港和世界其他地方有银行账户，还在一系列国家拥有供其成员藏身的宾馆。"②

　　1996年5月，本·拉登再次来到阿富汗后，恢复并继续利用原有的训

---

① 由苏丹穆斯林兄弟会更名而来。
② 美国《先驱论坛报》2001年2月13日文章：《本·拉登的总部是如何运作的》。

练营地，从事各类恐怖活动的训练外，还开辟新营地，不断从伊斯兰世界各国招募、网罗新的"圣战者"。以前建立的营地，目的在于训练对付苏联军队的战士；而这时恢复和使用基地，目的在于袭击美国人。在此期间，又有一批被各伊斯兰国家通缉的、因反对国内政治腐败或亲西方政权的宗教极端主义分子、恐怖主义分子，以及形形色色的犯罪分子，来到阿富汗的基地，参加他的队伍；事实表明，国际恐怖主义网罗的对象，还有一些西方国家的年轻穆斯林，由于受到宗教极端主义思想影响而投奔本·拉登。可以认为，80年代建立的训练营地（基地），担负的主要是从事军事训练，同时它的活动更多的是在阿富汗境内；而这时恢复活动的基地，则成为在"伊斯兰"名义下的国际伊斯兰极端势力的大联合的雏形。

其三，"基地"组织正式建立。1998年2月，"所有阿拉伯国家的恐怖组织曾在拉登的大本营聚会，宣布成立'伊斯兰反犹太人和十字军国际阵线'"（即通常所说的"基地"组织）。同月23日，他与埃及的扎瓦希里、阿布·塔哈、巴基斯坦的哈姆扎赫、孟加拉国的法兹鲁·拉赫曼等伊斯兰极端组织的头目联合签署"圣战檄文"。[①] 同年5月，又有阿富汗、印度和其他阿拉伯国家的150名学者参加了一次会议，确定了它的近期的战斗目标和远期的战略目标，并从该国际阵线中派生出它的军事机构"伊斯兰圣战解放军"，成为它从事暴力恐怖活动的机器和政治使命的承担者。

人们所说的"基地"组织，实际上，是在一些伊斯兰国家的宗教极端主义组织和恐怖主义组织的基础上演变和发展而来的。"基地"组织，作为一个政治实体，俨然是个自成体系的、封闭的独立王国，从而能够保证它有从基层到首脑机关自上而下垂直领导的完整组织系统（主管军事培训、武器采购、商业公司、宗教事务、传媒出版等），在伊斯兰世界内外有它的地区组织和代表，它还与一些伊斯兰国家的极端主义组织或恐怖主义组织有着或松散或紧密的联系，形成以他为中心的国际恐怖主义网络。

"基地"组织虽然是在抗苏战争结束后、在外籍"圣战者"、各国极端主义组织和恐怖主义组织成员的基础上逐步发展、演变出来的，但它的骨干队伍却是在抗苏战争期间形成的。

---

① 王伟等编著：《隐身大亨本·拉登》，长春出版社1999年版，第26、36页。

伊斯兰极端势力历来把反对本国的腐败政权、反对支持这类腐败政权的美国政府，准备一场世界范围的伊斯兰革命，视为他们的历史使命。"基地"组织的形成，无疑为他们提供了实现联合和合作的时机。这在无形中使他们的活动，具有了超国家的性质，也使他们的伊斯兰革命的政治主张，成为共同的政治目标。在此之前，无论本·拉登以个人名义也好，还是以其他名义也好，与伊斯兰世界各国的政治反对派、与各地的宗教极端主义组织和恐怖主义组织以及与那些老兵的联系，还缺乏其权威性；而作为一个超国家的政治实体"基地"组织，在这些组织和成员之间的活动，就多少有了"名正言顺"的味道，可以结合成国际性的恐怖主义的大杂烩，毫无顾忌地发号施令、为所欲为了。

它不仅有自身的"基地"组织（或大本营）和自上而下的隶属机构，还有分布在世界各地的、与之有着或松散或紧密联系的宗教极端主义组织、恐怖主义组织和分裂主义组织，从而形成从事阴谋活动的国际恐怖主义网络。这些宗教极端势力在"伊斯兰"名义的掩盖下，具有激进的甚而是极端的政治纲领、诱人的思想主张、雄厚的财力支持、隐蔽的组织网络、通盘的战略考虑、严密的指挥系统，其成员则有伪造的身份证件、跨国界流窜藏匿、秘密的活动方式等等，这一切决定了暴力恐怖是它惯用的手法。它的活动范围不仅越出阿富汗，而且成为跨国界活动的一支极端势力。利用宗教，除收容一批阿富汗抗苏战争时期的老兵外，还招募、网罗新的成员和追随者，通过特殊的军事技能和思想训练，使之成为一批死心塌地的、乐意（如人体炸弹）去实现它的近期使命和远期目标的雇佣军或职业杀手。它的活动的基本手段是隐蔽的，惯用的手法是暴力恐怖的，攻击或威胁攻击的对象通常是超国界的，甚至包括无辜的平民百姓。

三　以本·拉登为首的"基地"组织的基本政治主张

本·拉登是沙特瓦哈比派的信徒，他的信仰、社会政治主张和活动已不同于沙特政府的官方信奉的瓦哈比主义（将在下面讨论）。

"伊斯兰反犹太人和十字军国际阵线"发布的"圣战檄文"，明确无误地表明本·拉登和"基地"组织的基本社会政治主张，是在维护伊斯兰的尊严和"圣地"的名义下，从事反美反以的"圣战"。

"圣战檄文"提出，"自从真主开拓出这块平地，造出沙漠再以海洋围绕它以后，阿拉伯半岛从没有遭到过像今天这样如蝗虫般分布的侵略军的洗劫，他们掠夺我们的财富，破坏我们的庄稼"，它提出，"如果敌人要破坏穆斯林国家，圣战是唯一的职责。武装斗争的目的是保卫正义和宗教，这也是公认的责任"，"为了执行真主的旨意，我们向所有的穆斯林倡议发动如下的圣战：有组织地杀死美国人和他们的同盟军——士兵和公民，这是每一个任何国籍的穆斯林在有可能的情况下的个人义务"，"在真主的帮助下我们要号召每一个信仰真主和愿意接受真主的命令的穆斯林去刺杀美国人，随时随地截取他们的钱财。我们也号召穆斯林乌理玛（即乌里玛——引者注）、领导者、青年人和士兵去发动进攻撒旦的美国士兵和恶魔的支持者们，把躲藏在穆斯林身后的美国人流放，这样他们也能有个教训"，"因为在我们的宗教中，执行真主的至高无上的旨意是我们应尽的义务，所以我们要把美国人从所有的穆斯林国家赶出去……我们的宗教不允许非穆斯林居住在我们的领土上。"①

"圣战檄文"提出反美"圣战"的三点理由："第一，在过去的 7 年中，美国已经在圣地和阿拉伯半岛占领了伊斯兰教的许多土地，他们掠夺土地，架空当地统治者，迫害当地人民，威胁临近地区，把自己在半岛的基地变成了深入对付临近穆斯林人民的前沿地带……"，"第二，美国人不顾给伊拉克人民造成的巨大苦难和逾 100 万人数目的死亡，再次以侵略军的身份重复着自己的暴行……"，"第三，如果美国发动战争的企图是为宗教和经济，那也是为帮助犹太人这个小国和分散人们对其占领耶路撒冷和谋杀穆斯林的注意力……"，"所有美国人犯下的这些暴行和罪恶都是公然对真主和他的穆斯林信徒们的挑战。纵观（'综观'——引者注）整个伊斯兰教历史的乌理玛已一致公认：如果敌人要破坏穆斯林国家，圣战是唯一的职责。武装斗争的目的是保卫正义和宗教，这也是公认的责任。"② 这三点对伊斯兰世界的那些有民族自尊心的人来说，无疑具有巨大的激励

---

① 王伟等编著：《隐身大亨本·拉登》，第 36、38、49 页。

② 同上书，第 37 页。

作用。

同年5月，本·拉登在接见全美广播公司的记者约翰·米勒采访时说，"我信奉真主，这包括推行圣战以传播真主的教义，同时把美国人从所有穆斯林的土地上赶出去"，"真主要求我们以这个宗教来清除不信者和净化穆斯林世界，特别是在阿拉伯半岛"，因此，"我们不会区分穿军装的人和一般公民，他们均是这场圣战的打击目标"。12月，全美广播公司驻巴基斯坦记者站采访本·拉登时，他并不否认他正在寻求生化武器和核武器。他说，"我寻求得到这些武器，是一种宗教责任。如何使用它们，由我们自己说了算"，"每一个穆斯林都应该向他们作战，用武力夺去（取）他们的任何一件东西，都成为穆斯林的战利品。"①

阿富汗训练营地里，流传着一盘录音带，有他的一段讲话。他说，"真主挑选你们去打击异教敌人——美国。美国一心要征服中东的穆斯林。我们必须战斗到流尽最后一滴血，阻止他们这样做。然后我们才能升天国"，"生活就是穆斯林同总想压迫穆斯林的犹太人和基督徒的斗争。"②

半岛阿拉伯语电视台在对他的采访中，他明确指出，"我们要求解放被敌人控制的土地。要求美国人把土地还给我们。我们这些人内心有一种感受，那就是，决不让外来之敌侵占（我们的领土）"，"我们打击的目标包括每一个美国人。他们都是我们的敌人，不管是直接打击我们的还是给政府交税的。"③

本·拉登的社会政治主张在伊斯兰世界的相当一部分人群中具有重要影响。他们中的一些激进主义分子认同并接受他的主张，极力追随本·拉登和"基地"组织。本·拉登的话，对他们来说，就是他们的政治纲领和行动准则，就是圣旨。正如本·拉登在接受采访时说的，"这些人放弃正常的生活，抛家舍业，告别父母，来到深山。他们放弃在大学深造的机会，在这里时刻面临着美国导弹、炸弹袭击的危险。有些人已经丧生。他们放弃安逸的生活来参加圣战。然而，崇尚金钱的美国以为这里的人同他

---

① 王伟等编著：《隐身大亨本·拉登》，第63、65、200、202页。
② 《今日美国报》1998年9月3日文章："阿富汗恐怖分子的训练营地"。
③ 英国《星期日电讯报》2001年10月7日报道。

们一样，可以被金钱收买。我敢保证，这根本不会使他们动摇信念。"①

　　根据本·拉登的上述种种说法，可以看出，他的社会政治主张也正是他的政治目标，而实现这一政治目标的基本手段就是要推行"圣战"。具体说来，他的政治目标分为三个组成部分。

　　首先，把美国人赶出沙特和海湾地区，把美国人赶出所有的穆斯林国家，把犹太人赶出圣地耶路撒冷。为此，他反对的敌人，不管他们是拿枪参加战斗的美国军人，还是向美国政府纳税的老百姓。这是他一再强调的。实际上，早在 1997 年 3 月底，即"伊斯兰反犹太人和十字军国际阵线"成立一年前，他在接受美国有线新闻网记者彼得·阿内特的采访时就说过，"我们向美国发起了圣战，因为美国政府是不公正、可耻和残暴的政府。不论它是直接或间接支持以色列……它都做了特别不公正、邪恶和可耻的事情，而且我们还认为美国应对巴勒斯坦和黎巴嫩、伊拉克死亡者负主要责任……"，"穆斯林正在向着解放穆斯林世界的目标而前进。这是真主的意愿，我们必将胜利"，这是因为"在我们的宗教中，执行真主的至高无上的旨意是我们应尽的义务，所以我们要把美国人从所有的穆斯林国家赶出去……我们的宗教不允许非穆斯林居住在我们领土上。"②

　　其次，本·拉登的又一目标是反对或推翻伊斯兰世界的"腐败政权"，建立一个"独立自主的阿拉伯和伊斯兰国家"。具体说来，他的政治目标就是"统一所有的穆斯林，建立按照伊斯兰戒律统治的政府"，"推翻几乎所有的在拉登眼中看来是'腐败无能'的穆斯林政府，驱逐这些国家的西方势力，最终废除国家的疆界"。他把沙特王室视为非伊斯兰的政权，因而推翻沙特政府，是他的政治目标之一。他在回答美国有线新闻网记者彼得·阿内特关于是否会"取代"沙特王室、"沙特阿拉伯会不会回复先知时代的古兰经法则"问题时，他提出沙特王室是"美国的附庸"；他认为，"沙特政府变成了美国的一个分支机构和代理。正因为效忠于美国，沙特政府与伊斯兰教世界对立起来。而且，根据伊斯兰教教法，该政权与

---

①　英国《星期日电讯报》2001 年 10 月 7 日报道。
②　王伟等编著：《隐身大亨本·拉登》，第 49 页。

宗教组织也脱离开来。随之而来的是，该政权不再按照神谕所赐和赞誉来统治人民，更不用提它的倒行逆施。当以上的基础动摇以后，这个国家出现了每个方面的腐败行为"，因此，"在真主的恩泽下，穆斯林将在阿拉伯半岛取得胜利，真主的宗教也当然要在整个半岛占优势。"① 他说，为建立一个"独立自主的阿拉伯和伊斯兰国家"，"唯一的办法是恢复阿拉伯与伊斯兰教的统一，这是哈里发帝国崩溃前的情况。那时，我们曾在一起生活了几个世纪，不是像现在这样生活在所谓的（阿拉伯）'国家'，它们的边界是由西方强制划分的。"② "基地"组织的第二号人物扎瓦希里在他撰写的书中说，"'基地'组织的目标是推翻像巴基斯坦、埃及和约旦这样的国家的政府，在'伊斯兰世界的中心建立穆斯林国家'。"③

最后，完成世界范围内的伊斯兰革命。在世界范围内，他还要干什么呢？他说，"我们的行为是美国对整个穆斯林世界而不是仅对阿拉伯半岛的侵略政策使然"，"我们并不会随着它在阿拉伯半岛的撤军制止对美国的圣战，这一切要看美国结束其对整个穆斯林世界的侵略政策而定"，他进而提出，"这个宗教的中心是圣战"，"圣战的影响不仅是针对伊斯兰教运动而且就整个世界范围内的穆斯林国家的。"④ 他所说的"穆斯林世界"、"穆斯林国家"包括哪些国家呢？穆斯林分布在当今世界的 117 个国家中。除了参加伊斯兰会议组织的 57 个伊斯兰国家外，他是否主张凡是在穆斯林居住的土地上都推行"圣战"，把美国人赶出去呢？联系到他在多次谈话中提出的"推行圣战以传播真主的教义"，"真主要求我们以这个宗教来清除不信者"，"真主缔造我们并以这个宗教赐福我们，他命令我们去执行圣战是为了把真主的神谕传递给那些不信的人。"⑤ 这无疑是说，从事并完成伊斯兰的世界革命，才是他的真正的最终目标。

这一切正是本·拉登和"基地"组织的基本政治主张和政治目标。

---

① 王伟等编著：《隐身大亨本·拉登》，第 20、47、48 页。
② 英国《独立报》2002 年 10 月 23 日文章："半岛电视台记者披露本·拉登的秘密"。
③ 美国《华盛顿邮报》2002 年 6 月 16 日文章："'基地'组织的目标是破坏世俗国家的稳定"。
④ 王伟等编著：《隐身大亨本·拉登》，第 50、51 页。
⑤ 同上书，第 61 页。

四　"基地"组织的基本成员

可以说，"基地"组织的基本成员是一批政治野心家、阴谋家以及形形色色的极端分子所组成的、罪恶的大杂烩。然而，受过"基地"组织训练的人，并非都是该组织的成员。它作为一个"由宗教战士和全球恐怖分子组成的，由自己管理的多国部队"，局外人几乎无法了解它的内情。[①] 从已经揭露出来的材料中，人们可以看到，它的秘密之处在于严格挑选它的成员。

就其成员而言，它首先是收容一批 80 年代参加阿富汗抗苏"圣战"时期的老兵（所谓的"阿富汗阿拉伯人"，人数 1000—2000 人，一说 5000 人，其中主要是沙特人），成为"基地"组织和支持塔利班的骨干。随之，"基地"组织还在伊斯兰世界，甚至在世界其他地区诱骗、招募、网罗成员或追随者，通过思想灌输和特殊的军事技能训练，使之成为一批效忠于本·拉登和"基地"组织的工具，心甘情愿地为实现本·拉登所鼓吹的"伊斯兰"事业、为完成其近期使命或远期目标的一支职业杀手或雇佣军。这批受过专门训练的人究竟有多少，外界知之不多。有 17000 人到 80000 人的不同说法。据德国联邦刑事厅负责人说，本·拉登的阵营最近几年"在阿富汗、巴基斯坦和其他国家训练了至少 7 万名伊斯兰恐怖分子"，这些人来自"50 个国家"，他们构成了严重的恐怖威胁。[②]

据巴基斯坦情报部门根据流动人口的资料估计，"十年来约有两万人——大多是阿拉伯人——经巴基斯坦进入阿富汗，希望加入某个圣战组织，其中约 5000 人最终通过了严格的测试和面谈，得以宣誓效忠于"本·拉登，因为"'基地'只让最优秀的人接近它在阿富汗的领导层。"[③]为此，他"要签署一份保证忠诚和保守秘密的誓约"，即"誓死跟随该组织领导人"，"甚至不惜牺牲生命的签名保证书。对背叛誓言的人的惩罚就

---

① 美国《华盛顿邮报》2001 年 12 月 23 日文章："在'基地'组织的秘密世界中"。
② 英国《金融时报》2001 年 11 月 15 日报道："本·拉登阵营'训练'了 7 万名恐怖分子"。
③ 同上。

是处死"，"从某种程度上来说，要成为一名'基地'组织成员与进入中央情报局，美国一所名牌大学或者黑手党组织一样难。"①

可见，经过"基地"组织训练的人，与它的基本成员仍然不是一回事。它究竟在阿富汗和世界各地有多少成员，目前有以下不同的说法。据英国《金融时报》称，本·拉登"在阿富汗至少有 55 个据点或办事处，手下有 1.3 万人，其中既有阿拉伯人、巴基斯坦人，也有车臣人和菲律宾人"，"还有大约 3500 名巴基斯坦原教旨主义者在阿富汗活动"，仅在喀布尔南部里什胡尔的基地里，就"有 7000 名战士，其中包括 150 名阿拉伯人和一些巴基斯坦原教旨主义者，还有巴基斯坦陆军的一个团。附近的一个训练营有来自利比亚、突尼斯和埃及的教官。"② 日本《世界日报》的报道称，自美国反恐战争以来，"从美国方面获悉，'基地'组织共有数千名成员潜伏在世界各地"，它同时又说，"'基地'组织共有 3000—4000 名成员，其中半数已在美军的空袭中丧生，'剩下的一半很有可能已逃到了国外'。"③ 美国《纽约时报》的文章称，"基地"网络"大约在阿富汗的十多个营地里活动，这些营地训练了多达 5000 名好战分子。这些好战分子转过来又在多达 60 个国家成立了秘密行动小组。"④ 反恐战争以来，美国及其盟国已经"在近 90 个国家逮捕了 2400 多名嫌疑犯。"⑤ 根据上述种种说法，"基地"组织除了已经在国外的成员外，自反恐战争以来又有1500—2000 名成员从阿富汗逃到国外。这显然不是一个小数目。

根据半岛电视台记者、叙利亚人扎伊尔的著作，在阿富汗有数千名"基地"组织的成员。其中有 62 个英国人，30 个美国人，8 个法国人，1660 个北非人，680 个沙特人，480 个也门人，430 个巴勒斯坦人，270 个埃及人，520 个苏丹人，80 个伊拉克人，33 个土耳其人及 180 个菲律宾人。⑥ 这是目前提供了"基地"组织成员数字最为具体的资料，它的可信

---

① 《今日美国报》2002 年 9 月 19 日文章："'基地'组织有一个核心挑选机构"。

② 英国《金融时报》2001 年 9 月 7 日报道。

③ 日本《世界日报》2001 年 12 月 21 日报道："'基地'组织重新开展活动"。

④ 美国《纽约时报》2002 年 6 月 16 日文章："'基地'组织的新联系增加了来自全球各地的威胁"。

⑤ 美国《洛杉矶时报》2002 年 6 月 16 日报道："'基地'组织在巴基斯坦站稳脚跟"。

⑥ 英国《独立报》2002 年 10 月 23 日文章："半岛电视台记者披露本·拉登的秘密"。

程度，应由其他资料予以验证，至于其中一些国家的成员在整个"基地"组织成员中占据更大的比例，也居于更为重要的地位，却是无可怀疑的。问题是，这里没有提到究竟有多少巴基斯坦人属于"基地"组织的成员。

"9·11"恐怖袭击事件后，美国公布了约 30 名恐怖主义分子的黑名单，作为在世界范围内通缉的对象。

其中，知名的有埃及外科医生扎瓦希里。他于 1951 年出生，他的父亲是一所大学的药理学教授。他于 1974 年毕业于开罗大学医学系，4 年后获得外科硕士学位。早年，扎瓦西里参加了埃及穆斯林兄弟会，"自 70 年代起，他的名字就出现在几乎每一起涉及穆斯林极端分子的案件中"，1981 年因参与刺杀萨达特被捕，1984 年释放后开办了一家诊所。1985 年，他离开诊所，来到阿富汗专门为"圣战者"治伤。在此期间，他认识了本·拉登。1993 年，他在巴基斯坦因涉嫌参与爆破案件被驱逐后逃到苏丹；1996 年苏丹下逐客令而与本·拉登一起流亡阿富汗。1999 年以来，一直是埃及政府的通缉犯，当局认为他是 1995 年埃及驻巴基斯坦大使馆爆炸案和其他一些爆炸活动的主犯，被埃及一家法庭以从事与"圣战"有关的活动而缺席判处死刑。他同样因涉嫌美国驻肯尼亚和坦桑尼亚大使馆的爆炸案，受到美国法院的指控。他的宗教极端主义思想对本·拉登有重要影响，把后者从一名"阿富汗圣战的支持者改造成圣战思想的信仰者和输出者"，被认为是本·拉登的主要助手和"智囊"，"基地"组织的第二把手。①

埃及人阿提夫（他的化名为阿布·哈夫萨·马斯里），可能于 1944 年生于开罗以北 80 公里的米努夫。他在埃及时的职业一说是警察，一说在埃及军队中服过两年兵役，曾参加过 1981 年刺杀埃及总统萨达特的伊斯兰圣战组织。1983 年受到阿富汗抗苏战争的召唤，来到白沙瓦，成为阿拉伯"圣战者"的一员。他自称是本·拉登的"安全首脑"，一直在他的左右；从白沙瓦到阿富汗。90 年代初，他被本·拉登派遣到索马里训练当地的反美游击队，以抵抗参加联合国行动的美国军队。以后，接替并负责

① 美国《纽约时报》2001 年 9 月 24 日文章："埃及医生据信是本·拉登阵营的第二号人物"；英国《星期日泰晤士报》2001 年 9 月 30 日文章："本·拉登影子内阁内幕"。

本·拉登驻非洲的首席代表。1996 年，他与本·拉登从苏丹一起流亡阿富汗。1999 年，他因参与策划颠覆活动、参加伊斯兰圣战组织并训练其成员使用炸药而被埃及缺席定罪（7 年监禁）。在阿富汗，他把女儿嫁给了本·拉登的儿子，被认为是本·拉登接班人、"基地"组织的最高军事指挥官，负责训练"基地"组织的恐怖分子。据说，他编写了一本有 180 页的训练手册（《反暴君圣战军事研究》）。2001 年，他在美国反恐战争的轰炸中被炸死。①

　　在阿提夫在轰炸中被炸死后，开始执掌他的军事指挥权的是"基地"组织的对外行动计划部长阿布·祖贝达。他的真名是扎因·穆罕默德·侯赛因，30 岁，巴勒斯坦人，出生在沙特利雅得的一个富裕家庭。在"基地"组织中，他的地位仅次于本·拉登、扎瓦希里和阿提夫。他是"基地"组织所有重大恐怖活动的首席幕后策划者，他还掌握"基地"组织全部海外活动小组的名单。"基地"组织的绝大多数成员都是他一手训练出来的。他不仅有 40 个假姓名，而且还有同样数量的与那些假姓名配套的伪造护照。② 据认为，他与"基地"组织的其他成员至少策划了 5 起阴谋活动，其中包括 1998 年美国驻东非的两座大使馆（肯尼亚和坦桑尼亚）的爆炸事件、2000 年亚丁港美国"科尔"号驱逐舰爆炸事件和"9·11"恐怖袭击事件。他在 20 多岁时就结识了本·拉登，经常被委以重任。"他没有走过导致其他巴勒斯坦人走向恐怖主义的典型的民族主义道路。他的主要目的不是巴勒斯坦国，而是伊斯兰极端主义。"③

　　目前，被抓获的"基地"组织领导成员有哈立德·谢赫。他是出生在科威特的巴基斯坦人。生于 1964 年或 1965 年。就学于美国北卡罗莱纳州农业技术大学，1986 年获工程学位。后在巴基斯坦的白沙瓦落脚。在此期间，结识了扎瓦希里，并成为"基地"组织成员。1992 年，他在卡拉奇专门为"基地"组织筹款和招募成员。在招募的成员中，就有他的侄子优素福（1993 年参与了纽约世界贸易中心地下车库爆炸案）。他有 60 多个

---

　　① 英国《星期日泰晤士报》2001 年 9 月 30 日文章："本·拉登影子内阁内幕"；美联社开罗 2001 年 11 月 16 日电。

　　② 《北京青年报》2002 年 1 月 17 日。

　　③ 俄罗斯《消息报》2002 年 2 月 20 日文章："本·拉登有了继承人"。

化名，多国护照，操纵南亚和中东地区的恐怖网络。由于他在"基地"组织中处于核心地位，策划过各种恐怖活动中的作用，是"9·11"恐怖袭击事件的幕后主谋，还与"9·11"劫机犯穆罕默德·阿塔在德国汉堡期间的经济来源有关，被美国视为"最危险的人之一"，在美国中央情报局的"黑名单"上，仅次于本·拉登和扎瓦希里，并悬赏以 2500 万美元通缉他。2003 年 3 月 1 日，他于巴基斯坦的拉瓦尔品第市的一所住宅里被捕。①

在被逮捕的"基地"组织高级成员中，还有也门人拉姆齐（29 岁）。据巴基斯坦警方掌握的资料称，他至少有两个化名：拉姆齐·本·阿尔谢巴赫和拉姆齐·穆罕默德·阿卜杜拉·奥马尔。他在巴基斯坦卡拉奇的公寓里被捕的一周前，曾经对半岛电视台发表讲话。美国情报人员正是通过他在公寓里打出的卫星电话，把他逮捕的。拉姆齐是"基地"组织在德国的分支机构的负责人，与"9·11"恐怖袭击事件第一名劫机者阿塔住在汉堡的同一个公寓，在阿塔赴美学习飞行驾驶后，他曾向阿塔汇款。他于2000 年的半年（5—10 月）中，4 次申请赴美签证均被拒绝。否则的话，他很可能成为"9·11"恐怖袭击事件的第 20 名劫机者。他在向半岛电视台的讲话中，自称负责"9·11"恐怖袭击事件的后勤和协调工作。②

此外，被逮捕的"基地"组织高级成员还有本·拉登的财务顾问艾哈买德·萨里姆，艾哈迈德·奥马尔·阿卜杜拉·拉赫曼（谢赫·奥马尔·阿卜杜拉·拉赫曼的儿子）。

在美国反恐战争的轰炸中被炸死的"基地"组织的重要成员，除了阿提夫外，还有安瓦尔和法赫米。他们也是埃及伊斯兰圣战组织成员，负责它的"特别行动委员会"，专门策划实施自杀性事件。在美国公布的恐怖主义分子黑名单上有名。

"基地"组织的重要成员中，应该提名的还有埃及伊斯兰圣战组织的首领伊斯兰布利，因参与策划刺杀埃及总统萨达特（他的兄弟因刺杀埃及

---

① 《北京青年报》2003 年 3 月 3 日，3 月 4 日。

② 西班牙《世界报》2002 年 9 月 15 日文章："恐怖分子因说得过多而落网"；《环球时报》，2002 年 9 月 16 日文章："'拉登第二'被活捉"。

总统萨达特而被判极刑）而逃亡到国外，以后投奔到本·拉登门下。

　　仅从以上所列资料就可看出，"基地"组织网罗的是一批伊斯兰极端主义分子，他们在本·拉登关于"圣战"的政治主张的激励下，或是他们本身就具有极端主义思想，从而成为从事恐怖主义活动的罪犯。反恐战争以来，大批"基地"组织和塔利班的成员被歼灭，有的则逃出阿富汗而转移到其他国家。被俘虏并被关押在关塔那摩基地的"基地"组织和塔利班的成员，除了已释放84名成员外，还被关押的分别属于42个国家的660余人。① 这显然是个不小的数字。

五　"基地"组织成立以来的罪恶活动

　　在"基地"组织于1998年正式成立以前，由本·拉登直接组织、策划、指挥的恐怖主义活动，或是与本·拉登有关的恐怖主义活动，除了那些已经被揭露而未能得逞的阴谋活动（如1995年6月暗杀埃及总统穆巴拉克，未遂）外，可以说，无论是阿拉伯世界不断发生的暴力恐怖活动、菲律宾阿布·沙耶夫集团绑架、勒索或杀害人质的活动，还是世界其他地区发生的恐怖主义活动，大多与"基地"组织有关。

　　在1998年以前，据不完全统计，这类活动主要有：1992年12月制造美国在索马里的维和部队爆炸案、1993年2月纽约世界贸易中心地下车库爆炸案、1995年11月美国在沙特首都利雅得的国民警卫队大楼爆炸案、1996年6月美国在沙特宰赫兰空军住地爆炸案。

　　本·拉登为实现他的伊斯兰世界革命、建立伊斯兰政权的设想，他派出"圣战者"插手各地的战争和武装冲突，到处都有他们的身影和足迹。他趁1991年索马里内战之机，派出"圣战者"参与战斗。1993年10月，"圣战者"用火箭击落美国派出维和部队的3架直升机、维和部队遭到伏击，美军伤亡惨重；1992—1996年间，他派出"圣战者"支持波黑穆斯林与塞尔维亚族的战争；1994—1996年第一次车臣战争期间，他同样派出"圣战者"支持车臣穆斯林与俄罗斯军队作战；此外，他还派出"圣战

---

　　① 《北京晨报》2003年11月26日。

者"参加 20 世纪 90 年代南斯拉夫科索沃的阿尔巴尼亚族"解放军"反对
塞尔维亚人的武装冲突、塔吉克斯坦的内战、克什米尔的武装冲突以及阿
尔及利亚的武装冲突；他被指控为阿尔及利亚的伊斯兰武装组织、伊斯兰
圣战组织、黎巴嫩真主党的训练营地提供资金。

　　"基地"组织于 1998 年正式成立以来，从事的恐怖主义活动主要有：
1998 年 11 月美国驻东非内罗毕（肯尼亚）和达累斯萨拉姆（坦桑尼亚）
的两座大使馆爆炸案；1999 年，为俄罗斯达吉斯坦的伊斯兰叛乱分子提供
资金，并派出"圣战者"参加第二次车臣战争；2000 年 10 月也门亚丁港
美国"科尔"号军舰爆炸案，以及 2001 年 9 月其成员利用劫持飞机袭击
纽约世贸中心和华盛顿五角大楼，即震惊世界的"9·11"恐怖袭击事件。
同年 10 月反恐战争爆发以来，"基地"组织和庇护它的塔利班政权虽已被
击败或溃散，但"基地"组织的成员并未被完全消灭而流窜在各地活动，
特别是它分散在一些国家的细胞组织，并未受到真正的打击，这就使它们
有可能继续从事暴力恐怖活动。自"9·11"以来到 2004 年 10 月的短短 3
年间，由不同名目的极端组织以爆破或其他手段，在同日（或几乎同时）
造成百人以上伤亡的（这里，不含百人以下伤亡的恐怖事件），据不完全
统计，大致有以下血腥事件：

　　《北京晨报》2002 年 5 月 10 日报道：2002 年 5 月 9 日俄罗斯高加索
地区的达吉斯坦共和国卡斯皮斯克市举行纪念"二战"胜利游行活动时，
发生爆炸，造成 20 人死亡，100 多人受伤。

　　《光明日报》2002 年 10 月 14 日以"印尼巴厘岛连续发生爆炸事件"
为题报道：10 月 12 日晚印尼巴厘岛连续发生爆炸事件，造成 187 人死亡，
300 多人受伤。

　　10 月 17、18 日菲律宾的三宝颜和马尼拉接连两天发生多起恐怖爆炸
事件，有 10 人死亡，200 多人受伤。

　　《世界知识》2002 年 11 月 16 日（第 22 期）载：2002 年 10 月 23 日，
车臣匪首巴拉耶夫带领数十名车臣恐怖分子突然闯进莫斯科轴承厂剧院，
扣押了 800 多人作为人质，在与车臣恐怖分子紧张对峙了 58 小时后，俄
特种部队"阿尔法"于 26 日上午 6 时发动突然攻击，击毙了全部 50 名恐
怖分子。被劫持的 750 名平民人质被释放，但在战斗中有 119 名人质

丧生。

《北京晨报》2002 年 12 月 29 日以 "车匪袭击选择了上班时间" 为题报道：12 月 27 日俄罗斯的车臣，两辆载有爆炸物的汽车冲进政府大楼，随即发生猛烈爆炸，至少有 55 人死亡，154 人受伤。

《环球时报》2003 年 5 月 14 日吕岩松以 "俄恐怖卡车炸了政府大楼" 为题报道：5 月 12 日俄罗斯车臣的纳德捷列奇内依区政府大楼，遭到一辆 "卡马兹" 牌大卡车袭击并发生爆炸，到记者发稿时，已有 52 人死亡，300 多人受伤。

《环球时报》2003 年 5 月 16 日岳松林以 "车臣再发生恐怖爆炸" 为题报道：5 月 14 日俄罗斯车臣的沙斯罕—尤尔特村举行宗教活动时发生爆炸事件，来自车臣、达吉斯坦和印古什的约 1.5 万穆斯林集体礼拜时，一名女匪徒引爆了身上捆绑的炸药，造成 30 人死亡，150 人受伤。

《环球时报》2003 年 5 月 19 日任毓骏以 "卡萨布兰卡炸得惨" 为题报道：5 月 16 日摩洛哥最大城市卡萨布兰卡发生 5 起爆炸事件，造成 41 人死亡，100 多人受伤。

《北京青年报》2003 年 8 月 3 日以 "卡车炸弹冲向俄军医院" 为题报道：8 月 1 日俄罗斯北奥塞梯共和国（与车臣接壤）的莫兹多克市，一辆 "卡马兹" 牌大卡车冲进一家军队医院，遭到自杀性爆炸袭击，造成至少 41 人死亡，78 人受伤。

《北京晨报》2003 年 8 月 6 日以 "印尼五星酒店遭遇炸弹袭击" 为题报道：8 月 5 日印尼首都雅加达的五星级万豪大酒店外，发生汽车爆炸事件，到当日傍晚已有 14 人死亡，149 人受伤；7 日又以 "伊斯兰团制造雅加达血案" 为题报道：截至 6 日中午已死亡 15 人，153 人受伤。

《北京晨报》2003 年 8 月 26 日以 "印度孟买遭遇连环爆炸" 为题报道：8 月 25 日印度孟买遭到连环爆炸，至少 45 人死亡，150 人受伤。

《北京晨报》2003 年 8 月 31 日以 "伊清真寺爆炸 125 人死亡" 为题报道：8 月 29 日伊拉克南部的伊斯兰教圣地纳杰夫，在阿里伊玛目清真寺外发生汽车炸弹爆炸事件，造成至少 125 人死亡，142 人受伤。死者中包括伊拉克十叶派宗教领袖、伊拉克伊斯兰革命最高委员会主席哈基姆。

《北京晨报》2003 年 11 月 10 日以 "恐怖连环弹夜袭利雅得" 为题报

道：11 月 8 日沙特首都利雅得外国人聚居的高档住宅区发生汽车自杀性袭击事件，造成至少 11 人死亡，122 人受伤。据外交人士估计，死亡人数最终可能升至 20—30 人。

《北京晨报》2003 年 11 月 21 日以"伊斯坦布尔再次哭泣"为题报道：11 月 15 日在土耳其的伊斯坦布尔，发生两起针对犹太人的爆炸事件。两处犹太教堂分别遭到恐怖袭击，有 24 人死亡，300 多人受伤。

《环球时报》2003 年 11 月 24 日李湛军、李智育、任毓骏以"土耳其大爆炸预示什么"为题报道：11 月 20 日，伊斯坦布尔当地的汇丰银行和英国领事馆遭连续爆炸，至少 25 人死亡，400 多人受伤。

《北京晨报》2003 年 12 月 6 日以"俄一客运火车发生大爆炸"为题报道：12 月 5 日晨，俄罗斯一列电气客运火车在车臣附近发生爆炸，造成至少 36 人死亡，155 人受伤。

《环球时报》2004 年 2 月 9 日吕岩松以"莫斯科爆炸又发生在周五"为题报道：2 月 6 日俄罗斯莫斯科发生地铁爆炸案，39 人死亡，140 人受伤。

《环球时报》2004 年 3 月 3 日李剑以"伊拉克发生血腥大爆炸"为题报道：3 月 2 日伊拉克的十叶派圣地卡尔巴拉发生至少 9 次爆炸，据在场的人称当场炸死的至少有 85 人，有 300 多人受伤；与此同时，在巴格达的一座十叶派清真寺也发生剧烈爆炸，造成至少 56 人死亡，约 200 人受伤。

《北京晨报》2004 年 3 月 12 日以"西班牙连环爆炸"为题报道：3 月 11 日西班牙首都马德里 3 处火车站发生 4 次连续爆炸，造成 199 人死亡，1400 多人受伤。14 日又以"马德里在哭泣 马德里在怒吼"为题继续报道爆炸后的悲惨情景。

《北京晨报》2004 年 4 月 23 日以"沙特爆炸案又是基地干的?"为题报道：4 月 21 日沙特利雅得警察局遭汽车炸弹袭击，9 人死亡，148 人受伤。

《北京晨报》2004 年 4 月 22 日以"巴士拉五次爆炸伤亡逾三百"为题报道：4 月 21 日伊拉克巴士拉的 3 所警察局和 1 所警察学校遭 5 次连续爆炸袭击，有 69 人死亡，230 多人受伤。

美联社卡拉奇 2004 年 5 月 7 日电："巴基斯坦一清真寺爆炸"。报道称：5 月 7 日下午巴基斯坦卡拉奇的十叶派的一座清真寺，在穆斯林祈祷时发生爆炸，造成 14 人死亡，至少有 90 人受伤。

《北京晨报》2004 年 9 月 4—10 日有关北奥塞梯别斯兰第一中学劫持人质事件进行了连续报道。报道称：9 月 1 日车臣绑匪于俄罗斯北奥塞梯别斯兰第一中学劫持人质，到 4 日发生爆炸后，在解救过程中，遭到绑匪屠杀，造成 331 名师生死亡，700 余人受伤。

《北京晨报》2004 年 9 月 10 日以"雅加达遭遇汽车炸弹袭击"为题报道：9 月 9 日澳大利亚驻印尼首都雅加达大使馆附近，发生汽车炸弹袭击事件，造成至少 9 人死亡，168 人受伤。

《北京晨报》2004 年 10 月 11 日以"女‘人弹’参与塔巴爆炸案"为题报道：10 月 7 日埃及旅游胜地西奈半岛塔巴希尔顿酒店和两处旅游度假村遭汽车炸弹袭击，造成至少 34 人死亡，100 多人受伤（一说 35 人死亡，125 人受伤）。

上述恐怖袭击事件或是直接与"基地"组织有关，或是为挑动民族、宗教仇恨而或多或少地与"基地"组织有牵连。摩洛哥"萨拉菲运动"的领袖阿布说的一句话，是对这一系列恐怖活动的最明确的注释。他说："‘圣战全球化’的时刻已经来临。"[①]仅从上述发生的 20 多例恐怖袭击事件来看，它已经涉及俄罗斯、印尼、菲律宾、摩洛哥、印度、伊拉克、沙特、土耳其、西班牙、巴基斯坦、埃及等 10 多个国家。具体分析这些恐怖袭击事件的攻击目标，除了在俄罗斯发生的 8 次事件与车臣民族分裂势力有关外，主要是与反美反以或是与反对美国的盟友有关，个别事件涉及民族宗教冲突。

从恐怖势力的具体实施者来说，他们可能有这样那样的原因或理由。例如，被认为"黑寡妇"的"人体炸弹"，大多是残酷斗争环境下的特殊产物。一般地说，她们的夫君作为宗教极端势力的成员在战斗中阵亡或自我牺牲。此后，她们被宗教极端组织"招募"或"劫持"并经过洗脑和训练，投入自杀式袭击的恐怖活动，成为宗教极端势力（有的则是极端民

---

① 《环球时报》2003 年 5 月 19 日任毓骏报道："卡萨布兰卡炸得惨"。

族势力）的牺牲品。这些"寡妇"为何冠以"黑"，完全是因为她们"平常蒙着黑色头巾、身着黑色长袍、心怀黑色仇恨、发动袭击造成黑色死亡，她们被媒体称为'黑寡妇'。"① 可是，无论从哪次恐怖袭击事件所造成的危害和后果来说，它的最大的受害者是无辜的民众。可以说，事件的制造者无疑是一批令人憎恶的、嗜血成性的亡命徒；但他们本身也是极端势力的受害者，是自愿不自愿地成为杀人工具的。

就从事分裂主义活动的极端势力来说，它为从所在国达到分离的目的，除了日常的挑拨民族关系、离间民族感情外，更重要的则是激化不同民族（或种族）之间的对立，以至于造成民族冲突和战争。它同样会采取恐怖手段制造事件，造成公众的生命财产受到威胁，而且会直接影响到该国（或该地区）的安全稳定。在某些国家（或地区），恐怖势力与民族分裂势力实际上完全是"基地"组织策划的罪恶活动的组成部分。

"基地"组织除了从事上述活动外，它的罪恶活动还包括以下几个方面：

首先，为保证"基地"组织的正常运转而从事的经济活动。据沙特官员估计，本·拉登至少有70或80家机构或挂名公司为他的恐怖主义网络服务。它的触角所伸展之处，不仅遍及伊斯兰世界各个地区，而且潜入西方世界。据美联社的说法，为"基地"组织或其他恐怖主义团体服务的，有数百个基层组织，遍布全球30多个国家；《纽约时报》说，它的恐怖主义组织"加埃达"可能在五六十个国家开展活动。隶属于该网络的组织究竟有多少，这类组织究竟在多少国家活动，外人无法了解。美国官员称："'基地'组织在全球至少50个国家建有基层组织，但是其成员的下属组织分布最集中的地区主要是逊尼派穆斯林国家和地区。这些国家和地区包括阿富汗、沙特阿拉伯、埃及、也门、巴基斯坦、车臣（俄罗斯）、阿尔及利亚、马来西亚、印度尼西亚、乌兹别克斯坦、索马里和苏丹。其他一些被确认建有'基地'下属基层组织的国家包括美国、新加坡、泰国、菲律宾、约旦、印度、加拿大、法国、德国、英国、荷兰、肯尼亚、埃塞俄比亚、坦桑尼亚和阿拉伯联合酋长国。"它的各类公司为恐怖主义活动提

---

① 《北京晨报》2004 年 4 月 9 日报道："俄罗斯清除车臣'黑寡妇'"。

供资金、筹款、洗钱。

其次，为从事暴力恐怖活动而进行的必要的军事技能训练活动。它有从事训练"圣战者"的大量营地。作为国际恐怖主义网络的首脑机关，"基地"组织得到塔利班政权的庇护，并以阿富汗为大本营策划并从事其恐怖活动。除了它的大本营和指挥中心外，训练恐怖主义分子的营地，既有阿富汗抗苏战争时期建立的，也有以后陆续建立的。根据现有资料，仅在阿富汗就有55处训练营地。1998年8月，美国用导弹袭击的6座营地中，有一座是本·拉登的最大的营地，"它实质上是为全世界大量恐怖组织输送人员的恐怖主义大学"。此外，在苏丹，有17个恐怖分子训练营；在阿尔巴尼亚，有本·拉登于1994年设立一个活动基地。在其他国家（如也门、索马里）也有隶属于它的类似的营地。它的成员除了来自伊斯兰世界各国外，还来自那些非伊斯兰世界（如俄罗斯的车臣、美国、英国、法国）的穆斯林。在训练营地，本·拉登的话具有神圣性，他被奉为"真主的信徒"、"伊斯兰战士"，也被尊称为"狮子"；在营地里，这类称谓无疑具有至上性和神圣性。由训练营地培养出来的"圣战者"，有的返回自己的国家，与当地的宗教极端主义分子建立起形形色色的极端的或恐怖的组织，继续与"基地"组织保持联系、并从"基地"组织获得经济资助。

再次，从事跨国界的暴力恐怖活动。由于"基地"组织是由不同国籍成员构成的大杂烩，决定了他们的活动领域完全是跨国界的。特别是他们可以利用西方国家所谓的民主、自由，现代的科学技术、信息网络、通信设备、交通工具、金融机构，出版报纸、杂志，募集资金、人员，采购武器、设备，搜集情报、资料。这些便利条件是在伊斯兰世界各国无法做到的。"9·11"恐怖袭击事件表明，它的基本做法是"从美国社会内部搞垮美国"，让其人员陆续渗入美国社会以取得合法身份，当他们一旦在美国社会立足后，就可以为境外恐怖组织筹集、转移资金，搜集情报，组织和策划恐怖活动。

最后，为从事更为严重的暴力恐怖活动而进行的生物化学武器的研究活动。从已经揭露出来的资料看，"基地"组织已在阿富汗从事这方面的研究活动。只是由于"基地"组织在阿富汗被击溃和塔利班政权崩溃，它的这类恐怖活动才得以被遏制。2003 年元月 5 日，英国警方在伦敦突击搜查伍德格林公寓时，发现了剧毒物质"蓖麻毒素"和机器设备；该毒素的"杀伤力是眼镜蛇毒的两倍，氰化钾的 6000 倍"。警察逮捕了 6 名嫌疑犯。在对"蓖麻毒素"案件调查中，警方突袭伦敦城北的一座小清真寺时，"发现了一枝眩晕枪、一罐催泪毒气和一枝仿真枪"①。这表明"基地"组织成员是企图使用生物化学武器从事它的恐怖活动的。

六 "基地"组织得以形成、发展的基本原因

"基地"组织形成、发展以至于得以活跃的基本原因，大致说来如下：

第一，伊斯兰复兴运动为"基地"组织的建立和发展奠定了深厚的思想基础。20 世纪 60 年代末 70 年代初，伊斯兰复兴运动关于反对一切非伊斯兰的和反伊斯兰的主张要求，关于"不要东方，也不要西方，只要伊斯兰"的思想主张，吸引着大批年轻人。应该看到，伊斯兰世界反苏与反美的思想是根深蒂固的、同时存在的。所谓的既反东方，又反西方，指的正是苏联和美国；在他们眼里，苏联和美国是一丘之貉，都是恶魔或撒旦。以美国为代表的西方生活方式、意识形态和价值观念等等，显然是非伊斯兰的，它的很多作为，显然是反伊斯兰的。反美不过是它的极端主张的具体贯彻和实施。不管参加阿富汗抗苏战争的"圣战者"是否接受了美国中央情报局的训练，拿了中央情报局提供的武器、装备和金钱，他们在骨子里仍然是反美的。在抗苏战争中，"圣战"思想的广泛传播，已经并继续吸引、迷惑一部分年轻人，乐意为之奋斗、为之献身。同时，它得到伊斯兰世界的宗教极端组织的支持而具有人们难以想象的鼓动、激励因素。恰恰是数十年的伊斯兰复兴，成为"基地"组织及其成员从事反美的温床，为他们从事反美的暴力恐怖活动奠定了思想基础。尽管抗苏战争早已结束，可是，参加过阿富汗战争的老兵的"圣战"热情仍未减退，他们从反苏到反美的转化，并不费什么力气。在这批"圣战者"看来，苏联已经被他们打败了；打败美国，就成为他们下一个不言而喻的目标。"据统计，

---

① 美国《世界网络日报网》2003 年 1 月 7 日报道，美联社伦敦 2003 年 1 月 20 日电。

1993 年发生针对美国的恐怖事件 88 起，而 1999 年则达到全球总数的一半以上。在整个 90 年代，将近 40% 的国际恐怖活动是针对美国和美国人的。"① 这一切恐怖活动不过是 "9·11" 事件的预演和序幕。实际上，伊斯兰国家的宗教极端主义分子历来把准备一场世界范围的 "伊斯兰革命"，视为他们的历史使命。显然，本·拉登提出的反美、反以的政治主张，是通过 "基地" 组织及其国际恐怖主义网络来贯彻、实施的。与上述主张相适应，它还要推翻沙特、埃及等国家 "腐败无能" 的、亲西方的政府。只是当前打击的对象主要是美国和以色列。

第二，民族仇恨和宗教情感对 "基地" 组织的形成、发展起着重要作用。"二战" 结束以来，中东地区一直是国际政治的热点，阿以争端则是热点中的焦点。阿以争端长期以来得不到认真、公正的解决，美国在阿以问题上一贯偏袒以色列的做法，美国对阿以冲突中发生的恐怖主义事件所采取的双重标准，巴勒斯坦国家迄今未能建立，大批巴勒斯坦难民的悲惨境遇，加上伊斯兰世界视为第三圣地的耶路撒冷没有归还给穆斯林，此外，人们仍可看到美英对伊拉克的制裁、禁运和不断进行的轰炸给伊拉克人民带来的灾难，联系到美国的军事力量在海湾地区的存在，美国在沙特有驻军，阿拉伯世界面临的这一切不幸的政治境遇，既刺痛了战后成长起来的很大一部分穆斯林的不满和怨恨，也唤醒了他们的民族意识和宗教意识，激发了他们的民族情感和宗教情感。对他们来说，这种政治境遇是无法容忍的，也是无法接受的，进而导致他们的民族仇恨和宗教情感迅猛发展，成为他们仇恨美国和以色列的根本原因。

基于宗教和民族的原因，反美反以，已深深地潜伏在整个伊斯兰世界特别是一部分阿拉伯人的民族意识和民族情感之中。那些宗教极端主义分子极力宣扬以 "圣战" 对付非伊斯兰和反伊斯兰的一切的主张，很容易诱惑和激励他们从事反美反以活动。受到 "圣战" 思想影响的年轻一代穆斯林也很容易为此而乐意献身。"据德国联邦刑事厅负责人说，最近几年本·拉登的阵营在阿富汗、巴基斯坦和其他国家训练了至少 7 万名伊斯兰恐怖分子"，本·拉登之所以有可能把本来没有任何联系的、各国的极端

---

① 《光明日报》2001 年 6 月 29 日。

主义的或恐怖主义的组织拉拢在一起，使之认同"基地"组织的政治目标，使之成为国际恐怖主义网络的成员，其认同的思想基础不是别的，正是他们的民族、宗教的意识和情感。"9·11"恐怖袭击事件后，在美机猛烈轰炸阿富汗的时候，"基地"组织发言人盖斯仍发出威胁，他说，"飞机风暴"还没有结束，只有美国和英国停止对巴勒斯坦领土上的犹太复国主义分子的支持，解除对伊拉克的封锁和撤出阿拉伯半岛，"风暴才会停止"。特别值得注意的是，本·拉登的思想和言谈中，把从事暴力恐怖活动、寻求生化武器和核武器，都与宗教联系起来，提出"每一个穆斯林都应该向他们作战，用武力夺去（取）他们的任何一件东西，都成为穆斯林的战利品"，"拥有武器捍卫穆斯林是宗教职责……而如果我尝试去获得这些武器，那我是在履行这项职责"。这表明，他把巴勒斯坦问题、伊拉克问题、美国军队在沙特驻扎问题同"9·11"恐怖主义袭击事件联系起来，显然是对美国中东政策的敌视和不满的反映。

第三，伊斯兰世界各国的固有矛盾得不到认真、妥善解决，是"基地"组织形成、发展的又一重要原因。伊斯兰世界各国都存在着一些社会基本问题和基本矛盾，尤其是贫困和不公正问题，是这些国家民众要求解决，而各国当政者长期以来无法解决或是没有认真、有效地予以解决的。这些深层次的社会问题之所以不能立即解决，可能有种种原因。可是，在宗教极端主义分子看来，这完全是与各国当政者的巧取豪夺、腐败无能有关；而腐败政权之所以能够长期存在，完全是得到美国支持和援助的结果。把这一切民族仇恨和宗教仇恨集中在美国也就成为顺理成章的事。无论是在"基地"组织中担任重要职务的埃及人（如扎瓦希里、阿提夫），还是担任重要职务的巴勒斯坦人（如阿布·祖贝达、哈立德·谢赫等），他们或是厌恶和反对当局的集权统治、亲西方的政策和社会不公正现象，或是对阿以冲突中的种种争端（归还领土、难民返回家园、巴勒斯坦建国、归还耶路撒冷、撤出犹太定居点等）得不到认真解决，把伊斯兰世界存在的所有问题的最终的罪魁祸首归咎于美国、归咎于美国对以色列的政治、经济援助和支持，归结为美国中东政策的产物。为解决这些社会矛盾，反美的"圣战"就成为"基地"组织成员的宗教职责和战斗使命。他们在难以与美国强大的势力直接抗衡时，采取暴力恐怖的方式，则成为首选的战斗手段，而国际性的恐怖主义网络的建立，则为反美斗争提供了组织保证。

20 世纪 90 年代以来，本·拉登不断鼓吹反美反以的"圣战"，不断吸引伊斯兰世界的那些盲信盲从者、政治不满者、社会失意者、生活无着者、失学失业者、各国通缉的极端主义分子和恐怖主义分子以及流民和无赖。他们为寻求出路，很自然地向往本·拉登的"基地"，奔赴训练营地，投入本·拉登的怀抱，接受种种战斗技能的训练，从而不断充实了"基地"组织，不断补充国际恐怖主义网络的队伍。在他的"基地"组织中，还有一批出身中产阶级和上层社会、生活条件优越、受过高等教育、有着良好职业、具有丰厚收入者，他们基于对伊斯兰教所宣扬的公正、平等、正义的理想社会的向往，抱着深厚的宗教情感和维护民族尊严，对现实社会的不满和抗议，而投入本·拉登的门下。对"基地"组织而言，从那些已经移民西方国家，并融入西方社会的年轻人，则是它招募的重要对象。当这些青年人抱着这样的动机加入"基地"组织后，他们的思想和行为无论自愿还是不自愿、自觉还是不自觉，接受"圣战"思想，接受它所宣扬的，"穆斯林正在向着解放穆斯林世界的目标而前进。这是真主的意愿，我们必将胜利"，进而心甘情愿地为"圣战"献身，这就是当今世界国际恐怖主义网络形成之后、获得发展以及暴力恐怖活动极其活跃的原因所在。

第四，阿富汗塔利班政权为"基地"组织的活动提供了庇护和物质保证。塔利班政权所推行的伊斯兰化政策日益显现出它的极端主义性质；它在收留、庇护本·拉登方面，是起着决定性作用的，否则的话，他将成为丧家之犬，无处藏身。它允许"基地"组织在阿富汗活动并为之提供基础供应，本·拉登才能够以阿富汗为基地，从事其罪恶活动，这同样是极其重要的。1998 年本·拉登因涉嫌策划美国驻东非两座大使馆的爆炸案，美国要求塔利班政权交出本·拉登，塔利班政权予以拒绝，正说明塔利班政权对他的庇护是无以复加的。本·拉登以阿富汗为基地，得以从不同国家（或地区）招募、网罗、收容宗教极端分子、暴力恐怖分子、通缉分子，训练他们从事暴力恐怖活动的技能，并为他们提供保护伞。当中东一些国家严厉镇压那些从事暴力恐怖活动的犯罪分子后，这些国家的宗教极端主义分子和暴力恐怖主义分子纷纷转移到能够接纳他们的塔利班政权统治下的阿富汗，正表明阿富汗塔利班政权为他们提供了基本条件，是"基地"组织得以活动和发展的重要原因之一；没有它的庇护，情况可能会是另一种样子的。因为要从事像"9·11"事件这样的恐怖袭击，没有预谋策划，没有精心准备，没有现代科学技术知识和精确的计算，没有掌握飞行技术并乐意自我牺牲的恐怖分子，没有做到这一切所必需的经济保证，是难以完成恐怖袭击使命的。"基地"组织大致都准备了这一切所需要的条件。尽管现在已经揭露出来的材料表明，"9·11"事件的阴谋是在阿富汗境外策划的。但这并不排除塔利班对"基地"组织的活动提供了庇护和物质保证，并在这一袭击事件中所起的坏作用。

第五，"基地"组织得以形成、发展离不开雄厚的经济基础的保证。为维持一个庞大的国际恐怖主义网络的运转，它的基本成员的日常生活开支和活动经费，如果没有雄厚的经济实力是无法想象的。本·拉登的"基地"组织，通常是在经商活动的掩盖下，从事它的恐怖活动的；它的经商活动和恐怖活动是合一的。据有关材料说，本·拉登本人继承了2亿—4亿美元的家产，控制着范围广泛的投资证券，向建筑等合法行业及其外围公司投资，他本人还是海湾一家银行的股东，这为国际网络的活动提供了经济保证。"基地"组织的资金通过埃及、巴基斯坦、沙特等国家的一些伊斯兰银行运转。在20世纪60—70年代，一些伊斯兰极端分子因种种极端的或恐怖的活动，在国内无法容身后，逃亡到海湾国家。70年代，他们在石油危机时发了横财，到90年代，这些银行在美国、英国、马来西亚、苏丹等国家和地区拥有银行账户，每年的交易额达400亿—600亿美元。"9·11"事件后，已有76个组织和个人在美国和其他国家的银行账户被冻结，说明国际恐怖主义网络有雄厚的经济实力以保证它从事暴力恐怖活动。

值得指出的是，"基地"组织的经济实力与它有"许多非常稳定的资金来源"有关。它从各地穆斯林、清真寺、伊斯兰慈善机构，特别是海湾国家的一些大富翁那里募集资金，此外，它还从贩卖毒品或非法交易中获得巨额活动经费。这些稳定的资金来源包括："直接捐助是重要的资金来源"，它的捐助者有"一些沙特富商和某些中东国家为免遭恐怖袭击而交纳'保护费'";"国际伊斯兰慈善机构为'基地'组织提供数百万美元";"据说,一些可疑的掩护公司,其中包括中东三家公司和意大利的一家宗教中心,为他们提供额外的收入",使它"得以在世界范围内进行资金流转以及武器和人力部署";从事"犯罪经营、从小偷小摸到国际鸦片和海洛因交易";"通过正当的银行转账",使它"能够将资金划拨到它遍布世界各地的特工账户里",它还"利用其成员非法私运现钞出境",这保证"'基地'组织的年收入估计高达 1000 万美元"①。

第六,"基地"组织得以形成、发展与本·拉登的宗教极端主义思想不可分割。应该指出,本·拉登献身"圣战"事业,与他所处的社会环境、家族、教育和个人的经历密切相关。在沙特社会里,任何一个"大家族都要出一个儿子献身宗教"。正是这一传统做法使他走上极端主义的道路。他的家族来自"南也门原教旨主义的据点里巴特村",他的父亲是个"伊斯兰教逊尼派教徒,从小在沙漠里过清教徒式的生活。他教育孩子也是遵循极其严格的伊斯兰瓦哈比教派教规。"② 在家庭环境和所受教育的影响下,他信仰虔诚,不喝酒、不听音乐,显然是个"献身宗教的人。"③ 他所受的教育同样对他有着重要影响。他的导师阿卜杜勒·伊拉·卡拉瓦尼教长就提出:"在伊斯兰教的土地被非教徒占领的时候,圣战是宗教的基本支柱。"④ 这一切影响的综合,使他走上为信仰而从事"圣战"的道路。这就决定了"拥有亿万财产的拉登,本来完全可以过上常人难以企及的豪华生活。他之所以甘愿舍弃富贵,啸聚山林,为的是追求一种'崇高理想',用他自己的话来说即'我们的首要职责是为伊斯兰而战'。"本·拉登说:"我从不惧怕死亡,我到这里来就是做好准备献身的,我的一些支持者们也是为伊斯兰教的事业而来这里献身的,他们愿意保护我和随时杀死进攻我们驻地的敌人。"⑤ 还应看到,沙特的瓦哈比教义对他具有重要

---

① 美国《今日美国报》2001 年 10 月 16 日文章:"恐怖组织商业性的一面"。

② 法国《巴黎竞赛画报》2001 年 10 月 4 日文章:"一个宠儿的历程"。

③ 德国《星期日图片报》周报 2001 年 9 月 16 日;香港《东方日报》文章:"恐怖大亨的财富秘密",载于 1998 年 9 月 16 日《参考消息增刊》。

④ 香港《东方日报》文章:"恐怖大亨的财富秘密",载于 1998 年 9 月 16 日《参考消息增刊》。

⑤ 王伟等编著:《隐身大亨本·拉登》,第 194、207 页。

的影响。然而，深究起来，瓦哈比教派的教义主张有一个发展和演变的过程。当今沙特居于官方意识形态地位的瓦哈比主义与瓦哈比教派兴起时的原旨教义相比，已不再是原汁原味的教义主张了，它已有所变化。①

本·拉登的极端主义思想之所以受到一部分穆斯林的欢迎，原因在于他不仅以不同于沙特官方意识形态的新瓦哈比主义（赛来非耶）活跃于他们之中，而且他的思想还是巴基斯坦的毛杜迪（1903—1979）和埃及的赛义德·库特布（1906—1966）主张的翻版。其本质是反西方的。他们"用充满怀疑的目光来曲解伊斯兰教义。他们关于西方的蛮横和穆斯林复兴的想法后来浓缩为本·拉丹（拉登）主义，成为煽动狂热分子实施杀戮行为的口号。其背景是当时的大多数穆斯林学者对继承穆斯林哲学家的事业不感兴趣，他们忙着学习这样或那样的西方思想，致使新走向城市的穆斯林民众"，接触的全是毛杜迪和赛义德·库特布的思想，最后接触的则是本·拉登的"草率而疯狂的见解"，即"被视为伊斯兰版的西方法西斯主义"②。这一切正是本·拉登作为伊斯兰极端势力的总代表，并由"基地"组织为代表的伊斯兰极端势力之所以冒天下之大不韪，从事其罪恶活动的缘由。

当代的伊斯兰极端势力，以"基地"组织最具代表性。本·拉登在不同场合关于"圣战"的说教，成为"基地"组织奉行的神圣信条和从事罪恶活动的指导思想。在"基地"组织之外，虽有从激进主义到极端主义的社团组织，或以不同形式活动的伊斯兰极端势力，它们与"基地"组织有着或松散或紧密的联系，究其组织构成及其思想主张方面，终究没有"基地"组织那样系统、完整。但在奉行"圣战"、从事恐怖活动方面，并没有多大的差别。

（刊载于《伊斯兰极端势力研究》专题研究报告之一，

世界宗教研究所印制，2005年5月）

---

① 见前《"互哈比派"辨》。

② 泰国《曼谷邮报》2002年7月12日文章："本·拉登的政治主张已经消亡"。

庇护并支持"基地"组织的
阿富汗塔利班伊斯兰政权

阿富汗"圣战者"的抗苏战争（1979—1989）取得胜利后，成立由七党联盟的"圣战者"执政的伊斯兰政权。可是，不同派系的军阀和地方武装势力，随即为争权夺利而发生内战。1994 年 7 月，伊斯兰学生军——塔利班建立并在内战中获得发展。1996 年 9 月，它夺取了首都喀布尔，建立塔利班的伊斯兰政权后，不仅极力推行极端主义政策，给民众带来巨大的灾难，而且庇护并支持以本·拉登为首的"基地"组织，成为国际恐怖主义的中心。"9·11"恐怖袭击事件后，美国的反恐战争首先在阿富汗打响。2001 年 10 月 7 日，它以空中的优势兵力，配合北方联盟的军队，进攻塔利班，以图在阿富汗就地消灭本·拉登和"基地"组织。在美军的强大攻势下，塔利班从各大城市主动撤离，最终溃败。本文着重探讨塔利班政权实施的极端主义政策及其严重恶果，进而表明作为伊斯兰极端势力一支的塔利班，由于极端意识形态的作祟，它不会轻易承认失败并自动退出历史舞台，也不会因阿富汗由过渡政府到临时政府再到民选政府的建立，并得到国际社会的承认和支持而从此销声匿迹。就阿富汗而言，反对伊斯兰极端势力仍然是个长期而艰巨的任务。

一　塔利班的兴起与塔利班伊斯兰政权的建立

阿富汗抗苏战争以及随后的内战期间，约有 600 万难民先后逃离家乡，分别前往巴基斯坦、伊朗等国家避难。那些生活在巴基斯坦的阿富汗难民的子弟，就读于当地宗教团体（如巴基斯坦的伊斯兰学者协会）开办的宗教学校，作为学生的群体，有"塔利班"之称。

抗苏战争结束后的阿富汗，虽然在名义上建立的是伊斯兰政权，可是，不同派系军阀和地方势力的争权夺利、武装冲突、苛捐杂税、走私贩毒、贪污腐败，使得一般民众仍然生活在苦难之中。特别是不同民族、部族和地方的武装势力或军阀之间的混战，对民众的抢劫和骚扰，与苏联入侵时相比，则有过之而无不及。1994 年 7 月，面对着以拉巴尼为首的喀布尔伊斯兰政权的不断食言和没完没了的内战，80 年代曾经参加过抗苏战争的"圣战者"、当年的伊斯兰学生（如后来成为塔利班头目的奥马尔）首先在阿富汗南部的坎大哈动员民众起义，反对地方武装势力，当地宗教学校的学生毅然参军，由此形成伊斯兰学生武装运动。塔利班的崛起，得到在巴基斯坦难民营的宗教学校学生的响应，他们纷纷回归，参加塔利班，成为内战的一支新军。

塔利班创建时提出的宗旨是，"恢复和平，反对走私、贩毒、恐怖活动和各派无休止的争权夺利"，"铲除军阀，恢复和平重建家园，建立真正的伊斯兰政权。"① 由于它最初的纲领口号，适应了遭受多年苦难的阿富汗人民的需要，完全不同于这时已失信于民、不得人心的喀布尔伊斯兰政权和各地的军阀或地方武装。因而一些解甲归田的"圣战者"，重新拿起武器，塔利班的队伍获得迅速发展，声势不断壮大，在战场上也不断取得胜利。1996 年 4 月，约有 1000 名教职人员集会选举奥马尔为塔利班的领袖，并由一个圣哲委员会协助他工作。

1996 年 9 月，塔利班夺取了喀布尔；到 1998 年，除了北部地区外，它已占领阿富汗的中央和东、西、南部，控制了全国 90% 的土地。塔利班政权以阿富汗伊斯兰酋长国的名义，在国际舞台上活动。由于联合国和国际社会继续承认撤出喀布尔的、以拉巴尼为首的伊斯兰政权，承认塔利班政权的国家，在国际社会中只有巴基斯坦、阿拉伯联合酋长国和沙特三个伊斯兰国家。

塔利班统治时期，其兵力估计已达到 5 万到 6 万人。其中，60% 为阿富汗人，20% 是本·拉登手下的阿拉伯人，其余的 20% 为巴基斯坦人。塔

---

① 《人民日报》1996 年 9 月 12 日明河文章："阿富汗三个主要派别"。

利班实际上是一支"多国部队"。参加塔利班的战士，除了阿富汗人以外，还有阿拉伯的、巴基斯坦的、车臣的甚至包括某些西方国家的极端主义分子在内的成员。这些人的共同目的在于反对美国的"圣战"、建立所谓真正意义上的"伊斯兰国家"。相同的意识形态决定塔利班伊斯兰政权获得了外籍穆斯林的支持。

二 塔利班政权的极端主义政策

拉巴尼的伊斯兰政权已经积极推行了伊斯兰教法的统治。当时任政府总理的伊斯兰党头目希克马蒂亚尔就曾颁布命令，要求政府工作人员按照伊斯兰教的规定，每天礼拜五次，妇女外出时必须穿着伊斯兰教的传统服装；随后又下令关闭所有的电影院、禁止电台和电视台播放音乐等娱乐性节目。① 然而，塔利班比拉巴尼的伊斯兰政权走得更远，它在攻占喀布尔后，特别是占领阿富汗90%以上的土地以后，立即宣布实施伊斯兰教法。所不同的是，它更为激进、严厉，以至达到极端的程度。它以"铲除军阀，恢复和平，重建家园"起家，结果它自身成为阿富汗最大的军阀，根本没有恢复和平，也没有重建起民众期望的幸福家园。它极力推行极端主义政策及其不得人心的统治，在阿富汗的农村，以前"曾送子上前线的家庭现在拒绝再贡献出他们的儿子"，塔利班士兵则"疯狂寻找兵源，并从清真寺强行拉人"，"甚至截住公共汽车，直到车上的年轻人站出来后才允许它继续行进"；城市的"阿富汗人在抵制塔利班警察挥舞鞭子实施的严酷法令"，这已使一些地区出现了反塔利班的暴动。对此，奥马尔则把"肆虐整个阿富汗的干旱归罪于阿富汗人民"。他说，"阿富汗有些人不感谢实行伊斯兰教的统治，不感谢伊斯兰制度，并滋长对它的不满情绪以及不必要的偏见与嫉妒"，他说，这种行为可能激怒了真主，"使他将惩罚降至人间。"②

塔利班政权对内"按照严厉的伊斯兰教派的教规实行统治"，并实施

---

① 《光明日报》1996年7月16日报道："阿富汗实施伊斯兰法"。
② 《洛杉矶时报》2000年8月14日文章："感到失望的阿富汗人开始反抗塔利班的专制统治"。

非人道的酷刑。它"以伊斯兰制度为圭臬，建立伊斯兰国家；妇女衣着必须符合穆斯林的传统和要求，不得外出工作，女子学校停办，由专门的宗教人士接管；通奸者要被石头砸死；偷盗者要被砍去手；喝酒者要被处以鞭刑。"① 它在夺取喀布尔之前的控制地区，已经建立宗教法庭，实施了严厉的伊斯兰教法统治。它禁止妇女出外工作，女童可以读书，但只能读到8 岁，而且只能读《古兰经》；男子必须蓄须；它禁止电影、电视、录像和音乐等一切娱乐活动。1998 年联合国的一个机构为塔利班政权修复的坎大哈体育场，成为塔利班不定期召集市民观看当局"处决死刑或砍掉罪犯手脚"的主要场所之一。在一次处决两名"被指控拦路抢劫的男子"时，"一个人拽着他们的胡子把头猛地向后一拉，另一个人割断了他们的喉咙"，血水浸透过的运动场土地而变了颜色。② 与此同时，它还以种种借口，肆意拘押外国新闻记者和联合国工作人员。可以说，自从 1996 年 9 月塔利班占领了喀布尔以来，"这些来自南部的极端主义学生认为，喀布尔就是魔鬼的花园。这里的女子居然穿超短裙，可以上中学甚至大学。这简直是充满罪恶的世界"，他们急不可待地"将两名被指控犯有通奸的女子当众绞死，并对一个大胆穿了一双白鞋子的 7 岁女孩处以鞭刑"，它认为，"城市居民受到了世俗外国影响的腐蚀，因此他们严厉镇压城市居民。比如，在田间劳动的妇女仍然戴着可以露出脸部的头巾。而在城市里，妇女们则必须把整个面部全罩上面纱"，除了女乞丐或那些有男家属的伴同外，妇女不能单独上街。③ 更有甚者，妇女往往因化妆品而被投入女牢。喀布尔的这座女监狱由一名巴基斯坦人卡巴尔毛拉任狱长。酷刑在他的指挥下进行。证据则是"口红、手镯、粉盒、指甲油、发夹，甚至闪亮的黑手袋：每件东西都足以把一个女人送进塔利班的'受刑室'。"她们被指控违反伊斯兰教义而入狱。在女牢的墙上，"受刑的妇女留下的血迹和用

---

① 《人民日报》1996 年 9 月 30 日文章："塔利班入主喀布尔之后"。

② 美国《洛杉矶时报》2000 年 8 月 14 日文章："感到失望的阿富汗人开始反抗塔利班的专制统治"；《纽约时报》2001 年 12 月 26 日埃里克·埃克霍尔姆文章："塔利班的法律制裁：体育场是执行酷刑的地点"。

③ 分别见西班牙《世界报》2002 年 7 月 7 日报道："这就是萨明娜的面孔"；英国《今日世界》2001 年 8 月、9 月合刊文章："梦魇世界"。

指甲划出的深痕"①。塔利班政权在极端信仰指导下，竭力毁坏人类文化遗产。2001年2月26日，奥马尔下达灭佛令。3月初，由塔利班的风化和操行部长负责，历时20天，炸毁两座在巴米扬悬崖上的世界最高和次高的佛像（一高53米，一高38米。这两座佛像是公元3—5世纪时佛教在阿富汗处于昌盛时期始建的）。在此之前，巴米扬石窟的6000余座大大小小的佛像已遭毁坏。这些历史文化遗物的所在场所，一度是世界各地旅客到阿富汗观光的理想去处，今已不复存在。塔利班对历史文物的破坏并不限于此。根据灭佛令，塔利班还毁掉喀布尔国家博物馆的大批珍贵文物。这次毁坏行动是在它的新闻、文化部长和财政部长带领下进行的，在场的目击者有一位考古学家和一位历史学家。《洛杉矶时报》援引这位在场的历史学家叶海亚·穆希卜扎德的话说："第一天，这几名官员用石头砸碎文物；第二天，他们拿来了斧子，后来，挥舞着大锤的塔利班士兵也加入到了他们的行列。他们一共砸碎了2750多件他们认为具有冒犯性质的文物。"② 据阿富汗伊斯兰通讯社报道，除了喀布尔国家博物馆的大批珍贵文物被毁外，"南部城市加兹尼、西部城市赫拉特以及东部主要城市贾拉拉巴德附近的哈达农场中的佛像已经被摧毁。"③ 塔利班在摧毁佛像后，"又决定向音乐开刀。他们严禁使用乐器，命令宗教警察没收和毁掉所有乐器、视听乐盘、电视机、录像机和录音机。总之，任何陶冶人的情操的东西都在被禁之列"④。"当局为了得到上帝对他们毁坏佛像的宽容，在政府宫宰杀了100头牛作为祭品，然后让屠宰工把肉分成一公斤一份，分发给了喀布尔的居民。"⑤ 显然，塔利班即使用宰牲献祭的办法以求得宽容和居民的谅解，但这并不能抹杀它的宗教极端主义的所作所为完全是对世界文化、对人类犯下的不可饶恕的罪行。

---

① 澳大利亚《悉尼先驱晨报》2001年11月27日文章："受难妇女用口红和鲜血写下的牢狱记录"。
② 袁莉：《悲凉的巴米扬》，见2002年2月28日《参考消息周四特刊》；法新社华盛顿2001年11月22日电。
③ 《北京晨报》2001年3月3日。
④ 俄通社—塔斯社伦敦2001年4月26日电。
⑤ 西班牙《改革十六》周刊2001年4月23日文章："塔利班控制的禁区之行"。

三　塔利班极端主义政策的恶果

塔利班的伊斯兰政权在阿富汗统治地区的短短几年内，并没有按照伊斯兰的公正、平等、正义的原则，给当地人民带来安定、和睦和幸福的生活。相反的，它的极端主义政策并以恐怖主义的手段从事统治，使人民遭受到深重的灾难，"阿富汗又回到了中世纪。"①

塔利班极端主义政策的恶果之一——人民遭受无穷无尽的苦难。在塔利班的统治下，人民食不果腹，民不聊生。由于多年的战争给阿富汗留下70万的寡妇，仅在喀布尔就有4万寡妇（一说有6万寡妇）或失去亲人的妇女，"大街上满是女乞丐，无处不见蓝色面罩和长袍从头裹到脚，只有两只手伸在外面。"一些在战争中失去丈夫的寡妇，不是靠乞讨就是以出卖肉体换取些微的收入，养儿育女；那些多子女的家庭，不得不卖儿卖女，以养育其他的子女。长达20多年的战争，尤其是塔利班政权和原教旨主义者统治，给阿富汗人民造成了深重的苦难。其中之一便是那些被迫沦为妓女的寡妇们，她们的悲惨经历是人们不应忘记的。由于卖淫是非法的地下职业，目前尚不能确定在喀布尔妓女的确切数目，不过据阿富汗妇女革命组织的报告表明，至少有几千名妇女被迫以出卖肉体为生。妇女如此，儿童又如何呢？据世界卫生组织的统计显示，阿富汗的儿童当中每4个人中就有1个在5岁前夭折，1/2的儿童体重不足，几乎全都营养不良；在喀布尔有5万名童工，40%的儿童失去双亲或其中一人，66%的儿童见过尸体，90%的儿童认为自己将在这场战争中死去；阿富汗人的主要死亡原因是麻疹，死于麻疹的人占死亡人数的40%，其产妇死亡率居世界第二位（仅次于塞拉利昂）。② 即使是那些已经摆脱了塔利班统治的地区，由于塔利班的罪恶统治，加上连年干旱，民众的生活仍很困难。一些偏远山

---

① 莱奥瓦尼·加西亚：《阿富汗贫困依旧》，拉美社哈瓦那2002年10月7日。

② 分别见墨西哥《进程》周刊网络版2001年11月25日报道："阿富汗儿童的控诉"；西班牙《起义报》2002年8月28日报道："采访阿富汗喀布尔妓女"；《纽约时报》2002年5月29日文章："饥饿土地上的儿童买卖"；拉美社哈瓦那2002年10月7日莱奥瓦尼·加西亚报道："阿富汗贫困依旧"。

区的居民只能靠用草和少量大麦面粉掺在一起做成的面包为生，已经没有奶水的母亲用草汁喂养婴儿，有些人甚至连用来掺和青草的大麦都没有，他们就直接把草吞到肚子里。有些人肚子鼓得像块石头。有些人就在他们面前倒下死去。①

　　塔利班极端主义政策的恶果之二——阿富汗成为国际恐怖主义中心。塔利班政权接受新瓦哈比主义，成为本·拉登在阿富汗的庇护者和从事极端主义活动的代理人。自1996年5月以来，本·拉登来到阿富汗后，塔利班除了为本·拉登恢复以前的训练营地外，还为他提供新的训练营地，使他有可能从伊斯兰世界内外继续招募、网罗宗教极端主义分子。"圣战"是本·拉登及其"基地"组织的基本政治主张。塔利班之所以庇护、支持本·拉登及其"基地"组织，完全是宗教意识形态决定了的。1998年，半岛阿拉伯语电视台记者采访本·拉登关于他与塔利班政权的关系问题时，本·拉登明确回答说，"我与塔利班的关系坚不可摧。这是一种建立在意识形态之上的关系，而不是单纯的政治或商业关系。真正的情况是，我们不独立运作。"② 塔利班在庇护本·拉登和"基地"组织的同时，还支持境外的伊斯兰极端势力，向外派遣武装力量，输出它的伊斯兰革命。俄总统助理亚斯特任布斯基指出，"阿富汗已经变成了国际恐怖主义的策源地。前不久车臣非法武装领导人马斯哈多夫的代表在阿富汗与国际恐怖主义分子本·拉登签订了合作议定书，并与塔利班武装派别签署了关于向车臣分裂主义分子提供人员、武器和弹药援助的议定书。"③

　　极端主义政策的恶果之三——阿富汗成为世界毒品生产中心，鼓励并支持鸦片的生产。据熟悉阿富汗形势的巴基斯坦媒体人士说，1998年，塔利班通过出口海洛因获得300亿美元的外汇；而联合国开发计划署人士说，1999年年底，阿富汗的海洛因产量达4600吨，居世界第一位；世界上的鸦片75%是它生产的。这些毒品不仅是塔利班各项活动的资金来源，

---

① 美联社阿富汗2002年1月7日电："博纳瓦什村的村民正在死亡线上挣扎"。
② 英国《星期日电讯报》2001年10月7日报道。
③ 《环球时报》2000年9月2日文章："俄国拿塔利班开刀"。

而且对"毒品的最终消费地"欧洲各国，"形成了动摇社会基础的威胁。"① 在国际压力下，尽管它于 2000 年 7 月曾颁布禁止栽种罂粟和其他毒品的法令，但这不过是一纸空文。根据联合国毒品控制和犯罪预防机构的报告，2001 年"欧洲消费的海洛因大约有 80% 来自阿富汗。罂粟种植和鸦片走私在阿富汗又恢复到 90 年代末期的猖獗程度"，"预计 2002 年阿富汗的鸦片产量可达 3400 吨"，该机构估计，"阿富汗的罂粟种植面积已经达到 7.4 万公顷（1999 年 9 月是 9 万公顷）。虽然阿富汗 32 个省中有 24 个省种植罂粟，可是其中 5 个省的情况最为严重，它们的产量占全国的 95%。"②

极端主义政策的恶果之四——塔利班贩卖妇女、儿童，甚至贩卖人体器官。据阿富汗妇女革命组织揭露，"阿拉伯人和塔利班分子在巴基斯坦的市场上贩卖儿童、处女和战争留下的寡妇。这已经是全阿富汗尽人皆知的秘密"；它还揭露，"塔利班政权不仅贩卖毒品，而且还靠贩卖穷人和儿童的器官发财。他们从贫困的阿富汗人身上或没有姓名的儿童身上取出器官，在这些人还没有从麻醉药中醒过来之前，就把他们杀死"，"在白沙瓦，阿富汗难民不断揭发塔利班分子进行人体器官走私活动。一些塔利班恐怖分子，巴基斯坦黑社会分子和部族地区的网络参与了贩卖器官的活动。在塔利班统治下的国家中什么事都会发生。"③

四　塔利班政权实施极端主义政策的基本原因

塔利班最终崩溃的原因很多，值得人们总结。然而，这并非本课题研究报告的主旨。这里仅仅从塔利班的兴起到它的崩溃的全过程中，探讨它实施极端主义政策的基本原因。

首先，塔利班本身是伊斯兰复兴大气候下出现的怪胎。阿富汗的抗苏

---

① 日本《读卖新闻》2001 年 10 月 12 日文章："美英对阿富汗作战，消灭毒品交易也是目标之一"。

② 法国《世界报》2002 年 11 月 24 日报道："阿富汗成为世界最大鸦片产地"。

③ 分别见西班牙《世界报》2001 年 11 月 15 日文章："塔利班分子走私儿童器官"；阿根廷《号角报》2001 年 10 月 29 日文章："一个阿富汗组织揭露塔利班贩卖妇女和孤儿"。

战争是在世界范围伊斯兰复兴的大气候下，对外来入侵的积极反应，应予肯定。它是阿富汗人民以战争的特殊形式显现其伊斯兰复兴的。塔利班的出现，与抗苏战争显现为对外来入侵的积极反应不同，它既是阿富汗伊斯兰复兴特殊形式的自然延续，又是在抗苏战争结束后爆发内战形势下形成的怪胎。塔利班不满于内战，但它没有阻止内战，反而积极参与内战，成为内战的一方；在接受国际社会的斡旋和调停方面，则显得消极、被动。这与塔利班领导层关于建立真正的"伊斯兰国家"、伊斯兰秩序的宗教意识形态是分不开的。以奥马尔为首的塔利班领导层，完全是一批由伊斯兰学校的毛拉和学生组成的班子。他们信仰极端、知识单纯、素质不高、视野有限、行为狂热，不仅缺乏现代的科学文化知识和国际社会的一般常识，而且对伊斯兰教的理解也极其肤浅、狭隘、偏激、保守，只会遵循《古兰经》、严格按伊斯兰教法办事。这批完全没有现代意识的领导核心，决定了塔利班只能从极端主义的视角观察、对待和处理事务，推行极端主义政策。"塔利班的使命仍然是建立一个伊斯兰的乌托邦"，"该政权提倡伊斯兰教的苦行，而这种严格意义上的禁欲生活只在阿富汗东部普什图人为主的地区盛行。强行使人们接受中世纪乡村的价值观使那些非普什图人感到非常气恼"，"塔利班是一支由宗教狂热分子组成的占统治地位的力量。他们展开的圣战并不是针对非信徒的，而是针对穆斯林的其他派别，按照塔利班极端正统的观念，这些人是一批沦落的人。"[①]

其次，塔利班实施极端主义政策与巴基斯坦军方和宗教极端组织的支持密切相关。塔利班与巴基斯坦军方的激进主义分子的关系非同一般。塔利班被认为是"巴基斯坦情报部门和内政部长供养的孩子。"[②] 它与巴基斯坦三军情报局的密切关系以及三军情报局在塔利班建立过程中所起的关键性作用，已是众人皆知的秘密。情报局在阿富汗抗苏战争期间激进主义思想的发展，对塔利班同样产生影响。在塔利班士兵中，约 10000 名是巴基斯坦人，约占它的士兵的 20%。其中，一半是巴基斯坦军队的士兵，一

---

① 英国《泰晤士报》2000 年 5 月 29 日文章："北部无休止的争战使塔利班淡于政治事务，导致阿富汗陷于全面瘫痪"。

② 《参考消息》1995 年 3 月 7 日。

半是它的宗教学校派遣来的学生。仅仅从塔利班成员的基本构成中就可了解巴军方对塔利班的影响，更不必说那些受伊斯兰学者协会控制的宗教学校所教育出来的学生的思想倾向了。塔利班的大多数成员当年是在巴难民营中成长的。他们受到巴基斯坦的伊斯兰学者协会或其他宗教组织创办的伊斯兰学校的教育。其中，宗教教育的重要内容之一则是传播"圣战"思想。这对阿富汗难民子弟参加塔利班起到鼓动、激励作用，他们还受到"宗教学校的伊斯兰狂热情绪的影响"；伊斯兰学者协会或其他宗教组织同样使大批巴基斯坦人投奔塔利班。自从美国轰炸以来，"北方联盟逮捕了几千名塔利班和'基地'组织成员。据估计，阿富汗各地监狱共关押了2000—4000名战犯，大部分是来自巴基斯坦"，其中，一名22岁、留着浓密的络腮胡子的巴基斯坦人阿卜杜拉，于2001年12月来到阿富汗参加塔利班。他说，"我的家乡在白沙瓦，我来阿富汗是为了圣战"，"去年在巴基斯坦我们举行了一次重要的会议，头儿对我们说，美国人和其他外国人来到阿富汗，侵略了阿富汗，穆斯林必须进行圣战抗击这些侵略者"，他表白说，"我不是恐怖分子，我不是为了钱，也不为任何东西，我是穆斯林，我是圣战者"，"他的眼睑被涂黑了，据说这样做意味着他们已将生死置之度外。"[①] 这表明巴基斯坦人在阿富汗塔利班中有巨大影响。

再次，不可忽视当代瓦哈比主义和本·拉登的经济支持对塔利班具有决定性影响。本·拉登的政治主张和活动，完全体现了当代瓦哈比主义的要求。除了本·拉登与塔利班的领导层"对极端伊斯兰运动的共同信仰以及反西方的态度"外，还由于在阿富汗掌握实权的是本·拉登。据沙特驻阿富汗的前代办说，塔利班之所以无法将他交给美国，其原因在于本·拉登比塔利班的权力还大，塔利班本身也不清楚本·拉登"隐蔽的基地"在哪里。[②] 本·拉登对塔利班的影响还表现在爆炸大佛方面。前述塔利班积极毁坏佛像的行为，无疑是受到当代瓦哈比主义影响的明证。因为塔利班"完全受控于这些国外的伊斯兰组织"，塔利班只是本·拉登的"传声

---

① 《参考消息》喀布尔特派记者喻非和温新年的报道："走进阿富汗战犯监狱"，《参考消息特刊》2002年8月29日。

② 美联社利雅得2001年10月5日电。

筒"，"要求炸毁大佛的不是塔利班，而是巴基斯坦的伊斯兰激进分子，还
有阿拉伯国家的瓦哈比教派的人。塔利班做不了主——他们只负责实施爆
破。"① 至于塔利班拒绝交出本·拉登、实行联合国2000年12月的第1333
号决议，更表明它对本·拉登和"基地"组织的庇护是死心塌地的。② 塔
利班的经济来源，除了靠鸦片生产外，还得靠本·拉登的支撑。曾担任塔
利班内政部副部长的卡克萨尔说，"'基地'组织对塔利班非常重要，因
为他们有很多很多的钱，他们给了许多钱。塔利班信任他们。"据美国情
报部门估计，本·拉登从1996年以来的5年中，给了塔利班价值1亿美
元的现金和军事援助，这些钱是他"从世界各地的伊斯兰组织那里筹集到
的捐款。"③ 塔利班靠本·拉登的财力支持而得以活动，而地方的或部族的
长老同样认钱不认人。据2002年11月16日出版的《战争中的布什》一
书的作者伍德沃兹说，美国中央情报局为捣毁塔利班的老巢，"曾直接向
阿富汗部族长老提供7000万美元现金，以换取他们在追缴塔利班、'基
地'组织成员上的帮助。"④

最后，世界范围宗教极端主义的流传促使塔利班实施极端主义政策。
阿富汗"圣战者"的抗苏战争，得到了以美国为首的西方世界在政治、经
济、军事、外交、技术装备和道义等方面的援助和支持，它也得到了沙
特、巴基斯坦、埃及、土耳其等伊斯兰国家的援助和支持。在抗苏战争
"圣战者"的队伍构成方面，并不限于阿富汗国内的穆斯林，它还有来自
伊斯兰世界内外的"圣战者"，说明这场战争具有极其广泛的国际背景。
在世界范围伊斯兰复兴的整个过程中，一直流传着激进主义和宗教极端主
义思潮。那些受到这类思潮影响的人，一直期望在世界范围从事一场伊斯
兰革命。而实现这类理想和抱负的最好手段，他们认为，则是通过他们所
期望的"圣战"来达到这一政治目的。他们关于建立真正的"伊斯兰国

① 美国《华盛顿邮报》2001年12月23日文章："在'基地'组织的秘密世界中"（李凤芹译）。

② 联合国第1333号决议是一项加强制裁塔利班控制下的阿富汗的决议。它命令塔利班于一个月内交出本·拉登，并命令它关闭在阿富汗境内的恐怖分子训练营。

③ 美国《华盛顿邮报》2001年2月23日文章："在'基地'组织的秘密世界中"；美国《华盛顿邮报》，2001年11月30日文章："本·拉登向塔利班付现金"。

④ 《北京晨报》2002年11月17日报道。

家"、伊斯兰秩序的政治主张,他们关于积极推行伊斯兰教法统治的社会的要求和设想,很自然地使他们成为宗教极端主义分子。可是,阿富汗抗苏战争结束后,并没有使他们放弃这类政治主张、要求和设想。他们为了准备所想象中的世界革命,一批批的宗教极端主义分子先后来到阿富汗,为的是直接体验战斗生活,其中,有些宗教极端主义分子则留下来参加了塔利班或是"基地"组织。他们在体验战斗生活的同时,他们的宗教极端主义思想不可避免地会对塔利班的领导层产生影响。

五　塔利班政权覆灭后的阿富汗政局

"9·11"恐怖袭击事件后,美国于2001年10月发动反恐战争,企图通过打击塔利班政权的同时,缉拿本·拉登和塔利班首脑奥马尔,歼灭从事国际恐怖主义活动的"基地"组织。同年年底,塔利班政权崩溃,反恐战争取得重大胜利。可是,阿富汗的政局仍有以下问题值得关注。

其一,美国在阿富汗的反恐战争并未终止。美国在空军轰炸的同时,派遣特种部队进入阿富汗直接与塔利班和"基地"组织的士兵交火,进而对藏匿在邻近巴基斯坦的东南部地区搜捕塔利班和"基地"组织的残余势力。从总体上说,美国的反恐战争已经取得不小的胜利,塔利班政权已经倒台,塔利班的士兵和"基地"组织的成员不是被消灭和逮捕,就是已经溃散或逃到境外(现在看来,主要是逃到巴基斯坦)。可是,塔利班的头目奥马尔和国际恐怖主义头子本·拉登是死是活,人们根本就不清楚(因为死未见尸,活未捉拿归案),这在实际上留下了隐患。同时,"基地"组织在世界范围有形、无形的网络,并未被彻底摧毁,这使伊斯兰极端势力仍然有活动的条件和潜力。那些溃散和逃到境外的塔利班和"基地"组织的残余分子,在适当的时机仍然有可能重新集结,死灰复燃,美国反恐战争并没有完全达到预期目的。

其二,阿富汗仍然面临以下几个应予急迫解决的问题。阿富汗先后建立临时的、过渡的和大选产生的政府,但它仍然存在以下问题亟待解决。第一,当局能够真正控制的地区有限。从2002年6月阿富汗各派力量在临时政府基础上,成立以卡尔扎伊为首的过渡政府起,当局能够真正控制的地区，除了首都喀布尔外，在其余地区，则受地方武装势力或原有军阀的控制。这影响到它在阿富汗民众中的声威，也影响当局开展工作。第二，军阀割据和混战，进一步削弱了政府对地方的管辖权。为了消灭"基地"组织的残余势力，"五角大楼和美国中央情报局支持阿富汗南部和东部的普什图族军阀，期望他们能够肃清'基地'组织残余，这使大约4.5万雇佣军有了武器和财政支持"，这些受"美国支持的军阀"，"常常相互争斗，根本不理睬卡尔扎伊政府的管理。一些军阀把自己的对手说成是'基地'组织残余，以诱使美国军队轰炸他们。"① 其结果，不仅不能肃清"基地"组织，反而使地方军阀日益坐大，有条件与当局分庭抗礼。第三，政府无力立即解决不断发生的暴力恐怖活动。2002年2月，临时政府的民航和旅游部长阿卜杜拉·拉赫曼遭人殴打致死；7月，过渡政府的副总统阿卜杜拉·卡迪尔在离他的办公室不到50米的地方遭到两名不明身份的歹徒枪杀身亡；随后，安全人员在喀布尔市中心截获一辆满载炸药、企图暗杀卡尔扎伊和其他高层官员的汽车；8月，喀布尔市内和周边地区不断发生炸弹爆炸事件；同时，喀布尔还发生了严重的武装冲突事件，造成至少15人丧生；9月5日，卡尔扎伊在坎大哈出席他的弟弟婚礼时遭枪击（暗杀未遂）；次日，在喀布尔又发生多起爆炸事件。② 第四，民间存在大量流失枪支。由于20多年的战争，大量枪支流失在民间。当局还难以立即将这些流失的枪支全部控制起来。这对社会治安构成威胁。第五，还存在塔利班和"基地"组织以外的武装力量。除了塔利班和"基地"组织的残余势力对现政权构成威胁外，还存在两支武装力量。一支为伊斯兰党头目、前总理希克马蒂亚尔领导的武装力量。他在9月派人送给巴基斯坦记者的录音带中，就把美国和国际安全部队的存在视为"对阿富汗的侵略"，"呼吁阿富汗人为驱逐侵略者而开展圣战。"③ 希克马蒂亚尔给现政权可能造成的麻烦，同样不可低估。另外一支武装力量为"圣战者秘密

---

① 香港《远东经济评论》周刊2002年4月18日一期文章。
② 《北京晨报》2002年8月25日报道："阿富汗安全形势令人忧"；《光明日报》伊斯兰堡2002年8月8日电："喀布尔发生武装冲突"；日本《朝日新闻》2002年9月6日报道："恐怖事件使喀布尔一片哗然"。
③ 日本《朝日新闻》2002年9月6日报道："恐怖事件使喀布尔一片哗然"。

军",它可能与希克马蒂亚尔领导的武装力量不同,深受沙特瓦哈比派的影响。它用阿拉伯文写成的全长 6 页的小册子,列出 3 个目标,发誓要"为死于美国残忍轰炸行动下的无辜烈士复仇,开展将全部外国士兵赶走的圣战,维护伊斯兰信仰并重建秩序。"①

其三,塔利班的政治动向仍然值得人们关注。美国于 2001 年 10 月 7 日开始轰炸、发动反恐战争以来,奥马尔一度命令塔利班的指挥官们坚守阵地,战斗到底。可是,11 月 12 日,它却主动放弃喀布尔,12 月 7 日撤出它的大本营坎大哈,9 日又交出了它最后控制的一个省份——坎大哈东北部的查布尔省,从而宣布塔利班在阿富汗的统治彻底结束。② 严格说来,塔利班在美国反恐特种部队的打击下,只是被击溃而未被彻底消灭,在有些地区它不过是战略性的转移,甚至完全不是被击溃的。他们仍在一些山洞或掩蔽地区藏匿了大批武器弹药,以备东山再起后使用。据美国军方宣布,特种部队于阿富汗南部的坎大哈附近地区发现大批武器弹药。其中有 1400 支 107 毫米火箭、200 颗地雷、15 支无后坐力步枪以及多种小型武器和弹药;在东南部地区也发现了大量的武器装备。其中包括 200 发迫击炮弹、3 支 107 毫米火箭、9 支 142 毫米火箭和 4000 发 14.5 毫米重机枪子弹。随后,特种部队又于 9 月在阿富汗的多里河干涸的河道下面发现 420 枚 500 磅重的炸弹,这是美军迄今在阿富汗境内发现和销毁的最大宗的藏匿军火。③ 至于没有被发现的藏匿军火的地区或山洞,可能还有一些,这显然是塔利班准备东山再起后使用的。

塔利班在撤离出阿富汗的大城市后,已有 1000 名塔利班的战士潜入巴基斯坦。奥马尔不知去向,它的其他高层领导不是逃入邻国受到当地的宗教极端组织收留,就是躲在巴基斯坦边境部落或阿富汗的偏远地区;它的中下层成员或士兵,除了那些参加反塔利班部队者外,不是解甲归田,就是混入当地的人群之中。据《巴黎竞赛画报》报道,塔利班的高层领导

① 美联社伊斯兰堡 2002 年 9 月 3 日电。

② 美联社喀布尔 2001 年 11 月 29 日电;2001 年 12 月 13 日《参考消息》驻伊斯兰堡记者报道:"旧塔利班走了,新'塔利班'要来了";英国《亚洲时报》周报 2002 年 3 月 6 日一期报道。

③ 分别见法新社阿富汗巴格拉姆空军基地 2002 年 8 月 23 日电;《北京晨报》2002 年 10 月 5 日报道。

在巴基斯坦白沙瓦举行了一次有第二号人物卡比尔（原是塔利班政权的副总理）参加的会议，讨论今后战略。会议决定与本·拉登分道扬镳。实际上，卡比尔在去年美国对阿富汗轰炸一周后，就提出把"基地"组织领导人交给"某个中立国家"，以换取和平的建议。这次战略性的会议，很可能反映的是塔利班反对与本·拉登结盟势力的声音；但它坚持其极端主义政策似乎并没有改变。它强调美国和其他外国军队不可能永远驻扎在阿富汗，一旦这些军队撤出阿富汗之日，即是它们返回阿富汗之时。而在阿富汗的西南部地区，"一些政府机关的门外、酒店和一些房屋外边"，人们"发现了录着相同内容的有关奥马尔讲话的录音。"① 这是一个非常值得注意的动向。

种种迹象表明，塔利班正在静观形势，等待时机，以便东山再起，恢复在阿富汗的伊斯兰制度，实施伊斯兰教法的统治。更有甚者，2003 年初，美国拟发动伊拉克战争时，本·拉登呼吁穆斯林和"基地"组织成员保卫伊拉克、与美国作战，奥马尔则遥相呼应，"呼吁阿富汗人向美国首都华盛顿及阿富汗现政府发动'圣战'"；4 月 1 日，坎大哈街头出现奥马尔签署的一份名为《把阿富汗变成伊拉克的第二战场》的公开声明提出，"任何侵略穆斯林土地的异族人都是世界全体穆斯林的公敌"，显然，"在阿富汗打击塔利班和'基地'组织残余势力远远没有结束。"② 奥马尔声称塔利班已组建了一支 2000 人的自杀队，他说："我们将杀死那些以任何形式支持美国及其盟友的人。美国是世界上最邪恶的国家。美国的朋友就是伊斯兰的敌人。我们已经将 1000 多名异教徒送入了地狱，其中包括美国人、他们的盟友和在阿富汗的走狗。"③

其四，塔利班被击溃后，民众一度有过的乐观情绪开始低落。尽管塔利班实施了严厉的伊斯兰教法统治，但对很大一部分民众来说，塔利班对他们日常生活的骚扰并不严重，社会治安相对安宁。特别是阿富汗南部的居民，不满情绪日益上升。他们对国际社会承诺提供的 45 亿美元援助，

① 《北京青年报》2002 年 7 月 4 日；《北京晚报》2002 年 6 月 17 日。
② 《北京晨报》2003 年 2 月 13 日、2 月 18 日报道；《国际先驱导报》2003 年 4 月 4 日电。
③ 英国《星期日泰晤士报》2004 年 4 月 4 日文章："奥马尔扬言在阿富汗进行自杀式袭击"。

并没有看到它的落实、到位，"有40万人挣扎在死亡线上"，"毒品交易开始以强劲的势头死灰复燃"，美国为铲除塔利班和"基地"组织残余分子时对乌鲁兹甘省的一场婚礼的误炸，造成几十人的死亡，加上不时发生的抢劫，使当地的"大部分人都希望塔利班能够卷土重来。每个人都认为，塔利班时期的治安情况要比现在好得多"，"那时至少没有窃贼。治安状况也非常好。"① 蕴藏在民众中的不满情绪，很自然地会以自觉不自觉、自愿不自愿的形式表现出来。塔利班兴起的根据地——坎大哈地区的普什图族，是塔利班成员的主要来源和活动的社会基础。有消息说，"在阿富汗的中部和东部的一些村庄中，发现有妇女在传统罩袍中藏匿武器"，"塔利班正在利用妇女为他们运送武器以及其他后勤设备"，已经"抓获了7名妇女"，"在她们的长袍外罩下居然藏有9枚火箭弹以及其他一些轻型武器和塔利班文件。"② 显然，除了那些挣扎在贫困线上、生活困难而被迫从事此类活动者外，被当局关押在坎大哈一座监狱里的41名塔利班要犯，其中包括7名"将军级人物"，于10日夜间从一条挖掘有9米长的地道逃跑。问题是"这条地道无法在几天内挖成，他们预谋了一个月，挖出的土料足够装满15辆卡车。"③ 显然，越狱行动获得了狱警的协助。这些事件表明，只要仍有一些人继续怀念塔利班的统治，这对塔利班在适当时机的东山再起，都是一个值得人们关注的信号。种种迹象表明，塔利班中有一部分顽强的伊斯兰极端势力，并不甘心失败，他们不会就此罢休。它的前内政部长拉沙克预言，由于国内政局不稳，"塔利班正在静观时局，以待时机"，"不久将卷土重来"④。"9·11"事件周年的次日，半岛电视台收到了塔利班头目奥马尔的一份声明。在播报的消息中提到，"他警告说圣战将持续到阿富汗获得解放及伊斯兰教义得以恢复。"⑤ 这表明，不管塔利班的队伍是否会分化，是否会放弃对本·拉登的庇护还是完全摆脱本·拉登的控制，也不管美国军队是继续驻扎在阿富汗还是很快撤离阿富汗，它

---

① 路透社阿富汗坎大哈2002年8月11日电。
② 《北京晨报》2002年9月26日报道："塔利班利用妇女偷运武器"。
③ 《环球时报》2003年10月15日钟雨文章："塔利班要犯挖地道逃了"。
④ 德国《世界报》网络版，2002年2月19日报道："塔利班会卷土重来吗？"
⑤ 路透社迪拜2002年9月12日电。

坚持伊斯兰极端主义的立场是不会轻易改变的，它拟用伊斯兰极端主义统治阿富汗的贼心不死，是不会放弃的。

（刊载于《伊斯兰极端势力研究》专题研究报告之二，

世界宗教研究所印制，2005 年 5 月）

伊斯兰极端势力与"伊斯兰革命"

　　伊斯兰极端势力在冷战时期的猖狂活动，从来也没有当前这样受到世人的普遍关注；特别是"9·11"恐怖袭击事件以来，当今世界发生的一系列重大事件，往往与伊斯兰极端势力有密切关系。伊斯兰极端势力极力从事暴力恐怖活动所拟达到的目的是什么？它的社会政治主张究竟又是什么？从它自20世纪90年代以来的大量活动来看，显然，它的社会政治主张不是别的，至少是在世界范围内实现"伊斯兰革命"、建立"地区性伊斯兰国家"。伊斯兰极端势力为实现这一社会政治主张，用它的代表性人物的话说，即用纯粹是暴力恐怖型的"圣战"手段达到其政治目的。

一　伊斯兰极端势力极力鼓吹世界范围的"伊斯兰革命"

　　20世纪70年代末叶，伊朗的"伊斯兰革命"成功。霍梅尼（1902—1989）明确提出"不要东方，也不要西方，只要伊斯兰"；伊朗宗教界的其他人士与他一起，反复强调"只要伊斯兰"的革命并积极输出革命。霍梅尼宣布："我们将输出我们的革命到整个世界，直到'万物非主，唯有真主'的呼声响遍全世界，那将是场斗争。"① 输出革命的主旨在于推广伊朗的革命经验和价值。尽管伊朗主要是在意识形态领域"输出革命"，但它的革命胜利对推动当时及其后世界范围的伊斯兰复兴运动的走向、对穆斯林（无论是十叶派，还是逊尼派）所产生的影响，特别是对世界范围的伊斯兰极端势力的巨大鼓舞作用，做何估计，都不为过。

　　1989年霍梅尼去世。伊朗伊斯兰政府公布了他的"最终遗嘱"——

---

　　① 拉宾·赖特：《神圣的狂热》，纽约，1985年，第27页。

《伊斯兰革命的篇章》。在"最终遗嘱"中，霍梅尼明确提出：

> 我的政治宗教的遗嘱不仅仅是写给伊朗人民的，而且是对所有穆斯林人民以及全世界被压迫人民的，而且是对所有穆斯林人民以及全世界被压迫人民的忠告，无论他们的国籍和教义是什么。
>
> 我号召其他穆斯林民族，以伊斯兰政府、以伊朗的奋斗着的人民为榜样，倘若你们残酷无情的政府不听从人民的要求，那么就推翻它们。
>
> 你们这些世界上被压迫大众，你们这些穆斯林国家的人民，站起来，拼命去争取你们应当得到的权益，对抗超级大国的腐化的宣传，驱逐那些把你们的劳动果实送给你们和伊斯兰敌人的罪恶执政者，……要实现这一决心，意味着打倒世界上所有的横暴者，帮助被压迫大众成为你们土地的领导者和继承者。①

从他的"最终遗嘱"中可以看出，霍梅尼在伊朗革命胜利后的整个活动目标很清楚，就是号召"全世界被压迫人民"，夺取政权，实现他在"最终遗嘱"中所说的"伊斯兰革命"。这场革命，也就是以后有些人所说的"伊斯兰世界革命"。

霍梅尼的"最终遗嘱"公布后，进一步鼓舞了世界范围的伊斯兰极端势力。它对本·拉登同样产生影响。因为他们在反美、反以、反对伊斯兰国家不同类型的政权（从沙特的君主制政权到埃及的共和制政权，以至于伊拉克萨达姆的所谓"无神论政权"）等问题上，有着共同的语言。90年代中叶，本·拉登返回阿富汗后，重整旗鼓，再次经营阿富汗抗苏战争时期建立的训练营地，他的"基地"组织也在陆续接待和收留来自伊斯兰世界各国的极端分子和恐怖分子。

1997年3月和1998年5月，本·拉登在"基地"先后接见美国有线新闻网记者彼得·阿内特和全美广播公司记者约翰·米勒。在答记者问中，他的整个谈话精神，不仅在内容上极其雷同于霍梅尼的"最终遗嘱"

---

① 霍梅尼：《伊斯兰革命的篇章》，香港穆斯林布道会出版1990年版，第11、22、53页。

的内容，而且在鼓吹"伊斯兰世界革命"方面，显得更为激进。他说：

> 真主要求我们以这个宗教来清除不信者和净化穆斯林世界，特别是在阿拉伯半岛。
>
> 我信奉真主，这包括推行圣战以传播真主的教义，同时把美国人从所有穆斯林的土地上赶出去。
>
> 在我们的宗教里，我们相信真主缔造我们是为了让我们去信仰他。真主缔造我们并以这个宗教赐福我们，他命令我们去执行圣战是为了把真主的神谕传递给那些不信的人。①

在伊斯兰极端势力那里，"伊斯兰革命"不过是实现伊斯兰信仰的合理要求和必然结局，是任何人也无法阻挡的。事实上，有关"伊斯兰革命"的论调，早在霍梅尼写下他的"'万物非主，唯有真主'的呼声响遍全世界"的"最终遗嘱"之前，在本·拉登表述"把真主的神谕传递给那些不信的人"的答记者问之前，赛义德·库特布（赛义德·古图布）在《路标》中，已经向伊斯兰极端势力发出"解放全人类"的号召。作为埃及穆斯林兄弟会的领袖之一和它的理论家，他于1954年被捕入狱，显然与当时穆斯林兄弟会在亚历山大暗杀纳赛尔总统未遂有关。在狱中，他完成了《路标》的写作。后来，他被保释出狱就医。出狱不久，他又涉嫌参与颠覆埃及政府的密谋被捕，1966年被处决。纳赛尔时期，《路标》在埃及被作为禁书并未广泛流传。1970年萨达特总统当政后，该书的流传为伊斯兰极端势力指明了行动方向。在整个70年代，特别是80年代，在埃及以及在伊斯兰世界以后发生的极端的或恐怖的活动，都不过是在实践赛义德·库特布的理想，其目的是在世界范围内建立伊斯兰教法统治的"伊斯兰国家"、伊斯兰制度。赛义德·库特布在《路标》中说：

> 伊斯兰不是解放阿拉伯人的宣言！它的使命也不仅仅是面向阿拉伯人的！它的命题是人，是整个人类，它的领域是大地，是整个

---

① 王伟等：《隐身大亨本·拉登》，长春出版社1999年版，第61、62、65页。

地球;

　　伊斯兰传播的实质，它的目标就是"伊斯兰化";

　　谁接受了我们的宗教，我们就接受谁为我们的兄弟……谁拒绝接
受它，我们就与他开战，直到战死疆场而升入天堂或者通向胜利;

　　伊斯兰有权摧毁其前进道路上的一切障碍……伊斯兰有权先发制
敌，采取行动。因为伊斯兰不是某个民族的信仰，某个国家的制度;
而是一条来自安拉的天启道路，全世界的制度;

　　伊斯兰不仅仅是一种把它的信仰通过宣讲方式传达给人们就满足
的单纯信仰，而是一种体现在有组织的运动体之中的行动起来解放全
人类的道路。①

　　霍梅尼、本·拉登和赛义德·库特布所鼓吹的所谓"伊斯兰革命"或
"伊斯兰世界革命"，成为当今伊斯兰世界的宗教极端势力从事一切罪恶活
动所遵循的指导思想，其目的在于建立伊斯兰教法统治的"伊斯兰国家"、
伊斯兰制度，成为他们为之奋斗并乐意自我牺牲的最终目标。他们的世界
革命的时机究竟是否成熟，还值得人们具体研究。但它所带来的破坏作用
已经十分明显，因此，我们在思想上不可低估它的危害性。

二　伊斯兰极端势力为建立地区性伊斯兰国家而积极活动

　　伊斯兰极端势力主张的世界范围的"伊斯兰革命"，说到底，仍然是
个政权问题，即夺取政权，建立它所主张的伊斯兰教法统治的"伊斯兰国
家"、伊斯兰制度。伊斯兰极端势力只有取得国家政权，才能说他们的革
命成功。因此，如何取得政权，放在伊斯兰极端势力面前，是个极其重要
而又现实的问题。

　　事实上，自从伊朗"伊斯兰革命"胜利以来，伊斯兰世界在取得并执
掌国家最高权力方面，已经提供了四种基本模式。

　　其一，伊朗的模式。在宗教领袖的鼓动下，通过群众运动的形式，自

---

① 赛义德·古图布:《路标》(丁星译)，无出版社，无出版日期，第56、73、74页等。

下而上地夺取政权，从而推行伊斯兰教法的统治；

其二，苏丹的模式。宗教极端势力利用 1985 年和 1989 年的两次军事政变，在国家政治生活中处于重要地位。它的头目哈桑·图拉比成为苏丹的精神领袖，对国家实施伊斯兰教法统治；

其三，阿富汗的模式。通过战争的形式，先是"圣战者"组织建立的伊斯兰教法统治的政权，后是塔利班对国家实施伊斯兰教法的统治；

其四，阿尔及利亚或土耳其的模式。通过合法斗争，即大选或议会选举组阁执政。阿尔及利亚的伊斯兰民族拯救阵线提供了失败的教训，土耳其埃尔巴坎的繁荣党及其后的以埃尔德安为首的道德党（美德党）提供了成功的经验。尽管繁荣党和道德党并不能直接实施伊斯兰教法统治，但它为伊斯兰极端势力提供了以合法手段掌权的可能。

在夺取并执掌国家最高政权的四种基本模式中，伊朗、苏丹的伊斯兰政权迄今依然存在；塔利班政权在美国的反恐名义下被击溃，但它的残余势力依然存在并极其活跃；土耳其通过长期的议会斗争，以合法的、民主的形式在大选中获胜，取得组织内阁权（对于土耳其的政权性质应具体讨论）。无论这些政权最终是成功还是失败，已经居于次要地位。重要的是，这里在谋取政权方面提供的这四种基本模式，对伊斯兰极端势力从事的"伊斯兰革命"、谋取政权的活动无疑是有借鉴意义的。更值得人们注意的是，当前伊斯兰极端势力靠从事反美、反以、反对支持美国反恐战争的盟国，以及反对伊斯兰国家的腐败政权的阴谋活动或暴力恐怖活动或通过"圣战"手段，企图达到夺权的目的。这种手段能否达到目的，目前还不能说。如果他们真能提供这些手段达到夺权目的，那将在四种模式之外，提供新的第五种夺权模式，这对伊斯兰世界革命的影响将是个巨大的推动。

当前，那些参加过阿富汗战争的阿拉伯的和其他国家的"圣战者"，或是受到"伊斯兰世界革命"思想影响的"圣战者"，不管他们是回到原籍，还是逗留在阿富汗、巴基斯坦或进入其他国家和地区并参加那里的战斗（阿富汗内战或克什米尔的冲突等），不管他们是作为"基地"组织的成员或基本骨干。从伊斯兰极端势力的整个活动来看，究竟有没有伊斯兰世界革命总体战略、总体部署，并不是什么重要的问题，对他们来说，为建立地区性的伊斯兰国家已提上日程，在看到问题的严重性的同时，更应看到它在当前的破坏性。

　　霍梅尼认识到夺取并执掌政权的极端重要性。但他仅仅一般性地提出"推翻"那些"残酷无情的政府"和"罪恶执政者"，而本·拉登却明确提出：取得政权的基本手段是"推行圣战"、"执行圣战"。可见，建立伊斯兰教法统治的"伊斯兰国家"、伊斯兰制度，是伊斯兰极端势力最基本的政治主张。在世纪之交，特别是 21 世纪以来的短短数年中，随着恐怖活动的加剧和反恐斗争的开展，在阿拉伯世界以外的南亚、东南亚、中亚等地区，出现了越出一国范围的地区性联合的趋势，有关在一国范围内建立"伊斯兰国家"的设想，已经被那种建立地区性"伊斯兰国家"的政治主张所替代。根据传媒的报道，当前伊斯兰极端势力关于建立地区性伊斯兰国家并积极从事活动的，主要有以下一些国家或地区。

　　印尼"伊斯兰协会"（"伊斯兰祈祷团"或"伊斯兰团"）的精神领袖阿布·巴希尔提出建立东南亚统一的伊斯兰国家的政治主张。这已成为当地一些宗教极端组织的行动目标。印尼的"伊斯兰协会"已与菲律宾的摩洛伊斯兰解放阵线、泰国南部的穆斯林分离组织的骨干经常秘密会谈，商讨建立包括印度尼西亚、马来西亚、新加坡、泰国南部、菲律宾南部和文莱等东南亚六国广大的伊斯兰地区的"伊斯兰国家"。①

　　克什米尔的宗教极端组织"曾讨论过建立一个跨克什米尔、巴基斯坦、阿富汗、伊朗和中亚的伊斯兰政权的可能性"。2002 年 2 月，巴基斯坦伊斯兰教促进会的头目卡兹·侯赛因·阿赫麦德在拉瓦尔品第的克什米尔团节日上讲话中提出，"一个从克什米尔到中亚的伟大的伊斯兰国家将在克什米尔独立之后出现。"② 即使当前克什米尔的宗教极端组织还来不及具体实施这一设想，还在争取克什米尔的独立或从印度的治理下解放出来，但这一设想毕竟反映了南亚地区伊斯兰极端势力的基本设想，即建立独立的地区性"伊斯兰国家"。

　　① 《环球时报》2002 年 10 月 17 日李亚丽报道："印尼教士与拉登齐名"；日本《朝日新闻》2002 年 10 月 23 日报道："东南亚恐怖组织揭秘"。
　　② 《国际恐怖主义和宗教极端主义对中亚和南亚的挑战国际研讨会》论文集：《中亚和南亚的恐怖主义和宗教极端主义》（杨恕译），兰州大学出版社 2003 年版，第 29 页。

在巴基斯坦还有另一些泛伊斯兰组织，包括与"基地"组织有联系的圣战者运动（HUM）、伊斯兰圣战运动（HUJI）、穆罕默德军（JEM）和信徒之军（LET）等。它们的"目标是要'解放'全印度的穆斯林，最终是要在南亚建立一个伊斯兰王国。"①

塞尔维亚和黑山共和国的陆军上校斯托亚诺维奇说："我们获悉，'基地'组织在科索沃以及阿尔巴尼亚北部建有据点……并且他们在马其顿西部地区活动频繁"，"这一地区的穆斯林极端分子的战略目标是在巴尔干半岛建立一个伊斯兰国家。"②

目前俄罗斯有4300万穆斯林。其中很大一部分分布在北高加索地区。车臣的恐怖分子与达吉斯坦的宗教极端分子妄图在当地"建立统一的车臣—达吉斯坦伊斯兰国家"。③ 巴萨耶夫和哈塔卜宣称入侵达吉斯坦的目的是将它从俄罗斯分离出去，建立一个从黑海伸展到里海的北高加索伊斯兰联邦。④ 而它的最终目的则是梦想"建立一个跨越整个北高加索地区的伊斯兰帝国"，或是"实现建立一个横跨车臣、印古什和北奥塞梯的伊斯兰共和国这一目标"，正如车臣恐怖分子头目巴萨耶夫公开叫嚣的，他的任务是要"解放整个高加索"⑤。

关于中亚地区问题，新泛伊斯兰主义历来把中亚地区视为"绿化"的重要目标。所谓"绿化"，就是使之伊斯兰化。与此同时，外来的瓦哈比分子与乌兹别克斯坦的宗教极端势力的结合，在中亚地区猖狂活动，期望当地实现"伊斯兰革命"，最终在中亚地区建立"伊斯兰国家"、伊斯兰制度。

尽管当前伊斯兰世界已经存在伊斯兰国家，为什么还出现建立"伊斯兰国家"、甚至提出建立地区性"伊斯兰国家"的问题呢？问题很简单，

---

① 《国际恐怖主义和宗教极端主义对中亚和南亚的挑战国际研讨会》论文集：《中亚和南亚的恐怖主义和宗教极端主义》（杨恕译），兰州大学出版社2003年版，第139页。

② 美联社贝尔格莱德2004年2月1日电："传'基地'欲在巴尔干半岛建国"。

③ 《人民日报》1999年8月11日刘刚专稿。

④ Ariel Cohen："Chechnya War：What are the Key Issues"，in *Backgrounder*，No. 1339，November 30，1999；*Turkistan Newsletter*，Dec. 6，1999.

⑤ 英国《星期日电讯报》，2004年9月5日文章："残酷的叛乱分子梦想建立一个伊斯兰帝国"；《环球时报》2004年9月10日关健斌、顾小清报道："高加索，令俄罗斯头痛"。

因为在伊斯兰极端势力看来，现有的伊斯兰国家，按照他们的逻辑和标准，除了极个别的以外，都是世俗主义的而不是他们心目中的严格遵循伊斯兰教法的、按照伊斯兰教法统治的"伊斯兰国家"、伊斯兰制度，都不是什么真正意义上的"伊斯兰国家"，所以，对他们来说，从事"伊斯兰革命"也就是很自然的事。

我们应当把当今伊斯兰极端势力的一切活动，放到霍梅尼、本·拉登和赛义德·库特布关于"伊斯兰革命"的视野中，放到当前东南亚、南亚、中亚等地区的一些布道宣教者关于建立地区性"伊斯兰国家"的政治主张中，来考察他们为之奋斗和所拟达到的目标，以及为达到这一目标所从事的种种活动和所采取的手段。伊斯兰极端势力鼓吹世界范围的"伊斯兰革命"、妄图建立地区性"伊斯兰国家"、为实现"伊斯兰革命"、建立地区性"伊斯兰国家"而从事"圣战"或暴力恐怖活动是一回事；至于他们能否实现、能否达到"伊斯兰化"、"解放全人类"的目标是另一回事。但不管怎么说，它必然对所在国家或地区造成严重的危害或破坏，则是肯定无疑的。

马克思有一句至理名言："批判的武器当然不能代替武器的批判，物质力量只能用物质力量来摧毁；但是理论一经掌握群众，也会变成物质力量。理论只要说服人，就能掌握群众；而理论只要彻底，就能说服人。所谓彻底，就是抓住事物的根本。"[①] 当前，美国在阿拉伯世界、进而在伊斯兰世界的所作所为，特别是在阿富汗和伊拉克的所作所为，以色列对阿拉伯土地（巴勒斯坦和叙利亚的土地）的占领和在巴勒斯坦的作为，是伊斯兰极端势力鼓动和激励民众反美、反以的最好借口。可以说，伊斯兰极端势力抓住了当前中东地区以至于伊斯兰世界的民众对美以不满的"根本"；在某些伊斯兰国家当政者的腐败问题上，伊斯兰极端势力为迎合一般民众的心理，谴责社会的种种弊端，提出建立符合伊斯兰的公正、平等、正义的伊斯兰社会、伊斯兰秩序的主张，同样是伊斯兰世界广大群众不满的"根本"。尽管伊斯兰极端势力的思想主张，并不是什么高明的理论，但它

---

① 马克思：《黑格尔法哲学批判导言》，《马克思恩格斯全集》第 1 卷，人民出版社 1956 年版，第 460 页。

却能起到宣传鼓动作用、能够吸引、掌握、激励、控制很大一部分民众。这正是伊斯兰极端势力的说教诱人之处,是它能够获得追随者,以及在从事恐怖活动后能够得到一些人的庇护的原因所在,也是那些以人体炸弹、汽车炸弹、飞机炸弹的形式从事暴力恐怖活动,甘愿自我牺牲的人的原因所在。至于当前伊拉克存在的反美武装力量并从事的反美活动,那又是另外一回事。

由于"伊斯兰世界革命"的提出、由于伊斯兰极端势力在世界各地的频繁活动、还由于在东南亚、南亚、中亚的宗教极端组织都有建立地区性"伊斯兰国家"的政治主张,而这正好在我国周边的西部和南部地区形成弧形包围,这就更值得我们高度警惕和密切关注伊斯兰极端势力在世界范围、在我国周边国家以及在我国境内公开的或隐蔽的活动。这就迫使人们重视伊斯兰问题、重视他们的思想观念及其行为活动。

三 伊斯兰极端势力为实现"伊斯兰革命"的基本手段是"圣战"

从霍梅尼、本·拉登和赛义德·库特布的政治主张中,可以看出,他们的"革命",不仅仅是针对国内的伊斯兰政权(不管它是君主制的,还是共和制的),反对外部的美、以对伊斯兰领土的侵略和占领、反对那些支持美、以的外来势力,还包括他们所说的"打倒世界上所有的横暴者"、"清除不信者"、"把真主的神谕传递给那些不信的人"、"伊斯兰化"、"解放全人类",如此等等。我们不能设想伊斯兰极端势力已经有了"世界革命"的一个总体战略,一个总体部署。但我们也不能低估伊斯兰极端势力的智商和"基地"组织的阴谋策划能力和组织活动能力。

特别值得人们注意的是,以哈桑·图拉比为首的苏丹伊斯兰极端势力,先后利用并通过1985年和1989年两次军事政变,使苏丹穆斯林兄弟会在国内得势,哈桑·图拉比成为新政权的精神领袖。从以后的大量极端主义活动表明,他在伊朗的支持下和本·拉登的配合下,分别于1991年、1993年、1995年在喀土穆召开的"阿拉伯伊斯兰人民会议",具有重要的划时代意义。参加会议的并不限于阿拉伯国家的代表。这些来自各地的代表大多是各伊斯兰国家的政治反对派的头面人物，或是这些国家的激进主义或极端主义组织的代表。有50多个国家（500余名代表）和80多个国家（500多名代表）分别出席第二次和第三次会议。可能是由于这时本·拉登被迫离开了苏丹，1997年的第四次"阿拉伯伊斯兰人民会议"未能如期举行。这三次会议对联络、组织、动员、激励世界范围的伊斯兰极端势力和各国的政治反对派的力量方面，对90年代以来发生的大量恐怖活动和军事行动，显然具有一定的内在联系。而1998年2月"伊斯兰反犹太人和十字军国际阵线"（即"基地"组织）的建立，无外乎是使伊斯兰极端势力有着更为明确、具体的目标，统一、集中的领导，同时各地的极端势力又可从事相对独立、分散的活动。目前，人们对这三次会议的内情了解不多，是个值得研究的问题。

伊斯兰极端势力把实现它的政治主张，达到其政治目的的手段视之为"圣战"。本·拉登说，"圣战的影响不仅是针对伊斯兰教运动而且是就整个世界范围内的穆斯林国家的……这个宗教的中心是圣战。"他还说，"我信奉真主，这包括推行圣战以传播真主的教义"[1]。赛义德·库特布更为直截了当地说："伊斯兰就其本质而言，本身就具有进行圣战的理由，这一理由就在于它那解放人类的总宣言……这个本质性的理由始终是成立的，即就是没有对伊斯兰领土和穆斯林居民进行侵犯的威胁也罢！"[2] 就是说，伊斯兰极端势力为实现"伊斯兰革命"的政治目的，根本不需要什么理由。只要它有了"解放人类的总宣言"、有了"伊斯兰世界革命"这个想法，就可以应用"圣战"手段去实现它的"世界革命"。从伊斯兰极端势力的整个意图来看，为实现世界革命的政治目的，它的"圣战"对象大致可以分为既相对独立，又相互关联的三类目标，由此构成它的整个"伊斯兰世界革命"。

第一，即霍梅尼和本·拉登反复提出的反美、反以的"圣战"。可以认为，这是伊斯兰极端势力所从事的"伊斯兰世界革命"最为基本的，也是当前它的世界革命必须实施的一个重要组成部分。

---

① 王伟等：《隐身大亨本·拉登》，第51、65页。
② 赛义德·古图布：《路标》（丁星译），第69页。

第二，则是反对那些被视为本国的"非伊斯兰"政权的当政者或"腐败政权"，为建立实施伊斯兰教法统治的"伊斯兰国家"而活动。在伊斯兰极端势力心目中，现有伊斯兰国家不管它是君主制的政权还是共和制的世俗政权，都不是真正实施伊斯兰教法统治的"伊斯兰国家"、伊斯兰制度，与他们心目中的"伊斯兰国家"和伊斯兰制度还相距甚远。

第三，可以说，他们所主张的"伊斯兰革命"要完成的使命包括霍梅尼所说的"倘若你们残酷无情的政府不听从人民的要求，那么就推翻它们"、本·拉登所说的"把真主的神谕传递给那些不信的人"，以及赛义德·库特布所说的"伊斯兰传播的实质，它的目标就是'伊斯兰化'"，"解放全人类"。就是说，伊斯兰极端势力所拟达到的最终目标，不是在某个地区或某个国家建立伊斯兰政权，而是要把这些建立伊斯兰政权的国家或地区连接起来，这正是"伊斯兰世界革命"所拟达到的所谓"解放全人类"的目标。

当然，伊斯兰世界当前发生的错综复杂的大小事件中，不能把它一股脑儿都归咎于伊斯兰极端势力，也不能把它都算在恐怖活动的账上。自从2003 年以美国为首的联军入侵并占领伊拉克以来，在伊拉克已发展起约20000 人的反美武装力量。[①] 当前伊拉克虽然已经建立起过渡政府，但仍然存在极其尖锐的武装冲突。其中，既有反美武装力量出于民族义愤和民族尊严，以不同形式（包括武装形式）反抗外来的侵略者、占领者的正义斗争，也有为削弱美国占领者的势力而对那些参加治安或安全部队的伊拉克人的暴力恐怖活动，还有伊斯兰极端势力从事的制造混乱的暴力恐怖活动，甚至还存在不同教派之间的、尤其是对十叶派的暴力恐怖活动。对这些暴力应予具体区分，不能把它们混为一谈。

四　伊斯兰极端势力的罪恶恐怖活动

20 世纪 90 年代以来，伊斯兰极端势力完全是按照本·拉登和赛义德·库特布的说教在行动，"基地"组织的频繁活动完全是在"圣战"名

---

① 《北京晨报》2004 年 10 月 23 日报道："伊反美武装超出预想"。

义下进行的。人们不仅可以在阿富汗、巴基斯坦、也门、索马里、塔吉克斯坦、埃及、沙特阿拉伯、阿尔及利亚、黎巴嫩、印度尼西亚、巴勒斯坦等伊斯兰国家看到它的成员的踪迹，而且他们也活跃在那些并非伊斯兰国家而穆斯林却相对聚居的地区，如克什米尔、波黑、车臣、科索沃、菲律宾等。特别是1998年年初，本·拉登与埃及、巴基斯坦和孟加拉国的宗教极端组织头目的聚会，他们所创立的"伊斯兰反犹太人和十字军国际阵线"以及从中派生的"伊斯兰圣战解放军"，其结果即发生在美国驻东非的两座大使馆和它在也门亚丁港的军舰的爆炸事件。

进入21世纪，尤其是"9·11"恐怖袭击事件以来的短短4年中，以"基地"组织为代表的宗教极端势力，在"圣战"名义下从事了大量的恐怖活动。如果对这些恐怖事件做一具体考察、分析的话，可以清楚地看出，它们没有什么以经济（通过绑架人质的手段，勒索巨额赎金）为直接目的的（在这方面，以菲律宾的阿布·沙耶夫集团最具代表性）恐怖事件。这些恐怖事件，攻击目标有所不同，就其性质来说，完全是政治性的。这一时期仅仅在同日（或几乎同时）造成死伤在百人以上的恐怖事件就有20多起（这里不包括死伤在百人以下的、日有所闻的暴力恐怖事件）。①

上述恐怖袭击事件或是直接与"基地"组织有关，或是为挑动民族、宗教仇恨而或多或少地与"基地"组织有牵连。摩洛哥"萨拉菲运动"的领袖阿布说的一句话，是对这一系列恐怖活动的最明确的注释。他说："'圣战全球化'的时刻已经来临。"②仅从上述发生的20多例恐怖袭击事件来看，它已经涉及俄罗斯、印尼、菲律宾、摩洛哥、印度、伊拉克、沙特、土耳其、西班牙、巴基斯坦、埃及等十多个国家。其中，俄罗斯遭到的恐怖袭击事件8次，印尼2次，菲律宾1次，摩洛哥1次，印度1次，伊拉克4次，沙特2次，土耳其3次，西班牙1次，巴基斯坦1次，埃及1次。

具体分析这些恐怖袭击事件的攻击目标，可以看出，针对美国，或是

① 有关恐怖事件可参见《本·拉登及其"基地"组织》有关内容。
② 《环球时报》2003年5月19日任毓骏报道："卡萨布兰卡炸得惨"。

支持美国对伊拉克的非法入侵和占领的盟国（如澳大利亚、西班牙、英国等）的有 9 起，居于主要地位。它分别发生在沙特的利雅得（2 起）、摩洛哥的卡萨布兰卡（1 起）、印度尼西亚的巴厘岛（1 起）和雅加达（2 起）、西班牙的马德里（1 起）、菲律宾的三宝颜和马尼拉（1 起）、土耳其的伊斯坦布尔（2 起）等地。从事这些恐怖袭击的，则是分散在各地的"基地"组织或是与"基地"组织有关的恐怖组织。发生在土耳其的伊斯坦布尔（1 起）和埃及的塔巴（1 起）的恐怖袭击，完全是针对着侵占巴勒斯坦领土的以色列的。

只有发生在印度的孟买（1 起）和巴基斯坦卡拉奇（1 起）的恐怖袭击，可能与当地的民族、宗教冲突有关。

至于在伊拉克的 4 起恐怖事件中，纳杰夫（1 起）、巴格达（1 起）和卡尔巴拉（1 起）恐怖袭击的目标都是十叶派的清真寺，可能与"基地"组织有关，亦即是反美的。而在巴士拉发生的 1 起恐怖袭击则是针对与美国占领者有关联的警察局的。对于伊拉克的恐怖袭击应予专门讨论，这里从略。

值得注意的是，以俄罗斯为其攻击目标发生的血腥事件与车臣民族分裂势力有关。车臣的恐怖分子分别在达吉斯坦（1 起）、莫斯科（1 起）、车臣（4 起）和北奥塞梯（2 起）制造的 8 起恐怖事件。其中，2004 年 9 月北奥塞梯别斯兰第一中学的恐怖事件，是上述恐怖事件中最为严重的一次。它造成 331 人死亡，700 余人受伤。车臣的恐怖分子（包括那些"黑寡妇"）在从事恐怖活动时，并没有直接打出宗教的旗号，但它具有宗教背景却是肯定无疑的。它利用宗教名义从境外觅钱，"土耳其、卡塔尔和沙特阿拉伯"是它的重要财源，"马斯哈多夫委托其亲信乌杜戈夫，打着庆祝穆斯林节日的幌子四处筹款。"① 当前，车臣已成为国际伊斯兰极端势力的聚集地。有 500—800 名阿拉伯武装恐怖分子参加了车臣战争或恐怖活动。2000 年，约旦籍的"圣战者"阿布·贾拉勒在车臣被俄军抓获。以后，他被遣返原籍，并被判 20 年监禁。"他回忆说，1987 年，他在一次清真寺聚礼上听一位长老宣讲说，伊斯兰的土地阿富汗正遭受着异教徒的

---

① 俄罗斯《共青团真理报》2004 年 9 月 8 日报道："谁为恐怖袭击埋单？"

占领和蹂躏，参加'圣战'是每个穆斯林的责任。受到这番鼓动，20 岁的贾拉勒和姐夫一起去阿富汗参加了'圣战'"，"1989 年，苏联撤出阿富汗。贾拉勒本想回家，这时，他遇上了一个名叫阿卜杜拉赫曼·哈塔卜的约旦籍'圣战者'。此人正在招募阿拉伯雇佣军去车臣战斗。在这个同乡的蛊惑下，贾拉勒和另外 40 多名武装分子一起，辗转来到车臣"，"在车臣的阿拉伯武装分子可以分为两代：第一代武装分子是经过了阿富汗抗苏战争以及波黑战争后，在 90 年代初进入车臣的，这些人大多是激进的伊斯兰原教旨主义分子，鼓吹'圣战'。第二代武装分子是 2002 年阿富汗塔利班政权倒台后进入车臣地区的。他们大多是'基地'组织或塔利班'外籍军团'的成员。"① 而在俄罗斯北奥塞梯别斯兰第一中学恐怖事件的绑匪中，除车臣、印古什、奥塞梯和俄罗斯人外，还有 10 名阿拉伯人和 1 名黑人。可见，车臣发生的恐怖事件，不是单纯的俄罗斯内部问题。它具有国际背景，甚至有"基地"组织插手；同时，车臣恐怖分子也妄图使车臣问题国际化。

在当前，就这些从事恐怖活动的宗教极端势力来说，他们可能有这样那样的原因或具体的理由，但可以大致归为一个总的目标，即在实施他们的"伊斯兰世界革命"。上述摩洛哥"萨拉菲运动"的领袖阿布说的一句话，是对这一系列恐怖活动的最明确的注释。他说："'圣战全球化'的时刻已经来临。"② 就是说，当前宗教极端势力正是把从事暴力恐怖活动视为"圣战"而予以认真执行的。"圣战"正是他们从事"伊斯兰世界革命"达到他们的最终目标的基本手段。

在巴基斯坦，被好几个伊斯兰社团视为宗教领袖的高级教士尚扎伊，在"9·11"恐怖袭击事件后不久，曾率领一个由教士和情报官员组成的代表团前往阿富汗拜会塔利班最高领导人奥马尔，捎去了当局的口信；在与奥马尔单独会谈中，承诺巴基斯坦的教职人员支持塔利班政权。美国在反恐名义下发动阿富汗战争后，他一直呼吁对美国发动"圣战"。他所在的教派曾向阿富汗塔利班输出了数千名战斗人员，他的不少学生还是塔利

---

① 《环球时报》2004 年 9 月 20 日高原报道："车臣有一批阿拉伯雇佣军"。
② 《环球时报》2003 年 5 月 19 日任毓骏报道："卡萨布兰卡炸得惨"。

班政权的重要成员。① 又如印度尼西亚的"伊斯兰组织"的"精神领袖"阿布·巴希尔承认，"在他的课程里确有'圣战'课程，但这只是'信仰'的课程，至于学生以后是否从事爆炸活动与他无关"，他认为"美国政府一开始就是伊斯兰教的敌人"，因此，"他支持'基地'组织的行动。"② 像尚扎伊、阿布·巴希尔这样的有宗教身份的人，是专门从事宣教并鼓动他人参加"圣战"的。因而人们不能低估这类布道宣教者在鼓动伊斯兰极端分子参加"圣战"方面所起的激励作用。

（刊载于《伊斯兰极端势力研究》专题研究报告之九，
世界宗教研究所印制，2005 年 5 月）

---

① 《北京晨报》2004 年 5 月 31 日"晨报档案"。
② 《环球时报》2002 年 10 月 17 日李亚丽报道："印尼教士与拉登齐名"。

主要参考资料

一　书目

恩格斯:《论早期基督教的历史》,《马克思恩格斯全集》,第 22 卷,人民出版社 1956 年版。

恩格斯:《恩格斯致马克思》,《马克思恩格斯全集》,第 28 卷,人民出版社 1956 年版。

恩格斯:《路德维希·费尔巴哈和德国古典哲学的终极》,《马克思恩格斯选集》,第 4 卷,人民出版社 1976 年版。

马克思:《黑格尔法哲学批判导言》,《马克思恩格斯全集》,第 1 卷,人民出版社 1956 年版。

穆罕默德·阿布拉:《回教哲学》,马坚译,商务印书馆 1933 年版。

《古兰经》(马坚译),中国社会科学出版社 1981 年版。

《圣经》,香港圣经公会 1980 年版。

艾哈迈德·爱敏:《阿拉伯—伊斯兰文化史》,商务印书馆 1990 年版。

埃斯波西托:《伊斯兰教和政治》,纽约 1984 年版。

赛义德·古图布:《路标》(丁星译),无出版社,无出版日期。

纳赛尔:《革命哲学》,世界知识出版社 1957 年版。

穆瓦法格·贝尼·穆尔加:《简明伊斯兰世界百科全书》,旅游教育出版社 1991 年版。

哈米德·阿尔加尔:《伊斯兰革命的根源》,伦敦,1983 年版。

霍梅尼:《伊斯兰革命的篇章》,香港穆士林布道会,1990 年版。

拉宾·赖特:《神圣的狂热》,纽约,1985 年版。

马赫慕德·布里尔维:《伊斯兰教在前进》,卡拉奇,1986 年版。

王伟、王凌、龚佳:《隐身大亨本·拉登》,长春出版社 1999 年版。

《国际恐怖主义和宗教极端主义对中亚和南亚的挑战国际研讨会》（杨恕译），兰州大学出版社 2003 年版。

穆罕默德·库特布：《伊斯兰——被误解了的宗教》，国际伊斯兰学生组织联合会科威特 1989 年版。

古特卜：《未来是属于伊斯兰教》（穆罕默德·艾敏译），国际伊斯兰学生组织联合会科威特 1988 年版。

马丁·E. 马提、R. 斯科特·阿普尔比：《原教旨主义评论》，芝加哥大学出版社 1991 年版。

任继愈：《宗教大辞典》，上海辞书出版社 1998 年版。

陈嘉厚：《现代伊斯兰主义》，经济日报出版社 1998 年版。

安维华、钱雪梅：《美国与"大中东"》，世界知识出版社 2006 年版。

金宜久：《伊斯兰教辞典》，上海辞书出版社 1997 年版。

金宜久、吴云贵：《伊斯兰与国际热点》，东方出版社 2001 年版。

金宜久：《当代宗教与极端主义》，中国社会科学出版社 2008 年版。

唐逸：《基督教史》，中国社会科学出版社 1993 年版。

米歇尔·优素福：《对现代性的批判》，灵登 1985 年版。

本书组编会：《面向 21 世纪人文社会科学 100 个重大问题》，山东教育出版社 2005 年版。

王铁铮：《沙特阿拉伯的国家与政治》，三秦出版社 1997 年版。

马哈慕德·A. 法克希：《中东伊斯兰教的未来——原教旨主义在埃及、阿尔及利亚和沙特阿拉伯》，维斯特波特、康涅狄格、伦敦 1997 年版。

李玉、陆庭恩：《中国与周边及"9·11"后的国际局势》，中国社会科学出版社 2002 年版。

张西明：《新美利坚帝国》，中国社会科学出版社 2003 年版。

二　报刊

《世界知识年鉴》（世界知识出版社）

《世界宗教研究》

《穆斯林文摘》（南非）

《国际穆斯林新闻》（伦敦）

《人民日报》

《北京晨报》

《北京青年报》

《共青团真理报》（俄罗斯）

《莫斯科新闻》（俄罗斯）

《独立报》（俄罗斯）

《经济学家》（周刊）（英国）

《环球时报》

《星期日电讯报》（英国）

《参考消息》

《中东研究》

《宗教与世界》

《未来学家》（双月刊）

《联合早报》（新加坡）

《世界经济与政治》

《基督教科学箴言报》

《光明日报》

《东方日报》（香港）

《远东经济评论》（周刊）（香港）

《洛杉矶时报》（美国）

《快报》（香港）

《华盛顿邮报》（美国）

《洞察》周刊（美国）